Deutschland nimmt frei

1000 Ausflugsziele fürs ganze Jahr
Freizeit · Familie · Ferienideen

Inhalt

Bremen

Bremen: Überseemuseum, Universum, Ballonfahren, Beck's Brauerei, Fahrt mit dem Torfkahn, Botanika, Sportgarten, Radwanderr, Stadtspaziergang, Hafenbus **Bremerhaven:** Hafenrundfahrt, Großseglertreffen, Weser-Strandbad, Klimahaus 8° Ost, Deutsches Auswandererhaus, Seefischkochstudio, U-Boot »Wilhelm Bauer« • **u.v.a.m.**

25 Tipps

Hamburg

Altona: Fischauktionshalle • **Altstadt:** Chocoversum **Außenalster:** Alstereisvergnügen • **Bahrenfeld:** HSV-Museum • **Hohenfelde:** Alster-Schwimmhalle • **Neustadt:** Nachtmichel • **Nienstedten:** Hirschpark • **Osdorf:** Klick Kindermuseum • **Stellingen:** Tierpark Hagenbeck **Veddel:** Ballin-Stadt • **Winterhude:** Stadtpark • **u.v.a.m.**

37 Tipps

Hessen

Abterode: Bergwerk • **Eltville:** Trampeltiertour • **Frankfurt:** Dialogmuseum • **Gersfeld:** Paragliden • **Glauberg:** Keltenwelt • **Heppenheim:** Planetenwanderung • **Kassel:** Stollenführung • **Lindenfels:** Drachenmuseum • **Messel:** Grube Messel • **Poppenhausen:** Liebesweg • **Willingen:** Mountainbiken • **Witzenhausen:** Kirschpfad • **u.v.a.m.**

89 Tipps

Mecklenburg-Vorpommern

Ahrenshoop: Darß per Rad • **Gager:** Halbinsel Mönchgut **Graal-Müritz:** Walken im Küstenhochmoor • **Güstrow:** Natur- und Umweltpark • **Hohen Demzin:** Skulpturenweg **Kühlungsborn:** Katamaran-Segeln • **Langenwerder:** Seevogelinsel • **Malchin:** Fahrradtour • **Nienhagen:** Gespensterwald • **Rostock:** Hansesail • **u.v.a.m.**

30 Tipps

89 Tipps

Niedersachsen   S. 240 - 281

Altenau: Kräuterpark • **Aurich:** MachMitMuseum
Braunschweig: Landtechnik-Museum • **Cuxhaven:**
Seehundbänke • **Emden:** Ökowerk • **Goslar:** Gleitschirm-
fliegen • **Hannover:** Park der Sinne • **Insel Juist:** Hammer-
see • **Neuharlingersiel:** Buddelschiffmuseum • **Torfhaus:**
Goetheweg • **Volkmarst:** Bauerngolfen • **u.v.a.m.**

Nordrhein-Westfalen   S. 282 - 321

Aachen: Elisabethhalle • **Bielefeld:** Museumshof Senne
Bottrop: Indoor-Skydiving • **Detmold:** Freilichtmuseum
Dortmund: Kokerei • **Duisburg:** Tauchen im Gasometer
Düsseldorf: Senfmuseum • **Eitorf:** Kanuwandern auf der
Sieg • **Essen:** Phänomania • **Köln:** Schokoladenmuseum
Münster: Skulpturen-Tour • **u.v.a.m.**

89 Tipps

65 Tipps

Rheinland-Pfalz   S. 322 - 351

Altenglan: Draisinen-Spritztour • **Bad Sobernheim:**
Barfußpfad • **Daun:** Maare der Eifel • **Hauenstein:** Pfälzer
Keschdeweg • **Johanniskreuz:** Haus der Nachhaltigkeit
Kaiserslautern: Fußballstadion • **Nackenheim:** Weinlehr-
pfad • **Pirmasens:** Science-Center • **Plaidt:** Vulkanpark
St. Goar: Rheinburgenweg • **u.v.a.m.**

Saarland   S. 352 - 373

Bliesgau: Radeln & Skaten • **Dudweiler:** Brennender Berg
Düppenweiler: Kupferbergwerk • **Heusweiler:** Ölmühle
Homburg: Schlossberghöhlen • **Mettlach:** Saarschleife
Neunkirchen: Hüttenweg • **Ottweiler:** Schulmuseum
Riegelsberg: Saar-Urwald • **Saarbrücken:** Waldhochseil-
garten • **Völklingen:** Völklinger Hütte • **u.v.a.m.**

46 Tipps

Sachsen   S. 374-391

29 Tipps

Altenberg: Wintersport • **Bad Düben:** Naturpark Dübener Heide • **Bad Muskau:** Fürst-Pückler-Park **Bautzen:** Osterreiten • **Dresden:** Semperoper • **Eibenstock:** Badegärten • **Glashütte:** Deutsches Uhrenmuseum **Leipzig:** Panometer • **Rathen:** Felsenbühne • **Syrau:** Mühle und Drachenhöhle • **Zwickau:** Johannisbad • **u.v.a.m.**

Sachsen-Anhalt   S. 392-411

Altjeßnitz: Irrgarten • **Blankenburg:** Rübelandbahn **Gräfenhainichen:** Ferropolis • **Gröningen:** Kanutour auf der Bode • **Güntersberge:** Mausefallenmuseum **Hasselfelde:** Köhlerei • **Langenstein:** Höhlenwohnungen **Magdeburg:** Jahrtausendturm • **Nebra:** Himmelsscheibe **Zeitz:** Kinderwagenmuseum • **u.v.a.m.**

46 Tipps

Schleswig-Holstein   S. 412-445

81 Tipps

Albersdorf: Steinzeitpark • **Büsum:** Sturmflutenwelt **Eckernförde:** Bonbonkocherei • **Flensburg:** Schifffahrtsmuseum • **Friedrichsruh:** Garten der Schmetterlinge **Husum:** Nordseemuseum • **Kiel:** Mediendom • **Lauenburg:** Alte Salzstraße • **Rantumbecken:** Vogelschutzgebiet • **St. Peter-Ording:** Westküstenpark • **u.v.a.m.**

Thüringen   S. 446-467

Bad Langensalza: Baumkronenpfad • **Bad Salzungen:** Gradierwerk • **Bornhagen:** Burg Hanstein • **Eisenach:** Wartburg • **Geisa:** Grenzmuseum • **Ilmenau:** Rennsteigbahn • **Neckeroda:** Färbedorf • **Oberhof:** Exotarium • **Saalfeld:** Seengrotten • **Weberstedt:** Trabiparadies • **Weimar:** Seifenkisten-Rennen • **u.v.a.m.**

46 Tipps

Bildnachweis   Klappe hinten

Baden-Württemberg

Will der Schwabe den Puls beschleunigen, braucht er sich nur zu setzen: Fahrräder gibt es im Land der Techno-Tüftler mit und ohne elektrischem Upgrade. Natürlich lassen sich Bodensee, Schwarzwald und Alb auch anders erkunden. So oder so wird man gerne abgelenkt – von alten Mauern, neuen Museen und feinen Mahlzeiten.

Lässt sie den Apfel endlich fallen?
Diana, die Göttin der Jagd
und Beschützerin von Frauen
und Mädchen, ziert seit
dem 18. Jahrhundert den
Schlossgarten in Schwetzingen.

Planetarium
Mannheim

Im Kinderprogramm des Planetariums bekommen die Kids Antworten auf ihre Fragen. »Warum ist der Mond mal rund wie ein Pfannkuchen und mal so schmal wie eine Banane?« Eine gute Mischung aus Show und Wissen liefert den jungen und nicht mehr ganz jungen Besuchern auf unterhaltsame Weise Hintergrundwissen: Etwa darüber, was der Unterschied zwischen Neumond und Mondfinsternis ist. Oder warum die Dämmerung in den Tropen so kurz ist ...? Im Planetarium – unter einer 20 m umfassenden Projektionskuppel – erfährt man es!

1

www.planetarium-mannheim.de

Technoseum
Mannheim

Warum werden 7, 14 und 21 Uhr als »Mannheimer Stunde« bezeichnet? Woher kommt das Geräusch, wenn die Mühle am Bach klappert? Warum sind Umzugskartons stabiler als normale Kartons, und was hat das mit Leonardo da Vinci zu tun? Wer weiß schon, dass Geldscheine früher aus Lumpen gemacht wurden? Ob die heimische Badewanne (1890) oder der Rasierapparat zum Aufziehen (1960) – in diesem Museum für Technik und Arbeit ist für Alt und Jung etwas dabei. So viel ist garantiert!

www.technoseum.de

Kur- und Freizeitbad
Weinheim

Whirlpool, Wellenbad und Strömungskanal für die Kleinen; Caldarium, Orangen-, Zitronen-, Aroma-, Steinofen- oder Jägersauna, Hamam und Eisnebelgrotte, Sole- und Kneipptretbecken, Salz- und Kristalltherme, Wassergymnastik, Volleyball und Boulefeld für die Großen. Relaxen kann bei so viel Auswahl ganz schön anstrengend sein!

www.miramar-bad.de

Hafenrundfahrt
Weinheim

Mannheim – vom Schiff aus gesehen – bietet völlig neue, überraschende Perspektiven: bei über 70 km Hafen-ufer, Einrichtungen für den Umschlag von mehr als 16 Mio. t Schiffsgütern, Schleusen, Brücken und Hafenbecken rund um den Zusammenfluss von Rhein und Neckar. Ein echtes Erlebnis!

4

www.kurpfalz-schiffahrt.de;
weisse-flotte-heidelberg.de

Bergwerk
Schriesheim

»Frösche«, »Hund«, »Arschleder, »Glück auf«, »Gezähe«, »Lachter« oder »matte Wetter«, wer das Bergwerk besucht, erfährt, was genau dies alles in der Sprache der Bergleute bedeutet. Mit Helm und Umhang ausgestattet geht es über viele Treppen und Leitern in die Tiefe.

5

www.bergwerk-schriesheim.de

Klettern im Steinbruch
Schriesheim

»Fingerriss«, »Eiertour« und »Killing Joke« – so heißen die beliebtesten Touren in diesem größten Klettergarten im Odenwald. Mit mehr als 200 Kletterrouten im Schwierigkeitsgrad 2–10- ist er auch für Anfänger und mäßig erfahrene Kletterer geeignet. Aufgrund der windgeschützten Lage kann auch im Winter gekraxelt werden. Dafür wird es im Sommer auf den beiden oberen Terrassen, die nicht im Wald liegen, ziemlich heiß. Verpassen kann man den Steinbruch nicht: Schon von Weitem leuchtet der rote Fels zwischen den bewaldeten Höhen des Gebirges hervor.

www.klettergebiete-online.de

6

Wanderung
Königsstuhl / Gaisberg

7

Ein Berg für Anfänger und Fortgeschrittene. Zunächst geht es mit der Bahn zur Molkenkur, von wo aus mehrere Wanderwege durch den Stadtwald führen: ostwärts zum Felsenmeer, südwärts zum Gaisbergturm und zu den Mammutbäumen. Die Bahn fährt auch zum Königsstuhl, hier ist es im Sommer angenehme 5 - 6 C ° kühler als im Tal. Hoch oben, in der hiesigen Falknerei, führt Uwe Jacob von April bis Oktober den kühnen Sturzflug seiner Falken vor.

www.bergbahn-heidelberg.de

Freizeitpark Jumpinn
Kirchheim

8

Besonders bei Regen ist der Indoor-Spielplatz ideal für Bewegungshungrige, ob auf Trampolinen und Hüpfburg, im Kletterlabyrinth oder auf dem Fußball- und Basketballcourt. Von Mai bis September garantiert der Outdoor-Spielplatz Spaß im Freien – mit Wabbelkissen, Bouleplatz, Minigolf und mehr. Neue Kraft tankt man bei einer Pizza oder einem Salat in Biergarten und Restaurant.

www.jumpinn-heidelberg.de

 9

Stadtführung Living History
Heidelberg

Ob in Begleitung eines Nachtwächters oder einer Henkerstochter – die historischen Rundgänge lassen Geschichte lebendig werden. Wo Huren und Taschendiebe ihrem Gewerbe nachgingen, wo Hexen verbrannt, Finger abgehackt und Ohren abgeschnitten wurden, das wissen die Führer anschaulich zu schildern. Weniger gruselig geht es bei den Altstadtführungen für Familien mit Kindern zu. Dort stehen die Sagen und Legenden der Stadt auf dem Programm.

www.heidelberg-stadtfuehrungen.de

 **10**

Minneburg
Neckargerach

Der tapfere Ritter Edelmut hatte außer seiner Liebe zu Minna nichts vorzuweisen. Er zog daher in einen Kreuzzug. Sie wurde gegen ihren Willen mit einem Grafen vermählt. Bei seiner Heimkehr konnte Edelmut der Todgeweihten nur noch versprechen, eine Burg zu ihren Ehren zu errichten. So geschah es. Zu rührselig? Der Blick von hier in die Margarethenschlucht kann darüber hinweghelfen.

www.neckargerach.de

Burgentour
Eberbach

Ein Geheimtipp für Unerschrockene ist diese Tour mit Übernachtung zwischen efeuumrankten Ruinen. Mitten im Wald, auf einem Bergsporn über dem Neckar bei Eberbach-Rockenau, erheben sich die eindrucksvollen Reste der Burg Stolzeneck: Vor- und Kernburg mit Zwinger, Halsgraben, Zisterne und Palas. Wer sich bei der Forstbetriebsleitung anmeldet, kann in der Vorburg sein Zelt aufschlagen, den Schlafsack ausrollen und von ritterlichen Heldentaten träumen. Käuzchenrufe sorgen für gruselige Atmosphäre.

11

www.burgenreich.de;
www.burgenwelt.org

Fallschirm
Riedenheim

Es braucht schon eine gehörige Portion Mut, sich aus 3 000 m Höhe aus einem Flugzeug in die Tiefe zu stürzen, um dann im freien Fall und mit einer Geschwindigkeit von bis zu 200 km/h der Erde entgegenzurasen – bis einer nach ungefähr 40 Sek. die Reißleine zieht und die Höllenfahrt bremst: Mit einem sanften Ruck öffnet sich in einer Höhe von rund 1500 m der Fallschirm aus dem kleinen Rucksack auf dem Rücken des Springers, und er schwebt mit sachten 20 km/h in 5 - 8 Min. vergleichsweise langsam dem Boden entgegen.

 12

info@skydivecity.de;
www.skydivecity.de

 13

Radler und Skater auf Tour
Tauberbischofsheim

Auf der Strecke »Liebliches Taubertal« kommen Radler auf 110 km auf Touren. Wer die »Romantische Straße« wählt, dem präsentieren sich landschaftliche Kostbarkeiten wie am Fließband. Alternativ können Pedalritter den Main-Tauber-Fränkischen »Rad-Achter«, den »Odenwald-Madonnen-Radweg« oder die nähere Umgebung von »TBB by Bike« (30 km) erobern. Freunde der Rollen skaten auf Inlinern durch die satten Tauberwiesen.

www.liebliches-taubertal.de

 14

Am Limes
Walldürn

Der äußere Obergermanisch-Rätische Limes ist mit 550 km Länge, 900 Wachposten und 120 Kastellen eines der beeindruckendsten archäologischen Denkmäler Mitteleuropas. Heute kann man auf den Spuren der Römer auf Touren kommen. Etappenziel ist Walldürn: Historisch gewandete Siedler vermitteln einen lebendigen Eindruck vom Alltag am Rande des Imperiums. Wer einen Sprung in die jüngere Geschichte wagen möchte, sollte für die Erkundung auf die Postkutsche umsteigen.

www.limesstrasse.de

Tropfsteinhöhle
Buchen

Am Übergang von Odenwald und Bauland befindet sich eine der schönsten Schauhöhlen Deutschlands. 1-2 Mio. Jahre ist das atemberaubende Naturwunder alt, doch erst 1971 wurde es durch Zufall entdeckt. Die Tropfsteinhöhle ist bequem begehbar, 600 m lang, 2,5-8 m hoch und 2-7 m breit. Kalksinter bedeckt die Wände, von der Decke hängen Stalaktiten, und am Boden türmen sich die Stalagmiten. Manchmal sieht es aus, als ob ein steinerner Vorhang beiseite gezogen wurde, um den Blick auf die Kalksinterformationen freizugeben. Zu den schönsten gehören die »Weiße Frau von Eberstadt«, der »Vesuv« und die berühmte »Hochzeitstorte«.

www.buchen.de; www.geo-naturpark.net; www.showcaves.com

Besuch im Kloster
Bronnbach

Bei einer Führung erfährt man einiges über den berühmten Ordensgründer Bernhard von Clairvaux und die Zisterzienser, die sich stets in Wassernähe ansiedelten. Im Sommer lockt ein Biergarten unter freiem Himmel, im Winter der Weihnachts- und an Ostern der Künstlermarkt mit außergewöhnlichen Werken.

15

www.kloster-bronnbach.de

Lehrpfade
Wiesloch

Zwei Naturlehrpfade rund um Wiesloch informieren quasi im Vorbeigehen über die heimische Tier- und Pflanzenwelt und geologische Besonderheiten. Der Naturerlebnispfad im Dämmelwald widmet sich auf einer 2,5 km langen Runde der heimischen Flora sowie Fauna und überrascht Kinder wie Erwachsene auf acht Schautafeln mit erstaunlichen Tatsachen über den Lebensraum Wald. Unweit lädt der Geologische Lehrpfad an der Gerbersruhschule zu einem anschaulichen Spaziergang durch 600 Mio. Jahre Erdgeschichte, vom Kambrium bis zum Quartär, ein.

17

www.wiesloch.de

Wildtierpark
Bad Mergentheim

Zweimal täglich können Besucher die Tierpfleger bei ihren zweistündigen Rundgängen begleiten und u.a. Fischotter, Bären oder Luchse aus nächster Nähe beobachten. Da wird es so manchem etwas mulmig, wenn sich das 30-köpfige Wolfsrudel mit lautem Heulen zusammenruft oder direkt über den Köpfen Steppenadler kreisen. Im parkeigenen Bauernhof lernt man die alten Haustierrassen kennen und erlebt, wie Zugochsen oder Rückepferde für die Arbeit eingesetzt wurden.

www.wildtierpark.de

Histotainmentpark
Osterburken

Hier wird Geschichte erlebbar gemacht. Historisch gewandete Siedler bauen eine Stadt: Handwerker- und Patrizierhäuser, Kathedrale und Köhlerhütte, Filzerei und Grubenhaus sind bereits fertig. Besucher können sich erklären lassen, wie ein Seifensieder arbeitet oder womit ein Flecksieder seinen Lebensunterhalt verdient. Nur wenige Fragen bleiben offen. Bis auf eine: Womit hat der sehenswerte Park einen solchen Namen verdient?

www.mittelalterpark.de

20 Burg und Greifenwarte
Haßmersheim

Auf einem Bergrücken zwischen Neckar und Mühlbach liegt die in der Stauferzeit erbaute Burg Guttenberg. Sie wurde im Laufe ihrer 800-jährigen Geschichte nie zerstört und wird in 17. Generation durch die Freiherren von Gemmingen geführt.

Auf der Terrasse mit Neckarblick lädt Europas älteste Greifenwarte zu Vorführungen mit Adlern, Geiern und Eulen, darunter auch riesige Uhus ein. Die Burgschenke tischt zünftige Ritterkost auf.

www.burg-guttenberg.de

21 Paddeln auf dem Neckar
Bad Friedrichshall

Bei einer Paddeltour mit dem Kanadier – für geübte Paddler gibt's auch Kajaks – kann man das romantische Flusstal aus einer ganz neuen Perspektive erleben. Von der Zweistundentour bis zum Fünftagestrip ist für jeden etwas dabei. Für Einsteiger empfiehlt sich die Zweistundentour von Bad Friedrichshall bis nach Gundelsheim. Eine gemütliche Tagestour führt von Bad Friedrichshall bis Haßmersheim und eine Dreitagestour von Bad Friedrichshall über Haßmersheim bis nach Eberbach.

www.kanu-bike.de

Radtour im Kilt
Waldangelloch

Von Frühling bis Herbst lädt der Radweg am Waldangelbach zum Familienausflug ein. Der 15 km lange Bach entspringt in Waldangelloch und mündet in Wiesloch in den Leimbach. **22** Am ersten Juliwochenende flattern im nahe gelegenen Park von Eichtersheim die Schottenröcke und Dudelsäcke ertönen. Während der Internationalen Highland Games messen sich Athleten in Kilts im Baumstammweitwurf, Fassrollen, Steinstoßen und Tauziehen. Whiskytasting ist auch ohne Kilt und karierte Kleidung erlaubt – über 50 Sorten stehen zur Auswahl.

www.winzermuseum-rauenberg.de; www.highland-games.info

Abwärts radeln
Bad Wimpfen

23

Eine der landschaftlich reiz-vollsten Etappen des Ne-ckartalradwegs führt von Bad Wimpfen nach Mannheim. Während der Fluss sich in Schleifen durch den Odenwald schlängelt, tauchen fast hinter jeder Biegung Schlös-ser, Burgen und Ruinen auf. Sobald der Neckar durch die Rheinebene seiner Mündung entgegenströmt, kann man die Radtour schließlich ge-mütlich ausklingen lassen. Auf hervorragend ausgebau-ten und bestens beschilderten Straßen und Wegen schafft man die 120 km der Etappe in 6 - 8 Std. Wer sich weniger vornehmen will, wählt einen Teilabschnitt aus. So sind es zum Beispiel von Bad Wimp-fen nach Gundelsheim nur ca. 8 km, nach Binau rund 28 km und bis Zwingenberg ca. 43 km. Da der Radweg am Fluss entlang verläuft, fällt er stets leicht ab und ist ideal für Familien mit Kindern oder untrainierte Radler.

www.fahrrad-tour.de;
www.fahrradreisen.de

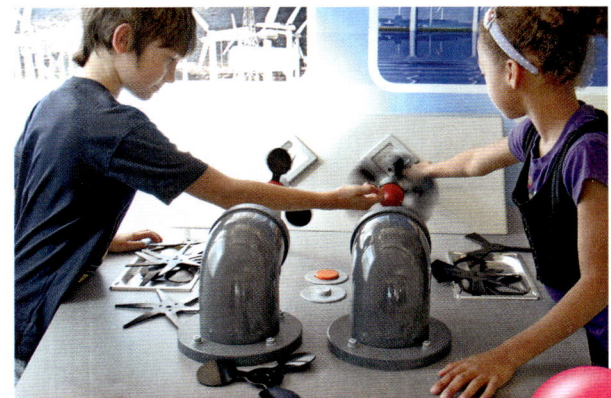

Experimenta
Heilbronn

24

Lernen bedeutet hier, spielend die eigenen Interessen und Talente herauszufinden. In vier aufwendig inszenierten Themenwelten erlebt der Besucher anhand von 150 interaktiven Exponaten die Bereiche Energie und Umwelt, Technik und Innovation, Mensch und Kommunikation sowie Mensch und Freizeit. In den Talentschmieden können ungeahnte Fähigkeiten entdeckt, ent-wickelt und vertieft werden. Nach Herzenslust experimentieren können Nachwuchsforscher unter pädagogischer Anleitung in drei Labors und zwei Ateliers. Dazu gibt es Experimental-Shows und regelmäßig Workshops zu diversen Themen. So lassen sich Naturphänomene erklären, wird Abstraktes vorstellbar, Technik erlebbar.

www.experimenta-heilbronn.de

25 Falken im freien Flug
Hohenbeilstein

An die hundert Nacht- und Taggreifvögel aus vier Kontinenten werden in der romantischen Umgebung nahe der mittelalterlichen Gemäuer gehalten. Viele der Greifvögel leben nicht in Volieren, sondern in Anbindehaltung auf Greifensitzen mit Schutz-häuschen. Die Vorführungen sind atemberaubend – besonders bei gutem Wetter! Die Falkner kümmern sich heute vorrangig um den Schutz der Vögel, von denen viele vom Aussterben bedroht sind.

www.falknerei-beilstein.de

26 Naturerlebnispfad
Mainhardt

Kinder sind begeistert! Ausgerüstet mit ihrer eigenen Naturpfadkarte, die es kostenlos im Mainhardter Rathaus gibt, ziehen sie mit den Erwachsenen im Schlepptau auf den Fuxi-Naturerlebnis-Pfad. Idyllisch angelegt auf einer Strecke von rund 8 km warten dort 22 lehrreiche und unterhaltsame Stationen auf die Kids. Das Motto der mit ca. 5 Std. zu veranschlagenden Tagestour lautet: Natur mit allen Sinnen erleben. Wem das zu lang ist, läuft die kleine Runde, die etwa 1,5 Std. dauert.

www.erlebniswelt.com

Kanufahren
Bietigheim

27

Mit ihren naturgeschützten Flachwasserzonen ist die Enz nur für das rücksichtsvolle, »sanfte« Paddeln geeignet. Genau das Richtige, um sich bei einer zweistündigen »Rundtour«, die die Kanustation in Bietigheim-Bissingen anbietet, auf dem Wasser im Einklang mit der Natur zu entspannen. Die »Zugvögel« bieten auch Gelegenheit, an einer geführten Bootstour teilzunehmen, begleitet von ortskundigen und engagierten Guides. Empfehlenswert für Familien, weil keine Vorkenntnisse nötig sind – mit Schwimmweste können bereits Zwei- bis Dreijährige mit ins Boot.

www.diezugvoegel.de

Karlshöhe
Stuttgart

Der schönste Weg führt (wie in Stuttgart üblich) über Treppen nach oben, hierzulande Stäffele genannt. Insgesamt 400 zählt die Landeshauptstadt. Ihr Usprung geht auf die Weinbauern zurück, die in früheren Jahrhunderten rund um den Kessel ihre Reben pflegten und Stäffele anlegten. Der Weg mäandert daher durch Wohn- und Weingebiete bis zu einer luftigen Terrasse: die 1889 angelegte Karlshöhe. Im Sommer öffnet der dortige Biergarten um 11 Uhr. Nach dem Aufstieg schmeckt das Bier noch besser als sonst!

Aufstieg über Willy-Reichert-Staffel oder über die Reinsburgstraße

28

29 Weißenhofsiedlung
Stuttgart

Unter der Leitung von Ludwig Mies van der Rohe beteiligten sich in den 20er Jahren des letzten Jhs. Architekten aus fünf europäischen Ländern an der Planung, bei der Häuser mit Wohnungen inbesondere für Familien mit schwachen Einkommensverhältnissen geschaffen werden sollten. Innerhalb des Gesamtkonzepts konnten die Architekten ihre Bau- und Wohnvorstellungen frei verwirklichen. Ludwig Mies van der Rohe, Le Corbusier, Walter Gropius, Hans Scharoun u. a. waren damals nur in Kreisen der Avantgarde bekannt – heute zählen sie zu den einflussreichsten Architekten des 20. Jhs. Das ist es auch, was die Siedlung auf der Anhöhe des Stuttgarter Killesbergs so einzigartig macht. Eine Anmeldung für die offenen Führungen ist nicht nötig (1,5 Std., bzw. ca. 45 Min.).

www.weissenhof.ckom.de;
www.weissenhofmuseum.de

30 Erfahrungsfeld
Welzheimer Wald

Tasten, hören, riechen oder schmecken? – Die Installationen des Schreiners, Künstlers und Philosophen Hugo Kükelhaus sprechen alle fünf Sinne an. In der Laufenmühle soll die Umwelt die Wahrnehmung verfeinern und fördern. »Eins + Alles« nennt der Künstler das Naturerlebnis der besonderen Art: Erlebnispfad und Rote Achse, Aktionsplatz und Dunkelgang, mongolische Jurte, Feuerzelt, Tieroase und Weidenkathedrale lassen nicht nur Kinderherzen höher schlagen. Und weil die Sinne auch immer Nahrung brauchen, gibt es im Café-Restaurant Molina genügend Proviant, der vor allem den Gaumen kitzelt.

www.eins-und-alles.de;
nur bedingt rollstuhlgeeignet

Höhenpark Killesberg
Stuttgart

31

Es war einmal im Jahr 1939. Da machten ein Hochbau- und ein Landschaftsarchitekt einen öden Steinbruch zum Reichsgartenschaugelände. Nach einer wechselvollen Geschichte und der Zerstörung im Krieg wurde der Park im Jahr 1949 wieder aufgebaut und bereits 1950 vom damaligen Bundespräsidenten Theodor Heuss als »Höhenpark Killesberg« eröffnet. In den 90er Jahren sanierte man den Park nach alten Plänen grundlegend. Schwindelfreie Besucher begehen den 43 m hohen Aussichtsturm, der im Jahr 2001 gebaut wurde: eine Stahlkonstruktion filigraner Art, die einen Blick von der Schwäbischen Alb bis zum Schwäbischen Wald bietet. Ein weiterer Höhepunkt ist das »Bähnle«: Zwei Dieselloks ziehen die überdachten Wagen auf einem 2 km langen Kurs durch den Park.

Höhenpark Killesberg; Stresemann-, Thoma- oder Lenbachstr., Feuerbacher oder Cannstatter Eingang

32

 33

Stuttgarter Weindorf
Innenstadt

Was den Bayern das Bier, ist den Württembergern der Wein. »Viertele schlozze« nennt man das hierzulande und ist stolz darauf, dass die Gläser auch wirklich 0,25 l und nicht wie meist üblich nur 0,2 l Wein enthalten. Auf den Weinfesten Ende August/Anfang September schenkt man nicht ganz so viel ein, dafür ist die Auswahl dann doch zu groß. Damit man auch tüchtig etwas verträgt, gibt es schwäbische Spezialitäten dazu: Buba-spitzle, Maultaschen, Kartof-felsalat. Wohl bekomm's!

www.stuttgarter-weindorf.de

 34

Schnitzeljagd in der City
Stuttgart

Schnitzeljagd – dieses Zauberwort versprach in Kindertagen einen Nachmittag voller Spaß und Kurzweil! Wenn nur die Vorbereitung nicht wäre … Diese übernehmen beim Rätselparcours durch die Stuttgarter Innenstadt die Profis, damit die zukünftigen Jäger mehr Zeit für den Spaß haben. Ziel bei der Fotosafari, die ebenfalls angeboten wird, ist das Schießen von Fototrophäen! Einfallsreichtum und Kombination sind dabei von Vorteil.

www.schnitzeljagd-stuttgart.de

35 Wanderung
Siebenmühlental

Sieben Mühlen gaben dem Tal seinen Namen. In Wirklichkeit sind es elf an der Zahl, die im 10 km langen Tal entlang des Reichenbachs zu erwandern sind. Entweder geht es auf Schusters Rappen von einer Mühle zur nächsten oder auf dem Bundeswanderweg durch das Tal. Der asphaltierte Bundeswanderweg hat nur leichte Steigungen und ist daher besonders gut für Radfahrer oder Inlineskater geeignet. In Betrieb ist heute nur noch die Eselsmühle. Das Museum in der Mäulesmühle zeigt dafür, wie anno dazumal gearbeitet wurde. Herzstück des 1986 originalgetreu wieder aufgebauten Fachwerkhauses ist das unter Denkmalschutz stehende Mahlwerk aus dem Jahr 1819. Jeden Sonntag um 17 Uhr wird für das interessierte Publikum der Riemen aufgelegt und das Mühlrad in Bewegung gesetzt. Ein ohrenbetäubendes Spektakel.

www.siebenmuehlental.de

36 Schnuppertauchen
Denkendorf

Vier bis fünf Kursteilnehmer gehen mit zwei Tauchlehrern im Turm auf Tauchkurs. Bevor abgetaucht wird, findet eine theoretische Einweisung statt: Wie handhabe ich die Geräte richtig und wie verhalte ich mich unter Wasser? Alle Kursteilnehmer machen sich mit der gestellten Ausrüstung vertraut: Kurzanzug, Pressluftflasche, Tauchmaske und Flossen. Das Atmen unter Wasser will gelernt sein. Ist die erste Hemmschwelle überwunden und der Druckausgleich mit einem »Popp« im Ohr erreicht, steht dem ersten Gang nichts mehr im Weg. Unten angekommen, genießt man das Gefühl der Schwerelosigkeit – Saltos gelingen so ganz leicht.

www.tauchturm.com;
Mindestalter 10 Jahre

Kanaltour
Esslingen

37

Sanft vor sich hin fließende Wasserläufe durchziehen die schwäbische Kleinstadt, in der es ein Viertel gibt, das Klein-Venedig heißt. Bei der Expeditionstour zu Wasser kann man in 2 Std. die ehemalige Reichsstadt Esslingen mit ihren schönen Fachwerkhäuschen in Begleitung eines erfahrenen Neckar-Kapitäns vom Wasser aus entdecken. Unter mittelalterlichen Brücken hindurch gleitet das Kanu gemächlich durch die Kanäle – genau das richtige Tempo, um viele idyllische Fleckchen zu bestaunen. Gelassener und müheloser als in diesen Holzbooten geht es wirklich nicht!

www.nextour.de

Langlaufen
Schwäbischer Wald

38

Das Welzheimer Langlauf-gebiet bietet sich als ideales Winterziel an, denn ein Loipennetz von insgesamt knapp 70 km Länge durch-zieht die reizvolle Landschaft im Schwäbischen Wald. Zu befahren sind leichte, mit-telschwere und schwere Strecken – allesamt nach den Richtlinien des Deutschen Ski-verbands markiert. Für freie Technik stehen ca. 8 km zur Verfügung. Beim Loipe-Zentrum am Stausee Aichstrut gibt es sogar einen Rundkurs von 1,5 km mit Flutlicht! Für Ausdauersport-ler bietet sich eine Kombi-nation der Routen mit einer Gesamtlänge von 17 km an. Die Vorbereitung? Loipen-plan aus dem Internet laden und vor Ort direkt in die richtige Spur steigen. Wer sich keine Bretter anschnal-len will, leiht sich am Loipe-Zentrum Schneeschuhe aus und erkundet das Gebiet auf Schneeschuh-Wanderwegen (1,2 km; 3 km; 9 km).

www.welzheim.de; s. Freizeit und Tourismus

39

Fahrt im Museumszug
Nürtingen

Eine kleine Reise in die Vergangenheit gefällig? Dann bitte einsteigen und Türen schlie-ßen – Vorsicht bei der Abfahrt! Immer wieder sonntags starten das Sofazügle und der Feurige Elias zu ihren Fahrten zwischen Korntal und Weissach bzw. Nürtingen und Neuffen. Wer sich aus dem Fenster beugt und nicht aufpasst, bekommt eine Portion Ruß ab. Dieses Risiko nimmt man als Eisenbahnromantiker gerne in Kauf. Für eine Generation, die Dampfloks nur aus der Augsburger Puppenkiste oder im H0-Format kennt, sind die kurvenreichen Fahrten mit den Museumszügen eine aufregende und sehr kurz-weilige Angelegenheit.

www.ges-ev.de

Schaubergwerk Tiefer Stollen
Aalen

Schon im Jahr 1608 wurde im Braunenberg bei Aalen Eisenerz abgebaut. Immer weiter vergrößerte sich das unterirdische Netz aus Stollen, Schächten und Gängen. Nachdem der Abbau von Erz dort 1924 eingestellt wurde, verfiel die Anlage. 1986 begann man mit der Wiederherstellung der Eisenerzgrube als Schaubergwerk. Von dem einst über 6 km umfassenden Labyrinthaus sind mehrere Stollen und Gänge, die interessantesten Teile des Besucherbergwerks, zu besichtigen. »Glück auf im Tiefen Stollen« lautet der alte Bergmannsgruß, mit dem Besucher auch heute noch empfangen werden. Mit der Grubenbahn fährt man 400 m weit ins Bergwerk hinein. Da es unten zu jeder Jahreszeit kühl ist (ca. 11 °C), empfiehlt sich warme Kleidung. 1,5 Std. sollte man für den Spaziergang mit den anschaulichen Tafeln einplanen.

www.bergwerk-aalen.de

Erlebnismuseum Steiff
Giengen

Alles begann 1880 mit Margarete Steiff, die ein »Elefäntle« als Nadelkissen nähte. Der Gebrauchsgegenstand wandelte sich rasch zum Kinderspielzeug. Als im Jahr 1902 Margaretes Neffe Richard den ersten Plüschbären der Welt mit beweglichen Armen und Beinen entwarf, stand dem internationalen Erfolg nichts mehr im Weg. Im Museum werden auf 2 400 qm die Plüschtiere eindrucksvoll präsentiert. Ein Blick in die einstige Nähstube oder in die Schaufertigung informiert über die traditionelle Herstellung und die seit 130 Jahren konstante Qualität! Um die Ware vor Nachahmung zu schützen, erfand Franz Steiff 1904 den »Knopf im Ohr« als Markenzeichen.

www.steiff.de

Wanderung
Zur Achalm

42

HAP Grieshaber, der Bildhauer und Holzschnitzer, schätzte die Natur auf dem Reutlinger Hausberg. Noch heute kann man an dem Häuschen vorbeispazieren, wo er bis 1981 lebte. Zur Achalm führen viele Wege. Vom Achalm-Parkplatz am Scheibengipfel ist es nicht weit zum Rundweg unterhalb des Gipfels oder zum »Schönen Weg«, der an der Besiedlungsgrenze von Reutlingen verläuft. Bis zur Ruine der Grafen von Achalm muss man sich ein wenig anstrengen. Nach dem Achalm-Restaurant geht es steil bergauf. Oben belohnt ein grandioser Ausblick.

www.reutlingen.de;
www.achalm.com

Stocherkahnfahren
Tübingen

Was dem Venezianer seine Gondel, ist dem Tübinger sein Stocherkahn. Die flachen Holzboote kommen jedoch viel bescheidener daher; an Bequemlichkeit mangelt es dennoch nicht. Zehn bis zwanzig Personen finden im Boot Platz, man sitzt sich gegenüber, ein langes Holzbrett dient als Rückenlehne. Früher war das Stochern den Studentenverbindungen vorbehalten. Heute kann jeder das Stochern lernen. Was leicht aussieht, ist eine Kunst: Die Stange (7 m lang und 12 kg schwer) wird beim Eintauchen nass und somit auch der Stocherer, der das Boot in Bewegung setzt. Und ja nie die Stange loslassen! Fällt sie ins Wasser, muss man ihr hinterherspringen.

www.tuebingen-info.de, s. Stocherkahnfahrten; www.stocherkahn-viaverde.de

Limesmuseum
Aalen

»Spaß mit römischer Geschichte« lautet das Motto im Museum. Als Römer verkleidet, wird dabei die Entdeckungsreise durch die Themenbereiche der Ausstellung zu einem Abenteuer für Kinder. Die Römer-Accessoires dafür hält die Verkleidungsecke im Museum bereit.

44

Schatz- und Waffenfunde kann man in der Sammlung bestaunen, ebenso Gold- und Silberschmuck, römische Münzen, schwere Panzer, Helme sowie Soldatensandalen. Dioramen, Computeranimationen, Videos und Hörspiele gestalten den Besuch nicht nur für Kinder informativ und äußerst kurzweilig.

www.limesmuseum.de

45

Bobfahren auf der Alb
Donnstetten

Die Bobs sind entgleisungssicher und meistern Höchstgeschwindigkeiten von bis zu 40 km/h. Sie können einzeln oder zu zweit besetzt werden, Kinder ab drei Jahren können daher problemlos mitfahren.

Die 1 km lange Abfahrt überwindet rund 50 Höhenmeter. Steilkurven und Wellen entlocken den Fahrern dabei so manchen Jauchzer.

www.bobbahn-donnstetten.de

46

Schneckenexkursion
Hayingen / Lautertal

Im Zeitlupentempo bewegt sich »Helix pomatia«, besser bekannt als Weinbergschnecke, voran. Vor allem Kinder wollen alles über die kleinen Weichtiere mit dem Häuschen erfahren. Wer weiß z. B. schon, dass sich an den Jahrringen ihres Gehäuses das Alter ablesen lässt? Viele Fragen zum Schneckengarten werden geklärt – und natürlich will auch jeder beim »Rennen« der Schnecken zusehen.

www.alb-guide.de; s. Touren

47

Freilichtmuseum
Beuren

Vieles haben sie erlebt, die Gebäude auf dem Gelände des Freilichtmuseums. Und vieles können sie uns erzählen – Geschichten von ihren Bewohnern und über den Alltag auf dem Land im Mittleren Neckarraum und der Schwäbischen Alb. Verschiedene Aktionen ergänzen das Programm, wenn an den »Schäfertagen« im April Hirten, Schafe und Wolle im Mittelpunkt stehen.

www.freilichtmuseum-beuren.de

49

Schloss und Abenteuerpark
Lichtenstein

Blautopf
Blaubeuren

Der Blautopf hat etwas Mystisches an sich. Das Farbenspiel beeindruckte schon vor Tausenden von Jahren die Menschen, die in der Nähe der Quelle wohnten. Ein Zeugnis dieser frühen Kultur ist die 40 000 Jahre alte »Venus vom Hohle Fels«, die als die älteste Menschendarstellung der Welt gilt.

48

Inspiriert durch Wilhelm Hauffs Roman »Lichtenstein«, ließ sich Wilhelm Graf von Württemberg um 1840 ein Schloss erbauen, das den Idealvorstellungen einer mittelalterlichen Ritterburg entsprach. Begehbar sind die Räumlichkeiten im Rahmen einer halbstündigen Führung. Mit Voranmeldung kann man von März bis November die unterhalb des Schlosses liegende Kalktuffhöhle besichtigen, die größte ihrer Art in Deutschland. Wem das zu wenig abenteuerlich ist, tobt sich anschließend oder stattdessen im nahe gelegenen Kletterparcours aus.

www.schloss-lichtenstein.de;
www.abenteuerpark-schlosslichtenstein.de

www.blaubeuren.de

Höhlen im Geopark
Ehingen

Nordwestlich von Ehingen verstecken sich drei jeweils nur wenige Meter große Schauhöhlen: Die Kätheren-Küche bei Briel, die Schuntershöhle nahe Dachingen und das Felsställe beim Dorf Mühlen dienten – wie Grabungen beweisen – vor etwa 10 000 Jahren Jägern und Sammlern als Unterschlupf. Die Gegend um Ehingen ist ein wichtiger Teil des Geoparks Schwäbische Alb. Hier kann man Einblicke in die Entstehung der Erde gewinnen. Ein Tipp am Rande: ein Bad im konstant 16 °C warmen Thermalbad bei Algershofen.

www.museum-schelklingen.de;
www.geopark-alb.de

51 Mittelalterliche Baustelle
Meßkirch

Bauen wie vor 1 200 Jahren – wer erfahren möchte, wie im Mittelalter gebaut wurde, sollte die Baustelle »Campus Galli« besuchen: Ca. 25 Bauleute arbeiten hier an der originalgetreuen Fertigstellung einer karolingischen Klosterstadt. Das Besondere daran: Es werden sogar mittelalterliche Werkzeuge und Baumethoden verwendet.

www.campus-galli.de

Fürstlicher Park
52 Inzigkofen

Schroffe Steilhänge, abenteuerliche Treppen, Gehwege über Abgründe, dazu die ruhige Donau und eine Brücke, die der Teufel gebaut haben soll – wer nach Inzigkofen kommt, muss sich also auf einiges gefasst machen. Dieser Ort voller Überraschungen liegt zwischen Sigmaringen und Beuron im Naturpark Obere Donau, durch den man schön radeln und wandern kann.

www.inzigkofen.de

Sternwarte und Planetarium
53 Laupheim

In Laupheim sind Planetarium und Sternwarte unter einem Dach. Diese Besonderheit ermöglicht es, ausgeklügelte Multimedia-Shows mit »echten« Bildern zu verknüpfen. Mithilfe mehrerer Teleskope können Besucher eine Tour zwischen Mondgebirgen und Kratern unternehmen, Jupiter oder Mars besuchen und einen Blick auf imposante Gasnebel oder in ferne Galaxien werfen.

www.planetarium-laupheim.de

55

Heiliger Berg Bussen
Offingen

Auf 767 m liegt der »Heilige Berg« Oberschwabens mit der barocken Kirche »Zur Schmerzhaften Mutter«. Die Aussicht vom Berg in alle Richtungen ist grandios. Zu den Maiandachten sowie an Sonn- und Feiertagen pilgern zahlreiche Besucher hierher. »Hock a bitzle na!«, diese Inschrift auf der Bank vor der Kirche ist eine sehr liebevolle Aufforderung, sich auszuruhen, nachdem man den Berg über einen der sechs Wanderwege bezwungen hat. Der Satz ähnelt dem Leitmotiv »Schaffa, gruaba!« (»Arbeiten, ausruhen!«) und ist Ausdruck oberschwäbischer Lebensart.

www.uttenweiler.de/
tourismus-freizeit/der-bussen/

Naturschutzgebiet Federsee
Bad Buchau

Natur und Kultur gehen am Federsee eine perfekte Verbindung ein. Schon seit der Steinzeit siedeln Menschen in dem Gebiet, das heute im Herzen Oberschwabens liegt. Wie sie ab der letzten Eiszeit im Moorgebiet gelebt, gejagt, gegessen und gekämpft haben, präsentiert die anschauliche Ausstellung im Federseemuseum in Bad Buchau. Daneben, im Naturschutzzentrum, lernen die Besucher Flora und Fauna des Moores, darunter z. B. die mehr als 260 Vogelarten kennen.

www.bad-buchau.de;
www.federseemuseum.de

Kletterwald
Biberach

Im Hochseilgarten und Kletterwald Biberach kommen Spaß und Action auf keinen Fall zu kurz. Noch dazu sorgt ein innovatives Sicherungssystem für die nötige Sicherheit auf den insgesamt neun Parcours und 85 Kletterelementen. Jeden Freitag gibt es ein zweistündiges Kinderkletten (ab 6 Jahren). Da lernen schon die ganz Kleinen unter Aufsicht eines erfahrenen Trainers, wie man sich richtig an den Seilen entlanghangelt und die Balance hält.

www.kletterwald-biberach.de

Öchsle-Bahn & Knopfmuseum
Warthausen

Nicht ganz so bequem, aber wunderschön! Auf der 19 km langen Strecke der Schmalspurbahn von Ochsenhausen nach Warthausen bei Biberach nimmt die Bahn ihre Passagiere mit in eine lange vergangene Epoche. Die Fahrtzeit von 70 Min. wird für die Reisenden zu einem hör-, riech- und fühlbaren Abstecher in die Zeit König Wilhelms II. von Württemberg. Die Dampflok schnaubt gemächlich an restaurierten Bahnhöfen vorbei durch die Landschaft. In Warthausen ist der Ausflug aber noch nicht zu Ende. Im Museum »Knopf und Knopf« wird eine Knopfmacherwerkstatt aus dem Jahr 1946 lebendig. Eine Ausstellung wertvoller Gold- und Elfenbeinknöpfe sowie ein Blick auf die (mögliche) Zukunft der Knopfherstellung runden den Museumsbesuch ab.

www.oechsle-bahn.de;
www.knopfundknopf.com/museum/

Museumsdorf Kürnbach
Bad Schussenried

Alles so zu zeigen, wie es tatsächlich war – das ist die Absicht des Museumsdorfs Kürnbach bei Bad Schussenried. Schön ist es hier allemal, denn in den vergangenen 40 Jahren hat sich rund um das 1968 eröffnete Heimatmuseum im Kürnbachhaus ein regelrechtes oberschwäbisches Dorf entwickelt, mit inzwischen 33 Gebäuden und allem, was seinerzeit dazugehörte: Bauernhöfe (der älteste stammt aus dem Jahre 1499), Speicher, Backhaus, ein Rathaus, ein Dorfteich, eine Kapelle, eine Zehntscheuer, eine Turm-Umspannstation. Dazu ein Tanzhaus, in dem heute das Oberschwäbische Trachtenmuseum untergebracht ist sowie eine über 100 Jahre alte Holzkegelbahn.

www.museumsdorf-kuernbach.de

Seepark Linzgau
Pfullendorf

61

Abenteuerlustige, Sonnenbadende, Volleyballspieler, Wasserskifahrer, Wakeboarder und andere Freizeitler kommen hier voll auf ihre Kosten. Der Tag im Seepark könnte z. B. mit einem 18-Loch-Turnier der besonderen Art beginnen – auf der wohl verrücktesten Golfanlage Deutschlands. Hier müssen der Säntis bezwungen, eine Skisprungschanze durchspielt und ein gespenstischer Keller durchlaufen werden. Für die Kleinen wartet der Seepark mit einer Wasser-Erlebniswelt samt Spielplatz auf, in dem gebuddelt, geplanscht und geschaukelt werden kann.

www.pfullendorf.de/seepark

Spiele & Türme
Ravensburg

»Ravensburg spielt!« lautet das Motto in jedem Sommer. Immer am letzten Ferienwochenende verwandelt sich die Altstadt in ein riesiges Freiluft-Spielzimmer, in dem mit Feuereifer gepuzzelt und gewürfelt, gewonnen und verloren wird. Ravensburg ist die Stadt der Spiele. Der Buchhändler Otto Maier hat hier 1883 »Ravensburger« gegründet, die heute weltbekannte Marke mit dem blauen Dreieck. Im Stammsitz des Unternehmens in einem Patrizierhaus in der oberen Marktstraße residiert das Museum Ravensburger. Dort kann man Geschichte und Gegenwart des Verlags, aus dem Klassiker wie Malefiz, Fang den Hut oder Memory stammen, erleben. Vom Museum ist es nur ein Katzensprung hoch zum Mehlsack, dem berühmtesten Turm in der »Stadt der Türme«, wie Ravensburg auch genannt wird. Der mühsame Marsch wird mit einer herrlichen Aussicht belohnt.

www.museum-ravensburger.de

62

63

Naturpfad Blitzenreuter Seenplatte
Fronreute

»Sinne-Max« heißt die Figur, die Besucher des Naturschutzgebiets auf den drei Routen »DENKmal«, »MACHmal« und »SCHAUmal« durch das Dornacher Ried und um die umliegenden Seen und Weiher führt. Mit Längen von 3,5 - 8,1 km und unterschiedlichen Schwerpunkten bieten die interaktiven Naturerlebniswege Spaß, Erholung und Wissenswertes in einem. Zwei der Wege sind für Fahrradtouren geeignet. Je nach Route führt der Sinne-Max zu einem Baumtelefon, einer begehbaren Sonnenuhr, einem Waldspielplatz oder zu Aussichtspunkten mit Alpenpanorama.

www.zwischenschussenundseen.de; www.vorseer-stallbesen.de

64

Durchs Pfrunger Ried
Wilhelmsdorf

Hauptsächlich auf Fleisch hatten sie es abgesehen, aber auch Brot, Wein und Kleidungsstücke waren ihnen willkommen: Die Räuber in der Bande des Schwarzen Veri, des bekanntesten Räuberhauptmanns Oberschwabens – sieben davon waren Frauen –, trieben bis ins Jahr 1819 ihr Unwesen. Bei einer Führung durch das Pfrunger Ried bei Wilhelmsdorf erfährt man mehr über den legendären Schwarzen Veri.

www.riedstiftung.de; www. schwaebischer-heimatbund.de

 65

Stadt & Humpisquartier
Ravensburg

Die Nabholzin kennt sich aus in Ravensburg. Nicht nur, weil sie äußerst »wunderfitzig« ist. Als Frau des Türmers und Küchenmagd im Haushalt des Bürgermeisters kommt sie viel herum und kann so manche spannende Geschichte erzählen. Die Nabholzin heißt im richtigen Leben Ana Schlaegel, sie ist Schauspielerin und führt Gäste durch die Stadt; auch ins Humpisquartier, wo man die Spuren der angesehenen Kaufmannsfamilie bis ins späte Mittelalter zurückverfolgen kann.

www.ravensburg.de

Hopfenweg
Tettnang

66

Auf dem 4 km langen Wanderweg, auf dem man auch das Fahrrad benutzen kann, geben Hinweistafeln Aufschluss über Anbau und Besonderheiten der uralten Frucht. Schon wie der Hopfen kultiviert wird, ist eine Sehenswürdigkeit: An Drahtgerüsten wachsen die Triebe bis zu 7 m in die Höhe, bevor sie Anfang September geerntet werden. Im Hopfenmuseum zeigen lebensgroße Puppen Szenen aus der Hopfenernte und -verarbeitung früherer Zeiten. Zur Ernte können Besucher hier das Pflücken und Trocknen der Dolden miterleben.

www.tettnang.de;
www.hopfengut.de

Wanderung und Streichelzoo
Aitrach

Die Iller hinterlässt bei Aitrach, an der bayerischen Grenze, eine zauberhafte Uferlandschaft, in der sich Vögel, Fische und Menschen wohlfühlen. Im Aitracher Ortsteil Marstetten bezeugt eine **67** Burgruine die strategisch günstige Lage der Stadt am Fluss. Die Burganlage kann besichtigt werden, im Landgasthof Löwen verkürzt ein Streichelzoo Kindern die Essenszeit. Entlang des Aitracher Höhenwegs können Wanderer die Gegend auf gut beschilderten Wegen erkunden und Ruhe in den üppigen Wäldern finden.

www.aitrach.de;
www.loewen-aitrach.de

68 Ausflug auf die Insel
Reichenau

Der Ruhm der Reichenau wird ein wenig überschattet von dem der Blumeninsel Mainau – doch zu Unrecht. Denn das größte Eiland im Schwäbischen Meer gehört zum Unesco-Weltkulturerbe. Allein der Weg über den Inseldamm lohnt – egal ob zu Fuß, auf Inlinern oder mit dem Fahrrad. Die mächtige Allee spendet Schatten, und im Schilfrohr trällern Teichrohrsänger und Zwergdommel. Wie auf der Blumeninsel Mainau gedeiht es auch auf der Reichenau – hier allerdings hauptsächlich Gemüse!

www.reichenau.de

69 Kletterpark & Waldlehrpfad
Bad Waldsee

Im Kletterpark Tannenbühl bei Bad Waldsee warten über 170 Übungen, verteilt auf mehrere Parcours, auf wagemutige Kletterer ab drei Jahren. Und wen die Höhenangst plagt, dem bietet das angrenzende Naherholungsgebiet mit seinem Abenteuerspielplatz, dem großen Tiergehege und dem 3 km langen Naturlehrpfad durch den Wald genügend Alternativen für einen aufregenden Tag.

www.bad-waldsee.de;
www.abenteuer-kletterpark-tannenbuehl.de

Sea Life Unterwasserwelt
Konstanz

660 000 l Wasser – das ist eine ganze Menge! Nicht zu vergleichen mit den etwa 50 Bio. l des Bodensees, aber eine durchaus imposante Zahl. Auf einer nach Themenschwerpunkten angeordneten Tour durch die Unterwasserwelt des Bodensees und Untiefen in der ganzen Welt können Besucher hier Fische und Pflanzen in über 40 Süß- und Salzwasserbecken bestaunen: Beginnend mit Rhein und Bodensee über den Hafen Rotterdams bis zum Roten Meer sind hier Fluss-, See- und Meerestiere, wie z. B. Haie, Kraken, Quallen, Meeresschildkröten und Piranhas, zu Hause. Bei den Vorführungen darf man die harmloseren Exemplare dieser Gattungen sogar berühren. Das im gleichen Gebäude untergebrachte Bodensee-Naturmuseum informiert über Flora und Fauna der nahen Umgebung.

www.konstanz.de;
www.sealife.de

Ausflug auf den Höchsten
Deggenhausertal

Seinen Namen trägt er zu Recht: Mit 837 m ist der Berg die höchste Erhebung des Linzgaus. Ist die Sicht gut, schweift der Blick über den Bodensee bis zu den Alpen. Bequeme, auch mit dem Fahrrad gut befahrbare Wanderwege machen den Berg zu einem beliebten Ziel für alle, die nicht mehr ganz so gut zu Fuß oder müde sind. Oben am Gipfel beginnt der Schwäbisch-Alemannische Mundartweg, der seit dem Jahr 2005 Dialektkunde mit körperlicher Ertüchtigung verbindet. Zehn Tafeln übersetzen die wichtigsten Worte ins Hochdeutsche. Man lernt zum Beispiel, dass ein »Muggaseckele« die kleinste schwäbische Maßeinheit ist.

www.hoechsten.de;
www.deggenhausertal.de

Wassersport
Leutkirch

72

»Nei-jucka« heißt so viel wie hineinspringen, Blödsinn machen, baden, bis die Lippen blau sind. Das geht nicht nur am Meer oder am großen Bodensee, sondern fernab der großen Anlaufstellen für Wasserratten auch an vielen kleinen Weihern zwischen Isny, Leutkirch, Kißlegg und Wangen. Der Vorteil: Die Liegewiesen kosten (fast) gar nichts, und der Erholungseffekt steigt durch den niedrigeren Lärmpegel massiv an. Der Badesee in Beuren und der Ellerazhofer Weiher bei Willerazhofen verfügen über Campingplätze.

www.leutkirch.de; www.isny.de;
www.kisslegg.de;
www.campingbadsee.de

74

Fallschirmspringen
Leutkirch-Unterzeil

Ein etwas mühsamerer, dafür umso schönerer Weg hinauf nach Schloss Zeil führt von Herbrazhofen über die Fischweiher von Brunnentobel bis auf den Berg. Ein Blick nach oben könnte sich lohnen: An den meisten Tagen im Jahr »fallen« hier nämlich Fallschirmspringer vom Himmel, die auf dem nahe gelegenen Flugplatz in Unterzeil ihre feste Station haben. In dem Hangar auf dem Flugplatzgelände werden auch Tandemflüge angeboten. Wer sich die schöne Landschaft bei mehr als 200 km/h von oben ansehen möchte, ist eingeladen, dieses unvergessliche Erlebnis gegen ein entsprechendes Entgelt zu wagen.

www.schlosszeil.de; www.skydive-nuggets.de

Wurzacher Ried
Bad Wurzach

73

Nördlich von Bad Wurzach erstreckt sich das Wurzacher Ried, die größte noch intakte Hochmoorfläche Mitteleuropas. Dank seiner herausragenden ökologischen Bedeutung wurde das Naturschutzgebiet vom Europarat ausgezeichnet. 700 Pflanzen- und mehr als 1 500 Tierarten leben in diesem Biotop – es gibt also viel zu entdecken.

www.bad-wurzach.de;
www.naturschutzzentren-bw.de

Wintervergnügen
Isny und Umgebung

Sportlich ambitioniert geht es auf dem 85 km langen Loipennetz Isny-Maierhöfen-Argenbühl zu. Die Hälfte der Langlaufstrecken ist vom Deutschen Skiverband ausgezeichnet. Sowohl an klassische als auch an Skating-Läufer ist hier gedacht. Kein Wunder, dass die Loipen einen solch guten Ruf haben.

www.isny.de; www.iberg.de; www.fluckenlift.de

Wandern, radeln, walken
Entlang der Argen

Ob per Fahrrad auf kaum befahrenen Straßen, per pedes in den dichten Wäldern oder mit Nordic-Walking-Stöcken bewaffnet – die Region ist ein Paradies für Naturfreunde, die es langsam angehen lassen. Von 40 Ferien-Bauernhöfen, 100 Ferienwohnungen und elf bewirtschafteten Gasthäusern aus lässt sich das Gebiet zwischen Oberer und Unterer Argen täglich neu erkunden.

www.argenbuehl.de

Glasmacherdorf und -weg
Schmidsfelden

Einen Einblick in die raue Welt der Bauern, Holzfäller und Glasmacher erhalten die Besucher des Glasmacherdorfs Schmidsfelden, das seine Blütezeit zwischen 1825 und 1898 hatte. Heute ist das Leben in den Ort zurückgekehrt – in der Glashütte geht ein Glasmacher seinem Handwerk nach und lässt auch die Gäste ihr Glück mit dem heißen Glas versuchen.

www.schmidsfelden.net; www.glasmacherweg.de

Streuobstlehrpfad
Amtzell

78

Leicht bergauf führt der Weg vom Ortsrand Amtzells in Richtung Kapelle. Von hier oben hat man den Überblick, sieht, wie Wiesen und Wälder den Ort umrahmen, und kann bei guter Sicht die Gipfel von den Allgäuer bis zu den Schweizer Alpen ausmachen. Etwa 50 Streuobstbäume säumen den Pfad. Vor allem die alten Apfelsorten haben es den Amtzellern angetan: Jakob Fischer, Brettacher und Berner Rose. Entlang des Wegs erfährt der Spaziergänger auf Infotafeln, welch wichtigen Beitrag Streuobstwiesen für Fauna und Flora leisten und welche Tiere hier heimisch sind.

www.amtzell.de

Wildseemoor
Schwarzwald

Die Schwarzwald-Bäderstraße entlang der großen Enz führt nach Sprollenhaus (Orsteil von Bad Wildbad). Von hier kann man per pedes im Sommer und mit Langlaufskiern oder Schneeschuhen im Winter das Naturschutzgebiet am Wildsee und am Hornsee entdecken (ca. 10 km). Auf einem 900 m hoch gelegenen Rücken befindet sich eine der letzten Hochmoorlandschaften, deren typische Flora klingende Namen wie Schwingrasen, Wollgräser oder Moorbirken tragen. Die urige Moorlandschaft selbst kann man auf einem Bohlenweg trockenen Fußes durchlaufen.

79

www.schwarzwald.de

80

Rund um den Battertfelsen
Baden-Baden

Den besten Blick auf die Stadt genießt man von der Ruine Hohenbaden (Altes Schloss), die man zu Fuß oder mit dem Auto erreichen kann. Der Blick über Baden-Baden reicht bis zur Rheinebene. Wer schon mal hier ist, sollte sich einen der leichten Wanderwege von der Ruine zu den Battertfelsen aussuchen. Am Felsen selbst gibt es etliche anspruchsvolle Routen – das macht die Region auch für fortgeschrittene Kletterer so anziehend.

www.baden-baden.com

81

Bike Parcours
Bad Wildbad

Jeder Biker findet hier seine Strecke: Der Park gilt als abwechslungsreichster Parcours in Deutschland. Wer bereits mehr beherrscht, kann hier Nervenkitzel pur erleben: Wellen und Wippen – teilweise in 3 m Höhe – müssen überwunden werden. Mit Sprungschanzen und Steilkurven locken der »Dual Slalom«- und die »Cross«-Strecken. Das alles spielt sich vor der überwältigenden Kulisse des Nordschwarzwalds ab.

www.bikepark-bad-wildbad.de;
www.radsportakademie.de;
www.bikearena-murgenz.de

82 E-Biken
In und um Baden-Baden

Radeln im Schwarzwald? Klingt anstrengend und wäre es auch, gäbe es nicht die E-Bikes, mit denen selbst Gelegenheitsradler sich zu neuen Höhen aufschwingen können. Aufsteigen, losfahren, entdecken – alles geht so leicht, dass man glatt vergessen könnte in die Pedale zu treten. Und dies sollte man schon tun, denn es gibt einfach viel zu viel zu sehen und zu erleben. Die reizvollen Landschaften rund um Baden-Baden sind dabei ebenso vielseitig wie die Stadt selbst. Exponierte Schwarzwaldhöhen gehen in die mit Reben bedeckten Hänge des Baden-Badener Reblandes über, flache Passagen in der Rheinebene wechseln sich ab mit aufregenden Panoramaaufstiegen zu Ba-

den-Badens Schlössern und Burgen – und immer wieder finden sich dazwischen herrliche Aussichtsplattformen, Plätze zum Entdecken und Einkehren oder einfach nur zum Innehalten und Genießen. Im Anschluss an die Radtour bieten die am Rande der Altstadt gelegene moderne Caracalla Therme und das historische Römisch-Irische »Friedrichsbad« entspannende Stunden. Besonders empfehlenswert ist zudem ein Besuch im Festspielhaus, Europas zweitgrößtem Opern- und Konzerthaus, sowie des Museums Frieder Burda. Am Abend lädt das laut Marlene Dietrich »schönste Casino der Welt« seine Gäste ein, ihr Glück im Spiel zu versuchen.

www.baden-baden.com

Experimentiermuseum
Freudenstadt

Unter dem Motto »Sehen – Staunen – Verstehen« stehen in der Ausstellung die spannende Praxis und der Spaß am Lernen im Vordergrund. Eine Vielzahl von Stationen zu den Bereichen Luft und Wasser, Wellen und Schall, Licht und Schatten, Kraft und Masse sowie Magnetismus laden Kinder zum Mitmachen ein – und dabei ist nicht nur das Anschauen und Mitdenken gemeint, sondern auch das Mitanfassen. So kann z. B. der eigene Schatten eingefroren, kann ein Tornado »miterlebt« oder eine Riesenseifenblase produziert werden.

83

www.experimenta-freudenstadt.de

85 Barfußpark
Dornstetten

Erst mal raus aus den Schuhen! Mit den verschiedensten Materialien unter den Fußsohlen beginnt die Strecke: Holz, Stein, Rindenmulch, Gras, Lehm und Wasser – mal kalt, mal warm, feucht oder trocken, mal anregend und belebend. Hat man sich daran gewöhnt, den Untergrund mit den bloßen Fußsohlen zu erspüren, fängt die Sache an, richtig Spaß zu machen. Handtücher und Wechselkleidung nicht vergessen, denn ohne Schlammspritzer geht das nicht ab!

www.barfusspark.de;
www.dornstetten.de

86 Schneeschuhwandern
Baiersbronn

Je höher das Körpergewicht, desto größer die Schneeschuhe – so lautet die Regel. Mit der richtigen Ausrüstung, bestehend aus Schneeschuhen, Stöcken und Gamaschen, geht es unter sachkundiger Anweisung der Guides los in die Winterwelt. Das »Wander-Informationszentrum« verleiht die Ausrüstung kostenlos an alle angemeldeten Teilnehmer. Nur keine Ausrede mehr! Jeder, der laufen kann, ist auch in Schneeschuhen gut zu Fuß.

www.baiersbronn.de

87 Ritterspiele
Horb am Neckar

Jedes Jahr am dritten Juniwochenende wandelt sich Horb in eine Hochburg mittelalterlichen Lebens und Feierns. Die Kulisse dafür bilden die prunkvolle Stadtkirche, das historische Rathaus und der alte Marktplatz. So also wurde damals gearbeitet, gegessen, getanzt und gekämpft. Das Mittelalter entfaltet sich in Umzügen mit Turnieren, Ritterlager und Märkten. Gaukler, Hexen, Bauern, Ritter und Mägde versetzen die Stadt ins Mittelalter zurück.

www.ritterspiele.com

88 Kanufahren auf der Elz
Riegel

Den Merkspruch »Brigach und Breg bringen die Donau zuweg« machen 900 m möglich. So nah sind sich Breg- und Elzquelle, doch statt zum Schwarzen Meer wollte die Elz lieber an die Nordsee. Dabei nimmt sie ihre 90 km scheinbar ziellos: Nahe Schönwald entsprungen, fließt sie erst nach Norden, knickt im Prechtal scharf gen Süden ab und verschönert mit der Gutach das Elztal bis Waldkirch. Auf einer geführten Tour (3 - 4 Std.) von Riegel bis Rheinhausen ist die Elz am schönsten.

www.wildsport-tours.de

Wasserski
Tunisee

89

Der Tunisee liegt nicht am Tuniberg. Für Gebirge wie Gewässer gilt: Beide sind sie klein, und doch ist der nur 9 ha große See bei Freiburg kein schlechtes Ziel, um (angehenden) Freunden des Wasserskifahrens ausgiebige Ritte auf planem Nass zu ermöglichen. Auf der Wasserskianlage des Tunisees lässt sich seit 2009 bestens solchen Freuden frönen. Hier sorgt statt Motorbooten ein elektrobetriebener Schlepplift mit fünf Masten für den nötigen Antrieb. Auf dem gut 650 m langen Rundkurs können acht Personen gleichzeitig über das Wasser brettern.

www.tunisee.de;
www.wavecamp.eu

91

Drachenfliegen

Kandel

Auf Augenhöhe der Vögel fliegen, das ist sicher nichts für Ängstliche und braucht einiges an Überwindung. Hinzu kommt auch noch die Qual der Flugwahl: Drachen- oder eher Gleitschirmfliegen? Mit beiden lassen sich am Kandel Tandemflüge unternehmen. Egal wie, die Aussicht bei beiden Flügen ist grandios.

90

www.kandel-air.de;
www.skytec.de

Wanderung
Am Kaiserstuhl

Vom »Samengarten« im Altweg führt der 9,5 km lange Pfad (300 Höhenmeter) an 13 Stationen vorbei, die u. a. erläutern, was es mit vulkanischem Gestein wie dem Karbonatit oder dem graugrünen und hell klingenden Phonolith auf sich hat. An einer Stelle lässt sich (Taschenlampe!) ein 35 m langer Lössstollen begehen, den Winzer einst zwischen zwei Rebhängen gruben. Die Eichelspitze (521 m) markiert als zweithöchster Kaiserstuhlgipfel auch den Höhepunkt der Strecke, nochmals gut 42 m misst der Turm, der ein prächtiges Panorama bietet. Auf dem Rückweg (2,5 km) hinab nach Eichstetten schweift das Auge bis zum Schwarzwald.

www.eichstetten.de; Einkehr: www.weingut-koebelin.de

Freilichtmuseum
Vogtsbauernhof / Gutach

Nach Passieren des modernen Kassenbereichs eröffnet sich dem Besucher eine kompetente Darstellung Schwarzwälder Wohn- und Arbeitskultur früherer Epochen. Die derzeit 19 Gebäude sind keine auf alt getrimmten Nachbauten, sondern aus verschiedenen Winkeln des Schwarzwalds hierher verpflanzte Originale.

www.vogtsbauernhof.org

Segelflug
Kirchzarten / Hochschwarzwald

Zwei der sieben Vereinsflugzeuge sind Zweisitzer, Nichtmitglieder werden gern auf (recht preiswerte) Rundflüge mitgenommen. Hat man sich nach steilem Aufzug mit der Seilwinde und dem kurzen Absacken beim Ausklinken an die Höhe gewöhnt, bereitet Segelfliegen pure Freude. Kein Motor stört, am lautesten ist das Pfeifen der Luft in den Schiebefenstern. Meist bleibt es nicht bei einem Flug!

www.brausegeier.de

Baumkronenweg
Waldkirch

Der Aufstieg zum Baumkronenweg ist etwas beschwerlich. Oben warten ein Barfußpfad und Hängebrücken des Abenteuerpfades auf die Besucher. Der 200 m lange Baumkronenweg selbst ist die Attraktion. Auf Stelzen gestützt, führt er in Wipfelhöhen von 23 m vorbei an vielen Erläuterungen zu Flora und Fauna. Abwärts geht es schneller: in der 190 m langen Röhrenrutsche.

www.baumkronenweg-waldkrch.de

Radtour
Auf den Kandel

95

Kondition schadet nicht auf der 55 km langen Tour von Freiburg über Waldkirch und St. Peter zurück nach Freiburg. Um die 1 000 Höhenmeter gilt es zu überwinden und die Kandelstraße wird – kein Witz – mit L'Alpe d'Huez, dem berüchtigten Bergziel der Tour de France, verglichen. Acht Spitzkehren zählt die Strecke. Oben belohnt eine grandiose Aussicht, doch die zwei Terrassen des Kandelhofs mit Panoramablick sind auch nicht verkehrt. Nach so viel Höhe kann es nur bergab gehen: Wer keinen Meter mehr bergauf will, fährt das Glottertal hinunter und über Heuweiler zurück.

www.kandelhof.de

Europa-Park
Rust

Gellende Schreie aus der Nachbarschaft ist man in Rust gewohnt. Kein Wunder, denn bereits seit 1975 sorgt Deutschlands größter Freizeitpark für viel Vergnügen: Europa en miniature – ein bisschen Disneyland, ein bisschen Spiel ohne Grenzen.

96 Über 100 verlockende Angebote, von der gigantischen Wasserachterbahn über Wildwasserfahrten bis zu Zeitreisen in die griechische Antike kann man dort wahrnehmen. Und natürlich geht es quer durch Europa, vom Nordkap bis Andalusien – kleine Welten, gespickt mit entsprechenden Showeinlagen wie Ritterspielen oder Eisrevue.

www.europapark.de

97 Münster und Turm
Freiburg

Der bedeutendste in Freiburg je tätige Architekt war ein Steinmetz. Im Dezember 2009 wurde bekannt, was die Freiburger vor 680 Jahren vermutlich noch wussten (aber nirgends notierten): Der Baumeister des Münsterturms hieß Erwin von Steinbach (um 1244–1318). Dies belegte nach gründlichem Studium alter Bauzeichnungen die Uni Karlsruhe. Der für seine Eleganz gerühmte 116 m hohe Turm wurde um 1330 vollendet. In 37 m Höhe geht der quadratisch massive Sockel in die zwölfeckige Sternengalerie über, aus der die oberen zwei Drittel als Achteck streben (begehbar bis 70 m). Bei einer Führung des Münsters, samt Besteigung des Turms, erfährt man sehr viel Wissenswertes über die Entstehung, das luftige, in den Himmel strebende Maßwerk, die unzähligen Schätze im Inneren u. v. a. m.

www.freiburgermuenster.info,
www.freiburg-sehen.de

98 Historix Stadtrundgänge
Freiburg

Amüsant und munter sind die von »Historix-Tours« seit 1998 geführten Rundgänge. Mysteriöse und skurrile Begebenheiten von anno dazumal werden den Teilnehmern kreuz und quer durch die Innenstadt vermittelt, oft auch in den Abendstunden bei Laternenschein. Wie es die Freiburger während der Inquisition mit den Hexen hielten, was die Zähringer auf dem Schlossberg trieben, wie es in der Stadt zu Zeiten eines Joß Fritz und der Bauernkriege zuging oder warum es am Greiffenegg-Schlössle zuweilen spukt: Geschichten vom Mittelalter bis ins 19. Jh. gibt es satt. Mag manch Fantastisches hier oder dort hinzugemogelt werden, unterhaltsam ist das allemal.

www.historix-tours.de

99

Schlossberg
Freiburg

Vom Schwabentor geht es bergan am Greiffenegg-Schlössle vorbei. Im dortigen Biergarten herrscht im Sommer Hochbetrieb. Oberhalb davon liegt der Kanonenplatz als Terrasse über der Stadt. Der Rest des Burghaldenschlosses, die darüber gelegene Ludwigshöhe, bietet auch keinen schlechten Blick. Der beste aber kommt noch: Vom Burghaldering führen weiter östlich 251 Stufen zum 2002 erstellten Neuen Schlossbergturm. Sechs Stützpfeiler halten, in sich verdreht, eine stählerne, 35 m hohe Wendeltreppe. Weiter ist kein Panorama auf Freiburg.

www.freiburg.de; Einkehr auch in: www.st-ottilien.com

Wanderung
Am Tuniberg

100

Mitten im Breisgau liegt der Tuniberg. Bis zu 120 m erhebt sich sein Lössboden über die Rheinebene und erreicht dabei 314 m Höhe. Das Klima ist der Burgundischen Pforte und des Sandbodens wegen äußerst mild, Wanderungen im Sommer bringen einen hier ordentlich ins Schwitzen. Ob man von Munzingen nach Gottenheim oder lieber in der umgekehrten Richtung wandert, ist auch eine Frage des Lichtschutzfaktors der Sonnencreme. Nach Süden zu gehen lohnt die prächtige Kulisse des Südschwarzwalds. Je nach Jahreszeit gedeihen Burgunder und Spargel. Trotz vieler Abzweigungen wird man sich – dank der zahlreichen Wegweiser – kaum verlaufen. Wer den ganzen Tunibergrücken (ca. 16 km) erwandert, orientiert sich an der gelben Raute. Doch gleich, ob nach Norden oder Süden, ein Abzweig zur Erentrudiskapelle bei Munzingen gehört einfach dazu.

Einkehr: www.weingut-hunn.de

Langlaufen
Notschrei

Am Notschrei locken die Schauinsland- und die Stübenwasenspur, die »Langlauf satt« verheißen, egal ob auf Skiern oder mit Schuppen unterm Tritt. Beide sind für den klassischen Stil und für Skating präpariert.

Die Schauinslandspur führt in voller Länge (17,2 km) fast bis zum Wiedener Eck und an Muggenbrunn vorbei. Ihr Profil, das um eine Höhe von 1100 m pendelt, eignet sich auch für Anfänger. Anspruchsvoller ist die Stübenwasenspur (19,6 km), die ein ständiges Auf und Ab, lange Abfahrten, verschneite Wälder und freie Flächen mit Blick bis zu den Alpen bietet.

www.notschrei-loipe.de

102

Besucherbergwerk
Schauinsland

Rund 100 km Stollen durchziehen den Schauinsland. Mit montaner Leidenschaft hat die private Forschergruppe Steiber einige Kilometer davon zugänglich gemacht und bietet Führungen an. Stollen und Gerätschaften aller Epochen sind zu besichtigen, von niedrigen Gängen des Mittelalters bis zu gesprengten Hohlräumen des 20. Jhs.

www.schauinsland.de

Imkerei und Museum
Münstertal

Warum eine Königin im Strohkorb haust (sofern ein Bienenvolk nicht weisellos ist), was Bienen mit ihrem Rüssel an der Trachtquell treiben, wie Met schmeckt und sich der Schwarzwälder-Tannenhonig zusammensetzt: Nichts aus der Welt der Imker bleibt hier im Dunkeln. Älteste Biene ist übrigens ein in Bernstein verewigtes Exemplar – seit 50 Mio. Jahren von Harz umschlossen.

www.bienenkundemuseum.de

104

Entdeckungstouren
Sulzburg / Schwarzwald

Entschleunigen ist das Rezept der »Original Schwarzwald AG«, die ungewöhnliche und urige Aktivitäten anbietet. Auf dem Programm steht u. a. Kräutersammeln mit Profiköchen, die anschließend in der Küche zeigen, was die heimische Pflanzenwelt kulinarisch so hergibt. Ebenso geführte Schneeschuhwanderungen für Frühaufsteher, die den winterlichen Sonnenaufgang erleben wollen.

www.original-schwarzwald.de

106

105

Vitra Design Museum
Weil am Rhein

Mit ausgefallenen Sitzgelegenheiten hat Vitra seit Jahrzehnten Erfolg. Die Entwürfe international renommierter Designer und Architekten wie Charles und Ray Eames, Philippe Starck, Jasper Morrison, Norman Foster gingen bzw. gehen bei Vitra in Serie. Als 1981 Vitras Produktionsstätte niederbrannte, ließ man Frank O. Gehry hier 1989 sein erstes Bauwerk in Europa errichten, das in sich verdreht und ohne rechten Winkel das Auge von üblichen Sehgewohnheiten weglockt. Ebenso anspruchsvoll wie das Gebäude sind auch die Ausstellungen, ob Modelle, konkrete Objekte oder ästhetische Utopien.

www.design-museum.de

Sommerrodeln
Oberried

Als Attraktion im Steinwasenpark gelten die beiden Sommerrodelbahnen (beide 800 m lang, eine überdacht), zu deren Startpunkt eine Sesselbahn führt. Weitere Fahrgeschäfte sind der »River Splash« im Außenbereich oder der »Gletscherblitz« im Hauptgebäude, das auch ein Naturkundekino birgt.

www.steinwasen-park.de

Action Forest
Titisee-Neustadt

Im Hirschbühl bei Titisee lockt der Hochseilgarten Action Forest mit Nervenkitzel. Balancegefühl und das Bekämpfen von Höhenangst lassen sich hier gut trainieren – sprich: wie man mit guter Karabinersicherung den »inneren Angsthasen« überlistet. Fünf unterschiedlich schwere Kletter-Parcours bietet die Anlage. In 6 m Höhe über Bretter oder Seile zu balancieren, gehört hier zu den einfacheren Übungen. 12 m höher – auf schwankenden Planken, kaum einen Halt für die Hände – sieht die Sache noch mal anders aus. Auch Kondition ist hierbei gefragt.

www.action-forest.de

107

108 Baden und walken
Schluchsee

Im von der Schwarzach gespeisten Schluchsee (930 m) kann es vorkommen, dass man auch in Rheinwasser badet. Die höchste deutsche Talsperre ist zugleich der größte See im Schwarzwald (5 qkm, bis zu 61 m tief). Der Wasserspiegel des einstigen Gletschersees lag vor Errichtung der Staumauer bei Seebrugg 30 m tiefer. Bereits seit 1926 führt das Gleis der Dreiseenbahn hier hinauf. Wie die Straße verläuft es am Nordufer, während das südliche weitgehend naturbelassen blieb. Zum Baden, Windsurfen, Segeln, Tauchen oder Wandern ist der Schluchsee bestens geeignet. Vor allem im Hochsommer übt er größeren Reiz als der Titisee aus, da seine Ufer fast überall leicht zugänglich sind. Samstags kann man hier in der geführten Gruppe auch Nordic Walking mit Strecken von 11 und 18 km erlaufen.

www.schluchseelauf.com;
www.seerundfahrten.de

109 Besucherbergwerk
Mit Asthmastollen / Münstertal

Tief im Belchenmassiv liegt das uralte Bergwerk »Teufelsgrund«, das 1970 als erstes im Schwarzwald für Besucher geöffnet wurde. Der Stollen misst 600 m und verläuft stets auf gleicher Höhe (ca. 580 m ü. NN). Somit ist etwa ein Zehntel des Systems zugänglich. Sehenswürdigkeiten der gut ausgeleuchteten Begehung sind Bohrgeräte und Maschinenkammer, eine Mineraliensammlung, Blicke in den Schacht zum darunter liegenden Wilhelmsstollen und in tiefer gelegene Sohlen sowie ein Stollen aus dem 14. Jh. Eigens für Menschen mit Bronchialleiden wurde ein Seitengang als Asthmastollen eingerichtet; die staubfreie Luft dort wirkt lindernd.

www.besucherbergwerk-
teufelsgrund.com

Brauerei
Rothaus

Viele Impulse gab Kloster St. Blasien dem südlichen Schwarzwald. So gründete die Abtei auch 1791 in Rothaus eine Brauerei. Längst im Staatsbesitz, verzeichnet sie seit Jahren steigenden Absatz auch außerhalb Baden-Württembergs. Wie auf allen Rothaus-Produkten ziert das Etikett des »Tannenzäpfle«-Biers Biergit Kraft, ein blondes (nicht bollenbehutetes!) Schwarzwaldmädel. Neben Biergits Konterfei hängen zwar Fichten- statt Tannenzapfen, aber das »Tannenzäpfle« gilt trotzdem als Kultbier. Zum Wohlsein!

111

www.rothaus.de;
www.rothauserland.de

110 Rheinfall
Bei Schaffhausen

Ausflug zu den Nachbarn: In den Schweizer Alpen entsprungen, macht der Rhein in der Schweiz seinen größten Sprung. War der Rheinfall einst ein einkömmliches Hindernis, wurde er ab dem 19. Jh. zum touristischen Besuchermagneten. Auch dies nicht zum Nachteil Schaffhausens, obwohl der »Rhyfall«, wie er schwyzerdütsch heißt, ca. 2,5 km flussabwärts auf dem Gebiet der Nachbargemeinde Neuhausen liegt. Gleichwie: Vor ca. 15 000 Jahren, in der Würm-eiszeit entstanden, jagen sommers pro Sekunde 600 000 l Wasser über die 23 m hohe, 150 m breite Klippe. Spektakulär ist die Betrachtung des Falls aus seiner Mitte. Der größere der beiden Felsen lässt sich besteigen, wobei man sich wundert, dass der Stein dem Wasserdruck standhält. Schiffe bringen einen ans untere Ende des Felsens: eine doch leicht unheimliche Anfahrt direkt bis vor den wild tobenden Rhein.

www.rheinfall.ch

Wanderung
Am Feldsee

Am Feldsee kümmern sich Geister um die Wanderer, so will es die Sage. Dann kann ja nichts schiefgehen! Vom Südufer führt ein mächtig steiler Pfad hoch zum Feldberger Hof am Fuß des Seebucks (1448 m). Zwischen diesem Vorbuckel und dem etwa 2 km entfernten Hauptgipfel des Feldbergs (1493 m) liegt der Grüblesattel (1419 m), wo dann der Rückweg beginnt. Die rund 12 km vom Grüblesattel nach Hinterzarten auf dem Emil-Thoma-Weg sind gut ausgeschildert und verlaufen, nach der Weide, nördlich des Feldsees, zunächst durch abschüssiges Gelände. Durch viel Wald geht es angenehm bergab zum Matthisleweiherweg, der in Hinterzartens Erlenbrucker Straße mündet.

Einkehr: www.raimartihof.de; www.feldberger-hof.de

112

114

Sauschwänzlebahn
Blumberg

Ein Erlebnis für Freunde der Technikgeschichte ist die 1890 fertiggestellte »Sauschwänzlebahn«. Mit restaurierten Dampfloks und Waggons verkehrt sie zwischen Blumberg und Weizen. Den Namen trägt sie wegen der vielen Kringel, die der Streckenverlauf beschreibt, ein Meisterwerk der Ingenieurskunst, darunter auch ein Kreiskehrtunnel von 1,7 km – in Europa zweitlängster seiner Art. Das Erlebnis der Museumsbahn ergänzt das Bahnmuseum im ehemaligen Güterschuppen des Bahnhofs Blumberg-Zollhaus. Zahlreiche Exponate aus der Geschichte der Bahn sowie ein Streckenmodell können besichtigt werden.

www.sauschwaenzlebahn.de

Tandemspringen
Bremgarten

Was beruhigt, ist der »Tandemmaster« im Rücken bzw. über einem. So einer, denkt man, hat das schon tausendmal gemacht und wird es heute vermutlich nicht zum letzten Mal tun. Da man im selben Geschirr hängt, weichen bald die Ängste, und siehe da: Wie ein Stein vom Himmel zu fallen macht Spaß.

113

www.tandemspringen.tv

Skimuseum
Hinterzarten

Die Adlerschanze errichtete der Skiclub Hinterzarten 1924. Mit den Lokalmatadoren Georg Thoma, Dieter Thoma und Sven Hannawald, Weltmeister und Olympiasieger in Nordischer Kombination bzw. im Skispringen, ist der Ort prädestiniert für ein Museum zur Geschichte des Schnee-Treibens. Verschneite Landschaften aktiv als Erlebnisraum nutzen, kam Ende des 19. Jhs. von Norwegen her auch in Mitteleuropa in Mode. Pioniere wie Mathias Zdarsky oder Hannes Schneider passten den Skilanglauf technisch alpinem Gelände an. Letzterer war Haupdarsteller in »Wunder des Schneeschuhs«, womit die Freiburger Skifilmer Arnold Fanck und Sepp Allgeier 1920 das Publikum erstaunten. Das Skimuseum im Hugenhof zeigt neben vielen Facetten des Wintersports auch die sich wandelnde Skimode.

www.schwarzwaelder-skimuseum.de

Alpinski
Feldberg

Der Feldberg selbst gibt im Grunde nur seinen Namen her, das Skigeschehen darf ihm an einem Seitenbuckel runterrutschen, dem 2 km südlich entfernten Seebuck (1 448 m). Dort liegt auch der Ort Feldberg. Sonnig geht es jedenfalls auf dem Seebuck zu, wo fünf der 15 Lifte am Feldberg den Südhang versorgen. Die anderen zehn liegen an den Nordhängen jenseits der B 317, über die eine Skibrücke führt (erfordert also kein Abschnallen). Den Liftverbund mit Todtnauberg, Muggenbrunn, Altglashütten und Menzenschwand (28 Lifte, 50 km Pisten) nicht mitgerechnet, findet man am Feldberg vier Sessel- und elf Schlepplifte für 30 leichte bis schwere Pistenkilometer vor.

www.liftverbundfeldberg.de

Wasserfall
Todtnauberg

Lokale Attraktion des Ortes sind die Todtnauer Wasserfälle. Mit 60 m ist der Hauptfall Rekordhalter im Schwarzwald. Reizvoll ist es, erst zu den Wasserfällen (Parkplatz vor dem Ort), dann oberhalb Todtnaubergs herum (zur Jugendherberge, Radschertstraße ins Dorf) zu wandern: Den Waldpfad hinunter tost der Stübenbach schon unüberhörbar. Sichere Stege geleiten über die Kaskaden, so auch am Hauptfall, zu dessen Fuß ein Seitenweg hinabführt. Freilich an Wucht nicht vergleichbar, stürzt der Stübenbach dennoch gute 2 m tiefer als der Niagara. Immerhin!

117

www.wasserfallsteig.de

Bayern

Die Alpen sind nicht alles: Klettern kann man auch auf Bäumen im Bayerischen Wald oder, ganz urban, auf dem Zeltdach des Münchner Olympiastadions. Und überhaupt hat ja der Süden der Republik auch einen Norden: das Bratwurst-, Bier- und Weinland Franken — mit jeder Menge Platz für Extratouren zwischen Burgen und Bächen.

Wo Bayern am schönsten ist!
Den Berg erklommen –
Schuhe aus, Strümpfe aus
und eine Brotzeit mit Blick
auf die Allgäuer Berge.

Höhlen und Sagen
Triefenstein

Hoch über dem Main thront das Schloss Homburg inmitten von »Edelfrau« und »Kallmuth«, zweier hervorragender Weinlagen des Markts Triefenstein. Interessant sind die Höhlen im Schlossberg, die schon vor Jahrhunderten Mönchen als Wohn- und Klosterzellen dienten. Bei einer schaurig-schönen Zeitreise bringen Mitglieder des Homburger Carneval-Vereins »die Steeäisel« in den Sagenwanderungen ein wenig Licht ins Dunkel der Vergangenheit. Jedoch wird nur so manches Geheimnis gelüftet, andere schlummern weiterhin in den Geschichtsbüchern.

www.tourismus-triefenstein.de

118

119 Europäischer Kulturweg
Hafenlohrtal

Von der Mündung der Hafenlohr in den Main zu ihrer Quelle in Rothenbuch im Spessartgebirge führt ein 25 km langer »Europäischer Kulturweg«, der auch in einzelnen Abschnitten begangen werden kann. Zwölf Tafeln informieren am Wegesrand über das idyllische, seit jeher zwar kaum besiedelte, aber nicht unberührte Hafenlohrtal, in dem auch die berühmten deutschen Literaten Kurt Tucholsky und Robert Gernhardt ihre Spuren hinterlassen haben.

www.spessartprojekt.de/kulturwege

120 Park Schönbusch
Aschaffenburg

Auf dem Schönbuschsee, auf den sich auch Angsthasen trauen können, da man ihm auf den Grund schauen kann, lässt es sich leicht ins Rokoko rudern. Der Kurfürstliche Pavillon in Blickweite entführt genauso in die Zeiten von Puder und Perücke wie der Park an sich, einer der frühesten englischen Landschaftsgärten Deutschlands. Diesen ließ der Mainzer Erzbischof Friedrich Carl von Erthal 1775 vor den Toren Aschaffenburgs anlegen.

www.schoenbusch-ab.de

Stein-Wein-Pfad
Würzburg

Schon Goethe schätzte ihn: »Kein anderer Wein will mir schmecken, und ich bin verdrießlich, wenn mir mein Lieblingsgetränk abgeht«, soll der berühmte Dichter in einem Brief an seine Frau Christiane geschrieben haben und orderte jedes Jahr vom Würzburger Steinwein. Der Würzburger Stein sei ein »Terroir in Vollendung«, schwärmt Martina Reiss, eine der Führerinnen, die weininteressierte Besucher durch den gut 4,5 km langen Stein-Wein-Pfad geleiten. Pflanzte 1665 der Ebracher Abt Alberich Degen erstmals in dieser Weinlage die Silvaner-Rebe an, die 1659 vom Haus Castell mit nach Franken gebracht worden war, so ist heute der Riesling die Königsrebsorte am Stein. Öffentliche Kellerführungen bieten das traditionsreiche Juliusspital, der Staatliche Hofkeller und das Bürgerspital an – eine kleine Verkostung inklusive.

121

www.wuerzburger-
steinweinpfad.de

Kanutour auf der Saale
Gemünden

Nur wenige Städte liegen gleich an drei Flüssen, eine davon ist Gemünden im Spessart, wo die Sinn in die Fränkische Saale und diese wiederum in den Main mündet. Im Ortsteil Wernfeld gibt es sogar noch einen vierten Fluss: die Wern. Die Sinn steht unter Naturschutz und ist für die Schifffahrt gesperrt, doch auf der ruhig dahinfließenden Saale darf man sich, stets die Belange der Natur achtend, paddelnd durch die beschauliche Flusslandschaft fortbewegen: ob nur mal zum Schnuppern während einer gemütlichen Dreistundentour, etwa von Gräfendorf bis Gemünden, oder gleich für einen Zweitagestrip mit Start in Hammelburg und Übernachtung auf dem schönen Zeltplatz in Roßmühle.

www.bootsverleih-saaleirsel.de

122

Mainradweg
Schweinfurt

Das Fahrrad ist das ideale Transportmittel, um zwischen Schweinfurt und Würzburg die liebliche Mainlandschaft mit ihren Weinbergen zu erkunden. Der gut ausgeschilderte Mainradweg verläuft größtenteils in Ufernähe und folgt den Windungen des Flusses. Da die Tour durch zahlreiche Kleinstädte führt, gibt es immer wieder Gelegenheit zur Einkehr, z. B. in Dettelbach. Der Ort ist mit seinen kopfsteingepflasterten Gassen, den alten Fachwerkhäusern und seinem das Ortsbild dominierenden Rathaus das Musterbeispiel einer mainfränkischen Kleinstadt.

www.mainradweg.com

124 Floßbau als Teamsport
Eibelstadt

Ein Hauch von Abenteuer weht am Badesee bei Eibelstadt. Rund 30 Leute stehen vor einer großen Herausforderung: Sie sollen in vier Gruppen aus Holzstämmen, Seilen und Fässern ein seetaugliches Wassergefährt zimmern, um den anderen auf und davon zu fahren. Dabei ist weniger Muskelkraft als Teamgeist und Kreativität vonnöten. Unter fachkundiger Regie werden Pläne geschmiedet, Hölzer gelegt, Seile geknotet und Fässer vertaut – eine schweißtreibende Angelegenheit, und so mancher sehnt sich bald nach Abkühlung im erfrischenden Nass. Nach etwa 3 Std. sind die Tüftler fast am Ziel, ihre beeindruckenden Werke zu Wasser gelassen. Eine letzte Hürde gilt es noch zu nehmen: Wer schafft es, paddelnd auf dem See die Flagge zu umschiffen, ohne dabei Schiffbruch zu erleiden?

www.kletterwald-einsiedel.net/teamevents-1

125 Weinlese beim Winzer
Sommerach

Wer den Wein nicht nur aus der Flasche im Glas, sondern mit allen Sinnen genießen möchte, dem sei angeraten, ihn direkt im Weinberg zu erleben, die Reben zu riechen und mit eigenen Händen zu fühlen, selbst die Steillage zu erobern und bei der Lese zu helfen. Die Winzer zeigen ihre Lieblingsplätze und die süßesten Trauben. »Steilhangtauglich sollten die Helfer schon sein, und nicht mit den Sonntagsschühli kommen!«, sagt Christine Galena, die mit ihrem Mann Michael in Sommerach das Weingut Galena führt. Und sie sollten in der Erntezeit auch abrufbereit vor Ort sein, denn es entscheidet sich oft sehr kurzfristig, wann gelesen wird.

www.weingut-galena.de

Märchenschloss
Mespelbrunn

Einen märchenhaften Abstecher vom Main-Radweg ist Schloss Mespelbrunn wert, das versteckt in einem idyllischen Seitental des Flüsschens Elsava liegt. Auf der ehemaligen Trasse der Elsavabahn, die bis 1968 zwischen Elsenfeld und Heimbuchenthal verkehrte und inzwischen zum Radweg ausgebaut ist, kommt man in weniger als 25 km angenehm flach bis kurz vors Schlosstor. Als Startpunkt eignet sich der Bahnhof in Obernburg-Elsenfeld, wenige Hundert Meter von der Mündung der Elsava in den Main entfernt.

126

www.schlossmespelbrunn.de

Gottesgarten
Bad Staffelstein

»Zum heiligen Veit von Staffelstein komm ich emporgestiegen. Und seh die Lande um den Main zu meinen Füßen liegen«, pries schon Viktor von Scheffel im Frankenlied die Schönheit des Gottesgartens.

127 Egal, aus welcher Richtung man sich diesem Fleckchen Erde um die Korbstadt Lichtenfels zwischen dem Barockjuwel Kloster Banz, Balthasar Neumanns berühmter Wallfahrtskirche Vierzehnheiligen und der Adam-Riese-Stadt Bad Staffelstein nähert, der Blick auf die herrliche Landschaft lässt einen spontan in diese traditionelle Ode an Franken einstimmen.

www.bad-staffelstein.de

128 Schwarzes Moor
Hohe Rhön

6 km von Fladungen entfernt liegt das größte Hochmoor im Unesco-Biosphärenreservat Rhön: das Schwarze Moor. Es entstand vor gut 12 000 Jahren und steht seit 1939 unter Naturschutz. Heute laden ein breiter Aussichtsturm und ein 2,2 km langer Bohlenweg mit Moorlehrpfad (auch für Rollstuhlfahrer geeignet!) dazu ein, die Naturlandschaft besser kennenzulernen. Auf 23 Informationstafeln wird auf die Entstehung des Moors, den Torfabbau und die seltenen Tier- und Pflanzenarten eingegangen, die hier ihren Lebensraum gefunden haben: darunter das Birkhuhn und der rundblättrige Sonnentau. Kinder können an den zwölf Stationen eines mit der bekannten ZDF-Sendung Löwenzahn angelegten »Löwenzahnpfads« eigene Entdeckungen machen und sogar in ein Torfbecken steigen.

www.biosphaerenreservat-rhoen.de

129 Obermain-Therme
Bad Staffelstein

Die Obermain-Therme ist Bayerns wärmste und stärkste Thermalsole. Für den seit Jahren anhaltenden Wellness- und Gesundheitstrend ist man in Bad Staffelstein bestens gerüstet. Erholungssuchenden steht eine Wasserfläche von 1 600 qm zur Verfügung, die sich auf 16 Innen- und Außenbecken verteilt. Hinzu kommen acht Whirlpools, Massagedüsen, Fontänen und ein Wasserfall. Es gibt kaum eine Stelle, wo es nicht blubbert oder sprudelt. Futuristisch präsentiert sich der Wavedream-Raum mit meditativer Musik und farbigen Lichtreflexionen. Ein Orientalisches Dampfbad mit Tepidarium darf selbstverständlich ebenfalls nicht fehlen.

www.obermain-therme.de

 **130** Waldklettergarten
Banz

Unweit des altehrwürdigen Klosters Banz bietet der Waldklettergarten ein faszinierendes Erlebnis in luftiger Höhe. In dem 14 000 qm großen Waldgelände kann man auf fünf Parcours mit unterschiedlichen Schwierigkeitsgraden seine Geschicklichkeit und seinen Gleichgewichtssinn überprüfen. Als Königsetappe gilt der »Braune Parcours«, auf dem man seine eigenen Grenzen schneller kennenlernt, als einem lieb ist. Doch glücklicherweise sind alle Abenteuerlustigen hier wie auf den übrigen Routen professionell gesichert!

www.waldklettergarten-banz.de

Veste
Coburg

131

Der erste Blick auf Coburg hat Symbolcharakter: Die »Fränkische Krone«, die Veste, thront gleich einer Krone über der einstigen Residenzstadt. Wer sich durch den herrlichen Hofgarten auf den Weg zur Veste hoch über der Stadt macht, bewegt sich auf den Spuren eines bedeutenden Mannes: In den Mauern der mächtigen Burganlage verbarg sich im Jahr 1530 ein halbes Jahr lang Reformator Martin Luther. Wie einst er, so können heute die Besucher von der Veste aus den herrlichen Fernblick genießen oder in der Stadt weiter auf den Spuren des Reformators wandeln.

www.coburg-tourist.de

Jagdwanderung
Bischofsgrün

Im Nordosten Bayerns liegt das Fichtelgebirge, wo die Flüsse Main, Eger, Saale und Naab entspringen. Im Winter bietet sich die Region für ausgiebige Langlaufrunden an, aber auch für flotte Skiabfahrten.

 Zwischen den beiden höchsten Gipfeln, dem Schneekopf und dem Ochsenkopf, befindet sich Bischofsgrün. Eine ganz ungewöhnliche, aber sicherlich aufregende Art, die Naturschätze der Region kennenzulernen, bietet sich auf einer Jagdwanderung auf den über 1000 m hohen Ochsenkopf, bei der Bärenattrappen gesucht und getroffen werden müssen.

www.oxenkopf.de

133 Bierwoche
Kulmbach

Während die Weinbauern rund um Würzburg stolz ihren Bocksbeutel vermarkten, legen die fränkischen Brauereien auf derlei Flaschenschnickschnack wenig Wert. Ihnen geht es natürlich ausschließlich um den Inhalt. Außerdem betonen sie tagein tagaus, dass sie in der Region mit der weltweit höchsten Brauereidichte leben. Konkurrenz belebt das Geschäft und fördert auch die Qualität: Das Bier aus den fränkischen Kleinbrauereien zählt unter Kennern zu den feinsten des Freistaats. Ein Zentrum der oberfränkischen Braukultur ist Kulmbach. Dort wird seit über 70 Jahren während der Bierwoche Ende Juli ein Fest zu Ehren des Gerstensafts gegeben. Zum Festbier gibt's ein Paar Kulmbacher Rostbratwürste »im Stollen« oder einen Fränkischen Sauerbraten. Denn für deftige Kost ist die einheimische Küche besonders bekannt.

www.kulmbacher.de

134 Lohengrin-Therme
Bayreuth

Weltberühmt ist die oberfränkische Stadt Bayreuth wegen ihres Opernhauses auf dem Grünen Hügel, wo jedes Jahr im Sommer die Richard-Wagner-Festspiele mit viel Prominenz auf den Zuschauerrängen und auf der Bühne stattfinden. Ob der Komponist während seiner Bayreuther Schaffensperiode vor 140 Jahren auch Zeit übrig hatte für den ein oder anderen Ruhetag, darf bei der Fülle an Werken stark bezweifelt werden. Säße er allerdings heute noch über seinen Opernpartituren, würde er sich vielleicht am ein oder anderen kalten Winternachmittag in die Lohengrin-Therme stehlen, wo das Heilwasser aus über 1 000 m Tiefe sprudelt.

www.lohengrin-therme.de

135 Gartenkunst im Schloss
Eckersdorf / Bayreuth

Ein Schloss kann noch so groß sein. Wenn sich keine opulente Gartenanlage vor den Balkonen ausbreitet, hat der Goldesel (bzw. der gütige Untertan) wohl irgendwann aufgehört zu liefern. Für den Park von Schloss Fantaisie haben die Moneten ausgereicht, dort lässt sich die Entwicklung deutscher Landschaftsarchitektur gut nachempfinden. Deshalb lag nichts näher, als hier das erste Deutsche Gartenkunstmuseum zu eröffnen.

www.gartenkunst-museum.ce

136 Mountainbiken
Heiligenstadt

Heiligenstadt in Oberfranken ist ein beliebter Tummelplatz für Mountainbiker. Drei Rundkurse mit insgesamt 130 km Länge stehen zur Verfügung, wobei insgesamt mehr als 2 400 Höhenmeter zu überwinden sind. Anspruchsvollere Teilstrecken wurden ebenso wie landschaftlich reizvolle Abschnitte integriert. Mit 33 km ist die Route »Marstein« die kürzeste Runde. Die Route »Altenberg« weist auf ihren 50 km ca. 1 000 Höhenmeter auf und führt bis nach Buttenheim.

www.markt-heiligenstadt.de

Wanderung
Weißenstadt

137

Wer in den Mischwäldern des Fichtelgebirges bei Weißenstadt auf Wandertour geht, staunt nicht schlecht, wenn etwa 1 Std. hinter der Ortsgrenze plötzlich die »Drei-Brüder-Felsen« am Rudolfstein in die Höhe ragen. Dieser wird von manchen liebevoll »Matratzenlager« genannt, da es den Anschein macht, dass die Felsschichten wie graue Polster aufeinander liegen. Zurück in Weißenstadt bietet sich eine Abkühlung im Weißenstädter See an, auf dem bei guten Windverhältnissen die Windsurfer und Segler aus ganz Oberfranken flott über die Wasserfläche flitzen.

www.weissenstadt.de

Kanutour auf der Wiesent
Muggendorf

138

Eine schöne Art, die Fränkische Schweiz zu erkunden, ist eine Kanutour auf der Wiesent, die der einzige Fluss in der Region ist, der mit dem Kanu oder dem Kajak auf einem 28 km langen Abschnitt befahren werden darf. Mehrere Bootsverleiher haben sich auf diese Touren spezialisiert. Die Ausrüstung sowie der Rücktransport von der Ausstiegsstelle sind im Preis inbegriffen. Es gibt Kurzstrecken von 5 km und längere Tagestouren. Der Startpunkt ist meist in Doos, das Ende in Muggendorf, Streitberg oder Rothenbühl.

www.leinen-los.de;
www.kajak-mietservice.de

Sportklettern
Egloffstein

Die Dolomitfelsen der Fränkischen Schweiz gelten als Paradies für Kletterfreaks. In Sportkletterkreisen genießt die Region wegen ihrer Vielfalt (mehr als 5000 Kletterrouten) und ihres hohen Niveaus (Schwierigkeitsgrade bis 11+) einen exzellenten Ruf. Aber auch Einsteiger finden sich hier zurecht. Sie können sich an eine Kletterschule wenden. Unter fachkundiger Aufsicht lernt man, wie der Partner gesichert wird und wie Füße und Hände effizient eingesetzt werden. Denn Geschicklichkeit ist meist mehr wert als bloße Muskelkraft.

www.kletterschule-frankenjura.de;
www.klettern.frankenjura.com

139

140 Fränkisches Brauereimuseum
Bamberg

Die Braukunst gehört seit fast 900 Jahren zu Bamberg. Die Einheimischen gewöhnten sich schnell an ihre täglichen Seidla, wie hier der Halbliterkrug als Maßeinheit bezeichnet wird. Die ehemaligen Produktionsräume der Benediktinerbrauerei sind inzwischen zum Fränkischen Brauereimuseum umgewandelt worden, das mit über 1400 Objekten und Erinnerungsstücken alles Wissenswerte über Hopfen, Malz, das deutsche Reinheitsgebot und die ober- und untergärige Bierherstellung dokumentiert. Weit über die Stadtgrenzen hinaus bekannt ist das Rauchbier, das schmeckt, als hinge ein Schinken im Glas, und noch heute von zwei Brauereien aus geräuchertem Malz hergestellt wird. Auch wenn das nicht jedermanns Sache ist, wird es mit Vorliebe zu Schäuferla und halber Haxe oder fränkischer Bratwurst serviert.

www.brauereimuseum.de

141 Walderlebniszentrum
Erlangen-Tennenlohe

Die Möglichkeit, in einem richtigen Wald vor der Haustür zu spielen und sich für die Natur zu begeistern, haben nicht alle Kinder. Glücklicherweise gibt es Einrichtungen wie das Walderlebniszentrum nahe Erlangen-Tennenlohe. Hier, am Südrand des Naturschutzgebiets Brucker Lache, hat die Bayerische Forstverwaltung einen 1,2 km langen Naturerlebnispfad angelegt. An neun Stationen wird ein spielerischer Umgang mit dem Ökosystem Wald vermittelt. Es gibt z. B. einen Barfußpfad, um die Waldböden zu erfühlen, Kletterbäume und ein »Baumtelefon«, mit dem man tatsächlich Geräusche übermitteln kann.

www.walderlebniszentrum-tennenlohe.de

142 Naturschwimmbad
Pottenstein

Es gibt unzählige Freibäder in Franken, doch keines kann optisch mit dem Pottensteiner Felsenbad konkurrieren. Bereits im Jahr 1926 wurde das unter dem Finkenstein gelegene Bad eröffnet, um den Fremdenverkehr anzukurbeln. Leider verfiel die Jugendstilanlage später, sodass sie 1988 geschlossen werden musste. Dank des Engagements eines Fördervereins konnte das Bad jedoch 13 Jahre später wieder eröffnen. Zuvor hatte man eine kluge Entscheidung gefällt: Auf das Betonbecken mit gechlortem Wasser wurde verzichtet und das Felsenbad zu einem Naturschwimmbad umgebaut. Die Hälfte der mehr als 1 600 qm großen Wasserfläche steht zum Baden und Schwimmen zur Verfügung. Im seichten Regenerationsbereich wird das Wasser durch ein bepflanztes Filterbeet samt Seerosen und Lilien auf natürliche Weise gereinigt und mit Hilfe der Sonne sogar auf bis zu 28 °C erwärmt. Ein Kinderbadeteich, eine Sonnenterrasse und eine Seebühne, auf der regelmäßig stimmungsvolle Konzerte stattfinden, runden das Konzept ab.

www.felsenbad.eu

Karpfenweg
Kemnath

143

Die nördliche Oberpfalz wird gerne das »Land der Tausend Teiche« genannt. Daher ist es kaum verwunderlich, dass hier traditionell Fisch auf dem Teller landet. Ganz besonders stolz ist man auf die »Oberpfälzer Karpfen«, die sich durch besonders mageres und festes Fleisch auszeichnen. In Kemnath schwimmen die Fische nicht nur im Teich oder später im Backfett: Sie zeigen sich Spaziergängern als künstlerisch gestaltete Skulpturen auf dem fast 3 km langen Rundkurs »Phantastischer Karpfenweg«, der von der Arge-Fisch (ja, auch so etwas gibt es hier!) initiiert wurde.

www.kemnath.de

Erfahrungsfeld
Nürnberg

Im Alltag kommen die menschlichen Sinne oft zu kurz. Man weiß ganz genau, wie sich eine Computertastatur anfühlt, hat aber wenig Ahnung, wie es sich anfühlt, mit nackten Fußsohlen über Lehmboden zu laufen.

Dieses Manko auszugleichen, hat sich das »Erfahrungsfeld zur Entfaltung der Sinne« auf die Fahnen geschrieben. Auf der Wöhrder Wiese, im Herzen Nürnbergs, werden im Sommer alle menschlichen Sinne angesprochen – vom Hören über das Schmecken bis hin zum Tasten. Besonders beliebte Stationen sind die Klangsäulen sowie der Barfußweg.

www.erfahrungsfeld.nuernberg.de

145 Mittelalterliche Lochgefängnisse
Nürnberg

Gefängnisse gehören zu den wenigen Orten, die die meisten Menschen glücklicherweise nur von Außen zu Gesicht bekommen. Klar, dass man deshalb die Möglichkeit nutzen sollte, wenn man einmal hineinschauen kann – mit Austrittsgarantie. In den historischen Lochgefängnissen im Untergrund der Nürnberger Altstadt treffen Besucher heute zwar nicht mehr auf Verbrecher, es ist aber trotzdem unheimlich spannend, sie zu besichtigen.

Eine 20-minütige geführte Tour durch die engen Gewölbegänge gewährt Einblick in die Strafkammern, die den Herrschern im dunklen Mittelalter als Verwahrungsort der Häftlinge bis zur Urteilsvollstreckung dienten. Im Schutz des Untergrunds konnten sie ihre Macht zügellos ausspielen. Nach der Führung empfiehlt es sich, kräftig durchzuatmen – und weiterhin brav zu sein.

www.museen.nuernberg.de

146 Museum Industriekultur
Nürnberg

Industrie und Kultur sind Welten, die sich eigentlich nur im Kompositum der »Industriekultur« vertragen können. In Nürnberg ist diesem Themenkomplex sogar ein eigenes Museum gewidmet. Passend zur großen Bedeutung Mittelfrankens während der industriellen Revolution thematisiert die Ausstellung im Osten der Stadt sowohl Technik- als auch Sozial- und

Kulturgeschichte der beiden vergangenen Jahrhunderte. Besucher können die Industrialisierung der Metropolregion hautnah mitverfolgen und Eindrücke aus den verschiedenen Lebensbereichen gewinnen. Besonders interessant sind die Themenführungen, die regelmäßig angeboten werden.

www.museen.nuernberg.de

147 Christkindlesmarkt
Nürnberg

Zwei Millionen Menschen tummeln sich jedes Jahr während der Adventszeit auf dem weltberühmten Christkindlesmarkt. Da kann es schon mal eng werden. Doch wie durch ein Wunder lassen sich die Besucher von der Stimmung verzaubern und treffen sich friedlich zwischen Glaskugeln, Adventssternen und Legionen von Rauschgoldengeln. Wenn man könnte, würde man dem Markt einen Aufkleber verpassen: Das Original!

www.christkindlesmarkt.de

148 Lamatrekking
Weigendorf

Pferde oder Kühe hätte man ja auf einem fränkischen Bauernhof erwartet, aber Lamas? Tatsächlich leben auf dem Hof von Ulli und Klaus Meier neben Hühnern und Katzen auch einige Lamas. Und das Beste: Man kann mit den ebenso freundlichen wie neugierigen Tieren auf eine Tour durch die Hersbrucker Alb gehen. Es gibt keine festen Termine, die Dauer der Tour richtet sich nach den individuellen Wünschen.

www.lamatrekking-
hersbruckeralb.de

Tiergarten
Nürnberg

149

Auf einer Fläche von rund 63 ha leben mehr als 2 400 Tiere und etwa 350 verschiedene Arten. Mit großem Engagement beteiligt sich der Tiergarten nicht nur bei mehr als 30 Arten an den Europäischen Erhaltungszuchtprogrammen (EEP), sondern koordiniert auch die Programme für Seekühe, Weißnackenkraniche und Schabrackentapire. Zu den Attraktionen zählt der Aqua-Park, ein faszinierender Spiel- und Tummelplatz für Biber, Otter, Pinguine, Seelöwen und Eisbären, die man durch Glasscheiben beim Schwimmen und Tauchen bestens beobachten kann.

www.tiergarten.nuernberg.de

Walberla
Wiesenthau

Es gibt Berge, die wecken ein unstillbares Verlangen, sie zu besteigen, und das Walberla gehört dazu. Keine Frage: In der gesamten Region Nürnberg gibt es keine markantere Erhebung. Weil jeder Franke einmal in seinem Leben auf den Gipfel zu pilgern scheint, hat der Mundartdichter Fitzgerald Kusz das Walberla zum »fränkischen Fudschijama« erklärt. Anders als viele andere Berge lässt sich das Walberla im Rahmen eines gemütlichen Spaziergangs erkunden.

150

www.walberla.de

Geozentrum
Windischeschenbach

151

Jedes Kind lernt hierzulande, dass es, wenn es im heimatlichen Sandkasten lang genug gräbt, in der Gegend von Australien wieder an die Oberfläche gelangt. In Windischeschenbach wurde im Rahmen einer wissenschaftlichen Studie 9100 m tief in die Erdkruste eingedrungen. Doch von Kängurus keine Spur. Was tatsächlich ans Tageslicht gelangte, erfahren Besucher im Geozentrum.

www.geozentrum-ktb.de

Freilichtmuseum
Bad Windsheim

Um die Erinnerung an die ländliche Kulturgeschichte der Region zu bewahren, wurde 1976 das Fränkische Freilandmuseum in Bad Windsheim gegründet, eines der eindrucksvollsten Freilandmuseen Europas. Nur wenige Meter südlich der Altstadt erstreckt sich das etwa 50 ha große Museumsgelände, auf dem rund 100 historische Gebäude aus Franken im Rahmen von Baugruppen originalgetreu wieder aufgebaut wurden.

www.freilandmuseum.de

Fürthermare
Fürth

Beim Bau des Fürthermare hat man sich nicht lumpen lassen und hat keinen Wunsch offen gelassen. Die ursprüngliche Idee eines Thermalbads wurde um ein modernes Spaßbad so- wie einen Wellness- und Saunatempel ergänzt. Hier kommt ganz Franken zusammen: zum Rutschen, Saunen, Baden und Schwimmen.

www.fuerthermare.de

Luftmuseum
Amberg

154

Wenn sich ein Museum dem Thema Luft widmet, werden die Besucher das wichtigste Exponat leider nur schwerlich sehen können. Trotzdem lohnt sich ein Ausflug nach Amberg, und auch der Eintrittspreis für das »Nicht-Sehen« ist es wert. Schließlich lernt man viel Neues über die Eigenschaften und Eigenheiten von Luft. Künstler, Designer, Ingenieure und Architekten zeigen dort außerdem, was man mit der »unsichtbaren Materie« alles anstellen kann und wie man sie dann doch sichtbar machen kann. Übrigens: Einatmen und Nutzung der Luft ist und bleibt auch in Amberg gratis.

www.luftmuseum.de

156

3-D-Museum
Dinkelsbühl

Draußen herrscht Mittelalter, drinnen Illusion. Zur Freude aller und ganz besonders der Kinder. Die wollen gar nicht mehr raus aus dem Museum der 3. Dimension in der Dinkelsbühler Stadtmühle, wo man so viel anfassen darf und das Gehirn trotzdem hinters Licht geführt wird. Die überraschenden Effekte bringen aber nicht nur die Kleinen zum Staunen. Die sichtbar gemachte räumliche Tiefenwirkung begeistert auch die Großen, vor allem weil thematisch für jeden etwas dabei ist: klassische 3-D-Techniken, die in der Werbung der 1970er Jahre verwendet wurden, Aktfotos, archäologische Grabungen und Wetterphänomene.

www.3d-museum.de

Fossiliensuchen
Solnhofen

Fossiliensuchen ist eine ideale Unternehmung für die ganze Familie. Im Hobbysteinbruch »Untere Haardt«, rund 2 km westlich von Solnhofen, kann man sich mit Hammer und Flachmeißel auf die Suche machen. Einen Archaeopteryx wird man wohl nicht entdecken, dafür kleinere Kopffüßer oder auch Knochenfische, mit viel Glück vielleicht sogar einen Pfeilschwanzkrebs.

www.solnhofen.de

157 Kriminalmuseum
Rothenburg ob der Tauber

Nicht grundlos gilt Rothenburg ob der Tauber als das Idealbild einer romantischen Stadt: Mauerbewehrt und turmüberhöht erstreckt sich die altehrwürdige Reichsstadt mit ihren verwinkelten Gassen und alten Fachwerkhäusern auf einem Bergrücken über dem Taubertal. In früheren Zeiten besaß Rothenburg sogar ein eigenes Rechtssystem. Wie dieses genau aussah, kann man im Kriminalmuseum herausfinden, dem bedeutendsten Rechtskundemuseum Deutschlands. Neben Urkunden, Medaillen, Kupferstichen sowie Anleitungen zu Hexenprozessen wecken vor allem die zahlreichen Folterwerkzeuge die Aufmerksamkeit der Besucher. Wer einen Blick auf Henkerbeil, Halsgeigen, Pranger und Schandmasken geworfen hat, freut sich darüber, in der heutigen Zeit zu leben.

www.kriminalmuseum.rothen burg.de

158 Stadterkundung
Nördlingen

Nördlingen gehört zu den wenigen mittelalterlichen Städten, die noch einen vollständig begehbaren Wehrgang besitzen. Deshalb sollte niemand dieses schwäbische »Kleinod des Mittelalters« verlassen, ohne eine Stadtumrundung auf der Mauer mit ihren fünf Toren, 16 Türmen und zwei Bastionen unternommen zu haben. Im Vergleich mit ähnlich gut erhaltenen Städten hat Nördlingen den Vorteil, dass die Altstadt lebendig geblieben ist. Spät in der Nacht (22 bis 24 Uhr) ruft der Türmer jede halbe Stunde sein »So G'sell, so« vom Kirchturm und erinnert Tag für Tag an eine alte Sage, derzufolge ein Schwein Nördlingen vor dem Feind gerettet haben soll.

www.noerdlingen.de

Brombachsee
Pleinfeld

159

Der Kleine und der Große Brombachsee bilden mit dem Igelsbachsee das Herzstück des Fränkischen Seenlandes, das genau genommen ein Nebenprodukt ist. Seine Entstehung verdankt es dem Bau des Rhein-Main-Donau-Kanals: Um genügend Wasser in diesen einspeisen zu können, schuf man 1970 im südlichen Mittelfranken eine Seenplatte. Dabei entstand quasi nebenbei eine Freizeitregion, die nicht nur tolle Strände und klares Wasser besitzt, sondern mit ihrer reichen römischen Vergangenheit auch für Kulturtouristen äußerst interessant ist.

www.pleinfeld-am-brombach see.de

Kletterwald
Regensburg

Wären Affen in Mitteleuropa heimisch, sie hätten seit einiger Zeit ein höchst unterhaltsames Gesprächsthema. Schließlich turnen mittlerweile ganze Horden kreischender Menschen täglich durch Deutschlands Mischwälder, um sich und ihren Begleitern zu beweisen, dass sie mit den Dschungelakrobaten Tarzan und Jane locker mitschwingen könnten. Dabei halten sie sich im Gegensatz zu den Filmhelden an vorgegebene Parcours, die sie in die Baumkronen und durchs Geäst führen. Im Kletterwald Regensburg gibt es gleich sechs verschiedene Routen mit unterschiedlichen Schwierigkeitsgraden um Mut, Geschicklichkeit und Körpergefühl zu trainieren. Wackelige Brücken, lange Seilbahnfahrten und Abenteuerelemente bieten Nervenkitzel der besonderen Art. Aber mal ehrlich: einem richtigen Affen würden sie wohl nur ein müdes Lächeln entlocken.

160

www.kletterwald-regensburg.de

161

Monte Kaolino
Hirschau

Was macht man mit einem ganzen Berg aus Quarzsand, der quasi als Abfallprodukt entstanden ist? Diese Frage stellte sich 1957 der Besitzer eines Amberger Kaolinwerkes und kam auf die geniale Idee, auf dem Quarzsandberg, der 120 m über Hirschau in die Höhe ragt, einen Skilift zu errichten. Damit war der Grundstein zu einem der ungewöhnlichsten Sport- und Freizeitparks in Nordbayern gelegt. Sobald man sich dem weißen Kegel nähert, denkt man kurzzeitig an eine Fata Morgana, wenn man mitten im Sommer Skifahrer zu Tale wedeln sieht. Doch es ist kein Trugbild: Der Quarzsandberg ist längst in ein »Wintersportparadies« umfunktioniert worden.

www.montekaolino.eu

162 Felsenkeller-Labyrinth
Schwandorf

Schlauen Brauern aus dem 16. Jh. und frechen Dieben ist es zu verdanken, dass die Kleinstadt Schwandorf in der Oberpfalz Besucher heute mit einer ganz besonders spannenden Geschichte locken kann. In den sogenannten Felsenkellern der Stadt erstreckt sich ein weites Netz an Tunneln und Gewölben, die seit einigen Jahren im Rahmen einer Führung erkundet werden können. Die gleichbleibend geringe Temperatur unter der Erde bot ideale Bedingungen für die Gärung und Lagerung von Bier – lange vor der Erfindung von Kühlapparaten. Vor gut 80 Jahren trieben dann drei geschickte Langfinger ihr Unwesen im Untergrund Schwandorfs. Um ihr Diebesgut besser aus den dunklen Kellern zu schmuggeln, vernetzten sie die Räume, sodass heute ein wahres Labyrinth für ein einzigartiges Erlebnis sorgt.

www.felsenkeller-labyrinth.de

163 Kanutour auf dem Regen
Blaibach / Regensburg

Vom Mittelalter bis hinein ins 20. Jh. waren es hauptsächlich Baumstämme, die vom Böhmerwald auf dem Regen an die Donau trieben. Die Flößerei wurde aufgegeben, doch die Fischwelt bekam neue Besucher zu Gesicht. Heute ist der längste Fluss der Oberpfalz aufgrund seines meist gleichbleibenden Wasserstands, seines sauberen Wassers und seiner gleichmäßigen Fließgeschwindigkeit ein beliebtes Ausflugsziel von Kanuwanderern aus ganz Deutschland. Der über 100 km lange Bootstourklassiker zwischen dem Blaibacher See und Regensburg führt in fünf Tagen durch die abwechslungsreiche Natur- und Kulturlandschaft des Regentals.

www.bootwandern.de

Bikepark
Bischofsmais

164

Vom Gipfel des Geißkopfes bis nach Bischofsmais an dessen Fuß geht es rund 400 Höhenmeter bergab. Dass sich der Adrenalinspiegel von Mountainbikern diesem Trend entgegensetzt und kräftig ansteigt, liegt an den aufregenden »Singletrails«, »Drops« und »Jumps«, die im dort angelegten Bikepark warten. Dieser ist einer der Hotspots der Szene und vor allem an Wochenenden gut besucht. Im Sessellift schweben harte Kerle und Mädels nach oben, tanken Energie auf und erzählen den Kollegen vom letzten »Run«. Wer des Englischen mächtig ist, befindet sich eindeutig im Vorteil!

www.bikepark.net

166

Freilichtmuseum
Finsterau

Zugegeben, das Freilichtmuseum in Finsterau ist nicht unbedingt verkehrsgünstig gelegen. Die Anfahrt in einen der hintersten Winkel des Bayerischen Waldes wirkt allerdings dadurch kürzer, dass wunderbare Ausblicke in den Nationalpark Bayerischer Wald auf der Strecke liegen. Und überhaupt: Wo ist ein richtiges Freilichtmuseum eigentlich besser aufgehoben als in der stillen Umgebung von Finsterau. Seit über 30 Jahren wird dort gezeigt, dass das Leben im Bayerischen Wald vor nicht allzu langer Zeit von harter Arbeit und großen Mühen geprägt war. Zu besichtigen sind traditionelle Bauernhäuser, vollständige Höfe, eine Dorfschmiede und ein Straßenwirtshaus. Zusätzlich zur Dauerausstellung finden regelmäßig Kurse und Sonderveranstaltungen statt. Im Grenzgebiet zu Tschechien entfaltet sich hier ein begehbares Stück vergangener Wirklichkeit.

165

www.freilichtmuseum.de

Großer Arber
Bayerisch Eisenstein / Bodenmais

Während die Monarchen in München schon lange abgedankt haben, hat wenigstens der Bayerische Wald noch seinen König, den 1 456 m hohen Großen Arber. Der sitzt seit Jahrtausenden auf seinem Thron und wird sich auch von strammen Ostwinden oder Gipfelstürmern nicht herunterstoßen lassen. Bequem lässt sich der Arber mit der Gondelbahn erreichen. Aufregender ist's allerdings, durch den Wald im ständigen Licht-Schatten-Wechsel und vorbei an den idyllischen Rieslochfällen zu wandern. Wer die Knie schont, schwebt mit der Bahn zu Tale.

www.arber.de; www.bayerischer-wald.de

167 Schnupftabakmuseum
Grafenau

Wer in Grafenau das Schnupftabakmuseum sucht, wird im Gebäude des ehemaligen »Spitals« fündig, wo seit dem 15. Jh. Kranke und Arme versorgt wurden. Ob auch Opfer übermäßigen Konsums von »Schmai«, wie die legale Droge von den Einheimischen genannt wird, hier auf Entzug waren, ist nicht überliefert. Stattdessen klärt die Ausstellung über die Unterschiede in der breiten Produktpalette des Schnupftabaks und über die Geschichte desselben auf. Nicht nur beim Anpassen der Geschmacksrichtung, sondern vor allem bei der Gestaltung der Verpackung ließen die Hersteller des braunen Pulvers ihrer Kreativität freien Lauf. Neben einheimischen Exponaten sind auch aus afrikanischem Büffelhorn gefertigte Prisenbehälter zu bewundern.

www.grafenau.de

168 Regental-Radweg
Von Regensburg nach Bayerisch Eisenstein

Wer mit dem Heiligen Petrus per Du ist, radelt auf der 171 km langen Durchquerung des Bayerischen Waldes zwischen Regensburg und Bayerisch Eisenstein sicherlich nicht im Nassen. Gleichwohl will man den Regen nicht missen, zeigt der Fluss doch an, wohin es geht, nämlich stets entgegen der Wasserströmung. Wer sich jetzt schon am ewigen Bergauf stört, sei beruhigt: Das sanfte Gefälle des Flusses sorgt dafür, dass die Tour in drei Tagen mit Übernachtungen in Cham und Regen ohne großes Schinden bewältigt werden kann. Zwischen Viechtach und Regen muss man zwar etwas kräftiger treten, jedoch ist die Naturlandschaft des Bayerischen Waldes jeden einzelnen Radlerschweißtropfen wert.

www.bayernbike.de

Steinwelten
Hauzenberg

169

Manchmal möchte man meinen, es gäbe im Bayerischen Wald nur Bäume (und wilde Tiere). Dabei ist die Region auch noch »steinreich«. Jedenfalls war die kleine Stadt Hauzenberg lange Zeit ein Zentrum des europäischen Granitabbaus. Im historischen Schausteinbruch der »Steinwelten« wird die harte Arbeit in einem Betrieb vor der großen Technisierungswelle veranschaulicht. In den weiteren Ausstellungsräumen der modern entworfenen Erlebniswelt werden Erdgeschichte und regionale Wirtschafts- und Sozialgeschichte kurzweilig und lebendig dargestellt.

www.stein-welten.de

Gefördert von der Bundesanstalt für Landwirtschaft und Ernährung für Regionale Entwicklung

171

Baumwipfelpfad
Neuschönau

Die haushohen Bäume spielen auf dem »Grünen Dach Europas«, wie der Bayerische Wald oft genannt wird, die Hauptrolle. Um die Protagonisten näher kennenzulernen und die Weiten des Nationalparks zu erahnen, bietet es sich an, ihnen in die Krone zu steigen: auf dem längsten Baumwipfelpfad der Welt in Neuschönau, dessen barrierefreie Konstruktion jegliche Grenzen aufhebt. Verbinden lässt sich dieser Besuch mit der Anfahrt per E-Bike, das verschiedene Anbieter in Zwiesel verleihen. Mit Schubunterstützung geht es über Frauenau und Spiegelau nach Neuschönau. Zurück gelangt man mit der Waldbahn von Grafenau, die im bequemen Takt verkehrt.

www.baumwipfelpfad.by; www.bayerischer-wald.de

Gäubodenvolksfest
Straubing

Bier, Brezen und Brathendl sind die kulinarischen Eckpfeiler eines Besuchs auf dem **170** zweitgrößten Volksfest Bayerns. Jedes Jahr im August strömen täglich durchschnittlich 100 000 fröhliche Menschen auf den Festplatz »Am Hagen«, um dort bayerische Lebensart zu genießen und rasante Ritte auf einem der Fahrgeschäfte zu wagen.

www.volksfest-straubing.de

172 Geotop Buchberger Leite
Freyung / Ringelai

Ein interessantes Ausflugsziel für Bayerwald-Urlauber ist die Buchberger Leite zwischen Freyung und Ringelai. In diesem Gebiet hat sich die in Brauntönen schimmernde Wolfsteiner Ohe tief ins Pfahlschiefergestein eingeschnitten und eine eindrucksvolle und romantische Klamm gebildet. Auf einem 8 km langen Themenwanderweg mit Informationstafeln und einer Begleitbroschüre werden Besucher durch diese besondere Landschaft geführt. Alte Triftmauern, in den blanken Fels geschlagene Stollen oder oberirdische Kanäle, bei denen das Wasser bergauf zu fließen scheint, zeugen vom jahrhundertelangen menschlichen Wirken in der Buchberger Leite. Der Einstieg in die wilde Schluchtenlandschaft ist sowohl von Freyung als auch von Ringelai möglich.

www.freyung.de; www.ringelai.de

173 Fußballgolf
Bodenkirchen

Während früher einzig und allein die Form der Spielgeräte die beiden Sportarten Fußball und Golf verband, so ist heute fast jeder Bundesligaprofi, der etwas auf sich hält, an trainingsfreien Tagen mit dem Putter unterwegs. Seit einigen Jahren hat sich sogar eine unterhaltsame Mischsportart entwickelt: Fußballgolf. In Bodenkirchen kann man sich auf einer 1,5-stündigen Runde auf der 18-Loch-Anlage des Soccerpark Bayern dabei messen, wer das bessere Ballgefühl besitzt. Die einzelnen Ziele sind meistens ca. 80 cm große Löcher im Boden, aber auch Netze oder höher gelegene Töpfe. Am liebsten würde man mit Messi, Müller & Co. eine Partie spielen. Aber die müssen ja woanders ins Tor treffen.

www.soccerparkbayern.de

Radtour
Vilsbiburg

174

Im Hügelland zwischen Isar, Inn und Donau sind die Alpen zwar noch ein gutes Stück weit entfernt und außer Sichtweite, trotzdem bewegt man sich hier, streng geografisch genommen, bereits im Alpenvorland. Vom dortigen Trubel ist rund um Vilsbiburg noch nicht viel zu spüren. Auf einer Radtour von der Kleinstadt an der Vils flussabwärts nach Eichendorf rollt man gemütlich durch von Wiesen geprägte Flussauen, in die sich seltene Tier- und Pflanzenarten zurückgezogen haben und genießt die Ruhe. Die steilen Alpen vermisst man dabei übrigens keine einzige Sekunde.

www.tourismus-landshut.de

175

Schneeschuhwandern
Grainet / Haidmühle

Der Winter im Dreiländereck Bayerischer Wald kann lange dauern. Das heißt allerdings nicht, dass Wanderfreunde bis in den Frühsommer auf das Schnüren ihrer Bergschuhe verzichten müssen. Sie schnallen sich einfach noch ein zweites Paar Schuhe unter die Füße und spazieren auf wundersam leichte Weise durch verschneite Täler und stille Wälder. Am besten hat man einen ortskundigen Führer an der Seite, der einem nicht nur den richtigen Weg zeigt, sondern auch noch weiß, wo man danach bei einer heißen Tasse Tee die Zehen wieder aufwärmen kann.

www.dreilaendereck-bayerischer-wald.de

176 Europareservat Unterer Inn
Ering

Über viele Jahrhunderte hinweg galt der Inn als eine der bedeutendsten Transportrouten des bayerisch-österreichischen Salzhandels. Sein Unterlauf blieb allerdings lange Zeit von größeren Eingriffen des Menschen verschont, sodass sich in der Gegend zwischen Simbach und Passau eine bis zu 10 km breite wilde Flusslandschaft ausbreitete. Erst der Bau von Laufkraftwerken und die Einrichtung von Überflutungsbecken im 20. Jh. bändigte die freie Strömung und schuf Rückzugsräume, in denen heute wichtige Teile für ein funktionierendes Ökosystem ihren Platz haben. Im Infozentrum des Europareservats Unterer Inn in Ering bekommen Interessierte Einblick in die Naturschutzmaßnahmen vor Ort und können im Rahmen von Experten-Führungen das Reservat und die Eringer Auen kennenlernen.

www.europareservat.de

177 Landshuter Hochzeit
Landshut

Ein wiederkehrender Zyklus hat die Einwohner der Stadt stets im Griff und erreicht alle vier Jahre im Sommer mit der Landshuter Hochzeit seinen Höhepunkt (nächster Termin: Juni / Juli 2017). Im Rahmen einer historischen Inszenierung wird an die 1475 erfolgte Vermählung des bayerischen Herzogs Georg mit der polnischen Königstochter Hedwig erinnert. Dann ziehen Gaukler und Minnesänger sonntags mit dem Hochzeitszug durch die geschmückte Altstadt und treffen sich beim Brutzeln der Spanferkel und Kreisen der Humpen neben dem Turnierplatz. Wer Teil des Spiels sein will, muss übrigens in oder um Landshut herum wohnen.

www.landshuter-hochzeit.de

Schauhöhle
Essing

178

Die dumpfen Klänge eines Didgeridoos, dazu Trommeln, Pfeifen, Bässe sowie das Geräusch von aufschlagenden Wassertropfen – dieses Szenario gehört zu den Besonderheiten eines abendlichen Besuchs der Tropfsteinhöhle Schulerloch zwischen Kelheim und Essing. Das einst von den Freimaurern erschlossene Höhlensystem befindet sich am Hang des Altmühltals und kann natürlich auch tagsüber im Rahmen einer 30-minütigen Führung besucht werden. Vom Parkplatz an der Altmühlstraße führt ein breiter Wanderweg in 15 Min. hinauf zum Eingang der Schauhöhle.

www.schulerloch.de

Radtouren mit Erholungsstation

179

Bayerisches Golf- und Thermenland

Die fünf Thermalbäder Bad Abbach, Bad Birnbach, Bad Füssing, Bad Gögging und Bad Griesbach sind mit ihren Wellness-Oasen die Zentren des Bayerischen Golf- und Thermenlandes. Dazwischen liegen viele unberührte Landstriche, die am besten per Rad erkundet werden. Um die Hügel zwischen Donau, Isar, Vils und Inn »mit Rückenwind« zu bewältigen, bietet es sich an, E-Bikes bei einem der zahlreichen Partner vor Ort auszuleihen. Flott dahin geht es durch Hopfengärten, Laubwald und entlang idyllischer Flüsse. Energie gibt's unterwegs in urigen Biergärten – oder im Anschluss im entspannten Ambiente der Thermen.

www.bayerisches-thermenland.de

Audi-Forum
Ingolstadt

Wie im Alltag der Menschen, so passiert es auch im Bereich des Autobaus: Nach einer Emanzipationsphase kommt die Tochter irgendwann flotter als die Mutter daher. Die schnittigeren Gefährte der Volkswagen-Gruppe werden nicht in der Autostadt in Wolfsburg, sondern von Audi in Ingolstadt produziert. Die Geschichte von Audi und der Vorgängermarken wird im »museum mobile« des Audi-Forums erzählt. In den geschwungenen Ausstellungsräumen finden Besucher Informationen zum Design der neuesten Modelle, aber auch zu den technischen Finessen alter Klassiker. Das Museum stellt Zusammenhänge zwischen Automobil, Mobilität und Gesellschaft dar und ist ein offenes Forum für Begegnungen. Wer bei der Fertigung eines Audis zuschauen möchte, meldet sich im Forum zur Führung an.

www.audi.de/foren

Spargelmuseum
Schrobenhausen

Der französische Präsident Charles de Gaulle sagte einst: »Es hat mich nie gestört, dass man mich manchmal mit einem Spargel verglichen hat, denn am Spargel ist der Kopf das Wichtigste.« Das wissen auch die Bauern rund um Schrobenhausen, das in Bayern als Zentrum des Spargelanbaus gilt. Je nach Wetterlage werden hier gegen Mitte April die ersten Stangen gestochen und am 24. Juni, dem »Johannitag«, die letzten. Seit 1991 beherbergt Schrobenhausen das Europäische Spargelmuseum, in dem die Geschichte des Anbaus erklärt wird und Kuriositäten rund um das Gewächs ausgestellt sind. Im Freigelände ist ein Musterfeld zu besichtigen.

www.schrobenhausen.de

Brauerei
Weihenstephan

182

In Weihenstephan bei Freising kann man nicht nur Brauereiwesen studieren. Dort befindet sich auch ein Zentrum der europäischen Braukunst. Auf dem Weihenstephaner Berg, hoch über Freising, steht die älteste noch bestehende Braustätte der Welt. Wer sich für die Geschichte des Bieres interessiert, sollte unbedingt an einer Führung durch die heiligen Hallen von Weihenstephan teilnehmen. Während der einstündigen Runde, die auch an den kupfernen Sudkesseln vorbeiführt, werden interessante Blicke hinter die Kulissen des fast 1000 Jahre alten Braubetriebs geworfen.

www.weihenstephaner.de

KZ-Gedenkstätte

Dachau

Am östlichen Rand der kleinen Stadt Dachau, nur 20 km nordwestlich des Münchner Marienplatzes, wurden während der NS-Diktatur Tausende dem Regime unliebsame Männer und Frauen im Konzentrationslager unter menschenverachtenden Bedingungen eingesperrt und ermordet. 20 Jahre nach Ende des Zweiten Weltkriegs entstand am Ort des Schreckens die KZ-Gedenkstätte. Heute ist diese ein Mahnmal für alle und ein Ort, an dem jedem der jährlich 800 000 Besucher die Zeugnisse der schrecklichen Taten der Nazis und die Schilderungen des Leids der Häftlinge unter die Haut gehen. Im Jahr 2009 wurde ein neu errichtetes Besucherzentrum eröffnet, in dem Audioguides, die durch die Gedenkstätte leiten, ausgeliehen werden können. Außerdem befindet sich im neuen Gebäude eine umfangreiche Fachbuchhandlung mit weiterführender Literatur.

183

www.kz-gedenkstaette-dachau.de

Donaudurchbruch

Kloster Weltenburg / Kelheim

Schon der bay   war sich
der Einzig   uchs bei
Kelheim be   840 als
Naturdenk   ge von
5 km bahnt s   seinen
Weg durch de   s von
steilen Felsen g   chs
befindet sich m   das
älteste Kloster E   wege
führen von Kelhe   nedik-
tinerabtei. Jede de   m langen Routen
ist gut ausgeschildert, eine Informationstafel mit einer Karte und einer kurzen Beschreibung der Wanderrouten befindet sich an der Schiffsanlegestelle in Kelheim.

www.kelheim.de; www.weltenburger.de

184

Radwege durch grüne Täler

Günzburg

Ein international bedeutender Strom wie die Donau stellt jedes Nebengewässer in den Schatten. So auch im Fall von Günz, Kammel, Mindel und Zusam, die sich von Süden kommend zwischen Günzburg und Donauwörth mit den Wassermassen der »großen Schwester« vermischen. Dank eines gut ausgebauten Wegenetzes und einer klaren Beschilderung bietet sich Radlern die Möglichkeit, die ruhige und oft noch unentdeckte Gegend südlich der Donau auf Tagestouren zu entdecken. In Breitenthal beginnt der Günz-Radweg und endet nach 30 km in der Altstadt Günzburgs. Wer die nur wenige Kilometer östlich parallel dazu laufende Kammel kennenlernen möchte, startet am besten in Krumbach. Insbesondere zwischen Neuburg und Kammeltal kriecht der Flusslauf wie eine Schlange leise durch die Wiesen. Radler nehmen den direkten Weg und erreichen bei Offingen die Donau. Das weite Tal der Mindel bietet sich mit seinem leichten Bergab insbesondere für Familienradtouren an. Der Zusam-Radweg ist mit einer Strecke von fast 70 km die längste der vier Fahrradtouren und für ambitionierte Radler eine spannende Alternative.

www.familien-und-kinderregion.de;
www.donautal-radfahren.de

Donauradweg
Schwäbisches Donautal

Der Donauradweg zählt zu den bekanntesten Radrouten Deutschlands. Eine Tour von Donaueschingen nach Passau bedeutet nicht nur, 600 km zurückzulegen und dann stolz die müden Beine auszustrecken. Sie ist vor allem ein Streifzug durch unterschiedliche Landschaften und Geschichte(n). Ganz unmittelbar verändert sich die Mundart. Zum Frühstück gibt's erst Seelen, dann Weckerl. Hier wird gevespert, dort wartet die Brotzeit. Wer sich sprachlich nicht verirren will, dem Leitspruch »weniger ist mehr« folgt und seinen Kohlenhydratspeicher gerne mit Spätzle auffüllt, der beschränkt sich am besten auf ein schwäbisches Teilstück des Donauradwegs, beispielsweise auf die Strecke zwischen Ulm und Donauwörth. Im Schatten des Ulmer Münsters breitet sich die Donau in einer weiten Auenlandschaft aus. Nach 25 km können Radwanderer in Günzburg eine erste Pause mit einem Spaziergang durch die historische Altstadt verbinden. Wer noch auf Erholung

186

verzichten kann, steuert das weitere 20 km entfernte Lauingen an. Im Ortsteil Faimingen lassen sich Überreste eines römischen Tempels bestaunen (s. Tipp 187). Einen Katzensprung entfernt befindet sich mit Dillingen eine der ältesten Städte Bayerns. Hier erinnern ein Kneipp-Brunnen und ein Rundweg an den berühmten Priester und Hydrotherapeuten, der in der ehemaligen Residenzstadt sein Theologiestudium begann. Auf halbem Wege zwischen Dillingen und Donauwörth passieren Radler das artenreiche Naturwaldreservat Neugeschüttwörth, wo der Auenwald seiner natürlichen Entwicklung überlassen wird. In den reizvollen Straßenzügen Donauwörths endet das 100 km lange Teilstück durchs Schwäbische Donautal. Das Wasser treibt weiter nach Regensburg, Passau und Wien, die Teilstück-Radler kehren mit der Bahn zurück nach Ulm.

www.donautal-radfahren.de;
www.deutsche-donau.de

187

Radtour auf den Spuren der Römer

Günzburg / Dillingen

Dass die Römer nicht nur sponnen, sondern auch ganz andere Fähigkeiten hatten, ahnte womöglich auch schon Obelix. Heute könnte er sich auf vielfältige Weise vom Einfluss Roms auf die Entwicklung Europas überzeugen lassen. Beispielsweise auf dem Radweg »Via Danubia«, der nicht ganz bis Rom führt – aber immerhin bis Oberndorf. Die Route legen Besucher heute nicht mehr in schweren Legionärsrüstun-gen zu Fuß zurück, sondern auf dem Drahtesel. Besonders locker fühlt es sich auf einem E-Bike an, das bei verschiedenen Partnern im Dillinger Land ausgeliehen werden kann. Der teilrekonstruierte Apollo-Grannus-Tempel in Faimingen ist ein Höhepunkt der Tour. Einige Kilomter weiter bietet sich in Aislingen vom Sebastiansberg ein herrlicher Blick in die Weiten des Donautals. Seit Mai 2013 spitzen Besucher auch ihre Ohren: denn dann erzählen Einheimische in schönstem Schwäbisch die Geschichten der »Via Danubia«. Die sogenannten Lauschtouren gibt es auch für andere Ziele und können kostenlos auf das Smartphone geladen werden. Da würde Obelix rufen: Sind die schlau, die Schwaben!

www.donautal-radfahren.de;
www.dillingerland.de;
www.bayerisch-schwaben.de/
lauschtour

Ballonmuseum
Gersthofen

1985 eröffnete in Gersthofen das weltweit erste Ballonmuseum. Auf einem Rundgang durch die 1200 qm große Ausstellungsfläche wird Besuchern nicht nur klar, warum ein Ballon »fährt« und nicht »fliegt«, sondern auch wie das sagenhafte Gefährt erfunden wurde. Außerdem erfahren sie auf neun Ebenen Wissenswertes über die Technik, die Herstellung und den Ballonsport, die wissenschaftliche wie militärische Nutzung des Ballons und über Rekorde und Katastrophen. Da möchte man am liebsten gleich in einen der Körbe klettern und unbemerkt abheben.

188

www.ballonmuseum-gersthofen.de

189 Spaziergang durch die Fuggerei
Augsburg

Die Geschichte Augsburgs ist eng mit dem schwäbischen Familiengeschlecht der Fugger verknüpft. Die Kaufleute verhalfen der Stadt an Lech und Wertach gegen Ende des Mittelalters zu enormer wirtschaftlicher Prosperität. Vom Reichtum der Fugger profitierten auch die Armen, denn zu Beginn des 16. Jhs. ließ Jakob Fugger die weltweit erste Sozialsiedlung bauen. Bis heute wohnen Hilfsbedürftige Augsburger und deren Familien zu einer symbolischen Jahresmiete von unter einem Euro in der »Stadt in der Stadt«. Auf einem Rundgang entlang der von wildem Wein bewachsenen Fassaden kann die reizvolle Fuggerei besichtigt werden. In der Ochsengasse können Besucher sogar eine Schauwohnung betreten, die zeigt, wie Fuggereibewohner heute leben. Das Fuggereimuseum erzählt die Geschichte der Siedlung.

www.fugger.de

190 Puppentheatermuseum
Augsburg

Die hölzerne Augsburger Puppenkiste und die berühmten geschnitzten Protagonisten, die seit 60 Jahren über die Bühne bzw. im Fernsehen durch deutsche Wohnzimmer laufen, zählen zu den wichtigsten Kulturgütern des Landes. Wer kennt sie nicht, die Geschichten von Jim Knopf und Lukas dem Lokomotivführer? Auch wenn diese beiden mit der Lokomotive Emma durch die ganze Welt reisen, ihr Zuhause liegt in der Spitalgasse in Augsburg. Dort gibt es seit der Jahrtausendwende auch das Puppentheatermuseum »Die Kiste«, wo all die berühmten und legendären »Stars an Fäden« in ihrer natürlichen Umgebung zu bewundern sind.

www.augsburger-puppenkiste.de

192

Englischer Garten
München

Was wäre München nur ohne seinen großen Spielplatz, den Englischen Garten, der wie ein breiter Keil von den Isarauen im Norden bis fast in die Innenstadt reicht. Im Sommer spenden die großen Laubbäume Schatten, die Jugend lässt sich den Eisbach hinabtreiben und im Biergarten am Chinesischen Turm gesellt sich eine Portion Internationalität zur bayerischen Gemütlichkeit. Je weiter man sich vom Stadtzentrum entfernt, desto natürlicher wird das Gelände. Wenn sich im Winter eine weiße Decke über die Landschaft legt, freuen sich vor allem die Kinder, die dann am Hügel des Monopteros, einem klassizistischen Rundtempel, hinabschlittern.

www.schloesser.bayern.de, s. Gärten (München)

Deutsches Museum
München

Das Deutsche Museum, das sich auf einer Insel im Stadtzentrum befindet, zählt zu den bedeutendsten naturwissenschaftlichen Museen der Welt und bietet auf 55 000 qm Ausstellungsfläche eine ausführliche Reise durch die Erd- und Technikgeschichte. Besonders beliebt ist die Luftfahrtabteilung, in der über 50 Originalflugzeuge ausgestellt sind.

191

www.deutsches-museum.de

Alter Peter

193

München

Für »echte« Münchner ist der Alte Peter mindestens genauso bedeutend wie das gegenüberliegende Neue Rathaus. Dem Kirchturm in der Innenstadt ist sogar Münchens Stadthymne »Solang' der Alte Peter« gewidmet, die seit Jahrzehnten im Pausenzeichen – heute Jingle genannt – des Bayerischen Rundfunks erklingt. Tagsüber kann der Turm über Hunderte Treppenstufen bestiegen werden. Vom Aussichtsbalkon, 56 m über dem Marienplatz, haben Besucher einen wunderbaren Blick auf die Stadt und die Umgebung. Wenn der Föhn über die Alpen bläst, ist es dort besonders schön. Denn dann kommen die Alpengipfel der Stadt so nah, dass man am liebsten zugreifen möchte.

www.alterpeter.de

BMW-Welt
München

Das 2007 eröffnete Auslieferungszentrum mit dem stolzen Namen BMW-Welt täuscht – wie die PS-starken Fahrzeuge des bayerischen Autobauers auch – keine falsche Bescheidenheit vor. Kunden betreten den Autotempel mit seinem markanten Doppelkegel zu Fuß und verlassen ihn stolz im polierten Neuwagen über eine elegant geschwungene Rampe. Alle anderen dürfen auf den verschiedenen Ebenen über Technik und Design staunen. Regelmäßig werden die Motoren gestartet – womöglich auch um lautstark zu zeigen, dass das Geschäft brummt wie nie.

194

www.bmw-welt.com

195 Allianz-Arena
München

Die Allianz-Arena gilt seit ihrer Fertigstellung im Jahr 2005 als eines der wichtigsten touristischen Aushängeschilder Münchens. Wie ein Raumschiff liegt das Stadion im Norden der Stadt und lockt nicht nur Fußballfans an. Bei Dunkelheit kommt die sonderbare Außenhaut der Arena mit ihren 2800 rautenförmigen Luftkissen besonders zum Tragen. Bei Heimspielen des FC Bayern leuchten diese in der roten Vereinsfarbe, wenn die »Sechzger« kicken, strahlt das Stadion in kräftigem Blau. Wer sich nicht mit einem der 70 000 Plätze im Stadion begnügen möchte, sondern mehr über den Fußballtempel wissen will, kann die Arena auf einer Tour besichtigen, die auch ins Allerheiligste der Fußballer, die Umkleidekabinen, führt. Für Rollstuhlfahrer und Gehbehinderte gibt es eine spezielle »Handicapped Tour«.

www.allianz-arena.de

196 Olympia-Zeltdach-Tour
München

Das Münchner Olympiagelände hat seit den Sommerspielen von 1972 nicht an Attraktivität verloren und zieht noch immer Einheimische und Besucher in seinen Bann. Insbesondere das transparente Zeltdach, welches von der Westtribüne des Stadions bis zur Schwimmhalle reicht, ist zu einem Markenzeichen geworden. Dass Touristen ihrem einzigartigen Bauwerk wortwörtlich auf das Dach steigen könnten, war von den Planern um Günter Behnisch sicherlich nicht so gedacht. Neuerdings werden diese Zeltdach-Touren angeboten, an deren Ende ein spinnenhaftes Abseilen ins Stadionrund steht oder eine flotte Seilbahnfahrt hoch über dem Stadionrasen.

www.olympiapark-muenchen.de

Bavaria-Filmstadt

München

In den Bavaria Filmstudios im Münchner Süden wurden zahlreiche Highlights der deutschen Fernseh- und Kinogeschichte produziert. Auf einer 90-minütigen Tour können sich Besucher unter anderem durch das U-Boot aus dem Filmklassiker »Das Boot« zwängen, Originalkulissen bekannter Filme bestaunen und spektakuläre Visual Effects miterleben.

197

www.filmstadt.de

Baden in der Isar

München

198

Sommer, Sonne, 30 Grad: Halb München liegt an der Isar, die selbst mitten in der Stadt ihre Natürlichkeit bewahrt und den Lebenswert für die Einwohner deutlich erhöht. Denn im vergangenen Jahrzehnt wurde der Flusslauf bis zum Deutschen Museum hervorragend renaturiert. Am Flaucher, des Münchners Lieblingsgrillplatz im Süden der Stadt, duftet es nach Steak und Rostbratwurst. Weiter flussabwärts laden breite Wiesen zum Spazierengehen, Joggen, Fußball- oder Frisbeespielen ein. Und wem es zu heiß wird, der springt kurz in den Fluss, denn in der Regel hat das Isarwasser Badequalität – als einer der wenigen Flüsse in ganz Europa.

www.muenchen.de

 **200**

Fahrrad-Stadtführung
München

Die Millionenstadt München ist klein genug, um sie leicht und locker auf dem Fahrradsattel zu erkunden. So wird der Orientierungssinn geschärft und auch der Körper bleibt fit. Seit einigen Jahren organisieren Veranstalter interessante Führungen auf dem Drahtesel durch die Stadt. Die Guides von »Spurwechsel« zeigen Besuchern die Highlights der Stadt im Rahmen von Routen zu bestimmten Themen, wie beispielsweise auf der Polit-Tour, die wichtige Orte der Zeitgeschichte ansteuert.

www.spurwechsel-muenchen.de

201

Schloss Nymphenburg
München

Nordwestlich der Innenstadt befindet sich das von den Wittelsbachern als Sommerresidenz genutzte Schloss Nymphenburg. Die prunkvollen Innenräume sind einen Rundgang wert, der wahre Schatz befindet sich jedoch hinter dem mächtigen Gebäude: der Schlosspark. Während die zentrale Achse vom geordneten Stil eines »französischen Gartens« geprägt ist, dominiert in den Seitenteilen ein herrlich wilder »englischer Garten«.

www.schloesser.bayern.de

202 Käseschule im Dorfhaus
Oberstaufen-Thalkirchdorf

Wer Lust hat, einmal selbst Käse zu machen, ist im geschindelten Dorfhaus von Thalkirchdorf bei Oberstaufen an der richtigen Adresse: Bei Käsemeister Georg Gründl lernt man, wie Weichkäse hergestellt wird. Jeder Teilnehmer bekommt seinen eigenen Kupferkessel und die komplette Ausrüstung. Das Käsen selbst dauert rund 2 Std. In dieser Zeit müssen die Käseazubis oft fleißig rühren, erfahren nebenbei einiges über die Herstellung anderer Käsespezialitäten und dürfen ungewöhnliche Käsekreationen des Meisters kosten, z. B. Dunkelbierkäse, Barolo- und Champagnerkäse, Ananas- und Trüffel-Chili-Käse-Pralinen oder Käse-Punsch-Pralinen. Danach gibt's ein Diplom und einen Heuschnaps als »Verdauerle«. Wenn die Lehrlinge ihren Do-it-yourself-Käse in die richtige Form gepresst haben, dürfen sie ihn nach einer ersten Ruhezeit von etwa 2 Std. mit nach Hause nehmen. Allerdings muss er dort vor dem Verzehr nochmals 8 Std. ruhen und gesalzen werden.

www.kaeseschule.de;
www.dorfhaus.de

Kräutergarten
Oberstaufen-Steibis

203

Auf 1 300 m, direkt neben einem kleinen Bergsee liegt idyllisch die Kräuter-Alp. Hier baut Michael Schneider seine Wildkräuter an. Ein Schaugarten mit Bildtafeln vermittelt Wissenswertes über die Kräuter und ihre Verwendung. Auch können hier verschiedene Kräuterprodukte erworben werden: Essige, Öle, Balsame und die Schnäpse, die Michael Schneider persönlich in seiner Brennerei destilliert. Eine Besonderheit ist der Enzianbrand, der nach alter Tradition aus den Wurzeln wilder Pflanzen gewonnen wird. Führungen durch die Destille und Kräuterwanderungen sind möglich.

www.kraeuteralp.de

205

Eskimowochenende
Pfronten

Ein Iglu zu bauen ist gar nicht so schwer – wenn Experten zeigen, wie es geht. Als Bauplatz benötigt man ebenes Gelände, zum Ausstechen der Quader eine unzertretene Fläche mit gut gepresstem Schnee. Dann zirkelt man den Grundriss ab, nimmt Schneesäge und Schneeschaufel und macht sich ans Werk. Nach gut 3 Std. Arbeit ist das winddichte Haus aus Schnee fertig. Worauf es beim Hochziehen der Wände ankommt und was beim »Schlussstein« zu beachten ist, erklärt der Schneebiwakbaumeister. Nach getaner Arbeit stärkt man sich auf der nahen Hütte, bevor man mit der nötigen Bettschwere in sein Iglu unterm Sternenhimmel kriecht.

www.altissimo.de

Canyoning
Pfronten

In der Regel werden Wildbäche in den Bergen vorsichtig um- oder übergangen. **204** Beim Canyoning stürzt man sich im Neoprenanzug mitten ins eiskalte Wasser und nimmt den direkten Weg ins Tal. Aufregend und spannend ist das – aber nicht gefährlich, wenn man am Seil geht und professionelle Guides die Schlüsselstellen der Touren kennen.

www.freudig.de

206 Schwäbisches Bauernhofmuseum
Illerbeuren

Im Schwäbischen Bauernhofmuseum in Illerbeuren, 10 km südlich von Memmingen, erfährt der Besucher im Rahmen von Themenführungen beispielsweise, wie es früher mit der Hygiene im bäuerlichen Haus und Hof aussah. Man kann das älteste bayerische Freilichtmuseum auch auf eigene Faust besichtigen, sollte aber viel Zeit mitbringen, wenn man die 30 liebevoll restaurierten Gebäude aus dem 16. bis 19. Jh. alle aufsuchen möchte.

www.bauernhofmuseum.de

207 Bergtour auf den Stuiben
Immenstadt

Eine Tour entlang der Nagelfluhkette gehört nicht zuletzt wegen der sich häufig bietenden fantastischen Aussicht zu den Klassikern im Allgäu. Eine beliebte Tageswanderung führt auf den 1 750 m hohen Stuiben. Dabei schwebt man von Immenstadt mit der Sesselbahn bis fast auf den 1 450 m hohen Mittag und quert in westlicher Richtung über den Steineberg zum Stuiben. Hinab ins Tal geht's entweder über die Alpe Gund oder – die Kniegelenke schonend – mit der Sesselbahn.

www.immenstadt.de

Eistobel
Maierhöfen

208

Schluchten werden im Allgäu »Tobel« genannt, und einer der schönsten ist der Eistobel bei Riedholz, rund 7 km südlich von Isny. Im Winter ist die dann nur für Bergsteiger begehbare Schlucht eine wahre Kunstgalerie bizarrer Skulpturen der vergänglichen eisblauen Art. Im Rest des Jahres rauscht hier das Wasser zwischen hohen Felswänden hindurch, spritzt über Kaskaden und strömt durch Gletschertöpfe. Eine etwa vierstündige familienfreundliche Rundwanderung führt durch die Schlucht auf die Riedholzer Kugel mit schönem Blick auf die umliegenden Berge.

www.eistobel.de

Bergwelt
Immenstadt

Einen Katzensprung vom Großen Alpsee entfernt liegt die »Alpsee Bergwelt«. Hier kann man sich vom »Rodelwirt« aus bequem per Sesselbahn nach oben transportieren lassen, um dann mit rasantem Tempo die fast 3 000 m Länge und 68 Kurven des »Alpsee Coaster«, einer ganzjährig befahrbaren Rodelbahn, hinunter zu brausen. Oben, direkt neben der Bergstation befindet sich auch der Klettergarten »Bärenwald«. Wer möchte, kann vor der Fahrt in 16 Parcours mit bis zu 20 m Höhe und verschiedenen Schwierigkeitsgraden seine Geschicklichkeit testen.

209

www.alpsee-bergwelt.de

210

Archäologischer Park
Kempten

Die Römerstadt Kempten wurde vor rund 2 000 Jahren gegründet und erhielt den Namen Cambodunum. Anfangs war sie sogar Amtssitz des Statthalters der Provinz Rätien. Seit 1983 wurden der gallorömische Tempelbezirk, die »Kleinen Thermen« und das Forum der freigelegten antiken Siedlung als »Archäologischer Park Cambodunum« zugänglich gemacht. Heute kann man die Anlage auf eigene Faust besichtigen oder an einer Führung teilnehmen. Besonders anschaulich wird die Römerzeit bei Workshops, in denen man einiges über das Schreiben in der Antike, die römische Mode oder die Kunst der Specksteinbearbeitung erfährt. Beim Besucherprojekt »Homo ludens – Spielen wie die Römer« stellt manch einer erstaunt fest, dass Mühle und Tauziehen schon vor 2 000 Jahren bekannt und beliebt waren.

www.apc-kempten.de

211

Starzlachklamm
Sonthofen-Winkel

Ob man an Sommertagen die Kühle der Starzlachklamm genießt oder nach Regenschauern bewundert, mit welchem Druck das Wasser durch die Schlucht tost – es ist immer ein eindrucksvolles Erlebnis. Die Tour beginnt am Parkplatz im Ortsteil Winkel. Ein beschilderter Weg führt am Bach entlang zum Klammwirt am Eingang der Schlucht. Vorbei an mehreren Wasserfällen geht es bergauf durch die Klamm. Schließlich zweigt nach rechts ein Weg ab, über den man rasch zum Parkplatz zurückkommt. Man kann auch am oberen Ende der Schlucht über eine Brücke auf die andere Seite wechseln und über die Alpe Topfen zurück nach Winkel wandern.

www.starzlachklamm.de

Walderlebnis
Füssen

Im Walderlebniszentrum Ziegelwies zwischen dem Lech und den Steilhängen des Allgäuer Bergwalds nehmen Kinder ihre Umwelt mit allen Sinnen wahr. Auf drei Pfaden erfahren sie Interessantes über Wasser, Holz, Schutzwald oder Lawinen. Der »Auwaldlehrpfad« führt sie durch einen Weidentunnel, sie überqueren den Bach mit dem Floß, auf der Hängebrücke oder hangeln sich am Seil entlang über das Wasser. Auf dem »Bergwaldlehrpfad« klettern sie im Netz der Riesenspinne und schwingen an der Affenschaukel. Im »Tal der Sinne« geht's barfuß durch den Matsch, über Baumstämme und durchs Wasser.

212

www.walderlebniszentrum.eu

Wanderung
Nesselwang

Eine schöne, rund 3-stündige Wanderung auf den Nesselwanger Hausberg, die gut 1500 m hohe Alpspitze, führt vom Alpengasthof Sonnenbichl zum Wasserfall im Schlossbächeltal, an dessen Seite man weiter aufsteigt. Nach einem kurzen Abstecher zur Ruine Nesselburg

213

geht's entlang des beschilderten, teils steilen Wegs zum Sportheim Böck. 20 Min. später steht man auf dem Gipfel der Alpspitze, wo sich herrliche Blicke auf die umliegenden Berge bieten. Talwärts geht es entweder flott mit der Sommerrodelbahn oder gemütlich zu Fuß über die Kronenhütte.

www.nesselwang.de

---

214 Sturmannshöhle
Obermaiselstein

Der Besuch der Sturmannshöhle ist ein spannendes Erlebnis für die ganze Familie, bei dem man sich warm anziehen sollte. In der einzigen Spalthöhle des Allgäus ist es nämlich auch an einem Sommertag mit einer konstanten Temperatur von 4 °C recht kühl. Ausgangspunkt ist der Parkplatz beim »Hirschsprung« an der Straße zwischen Obermaiselstein und Tiefenbach. Von hier gelangt man in rund 30 Min. auf dem ganzjährig zugänglichen Sagenweg zum Eingang der Klamm. Über Treppen geht's dann 300 m hinab in die Tiefe, wo ein Wildbach rauscht. Dabei steigt man durch 120 Mio. Jahre alte Gesteinsformationen, sieht wunderschöne Versinterungen und erfährt viel Interessantes – zum Beispiel über das Venediger Männle, die vier wilden Fräulein und den Drachen, der den Goldschatz der Höhle bewacht.

www.obermaiselstein.de

---

215 Hammerschmieden
Bad Oberdorf

In Bad Oberdorf hat sich ein uraltes Handwerk erhalten, das andernorts schon verschwunden ist: Dort sind noch drei Hammerschmieden in Betrieb, rund 500 Jahre alt und von der Wasserkraft der Ostrach angetrieben. In der Unteren Schmiede stellt Franz Scholl hauptsächlich Eisenpfannen für Kochprofis her. Er arbeitet eng mit seinem Cousin Albert zusammen, dessen Obere Schmiede sich am Hornweg beim Parkplatz Grüebplätzle befindet. Beide Traditionsbetriebe können besichtigt werden und haben Verkaufsräume, in denen man die begehrten Pfannen, aber auch nach historischen Vorbildern gefertigte Werkzeuge kaufen kann.

www.hammerschmiede-badoberdorf.de

Skiflugschanze & Freibergsee
Oberstdorf

Die Heini-Klopfer-Skiflugschanze, scherz-
haft auch der »schiefe Turm von Oberst-
dorf« genannt, zählt zu den größten ihrer
Art weltweit. Ein kleiner Pfad führt im
Sommer am Rande des steilen Auf-
sprunghügels zum Betonbauwerk hoch
über dem Stillachtal. Per Aufzug geht's
weiter bis ganz nach oben, wo manch einem Besucher bei der Vorstellung, auf Ski
geradewegs nach unten zu rauschen und
bei Tempo 100 ins Ungewisse abzuheben,
der Genuss des herrlichen Ausblicks
abhanden kommt. Von der Schanze aus
kann man in etwa 20 Min. gemütlich
zum Ufer des Freibergsees spazieren. Ein
Kopfsprung ins frische Wasser fällt dort
um einiges leichter als nebenan über
200 m in die Tiefe zu segeln.

www.skiflugschanze.de; www.oberstdorf.de

216

217

Breitachklamm
Oberstdorf

Die enge, bis zu 65 m tiefe
Breitachklamm erstreckt sich
zwischen dem Oberstdor-
fer Ortsteil Tiefenbach und
Riezlern im österreichischen
Kleinwalsertal. Am Ein-
gang bei Tiefenbach ist eine
Ausstellung zur Geologie,

Ökologie und Erschließungs-
geschichte der Klamm zu sehen. Eine Wanderung durch
die Schlucht ist zu jeder Jahreszeit sehr empfehlenswert.
Im Winter ist der Weg bis
Riezlern geräumt, und die
Wasserfälle sind zu bizarren

Eisskulpturen erstarrt. Bei
Tauwetter im Frühjahr oder
nach mehreren Regentagen
tost, schäumt und gurgelt die
Breitach besonders wild – ein
unvergessliches Erlebnis.

www.breitachklamm.com

Wieskirche
Steingaden

Wer sich der Wieskirche auf angemessene Art nähern möchte, geht am besten zu Fuß. Schließlich handelt es sich um eine Wallfahrtskirche. Von Steingaden führen einige Wege nach Südosten zur »Wies«, wie der Rokoko-Bau oft abkürzend genannt wird. Einer der schönsten und zugleich beliebtesten Pfade ist der »Brettlesweg«. Dieser ist gut ausgeschildert und führt in 1,5 Std. von Steingaden durch ein idyllisches Hochmoor zur Wieskirche. Wenn man zeitig losmarschiert, hat man vielleicht Glück und erreicht die Kirche noch vor den Buskolonnen und deren Insassen.

218

www.wieskirche.de

219 Pöllatschlucht
Schwangau

Wenn ein Sohn seiner Mutter eine Brücke zum Geburtstag schenkt, muss entweder die Zuneigung groß, der Geldbeutel prall gefüllt oder der Sohn größenwahnsinnig sein. Im Falle der Marienbrücke, ein Präsent König Ludwigs II. an seine Mutter Marie, darf sich jeder die Antwort selbst aussuchen. Wie auch immer, die Brücke ist perfekt um das direkt gegenüberliegende Märchenschloss Neuschwanstein zu bestaunen. Wer noch weiter zum Tegelberg aufsteigt, dem bieten sich weitere Tiefblicke auf des Königs Meisterwerk. Hinter der Brücke führt der Weg zickzackförmig in die Höhe, Wanderer erreichen nach etwa 3 Std. den Gipfel des Tegelbergs. Von dort schweben sie entweder mit der Seilbahn in die Tiefe oder wandern auf den Spuren des Königs auf dem Ahornreitweg zum Ausgangspunkt.

www.schwangau.de;
www.tegelbergbahn.de

220 Auf die Zugspitze
Garmisch-Partenkirchen

Ganz unterschiedliche Wege führen auf Deutschlands höchsten Berg, die 2964 m hohe Zugspitze. Bergwanderer steigen Schritt für Schritt in zwei Tagen durch das stille Reintal auf. Während die andere, durch das Höllental führende Wanderroute etwas anspruchsvoller ist, wählen Kletterer den Weg entlang des zackigen Jubiläumsgrats. Wer auf die Mühen und Schweißtropfen des Aufstiegs, nicht aber auf das Gipfelpanorama verzichten will, steigt im Tal entweder in die traditionsreiche Zahnradbahn oder in die Gondel der Eibsee-Seilbahn. Wie auch immer der Aufstieg bewältigt wird: Oben, am golden glänzenden Gipfelkreuz treffen sich alle wieder zum Staunen.

www.zugspitze.de

222

Floßfahrt auf der Isar
Wolfratshausen / München

Wer an heißen Sommertagen südlich von München an der Isar liegt, braucht für das musikalische Rahmenprogramm nicht selbst zu sorgen. Denn regelmäßig gleiten Floße mit lautem »Umtata« im Dreivierteltakt und voll beladen mit bis zu 60 fröhlichen Passagieren vorbei. Manch einer blickt neidisch hinüber auf das schwimmende Spektakel ... dabei ist es so einfach, selbst einmal an Bord zu sein: Zwischen Mai und Mitte September bieten mehrere alteingesessene Flößer die lustigen Fahrten mit Brotzeit, Bier und Blasmusik an. In 5-7 Std. treibt man durchs reizvolle Isartal und hat nicht nur auf der größten Floßrutsche Europas eine Riesengaudi.

www.muenchen.de, s. Floßfahrt

Baden & Rudern
Starnberger See

Südwestlich von München hat die Eiszeit eine übergroße Badewanne hinterlassen: den Starnberger See. Manch Privilegierter springt vom Privatsteg ins frische Wasser. Für alle anderen gibt es öffentliche Badewiesen, wie z. B. bei Ammerland. Ganz besonders schön ist es, mit dem Ruderboot langsam übers Wasser zu ziehen und gelegentlich hineinzuspringen.

221

www.gastl-boote.de

Wanderung
Bad Bayersoien

Die Ammer ist einer der wildesten Flüsse Oberbayerns und daher ein beliebtes Ziel für Kajakfahrer. Doch es geht auch gemütlicher – und vor allem trockener. Wer die Reize des Ammertals zu Fuß kennenlernen will, startet am besten in Bad Bayersoien, steigt hinab ins Flusstal zur Soyermühle und folgt den Wegweisern flussaufwärts zu den Schleierfällen, die wie Vorhänge an den seitlichen Felsen auftauchen. Wenig später erreicht man die Aussichtskanzel der Scheibum. Dort bieten sich eindrucksvolle Blicke auf das türkisfarbene Wasser, das sich durch die enge Schlucht drückt.

223

www.ammergauer-alpen.de

224 Partnachklamm
Garmisch-Partenkirchen

Mal rauscht die wilde Partnach durch den schmalen, etwa 80 m tiefen Spalt, den das Wasser hier in vielen Jahrtausenden in den Fels gegraben hat, mal stiebt das Wasser als feiner Schleier über Felsstufen hinab. Selbst an einem heißen Sommertag tropft und rinnt es von den Wänden. Wer die Klamm hingegen im Winter besucht, staunt über bizarre Eisskulpturen. Der knapp 1 km lange Weg durch das Naturdenkmal ist zu jeder Jahreszeit begehbar. Vom Parkplatz am Olympia-Skistadion geht man rund 20 Min. zum Eingang der Schlucht. Viele folgen dem Wasser der Partnach am Ende der Klamm weiter zur Reintalangerhütte oder steigen am Südende über steile Stufen hinauf zur Wettersteinalm und zum Gipfel des Eckbauer. Von dort kann man mit dem Sessellift zum Ausgangspunkt hinabschweben.

www.partnachklamm-info.de

Wanderung zum Schaukräutergarten
Lenggries

Das 1 555 m hohe Brauneck ist der Hausberg von Lenggries und im Winter ein beliebtes Ziel von Skifahrern und Snowboardern. Im Sommer führen zahlreiche Wanderwege auf die Berge hoch über der hier noch jungen Isar. Wer vom Tal in etwa 2 Std. auf den Gipfel des Braunecks und dann weiter nach Westen steigt, erreicht nach einer halben Stunde die schön gelegene Stie-Alm. Auf deren Rückseite ist ein Kräutergarten angelegt, in dem Besucher über die Geheimnisse des Anbaus und der Anwendung der heimischen Kräuter aufgeklärt werden.

225

www.stie-alm.de

226

Wanderparadies Tegernsee

Unterwegs über Berge, durch Täler und am Wasser

Wie drei Lebensadern prägen die Flüsse Leitzach, Schlierach und Mangfall den Landkreis Miesbach, dessen Orte sich touristisch zur »Alpenregion Tegernsee Schliersee« zusammengeschlossen haben. Eine leichte Drei-Tages-Rundwanderung führt zu den Seen der Region. Am ersten Tag wandert man vom Tegernsee zum Schliersee; entlang geht es die Höhenkämme, vor einem liegt die malerische Landschaft und unberührte Natur der Alpentäler. Die zweite Tagesetappe führt weiter über die Freudenreichalm und die Firstalmen zum Spitzingsee. Der dritte Abschnitt ist der längste der Strecke und verläuft wieder zurück zum Tegernsee. Mit entspannter An- und Abreise dauert die Tour fünf Tage, die Wanderung ist gut in drei Tagen zu schaffen. Außerdem ist der Tegernsee Ausganspunkt für eine – auch für Ungeübte geeignete – Alpenüberquerung. Diese achttägige Route führt durchs Zillertal und endet in Sterzing. Zwischendurch genießt man die spektakulären Panoramen oder kehrt zu bayerischen Schmankerln und Tiroler oder Südtiroler Spezialitäten ein. Beide Touren sind inklusive Übernachtungen buchbar bei »Feuer und Eis Touristik«. Die Alpenüberquerung ist auf Wunsch auch mit Führer sowie mit Gepäcktransport durchführbar.

www.sportive-reisen.de

E-Bike-Projekt

Alpenregion Tegernsee Schliersee

Was bringt das beste E-Bike, wenn nach einer flotten Fahrt der »Saft ausgeht« und die Aufladestationen fehlen? Ein pfiffiges System ist die Antwort der Alpenregion Tegernsee Schliersee. Unterstützt durch den Saft aus dem Akku kann man hier auf sechs E-Bike-Touren gemütlich durch die Gegend radeln. Man muss zwar noch treten, aber mithilfe der E-Power gehen selbst steile Berge um ein Vielfaches leichter. Insge-

samt gibt es in der gesamten Region verteilt über 20 Verleihstationen. Ladestationen, z. B. in Rottach-Egern, Tegernsee, Schliersee, am Spitzingsee, in Bayrischzell und in Holzkirchen. Die Pedelecs haben eine Reichweite von ca. 100 km und eine recht kurze »Akkufütterungszeit«. Wer zwischendurch doch eine Erholungspause braucht, kann in einem der zahlreichen Gasthöfe einkehren. Spezielle »Bett und Bike Be-

triebe« sind auf Radler ausgerichtet und bieten sichere Stellplätze, Trocknungsmöglichkeiten für nasse Kleidung und Ausrüstung, Werkzeug für kleinere Radreparaturen sowie Infomaterial über Ausflugsziele in der näheren Umgebung, regionale Radwanderkarten und nicht zu vergessen: ein kräftiges Radlerfrühstück für den Start in die nächste Etappe.

www.tegernsee-schliersee.de

227

M-Wasserweg

Mangfalltal

Jeder Münchner kommt täglich mit der Natur des Mangfalltals in Berührung, sobald er den Wasserhahn aufdreht. Denn ein Großteil des Trinkwassers der Millionenstadt entspringt an den Hängen nördlich von Tegernsee und Schliersee. Vom Deutschen Museum folgt der mit grün-blau-schwarzen Schildern gekennzeichnete M-Wasserweg der Stadtwerke München dem Lauf des Wassers. Zunächst verläuft die Tour entlang der Isar und kreuzt anschließend den Hofoldinger Forst. In der Nähe der Ortschaft Valley erreicht der Weg die Mangfall. Radler folgen dem Fluss zunächst einige Kilometer und treten dann kräftig in die Pedale hinauf nach Gotzing. Von dort führt der Weg durch meist ebene Haglandschaft wieder zurück an die Mangfall und an deren Ufer entlang bis Gmund am Tegernsee. Infotafeln entlang der 80 km langen Strecke erzählen Hintergründe zur Trinkwassergewinnung und zu den Sehenswürdigkeiten der Umgebung. Einen Hö-

228

hepunkt der Tour stellt der Abstecher zum Aussichtsturm am 896 m hohen Taubenberg dar. Wer dessen Wendeltreppe hinaufsteigt, wird mit einem Panorama, das bei klarer Sicht von den zackigen Felsen der Kampenwand bis zur Zugspitze reicht, belohnt. Den Turmschlüssel leiht man sich beim Berggasthaus Taubenberg aus. Die Route über Teer-, Feld- und Waldwege ist Rad- und Wan-

derweg zugleich und durch die abwechslungsreichen Abschnitte für Jung und Alt geeignet. Dank zahlreicher Haltestellen von S-Bahn und Bayerischer Oberlandbahn (BOB) kann die Länge der Tour variiert werden. Und wer nicht längere Zeit in der Region verweilen kann, kommt rasch wieder zurück nach München.

www.swm.de, s. M-Wasser;
www.tegernsee-schliersee.de

230 Kameltrekking
Grub / Valley

Vor über 20 Jahren, als die meisten Deutschen ihren Urlaub an der Adria und noch nicht an den Stränden Dubais verbrachten, bekamen sie Kamele in der Regel nur im Zoo zu Gesicht. Wer sich damals ins nördliche Mangfalltal verirrte, musste also an seiner Wahrnehmung zweifeln, wenn er dort, mitten in der oberbayerischen Provinz, von zotteligen Kamelen statt von Kühen gemustert wurde. Für Konstantin Klages gehörte das zum Alltag, schließlich wuchs er mit den ungewöhnlichen »Haustieren« auf. Aus dem schrägen Hobby des Vaters entstand letztlich Konstantin Klages' Idee, Besuchern die Hügel und Täler rund um die Mangfall vom Rücken der Trampeltiere aus zu zeigen.

Vor einigen Jahren hat er die Karawane erweitert und zieht mit den Vierbeinern, die auf so märchenhafte Namen wie Suleika, Karim oder Shakir hören, auf Tagesausflügen durch Wälder, Wiesen und Wasser. Auf einer eineinhalbstündigen Tour erleben Besucher nicht nur versteckte Winkel des bayerischen Oberlands, sondern erfahren auch alles über die Welt der Wüstenschiffe. Wenn sie dann die Augen schließen und sich ganz fest konzentrieren, dann fühlen sie sich vielleicht wie im Märchen … aber nur bis die Karawane an der nächsten Weide vorbeizieht und ein lautes »Muh« den Reiter aus seinen orientalischen Träumen reißt.

www.bayern-kamele.de

Segeln & Schlittschuhlaufen
Chiemsee

231

Wenn der Wind richtig bläst, tummeln sich
Hunderte Segler auf Bayerns größtem See. Es gibt
kaum Schöneres, als mit dem Segelboot zur Frauen-
insel zu kreuzen und dort ein Stück Käsekuchen zu
vernaschen. Im Winter, wenn die Temperaturen dauerhaft deutlich unter dem Gefrierpunkt bleiben, reicht die
dicke Eisschicht oft zum Schlittschuhlaufen – oder zum
Segeln, aber diesmal auf Kufen.

www.segelschule-prien.de; www.chiemsee-alpenland.de

Naturrodeln
Marquartstein

In den Bayerischen Alpen geht es im Winter nicht nur mit Ski oder Snowboard flott bergab, sondern auch auf dem Rodelschlitten. Zahlreiche zugeschneite Forstwege bieten sich während der kalten Jahreszeit für eine rasante Rutsch-

232 partie auf zwei Kufen an. Oberhalb von Marquartstein im Chiemgau fällt mühsames Aufsteigen aus, da die Rodler in einem Sessellift hinauf zur Staffenalm schweben. Dort beginnt die gut 3 km lange, kurvenreiche Talfahrt durch den Nadelwald. Wer kein eigenes Gefährt besitzt, kann einen Schlitten an der Talstation ausleihen.

www.hochplattenbahn.de

233 Auf den Wendelstein
Brannenburg

Der Wendelstein thront hoch über dem Inntal und ist dank des weithin sichtbaren Radiosendemastens ein leicht zu erkennender Orientierungspunkt für Reisende zwischen München und Salzburg. Die exponierte Lage des 1 838 m hohen Berges führte nicht nur zur Errichtung der Sendeanlage des Bayerischen Rundfunks, sondern auch zum Bau einer Wetterstation und eines Observatoriums der Universität München auf dem Felsgipfel. Wanderer können, in Bad Feilnbach startend, nach etwa 4 Std. das fabelhafte Panorama genießen. Viel schneller geht's mit der traditionsreichen, 1912 in Betrieb genommenen Zahnradbahn von Brannenburg, die nach 20 Min. im Bergbahnhof eintrifft. Nur die letzten, gut 100 Höhenmeter zum höchsten Punkt müssen Bahntouristen mit der eigenen Muskelkraft bewältigen.

www.wendelsteinbahn.de

234 Inntaler Unterwelten
Oberaudorf

Zwischen Brannenburg und dem österreichischen Kirchbichl liegen geheimnisvolle Höhlen über dem Inntal. Wie im Mittelalter eine ritterliche Höhlenburg aussah, lässt sich anhand der Mauerreste des Grafenlochs bei Oberaudorf studieren. Durch archäologische Untersuchungen im Jahr 2008 wurde die Bedeutung der Höhlenburg Grafenloch erkannt. Von Oberaudorf führt ein kleiner Pfad, vorbei am Luegsteinsee, in etwa 1 Std. hinauf zur Höhle. Die spektakuläre Lage in senkrechter Wand begeistert jeden Besucher. Zusammen mit drei weiteren Höhlen, zwei davon auf österreichischem Gebiet, zählt das Grafenloch zu den »Inntaler Unterwelten«.

www.unterwelten.com

235

Salzbergwerk
Berchtesgaden

Die Bergwelt Berchtesgadens hat mehr zu bieten als das tiefe Wasser des Königssees und die Felsgrate des Watzmanns. Lange Zeit bevor die ersten Touristen kamen, war man sich hier eh im Klaren, dass der wahre Schatz im Inneren der Berge zu suchen ist: das Salz. Noch heute wird das »weiße Gold« abgebaut. In den stillgelegten Abschnitten des Berchtesgadener Salzbergwerks werden Spaß und Lernen verbunden. Es geht per Boot über einen Salzsee und auf Holzrutschen von einer Abbauebene zur nächsten. Glück auf!

www.salzzeitreise.de

Lokschuppen
Rosenheim

Der »Lokschuppen«, eine umgebaute Lokomotiven-Remise, stellt seit einem Vierteljahrhundert das kulturelle Herz Rosenheims dar. Das hübsche halbrunde Kulturzentrum der traditionsreichen ehemaligen Salzhandelsstadt am Inn ist überregional bekannt für seine Landes- und Sonderausstellungen, die eine fundierte wissenschaftliche Basis mit einer aufwendigen, ästhetisch anspruchsvollen Gestaltung kombinieren. Ausstellungsbesucher tauchen hier in spannende Geschichten und fremde Kulturen ein. Mit bis zu 280 000 Besuchern pro Jahr zählt der Lokschuppen zu den zehn erfolgreichsten Ausstellungshäusern in Deutschland. Bis Dezember 2016 thematisiert eine Erlebnisausstellung mit zahlreichen Original-Exponaten namhafter Museen die Zeit der Wikinger. Filme, Animationen und spezielle Aktivitäten machen diese vergangene Welt erlebbar.

236

www.lokschuppen.de

Berlin

Berlin, Berlin, wir fahren nach Berlin – und staunen immer wieder darüber, dass die deutsche Hauptstadt nicht nur sehr groß und spannend, sondern mit ihrem zauberhaften Umland auch sehr grün ist. Den besten Überblick hat, wer mit dem Riesenrad auf der Kirmes in die Luft geht; obligatorisch ist die Dampferfahrt hinaus zum Strandbad Wannsee.

So viele Kieze, so viel zu entdecken ...
allein der Blick über Museumsinsel,
Spree, Nikolaikirche hinüber zum
Fernsehturm verheißt unzählige
Erlebnisse in der Hauptstadt.

Geisterjagd
Mitte

Schon Goethe schrieb im »Faust«: »Und dennoch spukt's in Tegel.« Aber auch andere Stadtteile kommen nicht zur Ruh'. Das bekannteste Gespenst ist die Weiße Frau. Es soll mehrere glaubhafte Berichte über ihre Existenz geben, auch wenn sie schon etwas Patina angesetzt haben. Zuletzt spukte sie auf dem Cöllner Schloss. Sie trug eine Witwenhaube mit zurückgeschlagenem Witwenschleier, der mit Spinnweben besetzt war. Das war 1940! Es gibt noch viele weitere Grusellegenden und düstere Geheimnisse, die findige Stadtführer zu erzählen wissen.

237

http://baerentouren.de/ghostwalk_berlin

238 Amphitheater
Mitte

Vis-à-vis des Bode-Museums steht die schönste saisonale Spielstätte der Stadt, das Amphitheater im Monbijoupark, direkt an der Spree. Das Theater ist 22 m breit und 6 m hoch und bietet 350 Zuschauern Platz. Es ist aus Holz, nach italienischem Renaissancevorbild, und wird am Ende der Saison wieder abgebaut. Auf dem Plan steht volksnahes Klassiktheater, z. B. Molières »Don Juan« und Shakespeares »Romeo und Julia«. Musikalisch orientieren sich die Macher gerne an der sogenannten Weltmusik: Alpenmusik, Fado, Balkan, Jazz oder Russian Gipsy mit Akkordeon, Gitarre und Schlagzeug. Im Winter, wenn die Bretter eingelagert sind, werden in der »Märchenhütte« Erzählungen u. a. der Brüder Grimm gespielt.

www.amphitheater-berlin.de

239 Historischer Hafen
Mitte

Zwischen der Fischerinsel, dem südlichen Teil der Spreeinsel, und dem Märkischen Ufer widmet sich ein Club einem ganz besonderen Hobby: dem Erhalt alter Schiffe. Der Verein Historischer Hafen Berlin kümmert sich um bis zu 28 Kähne und Stoßboote. Eines der Prachtstücke ist der Schlepper »Andreas«, 35,18 m lang und 6,93 m breit. Für Kenner: Er ist der größte noch funktionsfähige Dampfschlepper in Europa mit einer Dreifach-Expansionsdampfmaschine. »Renate-Angelika« dagegen – 46,42 m lang und 6,60 m breit –, mehr als 100 Jahre alt, dient als Museumsschiff. Mit Texten, Fotografien und Modellen informiert die Dauerausstellung über die Geschichte der Binnenschifffahrt. Die Hafenbar im Schiffsbauch sorgt dafür, dass dies nicht allzu trocken wird.

www.historischer-hafen-berlin.de

Sprung vom Hoteldach
Mitte

Der erste Schritt, sagen sie, soll Überwindung kosten. Man hängt am Seil, fast waagerecht, wie beim Drachenfliegen. Aber da ist kein Drachen. Dann fliegt man, sieben Sekunden lang, 98 Meter tief, nicht auf den Alexanderplatz, sondern bis knapp zwei Meter über das Vordach des Hotels Park Inn am »Alex«.

240

Ein nie dagewesener Adrenalin-Kick durchflutet den Körper. Ein spezielles Windabseil-System befördert den Flieger mit nahezu Freifallgeschwindigkeit kontrolliert nach unten. Kurz vor der Landung erfolgt eine vollständige und sanfte Bremsung aus bis zu 90 km/h, abhängig vom Körpergewicht, bis zum Stillstand. Die Bremsung ist sanft, aber man spürt sie in den Gurten.

www.jochen-schweizer.de/base-flying

Speedminton
Mitte

Nachts heißt es Blackminton, am Tag spielt man Speedminton, erfunden hat es Bill Brandes 2001 in Berlin. Federball bzw. Badminton war ihm zu langsam und zu windempfindlich. Speedminton wird mit einem leichten Schläger und einem Ball gespielt, dem Speeder. Er ist klein, schwer und blitzschnell. Das Spiel hat die Anmutung von Tennis, obwohl das Netz fehlt. Man spielt es in der Hasenheide, im Mauerpark, vor dem Reichstagsgebäude, jede Mehrzweckhalle eignet sich. Den Court legt man sich selbst, das Spiel ist schweißtreibend, der Ball kann bis zu 290 km/h erreichen.

241

www.speedminton.de

242 Berliner Mauer Radweg
Mitte

Zum 40. Jahrestag des Mauerbaus beschloss der Berliner Senat, alle noch vorhandenen Mauerreste unter Denkmalschutz zu stellen, den Verlauf der Grenze zu kennzeichnen und die Route fahrradfreundlich zu gestalten. In 14 Abschnitte eingeteilt, jeweils 5 bis 20 km lang, führt sie mittlerweile durch die schönsten Grüngebiete der Stadt, an den letzten DDR-Wachtürmen und Mauerresten vorbei, an Fluchttunneln und Kunstwerken wie der East Side Gallery.

www.berlin.de/mauer,
s. Berliner Mauerweg

 **243** Museumsinsel
Mitte

Fünf Museen, die Spree, der Lustgarten und das Schloss als umstrittene Baustelle: Wer Berlin hochdosiert erleben will, ist auf der Spreeinsel richtig. Altes und Neues Museum, Bode- und Pergamonmuseum, die Alte Nationalgalerie locken mehr als 3 Mio. Besucher jährlich an. Der Dom am Lustgarten mit der berühmten Granitschale – wen wundert's, dass die Unesco die Museumsinsel als Weltkulturerbe schützt.

www.visitberlin.de/de/ort/
museumsinsel

244 Ballon über Berlin
Mitte

Bei gutem Wetter startet alle 15 Min. ein Fesselballon in den Himmel, gesichert mit einem Seil, 150 m hoch. Das ist zwar noch 50 m unter der Aussichtsplattform des Alex, verspricht aber dennoch eine einzigartige Perspektive auf das Brandenburger Tor, das Sony Center und die anderen Gebäude rund um das Axel-Springer-Haus. Ortskundige wissen, dass die Gondel im Herzen Berlins auf Gäste wartet, am Checkpoint Charlie.

www.air-service-berlin.de,
s. Weltballon

245 Beachball am Strand
Mitte

Der Strand liegt in der Nähe des Nordbahnhofs in einer Sportanlage namens Beach-Mitte mit 60 Volleyballfeldern und einem Beachsoccerfeld. Es ist immer voll und Voranmeldung empfohlen. Flutlicht sorgt dafür, dass Unermüdliche bis 22 Uhr baggern und pritschen und im Biergarten Spielzüge analysieren können.

www.beachberlin.de

Bärenzwinger
Mitte

246

Der Brandenburger Adler und der Berliner Bär waren sich jahrhundertelang nicht einig, wer das Siegel der Stadt schmücken durfte. Frühe Dokumente zeigen den Bären geführt durch ein Halsband mit Adlerschild. Mit dem Zusammenschluss zu Groß-Berlin 1920 wurde das Wappen »adlerfrei« und knapp 20 Jahre später wurden zwei der Raubtiere im Bärenzwinger des Köllnischen Parks angesiedelt. 1990 spendierte der Senat für Maxi und Schnute, die fünfte und sechste Generation, eine Fußbodenheizung. Öffentliche Fütterungen gibt es nicht mehr, denn: »Die Tiere haben ihr Fressverhalten geändert.«

www.berliner-baerenfreunde.de

Englischer Garten

Tiergarten

Die grüne Lunge der Stadt. Hier treffen beidseitig der Straße des 17. Juni bei schönem Wetter alle Generationen zum Relaxen, Spielen, Picknicken oder Tratschen zusammen. Wer es stilvoller mag, findet Richtung Schloss Bellevue die Blumenpracht des Englischen Gartens vor. Im dortigen Teehaus finden regelmäßig Konzerte, Lesungen und Ausstellungen statt.

247

www.teehaus-tiergarten.com

248

Boule spielen

Kreuzberg, Schöneberg, Reinickendorf

Sieben Orte nennt die Stadt Berlin als Plätze, an denen Boule gespielt wird – es dürften einige mehr sein. Schließlich braucht man nur ein Paar Kugeln aus Metall oder Holz. Am Paul-Lincke-Ufer in Kreuzberg kommen am Wochenende bis zu 100 Spieler zusammen. Im Schöneberger Rudolph-Wilde-Park am Rathaus klacken die Kugeln bis weit nach Mitternacht. In Reinickendorf übernahm nach dem Abzug der französischen Truppen der »Club Bouliste de Berlin« deren früheres Pétanque-Areal. Das »Boulodrôme Jean-René Montel« ist mit 8 200 qm das größte Spielgelände in Deutschland.

www.visitberlin.de, s. Stichwort »Boule«

Panorama-Plattform
Tiergarten

Das höchste Gebäude am Potsdamer Platz ist das Kollhoff-Hochhaus mit knapp 100 m Höhe. Was liegt näher, als dort oben eine Aussichtsplattform mit Café für einen spektakulären Sundowner einzurichten? Nur 20 Sek. dauert die Fahrt mit dem Fahrstuhl – es soll der schnellste Lift Europas sein. Oben liegen fast alle Sehenswürdigkeiten der Stadt praktisch zu Füßen: Bran-denburger Tor, Siegessäule, Schloss Bellevue; die Kuppel des Reichstags, die auch nachts beleuchtet ist. Fast auf Augenhöhe streift der Blick die anderen Hochhäuser am »Potse«: den Bahntower mit 94 m Höhe, das Beisheim Center mit 82 m. Da fällt das Sony Center (67 m) doch vor allem wegen seiner Dreiecksform auf.

www.panoramapunkt.de

Grips-Theater
Hansaviertel

Ein schwarzer Karton, aus dem ein schwarzes Gesicht mit einer dicken Nase lugt – was steht auf dem Deckel des Kartons? Genau, »Grips«. Theater, Kindertheater, Jugendtheater, »Linie 1«. Die Stichworte hat wohl schon jeder einmal gehört, selbst wenn er noch nie eine Aufführung besucht hat. Das Grips ist eine Berliner Institution, die erste Bühne, die sich an Kinder und junge Erwachsene wandte, sie ernst nahm und gleich-berechtigt behandelte. Was regten sich die Konservativen in den 1970er Jahren auf, weil Klartext geredet wurde oder Probleme wie Hausbesetzung auf dem Plan standen. Mittlerweile ist »Linie 1« nach der Dreigroschenoper das erfolgreichste deutsche Musical. Und wer bei Grips auch an das Theater »Rote Grütze« denkt: Dieses Ensemble spaltete sich 1972 von Grips ab.

www.grips-theater.de

Karneval der Kulturen
Kreuzberg

251

Immerhin 50 000 Zuschauer kamen 1996 zum ersten Karneval. Für eine Auftaktveranstaltung, die an den Erfolg des Londoner »Notting Hill Carnival« anknüpfen sollte, aber zu wenig. Heute bewundern bis zu 1 Mio. Besucher die mehr als 4 000 Akteure. Die Veranstaltung an Pfingsten ist längst mehr als ein bunter Umzug. Es ist ein Straßenfest mit Tanzperformances und Konzerten. Es dauert vier Tage und zieht einen ganzen Stadtteil in seinen Bann. Eigentlich so, wie man sich im »Westen« Berlin immer vorgestellt hat: Multikulti eben.

www.karneval-berlin.de

Tanzen im Park
Wechselnde Orte

Sind Freiluft-Raves illegal? Genau weiß das keiner. Es gibt kein Schild: »Tanzen und Musikmachen verboten«. Mancher mag sich das wünschen, dann hätte die Veranstaltung den Ruch des Subversiven. So aber wird nur um die Lufthoheit im Park musiziert. Die Musik kommt vom Fahrrad, genauer: von der selbst gebauten DJ-Station, gespeist von einer Autobatterie und mit dem Rad transportiert. Damit kann man schnell weg, falls die Polizei kommt oder das Ordnungsamt. Die Hasenheide ist groß, am nächsten Sonntag findet der DJ einen besseren Platz zwischen Biotop und Schwulenwiese, da gibt es Schatten und man braucht keinen Sonnenschirm über dem Plattenteller. Und so mehren sich die Raves: Open-Air-Partys gibt es im Görlitzer Park, in der Hasenheide, im Tiergarten wie in der Rummelsburger Bucht. Die Termine werden in Foren und Blogs veröffentlicht, die so schnell wechseln wie die Locations.

252

253

Gärten der Welt
Marzahn

Am schönsten ist es im April und Mai, wenn die Kirschbäume rosa blühen und die violetten Tulpen in ihrem Schatten schon die Blütenblätter verlieren. Ach nein, immer ist es am schönsten, wenn man aus der lauten Stadt in diese leise Welt tritt. Die Anlage ist ein Geschenk der Partnerstadt Peking zur Wiedervereinigung. In Seecontainern wurden Felsen und Möbel, Skulpturen und Hölzer hierher gebracht. Pekinger Gartenarchitekten zauberten ein Kunstwerk nach Marzahn – den größten Chinesischen Garten Europas.

www.gaerten-der-welt.de

254 Freizeitpark Tegel
Tegel

Auf 5000 qm kann man so einiges machen: über ein Planschbecken balancieren oder sich mit einem Seillift über die Wiese schwingen. Im Freizeitpark Tegel gibt es aber auch Sportplätze zum Fuß-, Volley- oder Basketball spielen. Und den Großen Malchsee. Nur wer sich Sportgeräte ausleiht, leistet einen Obolus, z. B. für das Tretboot, mit dem er über den See schippern möchte. Übrigens: Schloss Tegel im Norden war Sitz der von Humboldts. Im Schlosspark liegt das Familiengrab mit 23 überraschend schlichten Steinen. Nahe des Sees steht die »Dicke Marie«, eine Eiche aus dem Jahr 1192, der älteste Baum Berlins. Getauft wurde sie von Alexander und Wilhelm von Humboldt nach ihrer beleibten Köchin.

www.visitberlin.de, s. Stichwort »Freizeitpark Tegel«

255 Treptower Park
Alt-Treptow

Der Treptower Park am Ufer der Spree wurde im 19. Jh. als Volkspark im englischen Stil konzipiert. Attraktiv machen ihn die Wasserpromenaden und Platanenalleen, die großen Liegewiesen und – für Liebhaber –, die Spezialgärten. Im Herzen des Parks wurde von 1946 bis 1948 das größte sowjetische Ehrenmal in Deutschland errichtet, für jene Soldaten der Roten Armee, die beim Kampf um Berlin gefallen waren. Zentrales Element ist ein Grabhügel, auf dem ein Mausoleum mit einer 12 m hohen Bronzestatue steht. Im Südosten des Parks befindet sich die Archenhold-Sternwarte. Die älteste Volkssternwarte Deutschlands besitzt ein Riesenfernrohr, das mit 21 m Brennweite das längste bewegliche Linsenfernrohr der Welt ist.

www.tkt-berlin.de; www.visitberlin.de/de/ort/treptower-park

Böhmisches Dorf
Neukölln

256

1745 hatten sich um den Richardplatz im damaligen Rixdorf böhmische Glaubensflüchtlinge angesiedelt. 18 Familien gründeten die Herrnhuter Brudergemeinde. Kolonistenhäuser ihrer Nachfahren schmücken die Gegend um den alten Dorfanger, und wenn ein Tor in der Kirchgasse offen steht, blickt man in wunderschöne Höfe. In der historischen Rixdorfer Schmiede sind noch heute Einblicke in das alte Schmiedehandwerk möglich. Wer mehr über das internationale Dorf« erfahren möchte, wird beim Verein »Kultur bewegt« fündig.

www.route44-neukoelln.de

The Story of Berlin
Charlottenburg

Im Ku'damm-Karree zwischen Uhland- und Knesebeckstraße stellt das Erlebnismuseum »The Story of Berlin« einen besonderen Tipp dar. In 23 Themenräumen und über vier Etagen stellt die Ausstellung die fast 800 Jahre alte Geschichte der Stadt dar. Mit Computer- und Animationstechnik, kombiniert mit Toneinspielungen und wahrnehmbaren Gerüchen werden die Besucher emotional angesprochen und zugleich sachlich informiert. Im Mittelpunkt stehen nicht vorrangig wichtige Daten, sondern vor allem das Leben der Berliner in ihrer Zeit.

257

www.story-of-berlin.de

258 Architektur-Spaziergang
Siemensstadt und Charlottenburg-Nord

Sechs der Siedlungen, die zwischen 1913 und 1934 für die Arbeiter der Siemenswerke gebaut wurden, sind heute Teil des Weltkulturerbes. Darunter die »Ringsiedlung« rund um den Goebelplatz. Avantgardistische Planer wie Hans Scharoun, Walter Gropius oder Hugo Häring entwarfen Wohnungen auch für arme Leute, grün und sonnendurchflutet. Das bedeutete neue Formen mit rationalisierten Grundrissen und genormten Bauteilen – die Wohnungen mussten schließlich bezahlbar sein. So entstanden Einheiten mit Bad und Innentoilette, Zentralheizung, Warmwasser und Balkon – ungewöhnlich für eine Stadt, in der Ofenheizung und Toiletten auf halber Treppe bis heute existieren.

www.visitberlin.de/de/ort/ grosssiedlung-siemensstadt

259 Sport-Geschichte
Charlottenburg

Der Glockenturm auf dem Maifeld westlich des Olympiastadions bietet mit einer Höhe von etwa 77 m nicht nur einen Weitblick bis zum Berliner Fernsehturm und bei guter Sicht sogar bis Potsdam und zu den Müggelbergen. Er ist auch Heimat der Dauerausstellung »Geschichtsort Olympiagelände 1909 – 1936 – 2006«. Die Dokumentation setzt sich mit der Geschichte des Olympiastadions, der Intention seines architektonischen Charakters und natürlich mit den Olympischen Sommerspielen 1936 auseinander. Aber auch die spätere Nutzung, wie z. B. bei der Fußball-WM 2006, spielt eine große Rolle. Zusätzlich informieren im Olympiapark 45 Tafeln über die Entstehung der Olympiabauten und deren Bedeutung zur Zeit des Nationalsozialismus.

www.dhm.de/ausstellungen/ an-anderen-orten.html

260 Pfaueninsel
Wannsee

100 Jahre wurde die Pfaueninsel, ein Eiland auf der Havel südwestlich Berlins, nicht genutzt. Dann bauten sich dort Friedrich Wilhelm II. und seine Mätresse Gräfin Wilhelmine von Lichtenau ein romantisches Refugium, ein Schloss in Weiß. Später wurde aus der Insel ein Landschaftspark mit Meierei, Vogel- und Kastellanhaus. Und heute ist das Areal ein Naturschutz- und Erholungsgebiet. Eine Fähre im Düppeler Forst setzt vom Festland über.

www.pfaueninsel.info

261 Musikinstrumenten-Museum
Tiergarten

800 Instrumente aus fünf Jahrhunderten stehen herum, allein, keiner spielt sie. Trompeten, Flöten, Geigen, Cembali, Orgeln. Viele Instrumente sind nummeriert, und wer sich an der Kasse einen Audioguide geben lässt, erlebt dieses Museum anders. Die entsprechende Zahl gedrückt und es ertönt ein Klangbeispiel.

www.mim-berlin.de

Dong Xuan Center
Lichtenberg

262

Die Umgangssprache im Dong Xuan Center in der Herzbergstraße ist Vietnamesisch. Hier ist Fernost ganz nah: Glitzeraccessoires, Schmuck und Kunstblumen in überwältigender Vielfalt, Stapel mit traditionell geschnittenen Hosen, Pullovern, Röcken, Jacken, Hemden. Mangos in rauen Mengen, Bittergurken, Okraschoten, riesige Duftreissäcke, Gewürze; in den Lebensmittelläden treffen sich die Anwohner. 13 000 Vietnamesen leben in Berlin, 60 000 waren als Vertragsarbeiter in DDR-Betrieben beschäftigt. Hunderte haben hier Arbeit im Großhandel gefunden.

www.dongxuan-berlin.de

Strandbars

263

25 x in Berlin

Sonne, Sand und Wasser vermögen auch notorisch muffelige Berliner in freundliche Mitmenschen zu verwandeln, und so ist es nicht verwunderlich, dass die Stadt sich zur Hauptstadt der Beach-Kultur entwickelt hat. Nach dem »Bundespressestrand« fragen Touristen schon, wenn sie ankommen, aber es soll ja mindestens 25 Stadtstrände geben, und nicht alle sind so leicht zu entdecken wie der »Capital Beach« am Hauptbahnhof. Empfehlenswert auch die »Playa Paradiso« am Treffpunkt von Spree und Charlottenburger Verbindungskanal und natürlich »Deck 5«: Das ehemalige Parkdeck der Schönhauser-Allee-Arkaden lockt mit spektakulären Sonnenuntergängen.

www.visitberlin.de,
s. Stichwort »Strandbars«

Auf dem Pankeweg
Wedding und Pankow

Er ist ein verblüffender Weg, dieser Pankeweg, einer der 20 grünen Hauptwege durch Berlin von der Mündung der Panke in die Spree bis zur Quelle in Bernau. Eine kleine Zeitreise mitten durch den dicht bebauten Norden der Stadt, ein Weg durch den Wedding, der fast nichts von der Enge und vom Trubel der Umgebung verrät, dafür umso mehr von der Geschichte, die am Ufer in Gestalt geheimnisvoller Mauern, verlassener Fabriken, zerbrochener Fenster, vorwitziger Birken und zum Teil kunstvoller Graffiti erhalten ist.

264

www.panke.info; U-Bahn Reinickendorfer Str. bis S-Bahn Blankenburg

---

265 Fledermausführungen
Spandau

Die Zitadelle Spandau ist eine der besterhaltenen Festungen der Hochrenaissance. Die quadratische Festung wurde im 16. Jh. in der Havel errichtet, als neue Angriffswaffen die alten Burgen nutzlos machten. Die Bastionen wurden so angelegt, dass kein toter Winkel die Annäherung des Feindes begünstigen konnte. Heute dient der historische Bau als Museum, als Ort für Ausstellungen und Konzerte.

In den unterirdischen Gewölben der Zitadelle haben über 10 000 Fledermäuse ihr Winterquartier. Deswegen können die Wehrgänge nur im Frühling und Sommer besichtigt werden, um den Schlaf der Flughunde nicht zu stören. Doch gibt es einen Raum, in dem sich die Tiere auch im Winter beobachten lassen. Nur nach Anmeldung!

www.bat-ev.de

---

266 Tierpark Berlin
Friedrichsfelde

Der Tierpark ist mit 160 ha Fläche der größte Landschaftstiergarten in Europa. Er wurde 1955 in Ost-Berlin eröffnet. Durch seine vielen Grünflächen und großzügigen Freiflächen ist er beinahe mehr Park als Tiergarten. In die Gestaltung der Anlage ist das Schloss Friedrichsfelde integriert, ebenso wie das Familiengrab des preußischen Landwirtschaftsreformers Johann Carl Sigismund von Treskow sowie mehr als 100 Plastiken, Brunnen und andere Kunstwerke. Dennoch steht natürlich die Fauna im Mittelpunkt: etwa 7 500 Tiere in rund 900 Arten leben hier. Am bekanntesten ist wohl das Dickhäuterhaus, wo es gelang, Afrikanische Elefanten zu züchten. Sehenswert auch das Afrikanum, das auf 3,5 ha Zebras, Somali-Wildeseln, Kaffernbüffeln sowie Antilopen Platz bietet.

www.tierpark-berlin.de

267 Klettern in der Halle
Wedding

Die Kletterwand ist steil, für Anfänger hat sie bunte Nasen, für Erfahrene Griffe, an denen sich Kletterer hochhangeln: Training für den nächsten Ernstfall am Berg, der höchstes Glück verheißt. Anfänger erproben sich in Einsteigerrouten, und wer im Dreier- oder Vierer-Schwierigkeitsbereich Freude verspürt, nichts als Luft unter den Sohlen zu fühlen, ist für ein neues Hobby gewonnen und braucht nur noch einen Sicherungspartner.

www.magicmountain.de

268 Natur beobachten
Wilmersdorf

Einen Fluss bauen, Pilze bestimmen, Wasserflöhe beobachten, Fröschen lauschen: An jedem Wochenende gibt es auf dem Gelände des alten Wasserwerks im Grunewald ein spannendes Programm für Kinder. Eltern können sich über ökologisches Bauen, naturnahe Gärten oder Imkerei beraten lassen. Oder an Gärten und Teichen spazieren.

www.oekowerk.de

Schiffsrundfahrt
Berlin

269

Diese Fahrt durch die Stadt beginnt am Märkischen Ufer, unterhalb des Märkischen Museums. In der Mühlendamm-schleuse wird das Schiff um 1,6 m abgesenkt. Es folgen Regierungsviertel, Schloss Bellevue und Hansaviertel, bevor das Schiff am Spreekreuz in den Landwehrkanal biegt. Schmal ist die Wasserstraße, unter den niedrigen Brücken flimmern die Wellen im Sonnenlicht. Kulturforum und Potsdamer Platz bleiben links liegen. Hinter der Lohmühleninsel biegt das Schiff wieder in die Spree ein, passiert die East Side Gallery und landet nach 3,5 Std. wieder am Märkischen Ufer.

www.reederei-riedel.de

Zoo-Aquarium
Tiergarten

Berlin war zweigeteilt und hat deshalb vieles doppelt. So auch zoologische Gärten. Neben dem Tierpark in Friedrichsfelde gibt es den Zoologischen Garten Berlin, 1844 eröffnet, der erste Tiergarten Deutschlands. 1913 kam das Zoo-Aquarium hinzu, mittlerweile mit 13 000 Fischen, Reptilien, Amphibien und über 1 000 Gliedertierarten das größte Haus seiner Art. Besuchermagnet ist die Krokodilhalle, seinerzeit das erste begehbare Tiergehege der Welt. Aber auch die Terrarien für Riesenschlangen, Leguane und Riesenschildkröten ziehen Besucher an.

270

www.zoo-berlin.de
www.aquarium-berlin.de

271 Strandbad Wannsee
Nikolassee

Das Strandbad Wannsee ist eines der größten Freibäder an einem europäischen See. Es liegt am Ostufer des Großen Wannsees. Dort ist der Strand 1 275 m lang und 50 m breit. 1929 hat der Architekt und Stadtbaurat Martin Wagner die mittlerweile denkmalgeschützten Gebäude entworfen, mit Wandelgang und Dusch- und Umkleidekabinen für bis zu 30 000 Gäste. Die Anlage galt bei ihrer Eröffnung als vorbildlich. Und auch heute fühlt man sich – nicht nur wegen der Enge an heißen Sommertagen – wie an einem Ostseestrand. Diesen Eindruck verantwortet in erster Linie der Sand – er wurde seinerzeit tonnenweise in Eisenbahnwaggons vom Strand in Travemünde herbeigekarrt.

www.berlinerbaeder.de

272 Waldmuseum
Grunewald

Vor der Revierförsterei Eichkamp, knapp 6 Min. Fußweg vom S-Bahnhof Grunewald entfernt, liegt ein schönes, altes Landhaus, in dem sich Pädagogen das Ziel gesetzt haben, Kindern und Erwachsenen die Lebensgemeinschaft von Mensch, Tier und Pflanzen näherzubringen. Mit Riech- und Vogelstimmenquiz, mit Stereolichtmikroskopen, die die wunderbare Zauberwelt des Waldes vergrößern, sowie einem Barfußpfad und vielem mehr, ist das Museum ein Ort zum Anfassen und Fühlen, Hören und Riechen. Besonders spannend sind die Nachtwanderungen unter dem Motto »Stimmen der Nacht«. Hier kommen die Teilnehmer nachtaktiven Tieren auf die Spur, wie Wildschwein und Waldkauz, Grille und Nachtigall, Fuchs und Dachs.

www.waldmuseum-waldschule.de

Joggen und trinken
Berlin und Umland

Sie treffen sich im Sommer sonntags um 16, im Winter um 15 Uhr. Den Treffpunkt entnimmt man dem Internet, z. B. S-Bahnhof Pichelsberg. Das passt, denn es trifft die Intention: joggen und trinken. Vorbild ist die Schnitzeljagd, im Englischen »Hares and Hounds«. So nennen sich die Organisatoren Hash House Harriers. Ein freiwilliger Hase hat eine Spur gelegt – mit Mehl und manchmal auch mit falschen Fährten –, die anderen suchen. Der Fund ist schon mal ein Anlass für ein Getränk; also: Hoch die Tassen! Die skurrile Truppe beruft sich auf sportlich-alkoholische Erfahrungen von Kolonialoffizieren 1938 in Kuala Lumpur, die diese Jagd ersannen, um der Langeweile zu entrinnen. Trinken ohne Sinn und Laufen ohne flüssiges Ziel wurden völkerverbindend zu sinnvollem Tun zusammengelegt. Und davon soll es – kaum zu glauben – 1 500 Fans in 184 Ländern geben.

www.berlin-h3.de

273

274

Grillen an Bord
Spandau

Das Boot ist kreisrund und sieht mit seinem Sonnenschirm aus wie ein orangenes Ufo in der Spree. Das Ding mit 3,60 m Durchmesser wird von einem Elektro-Außenbordmotor mit 1,5 PS angetrieben und könnte 3 bis 4 km/h schnell sein. Anker, Feuerlöscher und Verbandskasten sind an Bord. Das kann wichtig werden, denn das Boot ist ein Grill-Boot und fasst bis zu zehn Personen. Dazu gibt es ein Grillset mit Holzkohle-Kugelgrill, der versenkt in der Mitte des Rundtisches Platz findet sowie eine Soundanlage – beides kostet extra – und einem zürftigen »Grill & Chill« an Bord steht nichts mehr im Wasserweg.

www.grill-boot.de

Modellpark
Karlshorst

Von der Glienicker Brücke zum Pergamonmuseum oder zum Schloss Königs Wusterhausen sind es nur ein paar Schritte. Die Brücke führt jedoch nicht über die Havel, sondern verbindet zwei Areale an der Wuhlheide in Karlshorst.

275 Berlin und Brandenburg entstehen hier im Miniaturformat, bis jeder Bezirk und jeder Landkreis mit mindestens einer Sehenswürdigkeit vertreten sein wird. In fünf Werkstätten entstehen die Modelle im Format 1:25 originalgetreu und bis ins letzte Detail nachgebaut. 65 Sehenswürdigkeiten sind auf 1,5 ha bereits versammelt.

www.modellparkberlin.de

276 Mit dem Linienbus durch Berlin
Berlin

Wer meint, schon alles zu kennen, sollte im Doppeldecker oben sitzen, ganz vorn. Dann rauschen schon mal die Blätter einer Baumkrone nah vorbei, aber Über- und Einblicke auf die Stadt sind garantiert. Die Buslinie 200 nennt sich auch Touristenlinie, weil man mit ihr in 44 Min. preiswert die Hauptstadt kennenlernt. An der Gedächtniskirche geht es los, der Bus passiert den Zoologischen Garten und lenkt ins alte Diplomatenviertel. Es folgen Potsdamer Platz mit Sony Center und Kollhoff-Hochhaus. Nach 16 Min. ist der Bus schon Unter den Linden, lässt Staatsoper rechts und Lustgarten links liegen, fährt über Schlossbrücke und Alexanderplatz nach Prenzlauer Berg und zum Volkspark Friedrichshain.

www.bvg.de

277 Mit dem Kajak zur Insel
Schmöckwitz

Eine Flussfahrt, die ist lustig: Im Gepäcknetz vor der Sitzluke des Faltbootes kann man Kleinkram verstauen, die schweren Sachen gehören unter den Sitz, möglichst wasserdicht verpackt – die Luft darin gibt zusätzlichen Auftrieb –, dann kann die Paddeltour beginnen. Sie beginnt am Bootshaus »Krampenblick« am Langen See, südwestlich von Köpenick. Es geht zur Schmöckwitzer Werder, die Insel wird einmal umrundet. Dann durchquert der Tourleiter mit seinen Gästen den Seddinsee und einen kurzen Abschnitt des Oder-Spree-Kanals. Pausiert wird am Krossinsee, mit der Möglichkeit zu entspannen, die Oberarmmuskeln zu lockern, etwas zu essen oder einfach nur zu schwimmen. Nach dem Krossinsee geht es über den Zeuthener See wieder zurück zum Langen See.

www.derkanutourist.de

279

Spaziergang am Großen Müggelsee
Friedrichshagen

Die Bölschestraße ist einen guten Kilometer lang zwischen S-Bahnhof und Müggelsee, mit 10 m breiten, lindengesäumten Fußwegen vor Weber-häuschen und Gründerzeitbauten, eine charmante, viel genutzte Flaniermeile. Neben schmalen Läden führen Durchgänge zu lang gestreckten Höfen mit Hotels, versteckten Cafés, sogar vierstöckigen Bürgerhäusern. Friedrichshagen wurde Berliner Sommerfrische, außer Kurgästen kamen Künstler, und Wilhelm Bölsche und Bruno Wille gründeten den Friedrichshagener Dichterkreis. Der Müggel-seedamm verläuft parallel zum Wasser, autofreie Wege führen zu Badestränden und zum Südufer des größten Berliner Sees.

www.tkt-berlin.de

Teufelsberg
Grunewald

114,7 Meter! Der Teufelsberg ist mit den Müggelbergen die höchste Erhebung Berlins. Freilich musste der Ber-liner nachhelfen: Nach dem Zweiten Weltkrieg wurde der Rohbau der Wehrtechnischen Fakultät gesprengt und der Schutt auf-getürmt. Heute tolle Fernsicht und optimale Bedingungen für Wanderer, Mountainbiker, Gleitschirmflieger.

278

www.visitberlin.de/de/ort/
teufelsberg

Brandenburg

Wer liest noch Theodor Fontane? Aber alle wissen, dass in der »Mark« gewandert wird – zu Land, auf Skatingrouten durch den Fläming und, vielleicht am schönsten, auf den Wasserwegen zwischen Havel und Spreewald. Was gibt's noch? Tiere gucken auf der Schorfheide, Schlösser und Parks in Potsdam, Industriekultur in der Lausitz ...

»Liegender Eiffelturm« wird diese Förderbrücke in Lichterfeld genannt. Wer schwindelfrei ist, kann sich beim Rundgang in 74 Meter Höhe begeben. Andere bevorzugen für ihre Künste die Bodenhaftung auf dem Asphalt.

Draisine fahren
Fürstenberg / Havel

Man nehme mindestens zwei Erwachsene, ein dritter darf dabei sein oder zwei Kinder, ein Fahrradschloss (das spart Leihgebühren) und Sitzkissen, damit es nicht **280** unbequem wird, und dann kann es losgehen bei der Basisstation Fürstenberg / Havel. Es gibt eine kurze Einweisung und Tipps zur Streckenführung, aber verfahren kann man sich nicht, denn das Gefährt – im Prinzip zwei Fahrräder, mit einer Holzbank verbunden – zuckelt über stillgelegte Eisenbahngleise. 28 km fährt man mit der Fahrraddraisine bis nach Templin. Elf Haltepunkte gibt es, z. B. den Rastplatz Himmelpfort – wo der Weihnachtsmann sein Büro hat –, oder Seen zum Baden, Angeln oder Bootfahren. An den Rastplätzen stehen kleine Holzplattformen, mit Hilfe derer man sein Fahrzeug von den Schienen hebt. Das erfordert die Höflichkeit, denn andere Draisinen können ja nicht überholen.

www.draisinenbahn.de

Stechlinsee
Neuglobsow

12000 Jahre alt ist der Stechlinsee, sagenumwoben und sagenhaft schön und mit 425 ha der größte Klarwassersee Norddeutschlands. Wer ihn umwandert, geht 16 km. Nicht so Genügsame nutzen den Laufpark mit 112,5 km ausgeschilderter Strecke. In der Bucht von Neuglobsow, dem einzigen Ort, der an das Ufer des Sees grenzt, liegt ein Schwimm- und Tauchgebiet, 1200 m lang und bis zu 37,5 m tief. Bis 11 m kann man gut sehen: Schleie, Aal und Steinbeißer sind hier zu Hause. Eine Erlebnisausstellung über Ruppiner Land und See bringt im Naturparkhaus im Ortsteil Menz Erwachsene und Kinder zum Staunen.

www.stechlinsee.com; www.tauchbasis-stechlinsee.de; www.naturparkhaus.de

282 Atelier im Grünen
Horst

Seit 1994 arbeiten die Künstler Katja Martin und Jost Löber im Inspektorhaus eines Gutes und lieben die Abgeschiedenheit, die Raum lässt für Ideen, für eigene Kreativität. Sie haben die Erfahrung gemacht, dass auch andere, insbesondere Stadtmenschen, die Ruhe der Landschaft und deren langsame Veränderung schätzen, weil sie zur Auseinandersetzung mit sich selbst und dem eigenen Blick auf die Welt anregt. Malanfänger wie Fortgeschrittene sind willkommen und haben hier Gelegenheit zu Experimenten mit unterschiedlichen Materialien – z. B. Kohle, Grafit, Rötel oder Tusche, aber auch Papier, Holz oder Gips. Das Atelier im Grünen liegt in der Prignitz, in Horst bei Wolfshagen.

www.atelier-im-gruenen.de

283 Barfußpfad
Dannenwalde

Wie haben sie gelacht, damals in Dannenwalde im Dorferneuerungsverein, als einer kam und vorschlug, einen Barfußpfad einzurichten. Überall im Wald könne man barfuß laufen, und Wald hätte man schließlich genug. Das war 2003 und es fehlte an Attraktionen für Besucher. Die kommen jetzt barfuß, steigen aus dem Zug und haben schon ein angenehm rotes Natursteinpflaster unter den Sohlen. Auf dem 750 m langen Barfußparcours quillt weicher Sand zwischen den Zehen, die Besucher laufen über Ton, über handgetrocknete und gebrannte Ziegel – der Boden wird spürbar härter. Holz ist angenehmer, und erst Wiese! Es ist spannend geworden und doch schon zu Ende. War doch keine so lächerliche Idee. Damals, als hier nix los war.

www.barfusspfad-dannenwalde.de

Auf den Spuren Theodor Fontanes
Rheinsberg & Stechlin

Fontanes umfangreichstes Werk schildert seine »Wanderungen durch die Mark Brandenburg«. Zeitintensiv, diese zu wiederholen, doch ein paar Höhepunkte darf man sich doch rauspicken? Der Stechlinsee ist eines der klarsten Gewässer Europas, Sichttiefe 11 m, fünf mehr als im Schnitt. Die nächst größere Stadt hat Kurt Tucholsky bereits 1912 in »Rheinsberg: Ein Bilderbuch für Verliebte« literarisch verewigt. Das gleichnamige Schloss, eine Perle des Friederizianischen Rokokos, gehört seither zum Pflichtprogramm.

284

www.spsg.de,
s. Schlösser & Gärten

286

Tandemspringen
Gransee

285

In 4000 m Höhe aus dem Flugzeug ins Nichts springen ... der Himmel saust vorbei und man selbst mit dem Tandemmaster der Erde entgegen, unaufhaltsam, bis sich, in 1500 m Höhe, der Fallschirm öffnet und man nun einige beschauliche Minütchen hinunterschwebt. Ob es stimmt, dass es oben 20 °C kälter ist? Keine Ahnung, alle Sinne waren alarmiert.

www.gojump.de

Wanderreiten
Schönermark

Wanderritte in Gruppen sind nicht nur Bewegung in freier Natur, sie sollen auch das Genießen von Landschaft, Kultur und Geschichte und das Gefühl für Pferde vermitteln. Elf Pferde leben das ganze Jahr über auf einem renovierten Bauernhof, alle zuverlässige Berber und Araber-Berber aus Frankreich. In langsamem Schritt, schnellem Trab oder flottem Galopp geht es über Wiesen und durch Wälder. Bis zu 30 km kann ein Wanderritt durch das einsame Havelland führen. Es gibt Tiere für die Langsamen, die erst einmal einen halben Tag im Schritt verbringen wollen, und Pferde für die Abenteuerlustigen, die im Galopp über die Wiesen jagen wollen.

www.wanderreiten-havelland.de

287 Ziegeleipark Mildenberg
Zehdenick

»Berlin ist aus dem Kahn gebaut«, den Satz hört jeder irgendwann. Wie das ging, verrät eine Ziegeleirundfahrt in Mildenberg. Was man sieht, war fast 150 Jahre lang, von 1852 bis 1990, Alltag. Mehr als 5000 Männer, Ziegler genannt, die meisten von ihnen Wanderarbeiter, haben zwischen rauchenden Schloten und dampfenden Baggern Ton abgebaut, Ziegel geformt und in die Kähne gestapelt, sodass in Berlin die Gründerzeit gefeiert werden konnte und das Zehdenicker Ziegelrevier zum größten in Europa wuchs. Dort steht jetzt zudem ein Museum, das einer Abenteuerlandschaft gleicht. Und bei der Natur-park-Tour durch das einstige Industriegelände blühen Orchideen und huschen Biber ins Wasser.

www.ziegeleipark.de

288 Kartfahren
Templin

Fans fiebern schon beim Anblick der Ferrari-roten Flitzer, bei Motorenlärm und Benzingeruch, und können es kaum erwarten, sich Vettel-gleich in die Pole-position zu manövrieren. Wer es noch nie probiert hat, schwitzt, die direkte Lenkung verspricht Knochenarbeit, nur 3 cm Luft pfeifen zwischen Straßenbelag und Hosenboden im Schalensitz. Die Honda-Motoren mit 9 PS schaffen 60 km/h, die Haarnadelkurve naht, rechts Gas, links Bremse und keine Kupplung, geschafft, 1102 m lang ist die kurvige Rennstrecke. Es gibt Auslaufzonen an jeder Seite, aber besser, man beendet seine Runden in der Boxengasse. Nach 10 Min. ist der Spaß vorbei und der Pilot kann sich seine Rundenzeiten ausdrucken lassen. Aber lieber nicht beim ersten Mal.

www.kart-templin.de

Open-Air-Theater
Netzeband

Netzeband in der Ostprignitz zählt 200 Einwohner – und lockt jedes Jahr 5000 Besucher an; mit einem Open-Air-Theater im Gutspark unterhalb der klassizistischen Temnitzkirche. Ein Landschaftsarchitekt und seine Frau hatten die Kirche von 1834 in dem Dorf ent-

289

deckt. Für die sprichwörtliche Mark wechselte sie die Besitzer, wurde restauriert und 1995 schließlich der Kunst geweiht. Seit 1993 gibt es einen Förderverein, der die Aufführungen im Juli und August ermöglicht. »Die Nibelungen« und »Der Sturm« stehen auf dem Spielplan. Bestseller aber bleibt »Der Milchwald«.

www.theatersommer-netzeband.de

Wildpark Schorfheide

Groß Schönebeck

Ein Teich, Sonnenhügel, und viele Bäume – 15 000 qm Revier waren eingerichtet, als die beiden Brüder im August 2009 aus dem Harz in die Uckermark zogen. Zwei Luchse, Lugh und Loki, die größten Raubkatzen Europas, haben eine Menge Platz im Luchsgehege. Wer sich im Wildpark auf den Weg macht, sieht neben Wildschwein, Dam- und Rotwild Tiere, von denen mancher nicht weiß, dass sie hier einmal heimisch waren: Elch und Wollschwein, das Rauwollige Pommersche Landschaf, das Przewalski-Pferd oder das weiße Englische Parkrind.

www.wildpark-schorfheide.de

291 Blumberger Mühle
Angermünde

Wie dicke Käfer hasten die jungen Sumpfschildkröten über die Grashalme, bis sie am Wasser angekommen sind. Wurzelstücke und flaches Stillwasser sind das erste Ziel der Winzlinge in den Teichanlagen der Blumberger Mühle im Biosphärenreservat Schorfheide-Chorin. 2003 ist hier die einzige begehbare Freianlage für Europäische Sumpfschildkröten angelegt worden. Die Tiere, früher weit verbreitet, schienen auszusterben. Die Außenanlage ist mit 14 ha so etwas wie die Schorfheide im Kleinen. In Schilf und Unterholz verstecken sich Frösche und Eidechsen, manchmal liegt eine Ringelnatter auf dem Weg. Ranger bieten Führungen an und ein »sprechender Baum« informiert über die Schorfheide.

www.blumberger-muehle.de

292 Biorama am Wasserturm
Joachimsthal

Das Biosphärenreservat Schorfheide liegt in der Uckermark, der am dünnsten besiedelten Landschaft Deutschlands. Ein englisches Ehepaar restaurierte den alten Wasserturm, der einst dazu diente, Lokomotivkessel aufzufüllen, und verwandelten ihn in ein Biorama. Hier wollen sie Freizeit, Kultur, Wissenschaft und Wirtschaft mit ökologischem Nutzen verbinden. Die weiße Villa auf dem Gelände ist Ausstellungsraum, und in einer Designfabrik soll Brauchbares aus Zelfo – Stoff aus Hanf, Flachs und Altpapier – hergestellt werden. Ein Fahrstuhl aus Beton, Stahl und farbigem Glas führt empor, sodass Neugierige das 24 m hoch gelegene Dach des Turms bequem besteigen und auf das größte zusammenhängende Waldgebiet Europas blicken können.

www.biorama-projekt.org

Schiffshebewerk
Niederfinow

Es sieht aus wie eine Riesenbadewanne im Oder-Havel-Kanal. Ein Schiff fährt hinein und wird in 5 Min. vom Barnim-Plateau im Westen um 36 m zum Oderbruch im Osten gesenkt, das Schiff fährt weiter. Die Badewanne ist ein Trog, 85 m lang, 12 m breit, 2,5 m tief. Hinein passen Schiffe bis zu 1000 Tonnen. Hunderttausende Neugierige kommen im Jahr, das technische Wunderwerk zu bestaunen. Aus der Riesenbaustelle nebenan wächst bis 2017 ein Hebewerk, das auch Containerschiffe mit bis zu 115 m Länge fasst.

www.schiffshebewerk-niederfinow.info

293

Ökodorf erleben
Brodowin

294

Inmitten von Hügeln, Seen, ausgedehnten Streuobstwiesen und Kleefeldern ist auf dem Gelände ehemaliger Landwirtschaftsproduktionsgenossenschaften (LPG) der größte Lieferant von Demeter-Gemüse sowie von diversen Milchprodukten in Deutschland gewachsen. Dorfbewohner, die die Biobauern anfangs für Spinner hielten, haben Arbeit gefunden, melken, kümmern sich um die Herden und bauen Gemüse an. Wenn Gastwirt Stockmann einmal wöchentlich duftende Brotlaibe aus dem Holzofen holt, stehen die Urlauber aus der kleinen Pension schon an.

www.brodowin.de

295 # Skispringen im Sommer
Bad Freienwalde

Eine Wintersportarena mit ca. 40 000 Zuschauerplätzen, Sommerrodelbahn (400 m), Snowboardhalfpipe, Skateboardanlage, die im Winter vereist wird, 2 000 m Loipe, Sessellift, dazu ein Sprungturm für die Großschanze, der baulich in die Landschaft passt (mit Turm-Café), und selbstverständlich ein Anlaufturm als Wahrzeichen der Stadt Bad Freienwalde – eine Zukunftsvision. Von der Barnimer Gletscherwelt ist hier die Rede und vom höchsten Berg mit 1 580 Dezimetern. Ja, spinnen die Freienwalder? Nein, nicht wirklich, es ist gerade erst 80 Jahre her, dass man ihr Städtchen das St. Moritz des Nordens nannte. Birger Ruud, der norwegische Olympiasieger von 1936, war 1929 von der Schanze am Papengrund gesprungen. Und jetzt springen sie hier wieder. Eigentlich ging alles ganz schnell: Im Februar des Jahres 2001 hat sich der Wintersportverein wiedergegründet, zählte im September bereits 41 Mitglieder, baute in drei Monaten zwei Mattenschanzen, und im November gab es die erste Landesmeisterschaft im Skispringen.

www.wsv1923.de

296

Oder-Neiße-Radweg

Bei Schwedt

Viele Jahrzehnte lang galten die Flüsse Oder und Neiße als »heiße Nummern« in den deutsch-polnischen Beziehungen. Heute sind sie es auch, jedoch nicht mehr als Zeichen der Trennung, sondern als Teil der binationalen Verständigung. Dazu trägt auch der Radweg bei, der von der Quelle der Neiße in den tschechischen Bergen bis ins Mündungsgebiet der Oder an die Ostseestrände Usedoms führt. Während der 630 km langen Route wechseln Sprache, Landschaft und Kultur, nur das Wasser lässt sich nicht aus der Ruhe bringen und zeigt stets an, wohin der Weg führt. Einer von vielen Höhepunkten zwischen Nová Ves und dem Seebad Ahlbeck ist der Nationalpark Unteres Odertal, der sich in der Uckermark im Nordosten Brandenburgs befindet. Die weitläufige Auenlandschaft ist ein einzigartiges Rückzugsgebiet für seltene Tierarten und ein beliebter Rastplatz für Zugvögel. Auch Radler, die entlang der Oder »ziehen«, sollten einen Gang zurückschalten, um nach Kranichen, Störchen oder Bibern Ausschau zu halten. Am besten geht das von einem der an der Strecke liegenden Aussichtstürme oder von den umliegenden Oderhängen. Kurz hinter Mescherin verabschiedet sich der Radweg von der Oder und führt durch Mecklenburg-Vorpommern an die Ostsee. Alternativ bietet sich die Möglichkeit, der Oder treu zu bleiben und über Stettin und den Haff-Radweg nach Usedom zu fahren.

www.oderneisse-radweg.de;
www.unteres-odertal.de

Kulturwanderung
Altranft

Heimwehland für Dörfler, Abenteuer für Städter. Altranft war einmal Fischerdorf und entwickelte sich im 18. Jh. zum Gutsbauernhof mit Schloss und Kirche. Heute ist es Museumsdorf, lebendig durch Bewohner und Besucher. Das Museum wurde

297

im Frühjahr 2016 durch einen anderen Trägerverein unter neuen Vorzeichen wiederbelebt. Schwerpunkt ist nun, ländliche Kultur und traditionelles Handwerk in Oderbruch wieder aufleben zu lassen. Dadurch sollen Brücken zwischen heutigen und vergangenen Handwerksberufen geschlagen und deren Gemeinsamkeiten dargestellt werden.

www.museum-altranft.de

298 Sport am See
Bollmannsruh

22 km lang ist der Beetzsee, der an das nördliche Stadtgebiet von Brandenburg an der Havel grenzt. Ambitionierte Wassersportler finden bei Bollmannsruh, was ihren Puls hoch treibt: Surfbrett, Katamaransegler, Kajak, Vierer- oder Zehnerkanadier, oder auch nur gemütliches Tretboot. Wem das nicht genügt, mag sich vielleicht in einem der Wettbewerbe messen, die auf dem Wasser oder am Ufer ausgerufen werden. Es wird zur »Havelland-Jagd« geblasen, einem Mehrkampf aus Bogenschießen, Kanufahren und Mountainbike, oder zum »Fire-Abend« geladen mit Bogenschießen in der Dämmerung und Fackelfahrt mit Mannschaftskanadiern. Übrigens: Einfach nur schwimmen und faul in der Sonne liegen kann man auch.

www.natursportprojekt.de

299 Wildtiere live
Naturlandschaft Döberitzer Heide

Der Koloss frisst alles, Moose, Büsche stopft er in sich hinein, er reißt Ginster aus und knickt Bäume um, und das soll er auch. Wisente in der Döberitzer Heide haben eine Aufgabe. Sie sollen das Gras kurz halten und dafür sorgen, dass sich kein Wald entwickelt. Die mehr als 100-jährige militärische Nutzung der Region verhinderte Besiedelung und Landwirtschaft. So entstand ein Mosaik wertvoller Lebensräume mit Mooren, Heiden, Gewässern und Laubmischwäldern. 2004 kaufte die Sielmann Stiftung 3 450 ha der einzigartigen Landschaft, um eine wildnisähnliche Naturlandschaft mit Wisenten, Pferden und Rothirschen zu schaffen. Ein Wegenetz ermöglicht Beobachtungen, Kinder studieren Käfer und Bienen im Insektenhotel.

www.sielmann-stiftung.de, s. Projekte: Sielmanns Naturlandschaften

Kamelreiten
Nassenheide

300 Hoch ist so ein Kamel und flach das Löwenberger Land, und am Fleckschnupphof, wo die Herde lebt, beginnt schon freies Feld. Die Chefin der märkischen Karawane, Gabriele Heidicke, weiß, was Ängstliche beruhigt: Kamele sind viel ungefährlicher als Pferde, sie sind keine Fluchttiere und kennen keine Panik. So schaukelt die Karawane im Passschritt über die Felder, knabbern die Tiere im Wald an Blättern und schreiten gemächlich wieder nach Hause.

www.fleckschnupphof.de

Kletterwald
Strausberg

301

Plötzlich rauscht es und schon flitzt jemand mit Helm, Handschuhen und Gurt gesichert auf einer Seilrutsche knapp 6 m über den Waldboden zwischen Baumstämmen hindurch. »Climb up« heißt das Vergnügen in einem Waldareal, 35 000 qm groß, auf zwölf Parcours, insgesamt 2,5 km lang, in unterschiedlichen Höhen, lustig oder anstrengend, leicht oder schwierig.

www.climbup.de

Storchendorf
Linum

Die Weißstörche aus dem afrikanischen Winterquartier kommen zwischen März und Mai und die 700 Einwohner von Linum sind vorbereitet. Bis zu 18 Paare nisten jedes Jahr in den Horsten auf den Giebeln und auf der Kirche. Dann ziehen sie ihre Jungen groß, die im April aus dem Ei geschlüpft sind, erste Flugversuche machen, bis sie schließlich im August, zwei Wochen vor den Eltern, die Reise nach Süden antreten. Linum, Teil der Gemeinde Fehrbellin, ist ein Vogelparadies: 72 000 Kraniche und 60 000 Wildgänse wurden schon an einem Tag gezählt.

302

www.berlin.nabu.de, s. Stadt & Natur, Projekte

303 Fliegen übers Havelland
Rathenow

Wer in den Himmel schaut und mit sehnsüchtigen Blicken einem Flugzeug folgt, der wird auch ein Auge für die kleinen Flugplätze im Berliner Umland haben, über denen Segelflugzeuge schweben und Motorsegler kreuzen. Der Flugplatz Stechow liegt an der B 188. Hier starten die Maschinen zum Rundflug über das Havelland. Zu einem Taschengeldpreis kann man schon für 20 Min. auf die Optikerstadt Rathenow hinuntersehen. Wer eine halbe Stunde unterwegs sein möchte, überfliegt den ältesten Flugplatz der Welt in Stölln, 40 Min. Zeit tragen den Flugbegeisterten bis nach Brandenburg an der Havel und eine Stunde sogar nach Potsdam und Sanssouci mit dem Blick auf das preußische Arkadien.

www.flugschule-rall.de

304 Mittelalter auf der Burg
Rabenstein

Burg Rabenstein auf dem 153 m hohen Steilen Hagen in den Wäldern des Naturparks Hoher Fläming lässt das Mittelalter wieder auferleben – und zwar mit allem, was zu einem richtigen Wehrbau gehört: Bergfried, Rittersaal, Folterkammer, Kapelle, Brunnen, Backhaus und Scheune. Die Burg firmiert unter »Herberge mit Ausschank« und wirbt für stilechte Hochzeitsfeiern. Doch an Ostern kommen die Ritter. Dann klingen die Schwerter und rasseln die Rüstungen, Spielleute und Gaukler unterhalten das Volk, das dem Ritteressen sich frönet. Dann staunen die Frettchen und Käuzchen und in ihren Volieren wohl auch die abgerichteten Wanderfalken, Steinadler und Uhus, die der Falkner jeden Nachmittag zur Freude nicht nur der Kinder fliegen lässt. Sie kommen schließlich wieder zurück.

www.burgrabenstein.de

305

Islandpferde
Groß Briesen

Mit 1,35 bis 1,45 m Größe sind Islandpferde klein, sie gelten als robust, sozial und freundlich; oft mit breiter Blesse und großen Augen sind sie auch noch einnehmend schön. Ohne Angst soll man hier lernen, mit Pferden umzugehen und mit ihnen die Natur zu erleben. Fortgeschrittene können jederzeit zum Ausritt kommen, wenn sie sich vorher anmelden.

306

www.erlebnisbauernhof.info

Bahnradweg am Oderbruch
Müncheberg

Merkwürdiges Wort: Bahnradweg. Bahn war gestern, von 1912 bis 1994, als Lastenzug für die einstige Korn- und Gemüsekammer der Mark. Irgendwann rentierte sich das Geschäft nicht mehr, die Strecken wurden stillgelegt, die Schienen wurden demontiert. Gleisbett und Bahndamm verwandelte die Region in einen 123 km langen Fahrradweg fernab befahrener Straßen, von Fürstenwalde oder Müncheberg bis nach Wriezen im Oderbruch, zu einer einmaligen Kulturlandschaft mit Oderaltarmen und Seenketten, begleitet von Fischreihern und Kormoranen, streckenweise einsam – auf jeden Fall zum Träumen schön.

www.oderbruchbahnradweg.de

Frösche und Palmen

Potsdam

Die Potsdamer Tropenwelt, 5 500 qm groß, ist das schönste Relikt der Bundesgartenschau aus dem Jahr 2001. Ca. 20 000 Pflanzen wachsen hier, exotische Tiere bevölkern bis zu 14 m hohe Bäume. An den Armaturen eines U-Bootes kann man drehen und schalten. Das Schönste aber sieht man durch Bullaugen: In karibischer Unterwasserwelt tummeln sich Fische in schillernden Farben.

307

www.biosphaere-potsdam.de

Panoramaweg Werderobst

Werder

308

15 km ist der Werderaner Obstweg lang, somit auch ein schöner Fahrradweg nicht nur an Etagenobstflächen vorbei, nach historischen Vorbildern angelegt. Er streift auch Schloss, Schinkelkirche und Lennés Park in Petzow am Glindower See und führt schließlich zum Lilienthal-Denkmal auf dem Derwitzer Mühlenberg. Sehr zu empfehlen zum Baumblütenfest Ende April, Anfang Mai.

www.werder-havel.de

309 Filmpark Babelsberg
Potsdam

Der Vulkan bricht aus, auf den Straßen herrscht Chaos, und was sich dann hier abspielt, heißt Kampf: Mensch gegen Feuer, Mensch gegen Technik, auch Mensch gegen Mensch. Rasante Verfolgungsjagd mit springenden Motorrädern und Autocrash. Hitze breitet sich aus. Der Mann, der rennt, hat Feuer und 1 000 °C im Rücken. Er ist Stuntman und gehört zu denen, die dem Publikum eine halbe Stunde lang nichts als Nervenkitzel liefern. Wie groß die sind, der kleine Tiger und der Bär! Die Kinder staunen bei der Bootsfahrt durchs Janosch-Traumland. Ältere bewundern die Außensets von GZSZ. Auf diesem Gelände der Medienstadt Babelsberg präsentiert sich die magische Welt des Films ihrem Publikum.

www.filmpark-babelsberg.de

310 Ein Stück Europaradweg
Schwielowsee

Auf den fast 209 km, die der insgesamt 3 500 km lange Europaradweg R 1 von Westen nach Osten durch Brandenburg und Berlin führt, liefert die Havel mit dem Schwielowsee den schönsten Grund zur Pause. Sie lockt verführerisch mit den Ausläufern der Potsdamer Kulturlandschaft, einem Arkadien, von Gartenkünstlern aus märkischem Sand gezaubert. Im Süden liegt, in Kiefernhügeln fast versteckt, die einstige Malerkolonie Ferch. Nördlich folgt Caputh, wo Albert Einstein drei Sommer in seinem Häuschen genoss. Prunkstück des gleichnamigen Schlosses ist der Speisesaal mit 7 000 holländischen Fayencefliesen. Auf der Seilzugfähre erreicht man Petzow am anderen Ufer mit der Schinkelkirche und einem traumhaften Blick vom Turm.

www.schwielowsee-tourismus.de

Ballonfahren
Linthe

Ziemlich platt liegen 1 600 qm Stoff auf der Wiese. In den Stunden, in denen Luft hineingeblasen und erwärmt wird, wächst aus dem platten Tuch ein 27 m hoher Ballon, der seine Passagiere über das Land trägt, morgens oder abends, weil sonst thermische Böen stören. Richtung und Tempo bestimmt nur der Wind – solange er schwächer als 10 km/h bläst.

311

Und dann fährt man im Korb über scheinbar kleiner werdende Häuser und Felder, sieht Rehe äsen und Vögel schwärmen. Und wer nach der Ballonfahrertaufe von »fliegen« spricht, gibt eine Runde aus.

www.ballonhafen-berlin.de

Südwestkirchhof
Stahnsdorf

120 000 Grabstätten fasst einer der größten Waldfriedhöfe Europas. In seiner über 100-jährigen Geschichte ließ sich hier manch' Prominenter in Mausoleen und Gräbern an behutsam gesetzten Sichtachsen bestatten: der Maler Heinrich Zille, der Architekt Walter Gropius, der Verleger Gustav Langenscheidt, Werner von Siemens und viele, viele mehr. Nach dem Mauerbau 1961 hat sich auf dem 206 ha großen Areal ein Öko-Refugium entwickelt, die Bäume wuchsen in den Himmel, die Steine bröselten, und die Natur nahm Besitz vom Ort der Vergänglichkeit.

312

www.suedwestkirchhof.de

 **313**

Wassersport
Großbeeren

Zuerst in die Hocke gehen, Muskeln anspannen, sich auf das Wasser ziehen lassen, bis man eine sichere Fahrposition unter den Füßen fühlt, und dann geht's los. Auf der Wasserskianlage Großbeeren, rund 20 km südlich von Berlin, zieht eine Seilbahn die Sportler über das Wasser. Schon naht die erste Kurve, man muss durch das rote Bojentor. Das geht verhältnismäßig leicht, das Wasser ist spiegelglatt, eine Insel verhindert Wellenbildung. So bleibt es auch bei der ersten und zweiten Kurve, die dritte wird spannend ...

Sichere Schwimmer wissen, wann man die Leine loslässt: wenn das weiße Bojentor zum Ausstieg passiert ist. Seit 2001 ist der Wasserskilift an einem großen künstlichen See in Großbeeren in Betrieb. Gerade Anfänger dürften sich hier gut aufgehoben fühlen: Die fünf Masten der Seilbahn sollen ihnen laut Veranstalter die ersten Läufe besonders einfach machen. Übrigens: Auch Wakeboarder sind mit der Seilhöhe von 10 m, die gute Sprünge erlaubt, zufrieden.

www.wasserski-grossbeeren.de

Industriedenkmal Museumspark
Rüdersdorf

Reisen in die Vergangenheit haben Konjunktur, und wenn es ganz weit zurückgehen soll, bleibt in Norddeutschland nur Rüdersdorf. Hier liegt, wie der Muschelkalk verrät, der einzige oberirdische Zugang zum Erdmittelalter. Über Jahrhunderte ist hier Kalk im Tagebau abgebaut worden, die Industrie hat die Landschaft verändert, aber auch die Stadt Berlin: Von hier stammen das Material für die Fundamen-

te von Brandenburger Tor und Reichstagsgebäude und sogar der Zement für den Adlon-Neubau. Man kann zwischen Brennöfen, Laboren, Arbeiterwohnungen und Muschelkalkaufschluss lange Spaziergänge machen oder Landrover-Touren an die Tagebaubruchkante machen. Faszinierend, wie sich die Natur ihr Terrain zurückerobert.

www.museumspark.de

Sanssouci für Kinder
Potsdam

Um unterhaltsame Sonntage muss man sich in Potsdam keine Sorgen machen – zumindest am ersten Sonntag im Monat. Denn dann – außer im Juli – bietet Schloss Sanssouci Kindern und Familien eine Entdeckungsreise auf den Spuren Friedrichs des Großen. »Familiensonntage ohne Sorge« – eben sans souci – nennt sich die beliebte Veranstaltungsreihe, in der die jungen Besucher mit einer Hofdame durch die

prunkvollen Säle der Neuen Kammern spazieren, Ostern unter Palmen erleben oder mit einem Äffchen das Chinesische Haus erkunden. Nach dem Staunen über antike Götter, Kunstschätze und Pflanzenpracht dürfen sich die Jungs und Mädels in der Museumswerkstatt oder beim Malen und Basteln kreativ austoben.

www.spsg.de/Kinder-und-Familien.html

Skaten im Fläming
Jüterbog

210 km auf feinstem Asphalt bietet der Fläming-Skate, Teil eines Netzes regionaler Radwege, mit der Besonderheit, auch Skatern hervorragende Bedingungen zu bieten: Acht Rundkurse durch Niederen Fläming und Baruther Urstromtal zwischen 11 und 94 km lang, mit allen möglichen Schwierigkeitsgraden. Die längste Strecke führt über Luckenwalde, Jüterbog, Dennewitz, Wiepersdorf und Petkus. 20 Orte sind es insgesamt, von denen jeder versucht, die Skater mit Freibädern, Gasthäusern oder Besichtigungen von Klöstern oder Wildparks zu bremsen.

316

www.flaemingskate.de

Burg Rabenstein
Rabenstein / Fläming

Die Höhe von 153 m ist für Brandenburg als schwindelerregend zu bezeichnen. Dort oben auf dem Steilen Hang liegt Burg Rabenstein. Die mittelalterliche Anlage bietet eine tolle Aussicht, eine rustikale Herberge samt Gaststätte sowie eine Falknerei mit regelmäßigen Flugvorführungen im Sommer. Auch verschiedene Mittelalterspektakel und zur Adventszeit ein Weihnachtsmarkt stehen auf dem Burgkalender. Rabenstein ist außerdem ein guter Ausgangspunkt für Wanderungen, Radtouren und andere Freizeitaktivitäten im Naturpark Hoher Fläming.

317

www.burgrabenstein.de;
www.flaeming.net

318 Groß Schauener Seen
Storkow

Pfeilschnell stürzt der Fischadler, gerade noch im Rüttelflug über dem See, ins Wasser und mit zappelnder Beute fliegt er auf und davon. Schon mehrfach haben Fischadler hier gebrütet und bis 2009 sieben Junge großgezogen, seit die Sielmann Stiftung 2001 die Hälfte des knapp 200 ha großen Naturschutzgebietes Groß Schauener Seen kaufte, um ein Refugium für seltene Tier- und Pflanzenarten zu sichern, die naturnahen Flächen des Dahme-Seengebietes zu erhalten. Besucher überblicken von einem Aussichtsturm nur die Seenlandschaft. In den Fischerstuben allerdings werden die Aale über Buchenspänen geräuchert und andere Fischsorten gebraten oder auch leicht gedünstet gereicht.

....

www.sielmann-stiftung.de, s. Projekte: Sielmanns Naturlandschaften

319 Wandernd Mühlen besuchen
Müllrose

Ob Müllroser, Ragower oder Schwerzkower Mühle: Keine andere Region Brandenburgs kann solch eine Dichte an Wassermühlen vorweisen. Nur 22 km lang ist das Flüsschen Schlaube und derart kapriziös. Aus der Wirchenwiese kommt sie und schlängelt sich durch das schönste Tal weit und breit, verschwindet in Seen, weicht von den Wanderwegen ab in die Wildnis und stürzt wie ein Wildbach in 30 m tiefe Schluchten.

Hier lohnt sich wahrlich zu wandern. Wer von Müllrose kommt – dem Tor zum Naturpark Schlaubetal –, trifft bereits nach knapp 7 km auf die Ragower Mühle von 1670. Sie ist als technisches Denkmal und Mühlenmuseum restauriert. Kinder werden ihre Freude haben: Waschbären, Esel, Gänse, Enten, Hühner und Fasane sind zu bestaunen.

....

www.schlaubetal-online.de;
Einkehr: www.ragowermuehle.de

320 Bunker- und Bücherstadt
Wünsdorf

Eine Zuflucht für Bücherwürmer sollte aus Wünsdorf werden, der verbotenen Stadt, die bis zum Abzug der sowjetischen Truppen 1994 kein Zivilist gesehen hatte. Jetzt stapeln sich im Badehaus antiquarische Bücher; abgegriffene Militärgeschich-te ist einer Obstkiste zu entnehmen. Touristen haben die Katakomben erobert, sie besuchen das Museum »Roter Stern« und genehmigen sich im »Zapfenstreich« einen Wodka pur.

www.buecherstadt.com

321 Besucherbergwerk F60
Lichterfeld

Mit 502 m Länge ist die F60 das größte Bergbaugerät der Welt. 13 Monate, bis 1992, war die Stahlkonstruktion im Braunkohle-Tagebau im Einsatz. Als Förderbrücke räumte sie die Erde über den Kohleflözen weg. Wegen der ähnlichen Bauweise wird sie der »liegende Eiffelturm« genannt. Die F60 ist regelmäßig Kulisse von Musikfestivals, spannenden Sportevents und Großfeuerwerken.

www.f60.de

Wolziger See
Blossin

Segel- und Motorboote, Kajaks, Ruderkähne, Surfer und auch noch ein Drachenboot – an Sommertagen scheinen sich alle aus dem Berliner Süden am Wolziger See zu versammeln. Platz ist am 500 ha großen Gewässer und auf dem weiten Freizeitgelände für alle, und selbst an kinderflachen Stränden mangelt es abseits der Zentren Blossin und Kolping nicht. Bis in die Spätsaison ist das Wasser sauber und klar. Und im Winter, wenn das Eis hält, hacken die Eisangler ein Loch in den See, prüfen, ob das Taschenöfchen schon warm genug ist, die klammen Finger beweglich zu halten.

322

www.blossin.de, s. Erlebniswelt

323

Geopark Muskauer Faltenbogen
Lausitz

Der Oder-Neiße-Radweg (s. auch Tipps 296 & 328) gilt aufgrund seines Verlaufs entlang der deutsch-polnischen Grenze als Symbol der Völkerverständigung. Dass die Natur über Grenzen nur lachen kann, zeigt sich am Muskauer Faltenbogen, durch den der Radweg führt. Wie ein Hufeisen erstreckt sich der flache Hügelzug mit seinen lang gezogenen Gewässern über Teile Brandenburgs, Sachsens und Polens. Vor 350 000 Jahren wurde dieser Landstrich durch den Druck des Gletschereises geformt. Seit 2003 existiert der Geopark Muskauer Faltenbogen, in dessen Infozentrum in Jerischke Besucher über die Eigenheiten des Gebiets aufgeklärt werden.

www.muskauer-faltenbogen.de;
www.oderneisse-radweg.de

Tropische Welten
Krausnick

An Mangroven, Farnen und Lehmhütten vorbei führt der Weg durch den Regenwald, irgendwo schreit ein Pfau und ein Goldfasan flüchtet. Der Regenwald ist das Biotop und neben Südsee und Bali-Lagune mit schneeweißen Stränden und künstlichen Wasserfällen die Hauptattraktion in der Tropenwelt, die eine Firma aus Malaysia in eine gigantische Produktionshalle in Brandenburgs Mischwälder gepflanzt hat: 6 000 qm mit Palmen, Sommerwärme und tropischer Luftfeuchtigkeit. Man kann auch am Strand übernachten oder im Zelt oder in einer Lodge, an fast 365 Tagen im Jahr.

324

www.tropical-islands.de

325 ## Museumsdorf Glashütte
Baruth

Der Ortsteil Glashütte entstand 1716 als Glasmachersiedlung. Seitdem haben sie allerlei verarbeitet, sogar Lampenschirme produziert, nachdem es gelang, Milchglas mithilfe von Schafsknochenasche herzustellen. Heute f[...] ren andere ihre Kunst vor, und die Besucher dürfen sich eine Bewässerungskugel für den Blumentopf zu Hause blasen.

www.museumsdorf-glashuette.de

326 # Inseldorf Lehde
Spreewald

»Ein Venedig, wie es vor 1 500 Jahren gewesen sein mag ...«, schrieb Theodor Fontane über das Dorf Lehde. Bis 1929 war es nur auf dem Wasserweg zu erreichen. Heute versteht sich der Ort als Teil eines Biosphärenreservats.

Den Zauber dieser Landschaft muss man sich erfahren, am besten mit dem Paddelboot. Darauf warten im Spreewald 1 550 km Wasserläufe.

www.spreewald.de;
www.spreewald-lehde.de

327 ## Kahnfahrt im Spreewald
Lübbenau

Eine Fahrt mit dem Stocherkahn ist nicht nur die beschaulichste Art, den Spreewald mit seinem Labyrinth an Wasserwegen und Kanälen zu erkunden – es kann auch die unterhaltsamste sein. Denn viele Anbieter bieten spezielle Touren an unter Namen wie »Rad- und Kahntour«, »Grillkahnfahrt«, »Romantische Abendkahnfahrt« oder »Nostalgiefahrt – Kahnpartie wie um 1910«.

www.spreewald.de, s. Kahnfahrten

328

Radtour durchs Schlaubetal

Neuzelle

Wer die zehn Etappen des Oder-Neiße-Radwegs (s. auch Tipps 296 & 323) in Tour-de-France-Manier angeht und nicht nach links und rechts blickt, spart viel Zeit auf dem Weg von Tschechien an die Ostsee. Fraglich bleibt, was dann daheim erzählt wird? Besser ist es, man nimmt sich Zeit und scheut nicht den ein oder anderen Umweg, denn an den Ufern von Oder und Neiße gibt es einige gute Geschichten zu hören. Als Barockwunder Brandenburgs gilt das in der Nähe der Neißemündung gelegene Kloster Neuzelle, wo die letzte produzierende Klosterbrauerei Brandenburgs ausgefallene Produkte wie »Badebier« braut Westlich des Ortes liegt der Naturpark Schlaubetal, der sich am besten mit dem Rad auf der »Mönchstour« erkunden lässt. Diese führt von Neuzelle entlang des frischen Wassers der Schlaube nach Müllrose, wo der kleine Fluss den Oder-Spree-Kanal speist. Von dort geht es in einem großen Bogen zurück an den Anfangspunkt. Wer seine sieben Sachen dabei hat, biegt bei Brieskow wieder ab auf den Oder-Neiße-Radweg. Auf alle anderen wartet in Neuzelle »Mord & Totschlag« – eine örtliche Schwarzbierspezialität.

www.moenchstour.de;
www.oderneisse-radweg.de

Bremen

Mit Torfkahn, Windjammer, Fahrrad, Bus, Ballon, Hubschrauber und zu Fuß pendelt man zwischen der alten Hansestadt und ihrer neuen Schwester Bremerhaven. Zu sehen gibt es Mittelalter und Moderne im schönsten Durcheinander, dazu einen riesigen Überseehafen, die modernen »Havenwelten« samt Klimahaus und viele aufregende Museen.

Verkehrte Welt:
Besucher schrumpfen im Klimahaus
in Bremerhaven auf Insektengröße.
Da kommen Getränkedosen und
Schmetterlinge auf einmal ganz groß raus.

Bremen

Radwandern
Lemwerder

Bremen und sein ländliches Umfeld lassen sich herrlich auf dem »Radrundweg Unterweser« entdecken. Der »Einstieg« liegt am Hauptbahnhof, wo sich eine Fahrradstation des ADFC befindet. Schnell ist man aus der Stadt heraus und rollt entlang der grünen Lunge Bremens, dem Bürgerpark, in das Blockland. Ein flaches Marschenland, das von einem kleinen Fluss, der Wümme, durchschnitten wird. Der Weg auf dem Deich ist gesäumt von Cafés, Restaurants und Kneipen. Insgesamt ist die Tour 164 km lang und führt bis Bremerhaven.

329

www.region-unterweser.de; www.adfc-bremen.de

330

Fahrt mit dem Torfkahn
Lilienthal

Im Norden Bremens erstreckten sich früher weitläufige, unwegsame Moor- und Feuchtgebiete. Die Haupteinnahmequelle der Siedler dort bestand darin, Torf abzubauen. Er wurde auf einfachen, schmalen Kähnen nach Bremen transportiert und an die Städter verkauft.

Mit genau diesen Torfkähnen kann man heute wieder die Region zwischen Blockland und Teufelsmoor vom Wasser aus kennenlernen und so diese schützenswerte Landschaft auf spannende Weise erkunden.

www.torfkaehne-bremen.de

331

Stadtspaziergang
Bremen

Der alten Handels- und Kaufmannsstadt ist es gelungen, trotz der Zerstörungen im Zweiten Weltkrieg schöne Fragmente historischer Stadtteile zu bewahren. Am besten reist man mit einem der Schiffe an, die an der Weserpromenade anlanden.

Wer dann zu Fuß weitergeht, entlang der Weser bis zum Marktplatz und zum »Roland«, kann sich auf spannende Entdeckungen in den historischen Gassen der »Stadt der kurzen Wege« freuen.

www.bremen-tourismus.de

Botanika

Bremen

332

Rosen- und Heidegärten sowie über 2 500 Sorten Rhododendren und Azaleen sind nicht nur für Botaniker und Gartenliebhaber interessant, sondern bilden die bunte Kulisse im Rhododendronpark. Ein Highlight ist das »Science Center Botanika«. Hier lässt sich spielerisch die Tierwelt entdecken, für welche die im Park gedeihenden Pflanzen in deren Heimatländern den natürlichen Lebensraum bilden. Die Expedition führt in den Himalaja oder nach Borneo. Man sieht Feuersalamander, Vogelspinnen und Schlangen aller Art. Wer noch mehr Blütenzauber erleben oder in Zukunft seinen eigenen Tee anbauen möchte, sollte das nahe »Kamelienparadies« und die 2 ha große botanische Gartenanlage von Malte Fischer in Wingst besuchen. Hier stehen Neuzüchtungen und mehr als 60 Wildarten dieses immergrünen Teestrauchgewächses zum Verkauf.

www.botanika-bremen.de;
www.kamelie.de

333

Zu Besuch bei Beck's

Bremen

Wer kennt sie nicht, die »Alexander von Humboldt«, die Bark mit den grünen Segeln, die in der TV-Werbung junge Menschen auf das Abenteuer auf See mit einem kühlen Bier anstoßen lässt? Die Segel sind übrigens nur deshalb grün, weil sie vom Unternehmen gesponsert wurden – bevor Beck's in dem belgischen Konzern Inbev aufgegangen ist. So gibt es heute leider auch den Bierwagen nicht mehr, der gezogen von zwei Pferden das Haake-Beck in der Stadt auslieferte. Die Brauerei kann man noch besichtigen. Der Schlüssel im Wappen erinnert an den Heimatort der Marke und ist Gegenstand einer Quizfrage während der Führung (es ist der Bremer Schlüssel, aber gespiegelt).

Führungen Mo-Sa; www.becks.de/besucherzentrum

334

335 Universum
Bremen

Eine fantastische Welt der Wissenschaft eröffnet sich Kindern, Jugendlichen und Erwachsenen in den drei Teilbereichen des Universums Bremen. Im Science Center entdecken sie spielerisch drei Fantasiekontinente. Das Ausprobieren hilft zu verstehen, was wir für alltäglich halten und doch nicht erklären können. Im »Entdeckerpark« im Außenbereich dreht sich alles um das Thema Bewegung als Motor für Mensch und Natur. Im 27 m hohen »Turm der Lüfte« stehen Wind und Wetter im Mittelpunkt.

www.universum-bremen.de

336 Hafenrundfahrt
Bremerhaven

Hafenalltag hautnah: Die Fahrt durch die sieben Überseehäfen entlang des Kaiserhafens, unter der Drehbrücke an der Nordschleuse und zum Wendebecken dauert rund eine Stunde und beginnt im Neuen Hafen. Eine Tour durch den Fischereihafen mit der MS »Dorsch« startet direkt am Schaufenster Fischereihafen, dauert rund 80 Min. und findet bei einer Mindestteilnehmerzahl von zehn Personen statt.

www.hafenrundfahrt-bremerhaven.de

Der Hafen-Bus

337

Bremen

Hinter dem Begriff steckt eine neue und spannende Art, Bremerhaven zu entdecken. Nur mit diesem Bus gelangt man in sonst nicht zugängliche Bereiche der Überseehäfen, die oft nicht einmal den Einheimischen bekannt sind, da es sich um Sicherheitszonen handelt. Die Tour startet u. a. am Schaufenster Fischereihafen und führt den Besucher in das Herz der längsten Stromkaje der Welt und des größten Pkw-Umschlagplatzes Europas.

www.bremerhaven-tourism.de

Überseemuseum

338

Bremen

Eine arktische Forschungsstation, ein chinesisches Beamtenhaus, asiatische Tempel, ein Auslegerboot aus Ozeanien, Korallenriff und Regenwald – dieses Museum überrascht Jung und Alt. 1896 gegründet, bietet es mit zwei großen Lichthöfen viel Platz für spannende Ausstellungen. Fischerei, Ahnenkult und tägliches Leben in der Südsee, Weltreligionen und Megacities in Asien, das sind nur einige der Themen, die den Besucher hier erwarten.

www.uebersee-museum.de

Ballonfahren

Bremen

Das Fauchen des Brenners ist oft das einzige Geräusch, das noch zu hören ist, wenn der Ballon seine Reisehöhe von 1 000 Fuß erreicht hat. Vom Wind getragen, wird die Richtung der Fahrt allein von ihm bestimmt, begleitet von einem Ballonführer. Üblicherweise hat man rund 2 Std. Zeit, die frische Luft und den irren Ausblick zu genießen. Gefahren wird meist in den frühen Morgen- oder späten Abendstunden. Mit allen Vor- und Nachbereitungen, an denen die Fahrgäste teilnehmen, sollte man 4 - 5 Std. einkalkulieren.

339

www.das-ballonteam.de

Großseglertreffen

Bremerhaven

340

Weit über 200 Schiffe versammeln sich alle fünf Jahre auf einem der größten und schönsten Windjammertreffen der Welt, der »Sail«. Dann verwandelt sich Bremerhaven für einige Tage in ein Festival der Seefahrt und die ganze Innenstadt in eine riesige Partymeile. Ungefähr 1 Mio. Besucher nehmen an den mehr als 100 Veranstaltungen teil, erkunden die Decks der Schiffe oder segeln für einige Stunden mit hinaus, sammeln Schiffsstempel, erklimmen Wanten oder versuchen mit den Matrosen aus aller Welt ins Gespräch zu kommen. Abends wird in der Stadt ausgelassen gefeiert, gegessen und getanzt.

www.sail-bremerhaven.de

Phänomenta
Bremerhaven

Spielerisch lernen, anfassen und begreifen: Im »Phänomenta« werden Steine zum Leuchten gebracht, Silber, Gold oder Monster-Schleim gewonnen und an einer Ionenorgel Strom in Töne umgesetzt. Man kann auch das Chaos-Pendel schwingen lassen oder mit einer Pauke Kerzen ausblasen. Im hauseigenen Chemielabor bekommt man die schicken weißen Kittel, die auch der verrückte Dr. Brown in »Zurück in die Zukunft« trägt. Noch ein Highlight: der Simulator eines Geothermal-Fahrstuhls, der einen in 5 500 m Tiefe befördert.

341

www.phaenomenta-bremerhaven.de; bei Gruppenanmeldung jede 10. Person frei

342 Weser-Strandbad
Bremerhaven

Bremerhaven bietet Gästen und Bewohnern die einmalige Gelegenheit kühler Entspannung – und das mitten in der Stadt. Direkt am Weserdeich, mit Blick auf vorbeifahrende Schiffe, befindet sich das Weser-Strandbad. In nächster Nähe zur Shopping-Meile kann man hier die geplagten Füße in weißen Sandstrand stecken. Schwimmen darf man im Fluss aufgrund der Strömung leider nicht.

www.baeder-bhv.de

343 Klimahaus 8° Ost
Bremerhaven

Eine Skyline wie aus dem modernen Morgenland und ein Magnet für Touristen: Das Klimahaus, bei Nacht mit 1 900 Leuchtdioden erhellt, lässt den Besucher in seinem Inneren sozusagen um die Welt reisen. Damit auch der Spaß nicht zu kurz kommt, kann man im Bereich »Elemente« an Experimentierstationen mit Feuer, Wasser, Erde und Luft spielen, ein Land aus der Insektenperspektive erleben oder als Wetterfee in einer Fernsehaufzeichnung im komplett eingerichteten Wetterstudio auftreten.

www.klimahaus-bremerhaven.de

Zoo am Meer

Bremerhaven

Hier geht man nicht einfach nur von Gehege zu Gehege, sondern bewegt sich durch Landschaften, die den Eindruck vermitteln, sehr fern der Heimat zu sein. Besonders Kinder wissen die kleinen Grotten zu schätzen, in denen man Seelöwen und Pinguine auch unter Wasser beobachten kann. Im Becken nebenan grüßt der Eisbär hautnah.

www.zoo-am-meer-bremerhaven.de

Automesse
Bremen

Wenn mehrere Hundert Aussteller aus zwölf Nationen auf 45 000 Enthusiasten treffen und sich alles um Motorräder und Automobile dreht, handelt es sich mit großer Wahrscheinlichkeit um die Classic Motorshow. Seit 2002 findet diese Oldtimermesse alljährlich in der ÖVB-Arena Bremen statt und lässt die Fans fachsimpeln und staunen. Wer bei den Restauratoren und Händlern nicht fündig wird, entdeckt möglicherweise im Parkhaus über Halle 4 oder in der Zweiradbörse im Foyer von Halle 1 sein Traumvehikel: Hier bieten Privatleute ihre Klassiker zum Kauf an.

345

www.classicmotorshow.de/home/

346

Radtour Seestadtrunde
Bremerhaven

Bremerhaven und seine touristisch interessante Umgebung erstreckt sich über ca. 17 km entlang der Weser. Neben den blauen gewölbten Infosäulen, die im gesamten Stadtgebiet an relevanten Punkten den Weg weisen, haben die Touristiker die »Seestadtroute« für Fahrradfahrer ausgearbeitet. Empfehlenswert ist, die Tour vom touristischen Zentrum am Neuen Hafen in Richtung Überseehafen zu starten und sich vom Container-Aussichtsturm aus einen guten Überblick zu verschaffen.

www.bremerhaven.de

347

Sail City
Bremerhaven

Inmitten der »Havenwelten« ragt die Aussichtsplattform der Sail City in den Himmel. Das spektakuläre Gebäude, das wie ein Schiffssegel anmutet, beherbergt das Atlantic Hotel Sail City sowie Büros. Mit mehr als 140 m ist es das höchste Gebäude der Stadt und eignet sich bestens, um sich einen ersten Eindruck von dem zu verschaffen, was einen in Bremerhaven und dem Umland erwartet.

www.atlantic-hotels.de

Helikopterflug
Bremerhaven

Bereits ab 35 Euro kann man für einige Minuten vom Regionalflughafen Bremerhaven mit einem Eurocopter BO-105 abheben. Frei wie ein Vogel gibt es keine festen Routen, sondern man bestimmt die Richtung selbst. Dann gibt es noch die Variante mit einem sogenannten Traghubschrauber: ein zweisitziges Gefährt, das nach dem gleichen Prinzip funktioniert.

348

In Ermangelung einer geschlossenen Kanzel ist für genug Frischluft gesorgt, während über dem Kopf die Rotorblätter die Luft zerschneiden und der Motor hinter dem Kopiloten als Sitzheizung fungiert. Wem das zu luftig ist, der bekommt wetterfeste Kleidung und einen Thermoanzug. So fliegt man in beschaulicher Geschwindigkeit auf Augenhöhe mit den Möwen einher und kann dabei einen entspannten und gelassenen Blick auf den Zivilisationsstau der Autobahnen werfen.

www.flughafen-bremerhaven.de

349

Schaufenster Fischereihafen
Bremerhaven

Im modernen Veranstaltungszentrum im Schaufenster Fischereihafen kann man in der ehemaligen Fischpackhalle IV hinter historischen Fassaden genussvoll speisen, einkaufen oder in dem 150 000 l fassenden Meerwasseraquarium Atlanticum bei den (zweiwöchentlich stattfindenden) Schaufütterungen der Meeresbewohner durch einen Taucher dabei sein. Klassische Konzerte und experimentelles Schauspiel, Tanztheater und Unterwassermarionettentheater, Zauberei oder Improvisationstheater bietet das Kulturprogramm des Theaters im Fischereihafen an.

www.forum-fischbahnhof.de

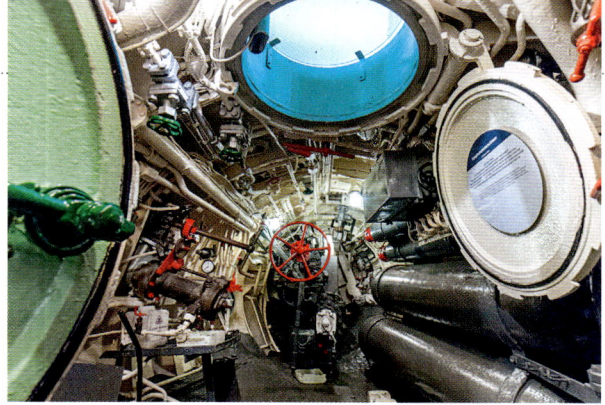

351

Technikmuseum
Bremerhaven

Inmitten des Museumshafens liegt das U-Boot »Wilhelm Bauer«. Das einzig erhaltene U-Boot vom Typ XXI war seinerzeit mit der fortschrittlichsten Technik ausgestattet. Im Vergleich zu anderen Booten konnte es tiefer (bis zu 330 m) tauchen und über längere Zeit unter Wasser bleiben. Im Inneren bekommt man einen Eindruck vom Leben und der Enge an Bord, das Boot konnte mit bis zu 58 Mann besetzt werden. Es wurde zwar nicht im Krieg eingesetzt, ist aber mit sechs Torpedorohren ausgestattet.

www.u-boot-wilhelm-bauer.de

352

Seefischkochstudio
Bremerhaven

Wer Fisch liebt, ist hier richtig. In einem einstündigen Kochvortrag verrät Küchenmeister Michael Gorich, worauf es beim Kauf und der Zubereitung von Seefisch ankommt, gibt Empfehlungen für ein kaltes Fischbüfett oder warme Fischgerichte. Die Kochvorträge mit anschließendem Mittagessen finden regelmäßig Montag bis Samstag um 10.30 Uhr und 12.30 Uhr sowie Sonntag um 11.00 Uhr statt.

Für Gruppen und Einzelpersonen; www.seefischkochstudio.de

353 Deutsches Auswandererhaus
Bremerhaven

Am Pier sitzt ein kleiner Junge auf den Schultern seines Vaters und schaut staunend die steile Bordwand hinauf, während die Geräusche des geschäftigen Geschehens im Hafen in seinen Ohren klingen. So oder ähnlich mögen es die Vorfahren erlebt haben, als sie in die Neue Welt aufgebrochen sind. Im Deutschen Auswandererhaus kann man drei Generationen von Auswanderern nachspüren und deren Schiffe aus zwei Jahrhunderten besichtigen (vom Holzfrachtsegler im 18. und 19. Jh. bis zum Oceanliner im 20. Jh.). Eine fiktive Reise beginnt: Überall stehen Koffer und Seekisten, gefüllt mit den Hoffnungen derer, die vor Arbeitslosigkeit oder Verfolgung aus ganz Europa über Bremerhaven geflüchtet sind. Sie endet in der Eingangshalle auf Ellis Island in New York.

www.dah-bremerhaven.de

Hamburg

Globalisiert wurde hier schon immer. Das Kommen und Gehen auf der Elbe hat Hamburg seinen gigantischen Hafen beschert – und die bewegliche Skyline mit den verschiebbaren Kulissenteilen der Containerschiffe und Luxusliner. Wem die weite Welt zu groß ist, der kann auf Kanalfahrt oder Kiez-Safari erstaunliche Entdeckungen machen.

Von der Poggenmühlenbrücke aus zeigt sich das Wasserschloss in Hamburgs Speicherstadt allabendlich in feierlichem Lichterglanz.

Internationales Sommerfestival
Winterhude

Im Jahr 1865 gründeten die Zivilingenieure Nagel & Kaemp eine Maschinenfabrik an der Osterbek, die später in Kampnagel umbenannt und 1981 stillgelegt wurde.

354

Freie Theatergruppen erkoren sechs Hallen zu ihren Spielstätten und rangen dem Senat die Zusage ab, den geplanten Abriss abzublasen, solange das Publikum die geleistete Arbeit goutiert. 30 Jahre später ist die Kulturfabrik international anerkannt als Zentrum für zeitgenössische darstellende Künste. Das Sommerfestival, das jedes Jahr im August stattfindet, hat sich vom kleinen Festival zu einem Tanz- und Theaterspektakel entwickelt, das mittlerweile um ein vielfältiges Musikprogramm ergänzt wurde. Hier tanzte Pina Bausch, improvisierten La Fura des Baus, performte Burnt Friedman mit Jaki Liebezeit und inszenierte Christoph Schlingensief.

www.kampnagel.de/
internationales-sommerfestival

355

Stadtpark und Planetarium
Winterhude

Seit seiner Eröffnung 1914 ist der Stadtpark ein beliebter Erholungsort für gestresste Städter. Seine 150 ha Fläche laden im Sommer zu sportlichen Aktivitäten sowie zum Baden im und Bootsfahren auf dem Parksee sein. Im ehemaligen Wasserturm ist ein Planetarium untergebracht, welches eines der dienstältesten ist und dennoch technisch überzeugt. Kein Wunder also, dass jährlich 350 000 Besucher unter die 21-m-Kuppel des Sternensaals strömen. Bis Ende 2016 stehen Renovierungsarbeiten an – damit das Planetarium so beliebt bleibt.

www.hamburg.de/stadtpark; www.planetarium-hamburg.de

 **356**

Alster-Schwimmhalle
Hohenfelde

Die Hamburger nennen das größte Schwimmbad der Stadt wegen seiner auffälligen Architektur auch »Schwimm-Oper«. Im Angebot u. a.: Riesenrutsche und »Aqua-Fitnessclub«: Im Preis inbegriffen sind außer Schwimmen zudem diverse Fitnesskurse im Wasser sowie die Muckibude und eine große Saunawelt.

www.baederland.de

 357

Ballin-Stadt
Veddel

Hamburg war zur Zeit der großen Auswanderungswellen für viele Familien die letzte Station auf dem europäischen Kontinent. Die Emigranten waren in großen Hallen untergebracht, die Albert Ballin, Direktor der Hapag-Reederei, auf der Elbinsel Veddel errichten ließ. Dort entwickelte sich eine kleine Stadt mit Kneipen, Kirchen, Krämern und ständig wechselnden Einwohnern. Die Ballin-Stadt rekonstruiert auf der Veddel die drei Hallen und informiert mit Briefen, Fotos und Portraits über Menschen mit großen Träumen.

www.ballinstadt.de

Segeln für Kinder
St. Georg

Ein richtiges Nordlicht ist immer auch eine Wasserratte. Und weil man nicht früh genug anfangen kann, mit dem Element zu spielen, bieten Segelschulen Kurse für Kinder zwischen sieben bis zwölf Jahren an. Ihre ersten Erfahrungen auf dem Wasser machen sie in Optimisten-Jollen, dem klassischen Einsteigerboot. Die »Opti« trägt nur ein Segel und ist sehr einfach zu handhaben. Im Anfängerkurs werden in fünf Doppelstunden die ersten Inhalte im Umgang mit Pinne und Schot vermittelt. Alternativ lehren Ferienkurse die Grundlagen komprimiert in einer Woche.

358

www.pruesse.de

HSV-Museum
Bahrenfeld

Liebe Fans des FC St. Pauli, jetzt bitte nicht weiterlesen, sonst werdet ihr vielleicht sauer. Der Text wendet sich an die Anhänger des Hamburger SV, das sportliche Aushängeschild der Stadt, der einzige Fußball-Verein, der seit Gründung der Bundesliga 1963 ununterbrochen im Oberhaus vertreten ist. Da hat man einiges zu erzählen, von Legenden wie Uwe Seeler und Willi Schulz, von Helden wie Kevin Keagan und Horst Hrubesch und Dauerbrennern wie Manni Kaltz und Peter Nogly. Herzstück ist die Vitrine mit den Schalen des Triumphes wie dem Gewinn des Europacups der Landesmeister 1983.

359

www.hsv.de, s. Arenawelt

360 Kanalfahrt über die Alster
Hamburg

So kennen selbst viele Hamburger ihre Heimat noch nicht. Von der Alster aus präsentiert sich die Stadt in neuem Gewand: grün, mit unbekannten Parkanlagen und versteckten Schrebergärten, mit stolzen Herrenhäusern und großzügigen Villen. Zwei Routen bietet Alster-Touristik an: Neben dem »Alsterlauf« schippern die »Alsterdampfer« – wie die Älteren die traditionellen Alsterschiffe auch heute noch nennen – durch den Osterbekkanal bis in den Stadtparksee.

www.alstertouristik.de/kanalfahrt.php

361 Völkerkundemuseum
Rotherbaum

Große und kleine Besucher können in diesem Museum auf Weltreise gehen. Spannend wird es mit den »Spielwiese«-Angeboten: Mit einem Fragebogen ausgestattet (an der Kasse erhältlich), tauchen Kinder etwa in die Welt der Indianer Nordamerikas ein. Wer dort die Tierspuren zu deuten weiß, erhält das Fährtenleser-Diplom. Noch aufregender wird es, wenn man im Museum übernachtet – Erlaubnis der Eltern vorausgesetzt.

www.voelkerkundemuseum.com

362 Japanisches Kirschblütenfest
Außenalster

In den 1960er Jahren schenkte die japanische Gemeinde den Hamburgern Kirschbäume, die im Alsterpark, an der Alsterkrugchaussee und am Altonaer Balkon angepflanzt wurden. Die Verbundenheit zwischen beiden Kulturen wird jedes Jahr im Mai gefeiert.

Höhepunkt ist ein 30-minütiges Feuerwerk, das über der Außenalster gezündet wird. Die Kirschblüte steht in Japan für Schönheit, Aufbruch und Vergänglichkeit.

www.hamburg.de/
kirschbluetenfest-hamburg

363 Speicherstadt
Hafen-City

Die mehr als 100 Jahre alte Speicherstadt im Freihafen ist der größte auf Pfählen gebaute Lagerhauskomplex der Welt. Die roten Backsteinspeicher haben auf der einen Seite Anbindung ans Wasser und auf der anderen

Seite an die Straße. Deswegen können die Häuser sowohl zu Fuß als auch mit dem Boot erkundet werden. Abends illuminieren 800 Scheinwerfer die Fleete.

www.speicherstadtmuseum.de

Dialog im Dunkeln
Hafen-City

364

Es ist stockdunkel. Man sieht die sprichwörtliche Hand vor Augen nicht. Eine Stimme aus dem Nichts beschreibt einen Park, die Wiesen, die Bäume, spielende Kinder. Vögel zwitschern in der Dunkelheit. Es riecht nach frisch gemähtem Rasen. »Ausstellung« nennt der Verein »Dialog im Dunkeln« diese Reise in das Reich der inneren Bilder. Die Stimme kommt von einer blinden Person. Sie vermittelt zwischen der alten und der neuen Welt. Das Haus in der Speicherstadt bietet auch »Dinner in the Dark« an, eine kulinarische Reise, die die Sinne schärft.

www.dialog-im-dunkeln.de

Hamburger Kunsthalle
Hamburg-Altstadt

365

Diese Kunstsammlung zählt zu den bedeutendsten Deutschlands und genießt auch international einen hervorragenden Ruf. 700 Jahre Kunstgeschichte versammeln sich in den drei Gebäuden zwischen Hauptbahnhof, Glockengießerwall und Alster. Hier befindet sich das fast komplette Werk des Frühromantikers Philipp Otto Runge sowie Gemälde von Rembrandt, Tiepolo und Goya. Die Klassische Moderne ist mit Paul Klee und Franz Marc vertreten. Kunst der Moderne wird in der Galerie der Gegenwart ausgestellt.

www.hamburger-kunsthalle.de

366 Attraktion Baustelle
Hafen-City

Es ist die größte Attraktion, die Hamburg zu bieten hat: die Bebauung des Großen Grasbrooks. Das 155 ha große Gebiet war bis ins 19. Jh. eine sumpfige Insellandschaft und ist heute das größte Städtebauprojekt Europas. Bis Mitte der 2020er Jahre sollen auf dem Areal 12 000 Menschen wohnen und 40 000 arbeiten. Vom View-Point, einem 13 m hohen Aussichtsstand, lassen sich die Bauarbeiten hervorragend verfolgen. Das Info-Center im Kesselhaus zeigt ein 8 mal 4 m großes Modell des Projekts.

www.hafencity.com

367 HH mit dem Segway
Innenstadt

Segways sind jene sonderbaren Elektroroller auf zwei Rädern, bei denen der Fahrer stehend durch Gewichtsverlagerung das Tempo kontrolliert. Rund 30 Min. dauert die Einweisung, dann ist man fit für eine geführte Stadtrundfahrt. Die Tour ist 10 km lang und dauert 2 Std. Auf dem Programm stehen: Hafen-City, Landungsbrücken, Hafen, Reeperbahn, Binnenalster, Jungfernstieg, Rathausmarkt, Michel. Herz, was willst du mehr?

www.hamburg.segway-citytour.de

368 Nachtmichel
Neustadt

Der Michel ist dem Erzengel Michael geweiht und eine der bedeutendsten Kirchen Norddeutschlands. Obendrein ein Wahrzeichen der Stadt – bestimmt auch deshalb, weil er früher wie eine Art Leuchtturm für die einlaufenden Schiffe sichtbar war. Die Kirche ist auch abends offen und lädt bis 21 Uhr auf die Aussichtsplattform in 109 m Höhe. Und dann: Zur Musik von »Gregorian« über die Lichter der Großstadt blicken.

www.nachtmichel.de

369 Miniatur Wunderland
Hafen-City

Muss man Fan von Spielzeugeisenbahnen sein, um das Miniatur Wunderland in der Speicherstadt zu besuchen? Mitnichten, es genügt, Menschen zu bewundern, die 580 000 Std. lang daran arbeiten, die größte Modelleisenbahnlandschaft der Welt aufzubauen. Und erst die Zahlen: 30 000 l Wasser fließen durch die Skandinavien-Landschaft, 930 Züge, 335 000 Lichter, 215 000 Figuren!

www.miniatur-wunderland.de

Chocoversum
Hamburg-Altstadt

370

Für jene, die schon beim Anblick von Schokolade schwach werden, ist das Chocoversum ein Paradies. Unter dem Motto »entdecken, erleben, mitmachen« wird hier der Prozess von der Ernte der Bohnen über das Mörsern, Sieben, Walzen, Schleudern und Rühren bis hin zum fertigen Produkt veranschaulicht. Bei jeder Stufe wird probiert und am Ende darf man sich als Chocolatier versuchen und im Aroma-Atelier seine eigene Kreation zusammenstellen. Wer die Kunst noch weitertreiben möchte, bucht einen Kurs im Pralinenherstellen (bitte frühzeitig anmelden).

www.chocoversum.de

371

Hau' den Lukas

St. Pauli

372

Jetzt funktionieren ja sogar die guten alten Schlaghammer elektronisch bzw. digital. Spaß macht das allerdings nicht! Besser bekannt sind die mechanischen als »Lukas«. Der alte und echte »Hau' den Lukas« steht nur noch auf dem Heiligengeistfeld beim Volksfest »Hamburger Dom«; mehr als 75 Jahre alt und selbstverständlich gut und scheckheftartig gepflegt.

www.hamburg.de/dom

Alter Elbtunnel

St. Pauli

Wie kommen die Werftarbeiter trocken über die Elbe, fragten sich die Hamburger Anfang des 20. Jhs. Der Hafen wuchs unaufhaltsam und expandierte südlich der Elbe, auf der anderen Seite der Stadt. Bei Schichtwechsel waren die Fähren überfüllt. Was tun? Mehr Fährschiffe einsetzen? Eine Brücke bauen? Man entschied sich für die schwierigste Lösung: einen Tunnel unterhalb der Elbe, in 24 m Tiefe und 426,5 m lang. 1911 eröffnet, war er seinerzeit eine Sensation, mittlerweile wird er als »Historisches Wahrzeichen der Ingenieurbaukunst« gepriesen. Das Eingangsgebäude mit dem kupfergedeckten Kuppeldach an den Landungsbrücken in St. Pauli ist eines der Wahrzeichen der Stadt.

www.hamburg-port-authority.de, s. Der Hafen Hamburg

373 Hafengeburtstag
St. Pauli

Friedrich Barbarossa soll den Hamburgern am 7. Mai 1189 in einem Freibrief Zollfreiheit für ihre Schiffe auf der Elbe bis in die Nordsee gewährt haben. Der Brief liegt nicht im Original vor – Grund zum Feiern ist er dennoch. Jedes Jahr im Mai steigt das »größ-te Hafenfest der Welt«. Mehr als 300 Wasserfahrzeuge laufen in diesen Tagen ein. Den Hanseaten macht das so viel Spaß, dass sie das Fest auf vier Tage verlängert haben.

www.hamburg.de/hafenge
burtstag

374 Planten un Blomen
Neustadt

An alle Südlichter: »Planten un Blomen« ist plattdüütsch und bedeutet »Pflanzen und Blumen«. So bescheiden haben die Hanseaten ihren schönsten Park getauft. Mitten in der Stadt wächst hier der größte Japanische Garten Europas. Imposant sind auch die Schaugewächshäuser. Im Sommer erfüllen Live-Musik und abendliche Wasserlicht-konzerte den Park mit Leben.

http://plantenunblomen.
hamburg.de

Wachsfiguren-kabinett
St. Pauli

Ja, Madame Tussauds! Kennen wir! Wussten aber nicht, dass Marie T. ab 1767 in Paris lebte und dort viele »gerollte Köpfe« der Opfer der Französischen Revolution modellierte. Damals gab es ja noch kein Facebook und selbst die Zeitungen druckten kaum Fotos. Auch deswegen eröffnete 1879 Friedrich Hermann Faerber sein Kabinett in Hamburg. Heute führt es Urenkel Hayo in vierter Generation und das Interesse scheint trotz Internet kaum nachzulassen – für eine Begegnung mit Angela Merkel, Harry Potter oder dem Papst.

375

www.panoptikum.de

Kiez-Safari
St. Pauli

376

Sie ist die wohl bekanntes-te Travestiekünstlerin der Republik: Olivia Jones. Auf St. Pauli betreibt sie die Menstrip-Bar »Olivias Wilde Jungs«. Das ist Deutschlands einzige Lokalität dieser Art, in die nur Frauen Zutritt haben. Doch damit nicht ge-nug: Aus dem früheren »Star Club« – ja, dort, wo die Bea-tles ihre Karriere begannen – hat sie »Olivias Show Club« gemacht und ein Etablisse-ment restauriert mit 70er-Jahre-Kachelpool, rot-golde-ner Tapete in Brokat-Optik, Disco-Kugeln, Sitzlounges und Séparées. Darüber hin-aus bietet Olivia Jones aber auch Kieztouren an und präsentiert die sündige Meile in ihrem ureigenen Stil mit Anekdoten und flotten Sprü-chen. In 100 Min. geht es über die Reeperbahn in die Große Freiheit, natürlich in einen Sex-Shop, legendäre Kneipen, das Sankt-Pauli-Museum und die Herbertstraße – die letzte Station bleibt allerdings Män-nern allein vorbehalten.

www.olivia-jones.de

377

Maritimes Museum
Hafen-City

Mit viel Tamtam und in Anwesenheit des Bundes-präsidenten eröffnete 2008 das Internationale Ma-ritime Museum in der Speicherstadt. Der frühere Vorstandsvorsitzende des Springer-Konzerns, Peter Tamm, stellte seine umfangreiche Sammlung der Öffentlichkeit zur Verfügung. Die Ausstellungsflä-che von 11 000 qm auf zehn Etagen zeigt nur einen Bruchteil der Schiffsmodelle, Konstruktionspläne, Fotografien und Gemälde, die Tamm seit seinem sechsten Lebensjahr gesammelt hat. Kritiker wer-fen ihm allerdings vor, Militaria zu verherrlichen.

www.internationales-maritimes-museum.de

 ## Seeräubergang
St. Pauli

Auf die Spuren von Klaus Störtebeker und anderer wilder Zeitgenossen begeben sich Kinder bei diesem Rundgang durch das Hafenviertel. Es werden historische Fakten und Legenden über das Leben der Seeräuber erzählt und passend dazu Spiele veranstaltet. Am Ende versammeln sich die »kleinen Piraten« am Hafenbasar, wo eine Schatzsuche stattfindet und die Beute geteilt wird.

www.stpauli-landgang.de

 ## Altonaer Fischmarkt
Altona

Händler, Marktschreier, Köche, Touristen, Nachtschwärmer: Wenn von April bis Oktober immer sonntags der Fischmarkt an der Großen Elbstraße öffnet, kommen bis zu 70 000 Menschen, um zu handeln, sich zu verköstigen oder einfach zu amüsieren. Die Krämer bieten nicht nur Fisch an, sondern auch Fleisch, Obst, Blumen, Klamotten.

www.hamburg.de/fischmarkt

 ## Fischauktionshalle
Altona

Wem der sonntägliche Trubel auf dem Fischmarkt zu viel ist, sollte sich in die Fischauktionshalle begeben, das Gebäude, welches 1896 im Stile einer dreischiffigen Basilika erbaut wurde. Nicht, dass da weniger los wäre, aber es ist schon urgemütlich auf den Bierbänken zu sitzen, der Live-Band zuzuhören und zu frühstücken. Übrigens: Fisch wird schon lange nicht mehr versteigert.

www.fischauktionshalle.com

Zur Ritze
St. Pauli

»Eine Ära ist zu Ende. Einen wie ihn wird's nie wieder geben«, trauerte Udo Lindenberg, als Hans-Joachim Kleine, genannt »Hanne«, 2011 verstarb. Der Ex-Mittelgewichtsboxer hatte vor 30 Jahren im Hinterhof der Reeperbahn 140 eine Kneipe eröffnet und avancierte im Laufe der Jahre zum Kult-Kiez-Wirt. Als ehemaliger Berufssportler ließ er sich einen eigenen Boxring im Keller aufstellen, die »Ritze« wurde Treffpunkt von Box- wie Kiezgrößen. Heute führt seine Witwe Kirsten den Laden mit der Doppeltür, die weltbekannt ist: Sie zeigt ein Paar gespreizte Beine.

381

www.zur-ritze.com

Museums-Rallye
Altona

So kann auch Kindern ab vier Jahren der Besuch einer Ausstellung Spaß machen: Auf der »Rallye durch das Altonaer Museum« gilt es, kleine Aufgaben zu lösen. Wo versteckt sich ein Hase, wo der Elefant? Welche Farbe hat der Hund? Hamburger Museen bieten diese Spiele vor allem für Gruppen an, wäre also eine Alternative für die nächste Geburtstagsfeier.

382

www.altonaermuseum.de

Museumshafen
Othmarschen

383

Darauf legt der Museumshafen Övelgönne besonderen Wert: Der Verein betreibt kein Museum! Er hat nichts mit wissenschaftlicher Erfassung am Hut. Er hat sich so genannt, weil bei der Gründung 1976 eine Zusammenarbeit mit städtischen Museen vorgesehen war. Daraus wurde nichts. Jetzt wird »nur noch« gesammelt: alte Schiffe, Boote, Kähne und Schlepper. Und Schwimmkräne. Und Barkassen. Und Eisbrecher; 24 Wasserfahrzeuge insgesamt, zu bewundern am Kai in Övelgönne. Schilder an Land informieren über die schwimmenden Exponate und wenn jemand an Bord ist, darf man die Schiffe auch von innen betrachten.

www.museumshafen-oevelgoenne.de

Die Niederelbe mit dem Schiff
St. Pauli

384

Riecht es schon ein bisschen nach Nordsee? Na ja, mit ein wenig Einbildungskraft schon. Auf jeden Fall schüren die großen Containerschiffe die Sehnsucht nach der großen, weiten Welt. Und der einlaufende Luxusliner weckt den Wunsch nach Urlaub. Seit 1888 fahren Schiffe der Hadag im Liniendienst durch den Hamburger Hafen. Die Tour über die Niederelbe führt bis nach Blankenese, vorbei am Museumshafen Övelgönne und dem Fähranleger von Teufelsbrück; bei schönem Wetter gerne auf dem Sonnendeck der Fähre »Falkenstein«. Und wer in Blankenese das Schiff nicht verlassen will: Es geht über die Schiffsbegrüßungsanlage Willkomm-Höft und Lühe bis nach Stadersand nördlich von Stade.

www.hadag.de

 **Tierpark Hagenbeck**
Stellingen

385

Der Hamburger Zoo ist der einzige Tierpark in privater Hand, er finanziert sich zu 100 Prozent selbst, kommt also ohne Steuermittel aus. Und er ist etwas Besonderes: Carl Hagenbeck erfand 1907 die erste Zooanlage, die auf Gitter verzichten konnte. So war es erstmals möglich, Tiere wenigstens annähernd artgerecht halten zu können. Heute leben mehr als 1 850 Tiere aus 210 Arten in der 25 ha großen Parkanlage. Da stehen die Besucher schon einmal verdutzt vor frei laufenden Pampashasen oder Zwerghirschen, Pfauen oder Haushühnern. 2012 wurde das »neue Eismeer« eröffnet, eine Anlage für Eisbären, Seelöwen, Kegelrobben und Pinguine, die auf 8 000 qm möglichst naturnahe Bedingungen vorfinden sollen. Star ist übrigens das Walrossmädchen Loki mit Walrossbart und großen Kulleraugen.

www.hagenbeck.de

Museumsschiff
St. Pauli

386

Der grüne Stahl-Großsegler wurde 1896 auf der Werft »Rickmer Clasen Rickmers« gebaut und nach dem Enkel des Firmengründers benannt. 70 Jahre leistete der 97 m lange Frachter treue Dienste im Rohstofftransport, wurde aber von Portugiesen auch als Schulschiff eingesetzt. Der Verein »Windjammer für Hamburg« übernahm es in den 80er Jahren in sehr marodem Zustand, restaurierte es und funktionierte die »Rickmer Rickmers« bei den Landungsbrücken in ein Museumsschiff um. Es dokumentiert die eigene Geschichte und öffnet den Besuchern die Offiziersquartiere.

www.rickmer-rickmers.de

Strandperle
Othmarschen

Man darf an dieser Stelle die »Welt am Sonntag« zitieren: Die Strandperle sei die »Mutter aller Beachklubs«. Zwei Jahre zuvor schrieb das Blatt zwar schon einmal dem »Club 55« bei Saint-Tropez diese Ehre zu, – aber sei's drum: Der Kultimbiss ist seit mehr als 30 Jahren eine Institution, 1973 eröffnet, versorgte sie Generationen mit Pommes, Kartoffelsalat, Würstchen und Bier. Astra-Bier natürlich, direkt aus der Brauerei zwischen Landungsbrücken und Reeperbahn, solange es diese noch gab. Die Strandperle ist so authentisch wie der Sand vor ihrer Hütte echt und nicht aufgeschüttet. Die neuen Pächter haben ein paar Neuerungen eingeführt: Es gibt jetzt auch Latte Macchiato und Pinot Grigio.

www.strandperle-hamburg.de

Alstereisvergnügen
Außenalster

Was für ein Winterwochenende, dieses zweite im Februar 2012: Klirrende Kälte hatte die Stadt im Griff, das Wasser auf der Alster war gefroren, das Eis mehr als 20 cm dick. Während andere Städte gejammert hätten, jubelten die Hanseaten.

388

Zum ersten Mal seit 1997 genehmigten die Behörden das Alstereisvergnügen, ein Volksfest auf dem Eis – mit 150 Buden sowie Tausenden von Besuchern, die mit oder ohne Schlittschuhe, mit Kinderwagen oder sogar auf dem Fahrrad, dick vermummt ein Fest feiern, das alles andere als alltäglich ist.

www.hamburg.de/
alstereisvergnuegen

389

Klick Kindermuseum
Osdorf

Bitte nicht nur gucken und langweilen. Bitte anfassen, ausprobieren, spielen. Das Museum in der Hochhaussiedlung Osdorfer Born weiß, was Kinder sich wünschen. Hier heißt es »Baustelle – betreten erbeten« und Jungs wie Mädels lernen Klempnern, Maurern oder Fliesen legen; sie dürfen sogar eine Betonmischmaschine bedienen. »Urgroßmutters Alltagsleben« zeichnet einen Haushalt aus den 50er Jahren nach und die Arbeiten, die ohne Hilfe von Geräten gemacht werden mussten. Waschen auf Rubbelbrettern oder Kaffeebohnen in Mühlen mahlen. Projektleiterin Margot Reinig: »Wenn die Kinder das Wort Museum hören, wollen sie nicht kommen. Wenn sie aber einmal hier waren, kommen sie wieder.«

www.kindermuseum-hamburg.de

390

Hirschpark
Nienstedten

Er ist sicher nicht der größte Park der Hansestadt, aber mit Sicherheit einer der schönsten. Der Hirschpark macht auch heute seinem Namen alle Ehre: Hirsche, Rentiere, Wasservögel und Pfauen leben hier. Das Gartendenkmal an der Elbchaussee wurde schon 1620 als Landgut angelegt. Aus dieser Zeit stammt die beeindruckende, ehemals komplett vierreihige Lindenallee. Ende des 18. Jhs. ließ der Kaufmann Johann Caesar IV. Godeffroy das klassizistische Landgut errichten, in dem heute Ballettschüler unterrichtet werden. In den englischen Landschaftspark sind außerdem Repräsentations- und Schaugärten nach französischem Vorbild integriert. Zudem gibt es mit dem »Geesthang« – leicht versteckt – einen Aussichtspunkt, von dem aus man über die Elbe blicken kann.

www.hamburg.de/parkanlagen

Zauberhafte
Baumwoll-Servietten
für Hochzeiten &
Familienmitglieder &
alle Anlässe.

Beste Freundin

Die süßesten Geschenke

Solange ich klein bin,
gebt mir Wurzeln.
Wenn ich groß bin,
gebt mir Flügel.

Alles, was die Seele
durcheinanderrüttelt, ist
GLÜCK.

CARTE

Good karma

Liebe
hat einen Namen
Vivien

www.mampashop.de

Hessen

Börse live in Frankfurt – wenn das kein Abenteuer ist! In Zeiten des digitalen Hochfrequenzhandels stehen analoge Vergnügungen jedoch hoch im Kurs. Bergpark und Schloss Wilhelmshöhe sind eine gute Anlage. Die Fahrt mit der Solardraisine durch den Odenwald hat Zukunft. Und Paragliden auf der Wasserkuppe in Gersfeld? Kaufen!

»Die Lage ist gut«, so lautet der Slogan der Stadt Kassel. »Die Aussicht ist besser« – zumindest für Herkules, der vom Bergpark auf Schloss Wilhelmshöhe blickt.

391

Kanutour auf Weser und Diemel
Bad Karlshafen

Hessen und die Lahn sind Kanuland. Doch auch Weser, Diemel oder Eder haben für Kajak- und Kanadier-Fahrer das passende Element. Von Bad Karlshafen sticht das Boot ab in Richtung Hessen, NRW und Niedersachsen in die Weser. Einer der Höhepunkte sind die Hannoverschen Klippen. An dem Wesersandstein lockt seit 2011 ein »Skywalk« über der Klippe mit guter Aussicht. Doch es sind noch drei Paddelstunden bis zum Ziel Höxter, der Stadt mit dem lieblichen Fachwerk. Die meisten Paddler ziehen die malerischen Orte Beverungen und Wehrden vor. Die kleinere Diemel führt vom 13 km entfernten Trendelburg nach Helmarshausen oder nach Bad Karlshafen.

www.kanu-schumacher.de; www.bad-karlshafen.de

Sommerrodeln
Willingen

Allein der Bergauf-Transport ist einen Besuch wert. Mit Hilfe des Skilifts wird man auf dem Schlitten sitzend 250 m bergauf gezogen. Oben bietet sich ein herrlicher Ausblick. Mit elf rasanten Kurven, drei Jumps und mehreren Geraden auf ca. 700 m ist dies sicherlich eine der abwechslungsreichsten Bahnen ihrer Art.

392

www.sommerrodelbahn-willingen.de

393

Dornröschen im Schloss
Mit Tierpark / Hofgeismar

Märchenhaftes bietet ein Besuch auf dem Dornröschenschloss Sababurg im Herzen des Reinhardswaldes. Die vom Mainzer Erzbischof 1334 auf einer Basaltkuppe gegründete »Zappaborgck« wurde im 16. Jh. zu einem prächtigen Jagdschloss der Landgrafen von Hessen erweitert und bis ins 19. Jh. genutzt. Danach verfiel sie fast zur Ruine und wurde vom Volksmund zum Märchenschloss der Brüder Grimm verklärt. Heute ist die Anlage ein attraktives Ziel und lädt Besucher zur Besichtigung, zu Kultur im mittelalterlichen Gewölbekeller, ins Standesamt samt Hotel oder zum Genießen ins Restaurant mit Café ein. Weniger märchenhaft, sondern natürlicher (und für Kinder nicht minder reizvoll) ist ein Besuch des angrenzenden Tierparks Sababurg – einer der ältesten Europas.

www.sababurg.de;
www.tierpark-sababurg.de

 394

Glasbläserei
Willingen

Ganz schön aufgeblasen. Und jedes Objekt für sich ein kleines Kunstwerk! Hier kann man erleben, wie aus einer 1 300 °C heißen Glasmasse wunderschöne Einzelstücke erstellt werden, wie die Masse Form und Farbe annimmt. Überhaupt erfährt man viel Wissenswertes über die faszinierende, alte Tradition der Glasbläser-Kunst, die im 17. Jh. in Italien zur wahren Meisterschaft geführt wurde. Und man wird darüber aufgeklärt, dass man zwischen Glasbläsern und Glasmachern tunlichst unterscheiden sollte. Wer sich sein eigenes Glas blasen will, findet hier Unterstützung. So kann man sein persönliches Andenken oder ein Mitbringsel kreieren.

www.glasgalerie-willingen.de

E-Bike-Tour
Bad Wildungen

395

Die Wandelhalle Reinhardshausen bietet eine Movelo-Station, von der aus man hinausradelt oder saust. Der nächste Info-Point befindet sich in Affoldern, am Bruder des Edersees. Grüne Hügel schieben sich ins Blickfeld, dann führt die Strecke am Fluss entlang nach Gifflitz, durch das Wesertal über Kleinern nach Gellershausen, wo der Akku bergauf kräftig unterstützt. Oben lockt ein Panoramablick am Tannendriesch. Hier ist die Einfahrt in den Nationalpark mit den typischen Buchenwäldern, von denen viele 150 Jahresringe tragen.

www.edersee.com; www.bad-wildungen.de; www.nationalpark-kellerwald-edersee.de

Buga-See
Fuldaaue / Kassel

Zur Bundesgartenschau 1981 wandelte die Stadt ehemalige Baggerseen in ein Naherholungsgebiet, die Fuldaaue um. Kernstück ist der 40 ha große Buga-See, der im Sommer zum Baden, Schnorcheln und Surfen einlädt. Das Ufer ist weitgehend naturbelassen und an einigen Stellen mit

396

Sand zu einem Strand aufgeschüttet. Kinder können sich auf einem Abenteuerspielplatz vergnügen. Ein Bereich des Ufers ist für FKK ausgewiesen, der nördliche Teil des Sees als Naturschutzgebiet. Eine Brücke verbindet das Gelände mit der Karlsaue.

Damaschkestr.; Tram/Bus Messehallen

397

Mountainbiken
Ettelsberg / Willingen

Die Willinger Bike-Welt bietet viele Routen für jeden Anspruch und Geschmack. Die Strecken haben eine Länge zwischen 18 und 60 km, max. 1400 m Höhe sind zu überwinden. Wer im Juni kommt, trifft beim größten Mountainbike-Festival in Europa garantiert auf Gleichgesinnte.

www.biken-willingen.de; www.ettelsberg-seilbahn.de; s. Stichwort Bike-Welt

---

398

Ski- und Langlaufen
Willingen

Insgesamt 18 km präparierte Abfahrten im Kernort sowie in den Ortsteilen Schwalefeld und Usseln, acht Flutlichthänge und eine Seilbahn im Verbund mit 13 Liften sprechen eine klare Sprache. Berühmt wurde der Ort aber durch die Mühlenkopfschanze, die größte Großschanze weltweit. Von der Bergstation aus können Langläufer ihre Loipen spuren.

www.weltcup-willingen.de; www.willingen.de

399

Wassersport
Twistesee

Besonders attraktiv und vergleichsweise leicht für jedermann zu erlernen ist Wasserski. Wer das selbst einmal ausprobieren möchte, für den gibt es auf dem Twistesee eine Wasserskiseilbahn mit einem 800 m langen Rechteckkurs, der Anfängern den nötigen Platz einräumt und Profis für Wettkämpfe trainieren lässt.

www.bad-arolsen.de; www.wasserski-twistesee.de; www.volkmarsen.de

Kassel Stadtspaziergang
Auf den Spuren der Documenta

Seit 1995 nutzen Künstler auch den öffentlichen Raum der Stadt, um ihre Skulpturen und Installationen in Szene zu setzen. Einige dieser Werke bleiben auch nach der Ausstellung an ihren Standorten. Am populärsten ist wohl Jonathans Borofskys Himmelsstürmer »Man Walking to the Sky«, der seit 1992 vor dem Kulturbahnhof steht. Doch auch andere Inszenierungen wie der »Vertikale Erdkilometer«, Horst H. Baumanns »Laserscape«, die »Spitzhacke« von Claes Oldenburg, Beuys' »Stadtverwaldung statt Stadtverwaltung«, »Das Traumschiff von Tante Olga« vor der Heinrich-Schütz-Schule und andere Installationen machen neugierig, in Kassel die Spuren der Documenta zu suchen.

400

www.kassel-tourist.de

401

Drei-Seen-Wanderung
Bad Arolsen

Diese schöne Wanderung im Waldecker Land verbindet den Twiste-, den Eder- sowie den Diemelsee (Gesamtlänge ca. 125 km). Ausgangs- und Endpunkt der Drei-Seen-Wanderung ist Bad Arolsen. Gewandert wird in fünf Etappen zunächst nach Waldeck, dann nach Fürstenberg, Rhena, Adorf und von dort zurück zum Heilbad Bad Arolsen. Unterwegs wird augenscheinlich, dass mit der künstlich geschaffenen Seenlandschaft ein Freizeitparadies geschaffen wurde, das Seinesgleichen sucht. So kann man zum Beispiel den Twistesee komplett (7 km) umrunden, ohne von Autos belästigt zu werden.

www.bad-arolsen.de

Stollenführung
Kassel

Kassel ist mit einem weiträumigen Bunkersystem unterkellert Die Stollen unter dem Weinberg stammen von 1825 und dienten als Bier- und Eislager. Später wurden dort dank der konstanten Temperaturen sogar Champignons gezüchtet. Der Feurwehrverein öffnet nach Anmeldung zwei der neun unterirdischen Bunker. Neben dem Weinberg führt er auch in den Atomschutzbunker unter dem Hauptbahnhof. Dieser misst 3 000 qm, verfügt über einen Notbrunnen und ist mit zwei Küchen ausgestattet. Für die Tour (2 Std.) sollte man sich warm anziehen.

Nur mit Voranmeldung,
Tel. 01 75/28 65 617

402

 403 Erlebnispark
Ziegenhagen

In Ziegenhagen geht es beschaulich zu: Tretautobahn, Miniriesenrad, Wasserhüpfer und -springboot, Schwebebahn über den See, ein Trampolin, Schwingschaukeln, Röhrenrutschen, Kinderkarussell – rund 30 Attraktionen sorgen für genügend Abwechslung: Mit dabei sind so »altmodische« Unterhaltungen wie ein Irrgarten, der auch Eltern noch Spaß macht. Originell ist bereits die Eintrittsprozedur, denn hier wird der Tarif nicht nach Altersstufen, sondern nach der Größe festgelegt.

www.erlebnispark-ziegenhagen.de

 **404** Tabakmanufaktur
Witzenhausen

Selbst Anhängern eines verschärften Nichtraucherschutzes dürfte ein Besuch in der Tabakmanufaktur Grimm & Triepel nicht allzu anrüchig erscheinen. Handelt es sich doch bei dieser bereits 1849 gegründeten Firma um Deutschlands letzten Hersteller von Kautabak. Eine Werksbesichtigung gibt Einblick, wie Tabakblätter zu seildicken Schlunzen gerollt, beim x-fachen Soßen aromatisiert und dann getrocknet werden.

www.krusekautabak.de

Kunstwanderweg

Lohfelden

Ungewöhnlich ist das Projekt Ars Natura, das Wandern mit Kunst verbindet. Die Skulpturen der Künstler wirken dabei wie in die Landschaft gesetzte Akzente oder Kommentare. »X 3« verläuft auf dem alten Fernwanderweg »Wildbahn« (Westfalen bis Bayern), Teilabschnitt 3 tangiert dabei die Documenta-Stadt Kassel.

405

www.ars-natura-stiftung.de

Kirscherlebnispfad

Witzenhausen

Ein Drittel des Parcours verläuft in der Stadt, der Rest über Wiesen und Felder. Die Route beginnt am Rathaus: der ersten von 17 Stationen, an denen man viel über ihre Kulturgeschichte und Vielfalt, die Anbaugebiete bis hin zur Verarbeitung der Kirsche – als Schnaps oder in der Medizin – erfährt.

406

www.kirschenland.de

Märchenstunde

Baunatal / Brauhaus Knallhütte

Das Brauhaus Knallhütte verknüpft die Herstellung von Bier mit dem Zauber von Märchen. Die erstaunliche Kombination ist leicht zu erklären: Dorothea Viehmann (1755–1815) wuchs in Rengershausen auf. Hier hörte die junge Frau viele Märchen und merkte sie sich genau. Im Jahr 1813 lernte sie die Brüder Grimm kennen. In Dorothea Viehmann fanden sie eine sprudelnde Quelle, aus der sich schöpfen ließ. Im Gasthof ihres Vaters schlüpft heute jeden 1. und 3. Samstag eine Schauspielerin in die Rolle der Viehmännin und erzählt den Zuhörern, wie es einmal war ...

www.brauhaus-knallhuette.de

407

Grenzmuseum
Bad Sooden-Allersdorf

Das seit 1991 bestehende Museum Schifflersgrund hat ein düsteres Stück deutscher Geschichte zum Thema. Es ist ein erhalten gebliebenes Grundstück, über das der einstige »Todesstreifen« der innerdeutschen Grenze verlief,

408

die die Bundesrepublik und die DDR teilte. Nach dem Krieg hatten sich Amerikaner und Russen auf einen Gebietsaustausch geeinigt, der für viele eine Umsiedlung bedeutete. Beim Tausch an der »Whisky-Wodka-Linie« wurde die Bahnlinie dem Westen, dafür einige hessische Gemeinden der Sowjetunion zugeschlagen.

www.grenzmuseum.de

409 Völkerkundemuseum
Witzenhausen

Exotisches gibt es im Völkerkundemuseum zu sehen, dessen Ursprünge im Kolonialismus des Zweiten Kaiserreichs liegen. 1898 wurde in Witzenhausen die »Deutsche Kolonialschule« gegründet, die angehenden Landwirten und Siedlern in Übersee jene Kenntnisse fremder Kulturen näherbringen sollte, die damals für angemessen gehalten wurden. Zwei Drittel der rund 2 000 Exponate stammen von Absolventen der ehemaligen Kolonialschule.

Vier Museumsräume orientieren sich an Erwerbsarten (Fischer, Bauern, Jäger, Nomaden) höchst unterschiedlicher Kulturen in Afrika, Südamerika und Ozeanien, wobei Gegenstände aus allen Lebensbereichen zu sehen sind. Ein Raum widmet sich, durchaus selbstkritisch, der Geschichte der Deutschen Kolonialschule, die Besuchern durch historische Fotos nahegebracht wird.

April–Okt.; Tel. 0 55 42/6 07 30

 **410** Jugendburg
Ludwigstein

1415 von Landgraf Ludwig I. zum Schutz vor Raubrittern erbaut, erfüllt die Burg längst andere Zwecke. Baufällig geworden, erwarb 1920 der »Wandervogel« die Burg, ließ sie restaurieren und mit einer Gedenkstätte für die 50 000 im Ersten Weltkrieg Gefallenen der Jugendbewegung versehen. Nach dem Zweiten Weltkrieg kümmerte sich der Jugendbund »Zugvogel« um

das Anwesen, bald unterstützt von den Pfadfindern. Das beeindruckende, spätmittelalterliche Bauwerk ist ein idealer Ausgangspunkt für Wanderungen, Rad- und Kanutouren, zudem ein guter Rahmen für Feste, Seminare oder Theaterprojekte. Die wechselhafte Burggeschichte dokumentiert ein Museum.

www.burgludwigstein.de

Männerspielplatz
Großalmerode

Von April bis November stehen jedes Wochenende auf einem 70 ha großen Gelände Gerätschaften wie Schaufel- und Kettenbagger, Verladekran, Planierraupe, Unimog oder Traktor zur Erfüllung unterdrückter Träume aus dem Sandkastenalter parat. Gruben ausheben, kubikmeterweise Kies verlagern und tonnenweise Material umladen ist hier ohne spezielle Ausbildung möglich. Führerscheinklasse B bzw. drei genügt. Mal richtig Gas geben? – Hier darf man es!

www.maennerspielplatz.de

Reiterhof Hirschberg
Großalmerode

412

Hier sind ganze Ferien zu Pferde möglich. Einzel- oder Gruppenreitstunden in einer großen Longierhalle und im Freien werden ebenso unterrichtet wie alles Wissenswerte über Wesen, Aufzucht und Pflege der Tiere. Mehr als 100 Pferde leben auf dem Gestüt. Mit ihnen sind Ausflüge möglich, etwa Vollmondreiten, Wanderritte von Burg zu Burg oder Kutschentouren.

www.reiterhof-hirschberg.de

Langlaufen
Am Hohen Meißner

Der Hohe Meißner enttäuscht auch im Winter auf der Loipe nicht. Flocken sind hier oben, in Frau Holles Revier, natürlich keine Rarität. Der Parkplatz für Langläufer (ausgeschildert) liegt an der L 3241. Wer wachsen will, findet am Thermometer des Loipenhauses nützliche Hinweise. Läufer des klassischen Stils erwarten auf der 9 km langen Spur, die über das Hochplateau des Meißners ohne allzu große Steigungen führt, verschneite Fichtenwälder und weite Panoramen. So erreicht man etwa (auf halber Strecke) mit der Kasseler Kuppe (742 m) den höchsten Punkt der Loipe.

www.werratal-tourismus.de

413

414 Wandern auf dem Premiumweg
Im Berkatal

Das Berkatal, das nahe Bad Sooden-Allendorf bis zum Hohen Meißner auf 754 m ansteigt, lädt mit seiner außergewöhnlichen Natur zum Wandern ein. Da wären etwa die karstartigen »Hielöcher« (Hie bedeutet Höhle), die unter Naturschutz stehen, sowie zahlreiche Wildkräuter, Wacholderbüsche und im Herbst der Enzian – ein idealer Lebensraum für die vielen Schafe, die sich all das schmecken lassen. Auf dem Wanderweg P2 begegnet man unterwegs einigen Tieren, aber die beeindruckende Landschaft und die Panoramablicke sind sogar noch sehenswerter. Anfang Juli lohnt sich ein Abstecher zur Schlafmohnblüte in Meißner-Germerode: Das 15 ha große Meer von rosa blühendem Mohn (genehmigt von der Bundesopiumstelle) ist eine wahre Augenweide; Rundwege führen teils direkt hindurch.

www.naturpark-mkw.de,
s. Aktiv im Naturpark, Wandern;
www.mohnbluete-meissner.de

Radtour
Werra-Meißner-Land

Diese einfache (25 km lange) Radrundtour ist familientauglich. Die Tour dauert ca. 3 Std. Sie führt von der Kirschenstadt Witzenhausen bis zur Burg Hanstein. Wer ohne Fahrrad reist, kann sich in vielen Hotels ebenso wie am Campingplatz im Werratal Zweiräder ausleihen. Je nach Jahreszeit (in April und Mai) trifft man auf ein impressionistisches Landschaftsidyll: blühender Raps, sanfte Hügel, stille Weite, tiefe Wälder, breite Wege, einsame Gehöf-

te. Für die letzte Anfahrt zur Burg muss man kräftig in die Pedale treten, wird dafür aber oben angekommen mit einem traumhaften Blick ins südliche Niedersachsen und das nordhessische Bergland belohnt. Danach lockt unterhalb der Burg das Alte Wirtshaus Klausenhof in einem historischen Gehöft mit Rittersaal, einer mittelalterlichen Schänke und Steinbackofen zur zünftigen Einkehr.

www.kirschenland.de

Rundweg
Am Hohen Meißner

Von den 67 Schweizen in Deutschland liegt auch eine in Nordhessen. Grund genug, um eine Wanderung zum Hohen Meißner (754 m) zu unternehmen, die, so gehört es sich für diese Gegend, um ein märchenhaftes Thema nicht herumkommt, schließlich ist dies hier Frau Holles Revier. Der vom Deutschen Wanderinstitut ausgezeichnete Premi-

umweg beginnt idealerweise am Parkplatz Schwalbenthal (L 3241). Die 13 km lange Wanderung verläuft auf einem Rundweg im Uhrzeigersinn über das Hochplateau des Hohen Meißner und hält neben saftigen Wiesen und Weiden etliche Panoramablicke parat.

www.werratal-tourismus.de; Stichwort: Hoher Meißner

Bergwerk
Abterode

417

In der Grube Gustav wurde bis zur Stilllegung 1968 intensiv nach Kupferschiefer gegraben. Seit 1986 gibt sie als Besucherbergwerk Einblick in das schwere Leben und die Arbeit der Bergleute, die mit Pickel, Hammer und Eisen tiefe Stollen in das harte Gestein trieben. 1957 konnten zwei verschüttete Kumpel mithilfe eines Rettungsschlittens lebend geborgen werden. Der Schlitten sowie historische Gerätschaften und Gesteinsproben werden in der Förderkammer der Grube gezeigt. Zu besichtigen sind ebenso restaurierte Stollen und die Grotte der Schutzpatronin Barbara.

www.grube-gustav.de

Werratalsee
Schwebda / Eschwege

Von Eschweges Altstadt nur ein paar Fußminuten entfernt erstreckt sich der See über 2,2 km bis nahe Schwebda. An der breitesten Stelle 600 m, überdeckt er so eine Gesamtfläche von rund 1 qkm, kurzum: der ideale Baggersee für Camper (denen ein 5-Sterne-Campingplatz bei Eschwege zur Verfügung steht) und Wassersportler. Nicht nur zum Baden, Segeln und Windsurfen geeignet, hat ihn Hessens Ruderverband zum Leistungszentrum erkoren. Alljährlich reißen sich hier bei den hessischen Meisterschaften die Ruderer heftig am Riemen.

www.werraman.de;
www.knauscamp.de

419

Baumkronenweg
Am Edersee / Bad Emstal

Die Kraft der Natur kommt in Bad Emstal als Quelle tief aus der Erde, sie entsteht aber auch in der klaren, reinen Luft des Naturparks Habichtswald, die der Kurort mit dem Luftkurort Niedenstein teilt. Wie genau eine so klare Luft im Wald entsteht, studiert man am besten bei einem Ausflug zum »Tree-TopWalk« am Südufer des Edersees, Hessens erstem Baumkronenweg. Dort führt der Eichhörnchenpfad die Besucher barrierefrei zum 250 m langen Weg in den Wipfeln. In der dichten Buchenkrone, rund 30 m über dem Waldboden, kann der Besucher die Urkräfte der Natur förmlich spüren: das Ringen der Bäume um Licht, Wasser und Nährstoffe …

www.baumkronenweg.de

Habichtswaldsteig
Bad Emstal

Rund 85 km führt der Habichtswaldsteig von Zierenberg zum Edersee und durch den Naturpark Habichtswald. Das Gelände verbindet die größten hessischen Wacholderheiden am Dörnberg mit den urwaldähnlichen Steilhängen des Edersees und dem Kasseler Bergpark mit den Buchenwäldern im Nationalpark Kellerwald-Edersee.

www.habichtswaldsteig.de

Wildtierpark
Edersee

Heimische Wildtiere ganz nah, faszinierende Ausblicke auf den Edersee sowie eine Greifvogel-Flugschau in unvergleichlicher Umgebung – das alles bietet der Wildtierpark. Das rund 80 ha große Gelände gehört zum Nationalpark Kellerwald-Edersee. Dort tifft man in großen Gehegen auf Tierarten wie Wolf, Luchs und Wisent. Rotwild, Damwild und Muffelwild bewegen sich hier völlig frei.

www.wildtierpark-edersee.eu

Ederauen-Erlebnispfad
Edersee / Fritzlar

Auf ca. 20 km laden 19 Stationen zur Auseinandersetzung mit Natur und Kulturlandschaft der Ederaue ein. Erlebnisse sind z. B. das Freilandlabor, Goldwaschen im saubersten Fluss Hessens oder die Meditierliegen. Wer es ganz genau wissen will, leiht sich einen »Forscherrucksack« mit Bestimmungstafeln, Lupe und Fernglas an der Touristinformation aus.

www.naturpark-kellerwald-edersee.de

Foltermuseum
Rüdesheim

423

Auf einer Fläche von 1 000 Quadratmetern in historischen Gewölbekellern zeigt das Museum die Rechtsgeschichte des Mittelalters sowie die Zeit der Hexenverfolgung auf: 144 Folterwerkzeuge und eine umfangreiche Bildergalerie. Werkzeuge der Exekution, der öffentlichen Demütigung und der Folter sind hautnah zu erleben. Zeichnungen und Radierungen geben die Grausamkeit aus der Zeit der Inquisition wieder. Eine Fotodokumentation von amnesty international zum Thema Menschenrechtsverletzungen des 20. und 21. Jhs., rundet diese größte Ausstellung ihrer Art ab.

www.foltermuseum.com

Auf dem Viertälerweg
Bad Endbach

424

Vorher kann man den Kreislauf mit dem Kneipp-Armbad auf Tour bringen, und dann kann's losgehen, auf den – mit dem Premiumsiegel ausgezeichneten – Viertälerweg, der fast 5 Std. lang durch stille und abgeschiedene Täler führt. Nicht nur die Fernsichten der Endbacher Platte und später vor allem des Schönscheid, an dessen Aufwinden sich die Greifvögel hochschrauben, schaffen jede Menge Abstand vom Alltag. Auch auf der Strecke füllen satte Wiesen mit murmelnden Bächen und artenreiche, immer wieder von Lichtungen aufgehellte Wälder die Seele mit Naturruhe.

www.bad-endbach.de; www.lahn-dill-bergland.de

Erlebnisburg Tannenberg
Nentershausen

Lebendig wird das Mittelalter bei einem Besuch auf Burg Tannenberg, die das Ende oder besser den Auftakt für den Werra-Burgen-Steig, mit der Markierung X 5, einen der großen deutschen Fernwanderwege bildet. Der Rahmen passt bestens: Anfang des 14. Jhs. vom Hersfelder Abt auf Resten eines Vorgängerbaus errichtet, erhielten seinerzeit die Ritter von Baumbach die Festung als Lehen. In jüngster Zeit gehört die Burg dem Verein »Lebendige Burg«, der eine veritable Erlebnisburg daraus machte. Seitdem wird hier an bestimmten Sonntagen im Jahr in Schmiede und Stall, Weinkeller und Küche mittelalterliches Leben in stilechter Kleidung zelebriert. Auch aktive Teilnahme beim Bogenschießen, dem Minnegesang oder den urigen Festen ist erwünscht. Wer mag, kann das Gemäuer samt Mägden und Knechtschaft auch mieten.

www.tannenburg.de

Berglandpfad
Lahn-Dill

Auf einer Strecke von knapp 88,5 bzw. 93 km führt diese Traumroute mitten durch den Naturpark Lahn-Dill-Bergland. Weite Waldgebiete, glitzernde Wasserflächen, reizvolle Heiden, grüne Wiesen und naturnahe Felder eröffnen immer wieder neue Perspektiven. Plötzlich auftauchende Felslandschaften, aufgelassene Steinbrüche, romantische Schlösser und lange schon verlassene Burgruinen garantieren abwechslungsreiche Wandererlebnisse. Idyllische Ausblicke in stille Täler und beeindruckende Fernsichten von luftigen Bergkuppen und hohen Aussichtstürmen laden ein, die besondere Schönheit des Lahn-Dill-Berglandes mit allen Sinnen zu entdecken.

www.lahn-dill-bergland.de

Burg Löwenstein
Auf dem Jakobsweg

Die erstmals im Jahr 1236 bezogene Burg Löwenstein verfügte zu ihrer Blütezeit über eine mächtige Ringmauer mit Pechkippen, Zinnen und Schutzmauern für Speerwerfer und Armbrustschützen. Geblieben ist der Bergfried, unten mit Verlies und Wächteretage, in der Mitte mit Wohn- und Fluchtraum, und am Ende der 82 Stufen mit der Wehranlage, von der das Auge in die Ferne schweifen kann. Die Bugruine, die auch Teil des Jakobswegs zu den Bad Zwestener Kirchen ist, liegt an der Südschleife des Wanderweges Kellerwaldsteig.

427

www.bad-zwesten.de; www. naturpark-kellerwald-edersee.de

Bergbaumuseum
Heringen

Selbst wenn alle Köche dieser Welt noch so verliebt wären, mit 150 Mio. t Salz ließen sich einige Suppen verwürzen, jahrelang. Dieses kaum vorstellbare Quantum auf einen Haufen getürmt, ergibt jedenfalls einen (derzeit) 220 m hohen Berg, der strahlend weiß über das hessische Städtchen Heringen ragt. Die »Monte Kali« getaufte Steinsalzhalde ist das weithin sichtbare Wahrzeichen des Ortes, das seit über 20 Jahren täglich um ca. 20 000 t anwächst. Kurzum: Salz ist Heringens Thema. Tiefe Einblicke in die Geologie des Untergrunds sowie in die Historie und Sozialgeschichte des Heringener Kalibergbaus vermittelt ein Besuch des Werra-Kalibergbau-Museums. Auch technische Fragen, erläutert z. B. anhand funktionstüchtiger Bohrgeräte, bleiben hier nicht unbeantwortet, ebenso wenig wie solche zur Vermessung, Sprengung, Sicherheit sowie zur Frischluftversorgung.

www.kalimuseum.heringen.de

428

Wandern auf dem Berglandring
Gladenbach

429

Eine Tour des Lahn-Dill-Berglandes »Gladenbacher Berglandring« führt zur Burgruine Blankenstein hinauf. Beim Weg durch den Kurpark und am Freizeitbad Nautilust entlang wirkt der Ort so ländlich-gediegen, dass man sich hier die glanzvollen Zeiten der oberen Schichten früher kaum vorstellen kann. Im Lahn-Dill-Bergland feiert auch die Natur ihre Vielfalt: mit unvermutet im Wald auftauchenden Schieferfelslandschaften der »Hinterländer Schweiz« etwa. Vor allem der Diabas-Steinbruch, der etlichen Reptilien, Echsen und Kröten, aber auch Rotmilan, Wendehals, Grauspecht, Hohltaube und Uhus eine Heimat bietet, kann aus Wanderern schnell Naturschwärmer machen.

www.gladenbach.de; www.lahn-dill-bergland.de

430 Schneewittchendorf
Bergfreiheit

Wer sich für Märchen interessiert, dem empfiehlt sich ein Ausflug in das Schneewittchendorf Bergfreiheit. Im Jahr 1562 im tiefen Kellerwald als Bergwerkssiedlung gegründet, bedient es mit dem Haus von Schneewittchen am Kellerwaldsteig die Märchenwelt, informiert jedoch zugleich im Museum »Altes Bergamt« über den harten Bergmannsalltag. Der entsprechende Wanderweg führt am Sorgenstuhl und an der Schnitzereiche vorbei.

www.schneewittchendorf.com

431 »Wortreich« und Erlebniswelt
Bad Hersfeld

Sprache ist ein Sonderfall der Kommunikation. Das wird hier im »wortreich«-Rundgang deutlich. Es geht um Geheimsprachen, Käfer- und Vogelverständigung oder ums Streitgespräch. Eine Software zeigt, wie wir uns gestisch und mimisch ausdrücken. An anderer Stelle kann man auf Knopfdruck hören, wo und wie im Lande gebabbelt, geschnackt oder geklönt wird. Wer will, kann »Theater-Karaoke« probieren, ein Märchen erfinden oder ein Hörspiel mit Computereffekten unterlegen.

www.wortreichbadhersfeld.de

Greifvogelpark
Feldatal

Einen Tag Falkner sein: Hier kann man Greifvögel und Eulen noch näher erleben. Mit professioneller Unterstützung kann man Vögel tragen und fliegen lassen. Tiefere Kenntnisse in Federkunde, Artenschutz und in das Abtragen von Greifvögeln erlernt man dadurch nebenbei. Der Tag dauert ca. 6 Std. und endet mit der letzten Flugschau an diesem Tag. Wer einen verletzten Greifvogel findet, kann diesen gerne in den Vogelpark bringen. Eulen und Käuze, die auf dem Waldboden liegen, bitte nicht sofort aufheben! Meist helfen sie sich selbst.

432

www.greifvogelwarte-feldatal.de

Paragliden

433

Gersfeld

Die Wasserkuppe, deren Namen sich nicht vom Wasser, sondern von einem Weideplatz herleitet, war schon im 8. Jh. kahl. Im Jahr 1910 starteten Darmstädter Studenten hier die ersten deutschen Segelflugversuche mit Gummiseilen. Dank ihrer Pioniertaten entwickelte sich der Berg später zu einem Paradies für viele Ikarus-Anhänger, die anders als der Grieche aus der Mythologie die Thermik für sich zu nutzen wissen. Das unmittelbare Spiel der Winde hat nach wie vor seinen Reiz: Drachen- und Gleitschirme fliegen heute im Hangwind, bis ihre Lenker eine geeignete Wolke gegen die Windrichtung anfliegen können. Dafür ist der Westhang beliebt.

www.wasserkuppe.co;
www.gersfeld.de

Kristallhöhle
Kubach

Die Kristallhöhle Kubach ist die einzige Kristallhöhle in der Bundesrepublik. Umgeben von 350 Mio. Jahre altem Kalkstein, geschmückt mit unzähligen Kristallen und Perltropfsteinen, erhält der Besucher einen guten Einblick in erdgeschichtliche Vorgänge. Das Kubacher Höhlensystem entstand während der Eiszeit und konnte bisher nur zu einem kleinen Teil freigelegt werden. Sachkundige Führer erläutern den Besuchern gern alles Wissenswerte (Dauer ca. 45 Min.). Wer einen außergewöhnlichen Ort für ein Fest sucht: Die bis zu 30 m hohen Schauhöhlen machen's möglich!

 **434**

www.kubacherkristallhoehle.de

 **435** # Wintersport
Auf der Wasserkuppe / Gersfeld

Schneesicherheit dank hoher Lage und Schneekanonen, Flutlicht, bis 2 km lange Abfahrten, Skihütten und Schlepplifte erfreuen das Herz des Wintersportlers. Im Ski- und Rodelzentrum von Hessens höchstem Berg warten mehrere Schlepplifte und Abfahrten auf Gäste. Der Skilift weiter unten am Zuckerfeld ist bei Snowboardern beliebt. Aktueller Trend auf dem Hochplateau ist Snowkiten, also Schneesurfen mit Snowboard oder auf Skiern mit Zugdrachen. Beim Skilanglauf, den jeder Kurgast schnell lernen kann, werden fast alle Muskelgruppen trainiert. Vom Nordic-Aktiv-Zentrum des Deutschen Skiverbandes im Haus am Roten Moor führen fünf 3–10 km lange Rundkurse am Hochmoor entlang, die zum Teil auch zu weiteren gespurten Loipen führen, etwa auf die Kammloipe.

www.skilifte-wasserkuppe.de;
www.zuckerfeld.de

 **436** # Wanderroute
Liebesweg in Poppenhausen

Ein Schelm, wer Böses dabei denkt: In Poppenhausen hat man einen Themenweg für Liebende erfunden. An neun Stationen können Besucher verweilen und den Panoramablick auf Poppenhausen und die Berge der Kuppen-Rhön genießen. Der Liebesweg beginnt am Ende »Roter Weg« und führt bergauf in Richtung Kühlküppel. Danach geht es nach rechts unterhalb der Rhönklubhütte auf einem Höhenweg über den sogenannten »Schießküppel« bis zur Ebersberger Straße. Wer vom »Logenplatz« wieder zum Ausgangspunkt gehen möchte, kann den Rückweg über den darunter verlaufenden mittleren Höhenweg nutzen.

www.poppenhausen-wasserkuppe.de

438

Kinder-Akademie
Fulda

Wie sieht unser Herz eigentlich von innen aus? Mitten ins Herz führt eine Entdeckungsreise in der Kinder-Akadem e Fulda. In diesem Museum können die Besucher höchstpersönlich durch dieses lebenswichtige Organ spazieren, das dort auf einer Grundfläche von 36 qm und einer Höhe von 5 m überdimensional verkörpert wird. Im »Begehbaren Herzen« folgen sie als »rotes Blutkörperchen« dem Blutstrom durch die Herzkammern und erforschen so den Blutkreislauf. Die Kinder-Akademie Fulda ist das erste eigenständige Kindermuseum Deutschlands. Ausprobieren, Experimentieren und Mitmachen sind dabei ausdrücklich erwünscht.

www.kaf.de; Picknick: Im Museumscafé

Stand-up-Paddeln
Marburg

Die Trendsportart aus Hawaii Stand Up Paddling, oder einfach SUP, gibt es jetzt auch in Marburg auf der Lahn. Stand Up Paddling bedeutet, auf einem großen SUP-Brett stehend mit einem langen Stechpaddel über das Wasser zu gleiten. Der Sport ist ein ideales Ganzkörper-Training, das sowohl Kraft, Ausdauer als auch die Koordination stärkt.

437

www.freizeit-mittelhessen.de

439

Stadtspaziergang

Hadamar

Die Fürstenstadt Hadamar liegt landschaftlich reizvoll zwischen dem Flusstal der Lahn und den weiten Hügeln des Westerwalds. Daher gilt sie als geeigneter Ausgangspunkt für Ausflüge in beide Naturregionen. In Hadamar wird jedoch nicht nur auf fürstliche Zeiten zurückgeblickt, auch die jüngere Geschichte wird aufgearbeitet. In der Gedenkstätte Hadamar erinnert eine Ausstellung an die Opfer der NS-Euthanasie-Verbrechen. Besuchern der Stadt erschließt sich deren wechselvolle Historie am besten während eines Spaziergangs durch die von Fachwerkbauten eingerahmten Gassen. Während an der Schlossanlage und am Rathaus der Architekturstil der Renaissance in Erscheinung tritt, erinnert die spätgotische Liebfrauenkirche an das 14. und 15. Jh. Regionale Besonderheiten sind u. a. der englische Rosengarten auf dem Herzenberg, die Scherenschnitt- und Silhouettenkunstwerke im Stadtmuseum sowie das Krippenmuseum mit 850 Exponaten, die sich im Laufe des Jahres die 300 Krippen fassenden Ausstellungsräume teilen. Hadamar wird gerne für Tagungen gebucht. Dabei träumt manch ein Seminarist doch eher von einem Ausflug ins wunderschöne Umland.

www.hadamar.de

Hochseilgarten
Gießen

Inmitten der wunderschönen Waldkulisse rund um den Schiffenberg befindet sich einer der neuesten und modernsten Kletterwälder der Republik. Unter anderem warten zwei der längsten Seilrutschen auf Bezwinger. Wer den schwarzen Parcours bis auf 20 m Höhe durchklettert, wird mit einem 460 m langen Flug durch den Wald und über Wiesen belohnt. In Gießen kommt der »Seilbeißer« zum Einsatz. Mit diesem umlaufenden System wird ein komplettes Aushängen der Sicherung technisch ausgeschlossen. Adrenalin, Grenzerfahrung, Teamgeist und Selbstüberwindung werden in diesem Hochseilgarten auf dem Gießener Schiffenberg dennoch gefördert und gefordert. Um den Ausflug auch kulinarisch abzurunden, lädt das Team Kloster Schiffernberg zu einer echten Brotzeit in der ehemaligen Klosteranlage ein.

www.kletterwald-giessen.de

Kanufahren auf der Lahn
Gießen

Von ihrer Quelle im Naturpark Rothaargebirge durchfließt die Lahn viele Auen, Waldstücke, weite wie flache Landschaften und mündet schließlich in den Rhein. Die Lahn ist ab Roth bei Marburg befahrbar (rund 176 km). Diese Strecke bietet genügend Flusskilometer, um weit mehr als eine Woche Urlaub in Hessen zu machen. Während einer mehrtägigen Kanutour sollte man aber auch ein wenig Zeit für einen Besuch der vielen schönen Städte und Dörfer mit deren Sehenswürdigkeiten, Museen und Gastronomien einplanen, z. B. das Mathematikum in Wetzlar, das Industriemuseum in Solms, die Burg in Runkel u. v. a. m.

www.kanutours-giessen.de

Radtour
Westerwald / Taunus

Die ganze Palette hessischer Landschaften bietet Radweg Nr. 8. Die Route der ca. 300 km langen Strecke von Nord nach Süd beginnt in Frankenberg. Zunächst sanft hügelig an der Eder, geht es anspruchsvoller weiter ins Gladenbacher Bergland und von dort durch den Westerwald nach Limburg an der Lahn. Der Taunus fordert mit einigen kurzen, heftigen Steigungen, danach bringt die Mainebene den Puls wieder runter. Vom Turm der Darmstädter Mathildenhöhe ist fast schon das Ende in Sicht. Nun geht es runter nach Heppenheim. Nach 300 km Ankunft – Chapeau!

www.rad-reise-service.de

Vulkanradweg
Vogelsberg / Wetterau

Die Schienen sind weg, der Weg ist noch da. Heute kann man mehr als 94 km auf dem asphaltierten Weg der ehemaligen Bahntrasse der Oberwaldbahn zurücklegen. Man kommt dabei durch den Naturpark Vogelsberg und durch die Wetterau. Wer etwas mehr Zeit mitbringt, sollte auf dem Weg von Schlitz nach Höchst a. d. Nidder eine Visite von Schloss Eisenbach oder im archäologischen Park in Glauburg in Betracht ziehen. Ausreden gelten hier nicht: Mit 3 % Steigung ist die Fahrt mehr als kommod. Der Feinasphalt begeistert natürlich auch Inliner und Handbiker.

443

www.vulkanradweg.de

444

Baumkronenpfad
Hoherodskopf / Vogelsberg

Der Hoherodskopf ist einer der höchsten Erhebungen am Vogelsberg und damit natürlich auch ein beliebtes Ausflugsziel. In 2012 wurde hier der erste schwebende Baumkronenpfad Europas eingeweiht, der es auf 500 m Länge und über eine Hängebrücke ermöglicht, von Baumwipfel zu Baumwipfel zu spazieren. Aus dieser Höhe sieht die Welt ganz anders aus und man sinniert über die Kräfte der Natur. Warum wachsen Bäume in den Himmel und können dennoch vielen heftigen Stürmen trotzen?

www.baumkronenpfad.de

445

Kamelausflug
Im Taunus / Bad Camberg

Von Bad Camberg Richtung Usingen geht es 8 km und 90 Min. lang auf den Rücken der Kamele durch Feld, Wald und Wiesen. Zu den Highlights gehören jene Abschnitte, die den Blick auf den Feldberg freigeben und durch Buchenwälder führen. »Kamele befähigen den Menschen, seine Gedanken auf das Wesentliche zu richten«, begründet der Veranstalter diese Art Ritt durchs Grüne.

www.lama-llamera.de

446 City Caching
Bad Nauheim

Die Instrumente und Namen ändern sich, das Vergnügen bleibt: »Geocaching«, früher Schnitzeljagd genannt, hat sich zum Volkssport entwickelt. Bei dieser Form der Schatzsuche gilt es, Verstecke, die »Caches« oder »Geo-Caches«, anhand geografischer Koordinaten zu entdecken. Diesen wiederbelebten Trend zur Schnitzeljagd hat Bad Nauheim aufgegriffen und bietet »City Caching« für Einheimische und Gäste an. Entwickelt wurde eine GPS-Tour mit 14 Stationen durch die Stadt (Dauer ca. 2 Std.). GPS-Geräte sowie die dazugehörigen Fragebögen können bei der Tourist-Information – gegen eine Gebühr – ausgeliehen werden. Das Gerät lokalisiert den Ausgangspunkt bis auf eine Genauigkeit von 3 - 4 m. Entfernungen zur nächsten Station werden angezeigt, ebenso wie das erreichte Ziel.

www.bad-nauheim.de;
s. Reiseziel Bad Nauheim

447 Ausflug zum Limes
Taunus / Bad Homburg v. d. Höhe

Ein Unesco-Welterbe der besonderen Art: 550 km lang, 900 Wachttürme, 60 große und 60 kleine Kastelle, Gräben, Wälle, Palisadenzäune und Mauern. Der Limes war ein Wunderwerk römischer Militärtechnik des 2. Jhs. und ist nach der Chinesischen Mauer das größte Landdenkmal auf Erden. Bald nach dem Jahr 260 verfiel der gigantische Grenzwall. Im Taunus, 7 km von Bad Homburg entfernt, sehen wir das einzige vollständig rekonstruierte Kastell. Und so lässt sich heute in der Saalburg und ihrem archäologischen Park das Exempel für römische Wehrhaftigkeit studieren. Das Museum gibt einen profunden Einblick ins tägliche Leben der Legionäre.

www.saalburgmuseum.de

Felsentour
Herbstein

448

Herbstein liegt auf einem der Felsmassive, die als harter Kern einstiger Vulkanschlote jeder Verwitterung standhalten. Das wird sichtbar auf der Rundtour, die Herbstein über 19 km mit drei Vulkandurchbrüchen, Buchenwäldern und schönen Ausblicken verbindet. Ländliche Stille schenkt bald innere Ruhe. Der Pfad verläuft durch Wald und Wiesen unterhalb des Basaltbrockens »Diebstein« ins Fachwerkdorf Lanzenhain. Dann geht es zum »Burgfrieden«. Letzter Höhepunkt ist der Basaltdurchbruch »Felsenruhe«, der wie eine große Felswand erscheint.

www.extratouren-vogelsberg.de

450

Mountainbiken

Schotten

449

Ab Schotten zu den Gipfeln (43 km) – das bedeutet 450 m Steigung, das muss man sich schon trauen. Aber: Bei klarem Wetter winken wunderschöne Aussichten – und der Wald zwischen Hoherodskopf und Taufstein wirkt auch bei Nebel wildromantisch. Einkehren? Aber natürlich! Am Besten im Vogelsberggarten und in Ulrichstein. Das muss schon sein!

www.vogelsberg-touristik.de

Rheinsteig
Schlangenbad

Der rund 320 km lange Premiumwanderweg Rheinsteig führt durch den Ort und den Kurpark. Am Hang des Hansenkopfs vorbei geht es in die Wälder des Rheingauer Gebücks. Die Route führt hinab in den Großen Buchwaldgraben, dann wieder hinauf in den höchst gelegenen Stadtteil von Eltville, Rauenthal. Nach dem alten und neuen Forsthaus folgt man dem Sülzbach. Über dem Weinbauort Eltville wachte einst die Grenzveste und heutige Ruine Scharfenstein. Weiter verläuft der Rheinsteig hinab nach Kiedrich: Das Fachwerkensemble des Ortskerns wird von der Wallfahrtskirche St. Valentin (1300 errichtet) geprägt.

www.der-ort-mit-zeit.de

Die Welt der Kelten

Glauberg

In eine Welt eintauchen, die vor 2 500 Jahren durch unsere keltischen Vorfahren erschaffen wurde – das verspricht das Keltenmuseum in Glauberg. Der Ort, der bereits in der Jungsteinzeit von Menschen besiedelt wurde, strahlt eine besondere Aura aus. Seine Funde aus drei keltischen Gräbern des 5. Jhs. v. Chr. und die Statue eines Keltenherrschers sind einzigartig und werden weltweit als wissenschaftliche Sensation gewertet. Im Park befinden sich ebenso ein rekonstruierter Grabhügel, mysteriöse Wall-Grabensysteme sowie Wehranlagen aus frühkeltischer Zeit. Verschiedene Denkmäler aus anderen Epochen entdeckt man auf dem Glauberg-Plateau.

www.keltenwelt-glauberg.de

Trampeltiertour

Eltville

»Du Trampeltier« ist in Eltville kein Schimpfwort, sondern eine Form der Anerkennung, denn die Lamas tragen Gast und Gepäck gemächlich und sicher über Berg und Tal. Auf ihren Schwielensohlen befördern die Kameliden den Proviant sicher durch die Rheingauer Weinberge oder durch das wunderschöne weitläufige Waldgebiet mit seiner höchsten Erhebung, der Hallgarter Zange. Gerade weil die Gelassenheit der Tiere ansteckt, ist diese Tour auch als Ausflug mit Kindern geeignet. Selbst im Winter bei Schnee und Eis lassen sich die Lamas mit ihrem sicheren Gang nicht aus der Ruhe bringen. Bevor die Tour beginnt, kann man die Tiere schon kennenlernen, während sie geputzt und aufgezäumt werden. Danach bricht man zu einer rund zweistündigen Wanderung auf, Verpflegung wird auf Packsätteln mittransportiert.

www.kisselmuehle.de

Kletterpark
Neroberg / Wiesbaden

453

Hoch über Wiesbaden auf dem Neroberg erwartet die Besucher in wunderschöner Lage zwischen uralten Eichen und Buchen einer der größten Hochseilgärten in Deutschland. Er bietet Abenteuer, Spaß, Natur- und Team-Erlebnis. Der Neroberg mit seinen Sehenswürdigkeiten und Bewirtungsmöglichkeiten ist für Tagesausflüge mit Familie und Freunden ebenso beliebt wie für Klassenfahrten und Betriebsausflüge. Am Fuße des Taunus, unmittelbar über Wiesbaden, ist der Kletterwald Neroberg auch sehr gut aus Frankfurt und dem gesamten Rhein-Main-Gebiet zu erreichen.

www.kletterwald-neroberg.de

454

Wandern im Heilklima

Königstein im Taunus

Nördlich der Kurorte Königstein und Falkenstein sowie der höchsten Gemeinde im Taunus (Schmitten) verwandelt sich pure Luft in Heilklima, wird Atmen zur Medizin. Waldhänge wechseln sich mit Wiesen und Weiden auf Hochebenen ab. 180 km Wanderwege schlagen Schneisen ins sauerstoffreiche Naturidyll, abgesehen von einer kurzen Straße zum Großen Feldberg. Auf 34 leistungsphysiologisch vermessenen Wegen können bis zum Großen Feldberg 450 Höhenmeter überwunden werden. Im Kurbad von Königstein kann der Wanderer in einem »Biomonitor« genannten Beratungsterminal seine Daten eingeben, um individuelle Wandervorschläge zu erhalten. Anfänger holen sich beim Spazieren und Wandern, beim Nordic Walking oder Joggen im schonenden Klima besser zuerst Rat beim Therapeuten. Er führt an das richtige Maß des Ausdauertrainings heran, das Körper und Geist wieder auf Vordermann bringt.

www.heilklimapark.de

455 Segway-Citytour
Frankfurt

»Einfach einen Fuß nach dem anderen auf die Plattform setzen, den Lenker dabei gerade halten und am besten nach vorne schauen« – klingt einfach. So also soll man sich und den Segway die nächsten 2 Std. durch Frankfurt manövrieren. Der Segway, ein sogenannter »Selbstbalance-Roller«, besteht aus zwei Rädern an einer Plattform, der Fahrer kann sich im Stehen an einer Lenkstange festhalten. Ein Stabilisator sorgt dafür, dass der Segway nicht umkippt. Die meisten haben den Dreh schnell heraus: Verlagert man das Gewicht nach links oder rechts, fährt der Segway in diese Richtung – Gewichtsverlagerung nach vorne oder hinten fährt und bremst den Roller. Bevor es aber mit der Führerin auf Frankfurts Straßen geht, werden erst mal verschiedene Übungen durch einen Hütchenparcours gemacht. Und das ist gut so! Auch wenn es spielend leicht zu lernen ist.

www.segway-citytour.de

Kindermuseum
Frankfurt

Die Ausstellungen sind speziell für Kinder und Jugendliche konzipiert. Eigene Aktivität ist Programm, denn das Kindermuseum bietet Wissen zum Anfassen. Tatkräftig, mit viel Einfallsreichtum können Kinder und Familien hier experimentieren, forschen und die Welt verstehen lernen. Neben authentischen Objekten bieten die Ausstellungen interaktive Stationen und Werkbereiche. Auch in den Werkstätten, beim Drucken, Papier oder Schmuck herstellen, oder in der Radiowerkstatt sind Erkenntnisgewinn und Begeisterung kein Gegensatz.

www.kindermuseum.frankfurt.de

Naturmuseum Senckenberg
Frankfurt

»Je oller, desto doller« meinen zumindest die Fossilienforscher: Das Senckenberg Naturmuseum zeigt die heutige Vielfalt des Lebens und die Entwicklung der Lebewesen sowie die Verwandlung unserer Erde über Jahrmillionen hinweg. Erkenntnisse aus allen Bereichen der Biologie, Paläontologie und Geologie werden vorgestellt.

www.senckenberg.de

Architekturmuseum
Frankfurt

»Von der Urhütte zum Wolkenkratzer« nennt sich die Dauerausstellung, in der die deutsche Baugeschichte anhand von Modellpanoramen illustriert wird. Darüber hinaus sind regelmäßig Sonderausstellungen zu sehen. Das Museum ist mit seinem faszinierenden Haus-im-Haus-Konzept in einer entkernten Gründerzeitvilla mit umgebender Glashalle selbst schon ein Architekturdenkmal.

www.dam-online.de

Börse live!
Frankfurt

»Kapitalistendom« – dieser Name für die Börse in Frankfurt hat sich nicht erst seit der Finanzkrise im Volksmund durchgesetzt. Die ganz großen Geschäfte werden in diesem Gebäude im Stile der italienischen Renaissance zwar nicht mehr gemacht, aber für einen Eindruck, wie es beim Handel auf dem Parkett so zugeht, reicht es allemal. Hier geht die Post ab!

www.deutsche-boerse.com;
nur nach Voranmeldung

460 Main Tower
Frankfurt

Nur den Überblick nicht verlieren! Das gelingt am besten aus der Höhe, zum Beispiel auf dem Frankfurter Main Tower. Von der 200 m hohen Plattform hat man eine komplette Sicht auf die ganze Stadt und bei gutem Wetter sogar bis in den Taunus. Entworfen wurde der Wolkenkratzer von Architekt Peter Schweger im Auftrag der Hessischen Landesbank. Es ist das einzig öffentlich zugängliche Hochhaus der City. Wem es draußen zu windig ist? Im 53. Stock gibt es ein Restaurant und eine Bar mit passenden Cocktails zum Thema.

www.maintower.de

461 Nizza-Garten
Frankfurt

Kein Wunder, dass man den Nizza-Garten hier, am Mainufer zwischen Untermainbrücke und Friedensbrücke, angesiedelt hat! Der Flecken gilt als der wärmste Ort der Stadt und lässt Palmen, Feigen, Orangen, Ginkgos und Erdbeerbäume auf Erden und in den Himmel wachsen. Gut beschützt durch die Kaimauer gedeihen hier 150 exotische Pflanzen. Wer sich von den vielen Sinneseindrücken ermattet fühlt, findet wenige Schritte weiter ein Café mit Terrasse.

Untermainkai, U-Bahn: Willy-Brandt-Platz

Filmmuseum
Frankfurt

462

Seit Sommer 2011 hat es wieder geöffnet: das Frankfurter Filmmuseum. Die neue Dauerausstellung widmet sich den Prinzipien des filmischen Sehens und des filmischen Erzählens: Neben vielen historischen Exponaten, interaktiven Medienstationen und einem attraktiven Filmraum, der auf vier Großleinwänden die Mittel der Filmsprache sinnlich erfahrbar macht, bietet es eine Reihe von Highlights: z. B. den Oscar, den Maximilian Schell für »Das Urteil von Nürnberg« erhielt oder der Helm von Darth Vader aus »Star Wars« von Steven Spielberg.

www.deutsches-filminstitut.de; mit eigenem Kinoprogramm

464

Promenieren am Mainufer
Frankfurt

Palmengarten
Frankfurt

463

Der Palmengarten gilt als einer der schönsten in ganz Europa und lädt ein, Klimazonen und Pflanzen aus aller Welt zu bestaunen. Ob die Kulturprogramme im Sommer – wie etwa der »Jazz im Palmengarten« – die Flora zu verstärktem Wachstum anregen, ist nicht bekannt. Dass der Kuchen im Café Siesmeyer lecker ist, hat sich hingegen herumgesprochen.

www.palmengarten.de

Alleine ist man hier nicht – die Uferpromenade am Mainufer gehört nun mal zu den beliebtesten Orten der Stadt. Spaziergänger, Radler und Skater tummeln sich bei schönem Wetter bevorzugt auf dieser Freizeitpromenade. Und das hat Gründe: Der Blick auf den Main und die dahinter liegende Skyline Mainhattens ist nur vom Main Tower noch zu toppen. Die grünen gepflegten Wiesen locken zu Pausen und Picknik. Wer das ganze Mainufer entlangspazieren will, ist etwas 2,5 Std. und 4,5 km gemütlich unterwegs und wechselt hier und da die Uferseite. Wer einkehren will, tut dies im Sommer im Maincafé und im Winter in der Gerbermühle am Deutschherrnufer.

www.frankfurt-tourismus.de; Kartenmaterial in der Tourist-Info

Wildpark Alte Fasanerie
Hanau

465

Wie Wölfe heulen, Störche klappern und wie die Frischlinge (junge Wildschweine) im »Pyjama« aussehen, das und vieles mehr kann man im Wildpark der Alten Fasanerie hören und sehen. Das ganze Jahr hindurch haben Roth- und Damhirsch, Muffelwild, Waschbär, Wildkatze, Luchs, Fuchs, Hase und viele anderen großen und kleinen Tiere hier ein wunderbares Quartier. Manche Bewohner des Wildparks (wie die Störche) ziehen bei unter null Grad in ein schützendes Gehege und sind in dieser Zeit nicht zu besuchen. Doch zu erleben gibt es auch im Winter genug; Wildparkwölfe mit Lagerfeuer, eine Wolfsheulnacht oder die »Olympischen Winterspiele mit Feuer«.

www.erlebnis-wildpark.de

Dialogmuseum
Frankfurt

466

Wie es sich anfühlt, tatsächlich im Dunkeln zu tappen, erfährt, wer sich darauf einlässt: Blinde Führer lotsen durch sechs Räume – einer davon mutet wie ein Park an, ein anderer wie eine Großstadt. Man gewöhnt sich zwar rasch an die Dunkelheit, nicht aber an die eigene Hilflosigkeit, wenn einer der wichtigsten Sinne einfach ausgeknipst wird. Jeweils mittwochs, freitags und samstags – beim »Taste of Darkness« wird diese Erfahrung noch eindringlicher. Bei einem dreigängigen Menü in einem völlig dunklen Raum kann man seine Geschmacksnerven testen. Dazu gehört eine große Portion Vertrauen in die blinden Helfer, in die Köche und der Glaube daran, dass einen auch in dieser Lage die Tischmanieren nicht verlassen. Erst am Ende wird aufgedeckt, was genau aufgetisch wurde. Für viele Gäste eine große Überraschung!

www.dialog-museum.de

Weinlehrpfad
Groß-Umstadt

467

Der Groß-Umstädter Weinlehrpfad wurde im Jahr 2010 komplett überarbeitet. Er führt auf etwa 2 km durch die Lage Herrenberg. In einem großen Bogen leicht ansteigend bietet er einen herrlichen Ausblick in das Umland und informiert dabei an zwölf Themenstationen und auf elf Rebsortentafeln über Anbau, Rebsorten und lokale Geschichte. Besonders malerisch sind die kleinen Gemarkungshäuschen inmitten der Weinberge, wie sie in der Gegend um Bensheim zu finden sind. Riesling oder Silvaner kosten kann man im »Farmerhaus«, fast am Ende der Tour.

www.weinlehrpfade.de

468

469 Grube Messel
Messel

1995 wurde die Grube Messel von der Unesco zum ersten Weltnaturerbe in Deutschland erklärt. Heute erfährt man im Besucherzentrum, dass die große Zahl gut konservierter Fossilien fast lückenlos Auskunft gibt über die klimatischen, biologischen und geologischen Verhältnisse in unseren Breitengraden – und zwar in der erdgeschichtlichen Epoche des Eozäns, also vor 60 bis 36 Mio. Jahren, als sich die Tier- und Pflanzenwelt nach dem Aussterben der Dinosaurier zu verändern begann.

www.grube-messel.de

470 Bergsträßer Weinmarkt
Heppenheim

In Heppenheim dreht sich zehn Sommertage lang bis zum ersten Juliwochende alles um den Wein. Auf dem Marktplatz mit herrlichen Fachwerkfassaden und in der historischen Altstadt finden zahlreiche Musikveranstaltungen statt. Regionale Spezialitäten sorgen für das leibliche Wohl, Weinbuden laden zu Kostproben örtlicher Provenienz wie Riesling und Spätburgunder ein. Natürlich gibt es deftige Speisen als Ausgleich dazu!

www.bergstraesser-weinmarkt.de

471 Planetenwanderung
Heppenheim

Länge: 08° 39' 10,7" Ost, Breite: 49° 38' 52,5" Nord, Höhe: 256 m über Normalnull – das sind die Koordinaten der Sternwarte in Heppenheim. 2004 haben deren Mitglieder einen Planetenweg angelegt, auf dem man eine Ahnung von den unvorstellbaren Entfernungen innerhalb unseres Sonnensystems bekommt. Tafeln informieren über die Beschaffenheit der einzelnen Planeten; außerdem gibt es Erläuterungen zu Kometen, Asteroiden und Planetoiden.

www.starkenburg-sternwarte.de

472 Wintersport am Katzenbuckel
Birkenau

Zu den beliebtesten Wintersportorten in der Region Rhein-Neckar zählt Birkenau mit der Abfahrt Schnorrenbach in Löhrbach. Gegenüber vom Skihang und in Buchklingen befinden sich Rodelbahnen – der Birkenauer Schlossparkteich verwandelt sich bei entsprechenden Temperaturen in einen »Natur-Eislaufplatz«. Alpinskifans können in Grasellenbach z. B. die Abfahrt Tromm nehmen. Langläufer haben die Qual der Wahl: In Höhenlagen ab 460 m gibt es zahlreiche Rundloipen.

Schnee-Infos: Tel. 0 62 07/25 54

Drachenmuseum
Lindenfels

473

Am Eingang des einstigen evangelischen Pfarrhauses Baureneck begrüßt Drache »Cosimo« noch wenig beängstigend die Gäste. Aber im Innern wird deutlich, dass Drachendarstellungen schon etwas Furcht einflößendes haben können. Zu den Schätzen gehört ein Faksimile des Nibelungenliedes aus dem 13. Jh. In Baureneck können Kinder Drachenfilme ansehen und auch gleich einen Drachen malen oder basteln. In einem Terrarium im Raum »Drachen-Mythos« gibt ein lebendiges, 40 cm langes drachenähnliches Tier der Fantasie reichlich Nahrung.

www.deutsches-drachenmuseum.de; www.lindenfels.de

Nibelungensteig
Gras-Ellenbach

Viele Wege führen durch den Odenwald. Einer davon verbindet das Kneipp-Heilbad Gras-Ellenbach über den Nibelungensteig mit Kurort Lindenfels. Wegen der Steigungen startet man am besten von Lindenfels aus. Das rote »N« auf weißem Grund unterhalb der Burgruine gibt den Weg bergauf

vor. Im Ort Lindenfels führt der Steig am denkmalgeschützten Friedhof vorbei. Mehr als 100 m geht es danach in Serpentinen hoch zur Walburgis-Kapelle. Über das idyllische Gaßbachtal führt der Weg an den Siegfriedbrunnen von Gras-Ellenbach.

www.grasellenbach.de;
www.nibelungenland.net

Lehrpfad Wein und Stein
Heppenheim

Der Erlebnispfad Wein und Stein präsentiert auf einer Strecke von 6,9 km und an 30 Stationen mit zahlreichen Schildern viel Wissenswertes zu den Themen Wein, Rebsorten, Geologie, Klima, Geschichte, Flora und Fauna der Region. Entlang des Rundwegs locken Bänke und Panoramen, Pfirsich-, Mandel- und Feigenbäume.

www.weinlehrpfade.de

Solar-Draisine
Wald-Michelbach

Solardraisinen, mit denen man von April bis Oktober auf den Gleisen der denkmalgeschützten Überwaldbahn von Mörlenbach nach Wald-Michelbach fahren kann, sind die Attraktion: Über drei große Viadukte, etliche Brücken und durch zwei Tunnel verläuft die Fahrt in den sechssitzigen Draisinen auf einer der schönsten Bahnstrecken Deutschlands.

www.solardraisine-ueberwald
bahn.de

Stadt und Burg
Hirschhorn

Ihren klangvollen Beinamen hat die »Perle des Neckartals« wegen ihres schmucken Aussehens – und nicht etwa, weil sie Jahr um Jahr vom Hochwasser des Neckars umspült wird. Die Hochwassermarken an der Stadtmauer zeigen eindrucksvoll die höchsten Pegelstände. Beim großen Jahrtausendhochwasser 1651 konnten die Neckarschiffe durch die Stadttore bis zum Marktplatz fahren!

www.hirschhorn.de

479

Wandern im Felsenmeer
Lindenfels

Im Unesco-Geo-Naturpark Bergstraße-Odenwald soll man vom rechten Weg abkommen: im Felsenmeer oberhalb von Lautertal-Reichenbach. Dort ziehen sich spektakuläre Überreste einer Magmablase – die vor ca. 300 Mio. Jahren wegen der Kontinentalverschiebung nach oben gedrückt, dadurch zerborsten und dann vom Regen rund gewaschen wurden – etwa 1 km den Felsberg hinauf. Hier kann man klettern und nach Belieben rasten. Nur sollte man den Granit nicht wie einst die Römer und später Odenwälder Steinmetze bearbeiten wollen. Auch deshalb nicht, weil das oft schiefgeht: Fast 300 beschädigte und unfertige Werkstücke ließen die Römer hier zurück.

www.lautertal.de; www.felsenmeer-in-flammen.de

Burgentour
Neckarsteinach

Streng bewacht war die Ne-ckarschleife in früheren Jahr-hunderten: Vier Burgen hielten den Flussab-schnitt an der Mün-dung der Steinach in den Neckar in Schach. Heute ist das in Deutsch-land einmalige Quartett ein beliebtes Ausflugsziel. Bei einer Wanderung (3,5 km) kann man allen vieren näher kommen. Der Rundweg be-ginnt in Neckarsteinach.

478

www.neckarsteinach.com

Mecklenburg-Vorpommern

An der Ostsee planscht und radelt die ganze Republik. Keine Frage, die Küsten von Usedom, Rügen, Hiddensee und Zingst sind ein Traum. Spannend wird es dahinter: im Gespensterwald bei Nienhagen, im Urwald auf dem Darß, im Bärenwald bei Waren. Und natürlich bei den Fischen in den fantastischen Meermuseen in Stralsund.

Meeresbuchten, Halbinseln, Landzungen – Rügen ist die beliebteste deutsche Insel. Hier bleiben sogar Kapitäne, die ihr Schiff »Vagabund« nennen, gerne etwas länger im Hafen liegen.

Seevogelinsel
Langenwerder

Einheimische nennen Langenwerder auch die Vogelinsel. Sie ist Mecklenburgs erstes Seevogelschutzgebiet und liegt nordöstlich vor der Küste von Poel bei Gollwitz. Auf einem Gebiet von rund 22 ha brüten mehrere Tausend Seevögel. Unter ihnen Austernfischer, Lach- und Sturmmöwen sowie eine Reihe weiterer See- und Watvogelarten. Selbst der Kranich ist hier wieder heimisch geworden. Langenwerder ist für Besucher normalerweise gesperrt. Von Ende Juli bis in den Oktober hinein finden jedoch naturkundliche Führungen auf der Insel statt.

480

www.insel-poel.de;
www.langenwerder.de

481 Phantechnikum
Wismar

Fantastische Erfindungen aus Wissenschaft und Technik gibt es seit Dezember 2012 auf 2 500 qm im Technischen Landesmuseum zu bestaunen. Gemeinsam mit der Hansestadt Wismar präsentiert das Erlebniszentrum die spannende Welt der Technikgeschichte Mecklenburg-Vorpommerns. Das Spektrum der Einrichtungen ist riesig – vom Feuertunnel, durch den man ein Versuchslabor betritt, bis zur Lufthalle, die Einblicke in die spannende Geschichte der Fliegerei gibt.

www.phantechnikum.de

482 Nordic Cross Skating
Boltenhagen

Gelenkschonend und dynamisch: Die neue Trendsportart ist ein effizientes Ganzkörpertraining und erinnert an Skilanglauf auf Rädern. Das flache Revier der Mecklenburger Bucht eignet sich perfekt dafür. Darüber hinaus ist Nordic Cross Skating lebhafter als Nordic Walking und gesünder als Jogging. Am besten einfach mal ausprobieren! Schnupper- oder Einsteigerkurse kann man beispielsweise im Raum Boltenhagen oder Wismar buchen.

www.ostsee-skating.de

483 Bonbonmanufaktur
Bastorf

In Bastorf steht ein historischer Hof, unter dessen Reetdach Süßes der besonderen Art produziert wird. Es riecht nach Erdbeere, Pfirsich und Ananas. Die Düfte lassen nicht nur Kinderherzen höher schlagen. Mitmachtermine zur eigenen Herstellung von Bonbons und Lollis sind nach Anmeldung möglich. Dann erfährt man, was es alles braucht, damit die Bonbons auf der Zunge zergehen.

www.der-bonbonladen.de

484 Schnitzeljagd in der Stadt
Rostock

So kann man Rostock auch kennenlernen: bei der Stadtabenteuer-Tour. Dabei haben nicht nur Kinder ihren Spaß. Mittels GPS-Gerät und Roadbook erkundet man spielerisch die Straßen, löst dabei Rätsel und kann einen Schatz heben. Ganz nebenbei kommt man an den schönsten Sehenswürdigkeiten der Hansestadt vorbei.

www.naturabenteuer-mv.de

485 Ausflug auf dem Cat
Kühlungsborn

Entweder man ist aktiver Segler oder man lässt segeln und relaxt. So oder so ist Katamaran-Segeln ein unvergessliches Erlebnis. Der Cat bietet bis zu zwölf Personen Platz. Die zwei Rümpfe gewährleisten Stabilität und verhindern Schräglage, was besonders »Landratten« ein entspanntes Mitsegeln ermöglicht. Ausflugstörns (2 Std.) ab 28 Euro pro Person.

www.yachtcharter-kuehlungsborn.de

E-Bike-Tour
Kühlungsborn

Die würzige Luft an der Küste, die flache Landschaft und die einladenden Ortschaften mit ihren gemütlichen Einkehrmöglichkeiten machen die Ostseeküste Mecklenburg-Vorpommerns zu einer Oase für Radler. Es gibt anspruchsvolle Radtouren ins Binnenland, aber auch bequeme Routen, die gemütlichen, flachen Wegen folgen und besonders gut für Familien mit Kindern geeignet sind. Wer ein E-Bike fährt und eine Strecke über ca. 52 km nicht scheut, für den ist die Rundtour ab Kühlungsborn über das Ostseebad Rerik, Neubukow und Kröpelin wie geschaffen.

486

www.ostseeferien.de

Am Darß per Rad

Ahrenshoop / Zingst

Die Naturlandschaft des Fischland-Darß ist einzigartig. Stille Laubwälder und weite Wiesen der Boddenregion bieten eine ideale Landschaft für Radtouren. Über 36 km führt eine Route durch die Halbinsel Zingst, beginnend am Campingplatz Freesenbruch mit Endpunkt Seebrücke Zingst. Unbedingt auf Kraniche achten, die man hier beobachten kann.

487

www.fischland-darss-zingst.de

Im Gespensterwald

Nienhagen

488

Der urwüchsige »Gespensterwald« mit seinen windschiefen Bäumen ist etwas ganz Besonderes. »Wo der Wind das Gras mäht«, sagen die Einheimischen, wenn sie von diesem Ort sprechen. Weil die gebogenen Gräser des Waldes permanentem Seewind ausgesetzt sind, scheinen sie immer gleich lang zu bleiben. Die Einmaligkeit liegt auch in den von der Natur »gespenstisch« geformten Laubbäumen. Die Baumbestände bestehen aus bis zu 170 Jahre alten Eichen, Buchen, Hainbuchen und Eschen. Durch das Waldgebiet zieht sich der an der Ostseeküste verlaufende »Europäische Rad- und Wanderweg«.

www.ostseebad-nienhagen.de

489 Walken im Küstenhochmoor
Graal-Müritz

Nordic Walken kann man auch über weichen, moosigen Moorboden: Das Ostseeheilbad Graal-Müritz bietet ein attraktives Wegenetz dafür. Vorbei an der Köhlerwiese geht es auf der Gemeindegrenze durch das Ribnitzer Große Moor in Richtung Meer. Die Route verläuft dann wahlweise etwa 1,5 km entlang des Internationalen Radwanderweges oder des Strandes. Durch das Müritzer Moor führt der Weg wieder zurück zum Startpunkt.

www.graal-mueritz.de

490 Eisenbahn »Molli«
Bad Doberan

Wer das Schnaufen und Bimmeln von Dampfloks oder das Rattern der Waggons liebt, sollte sich die zweistündige Fahrt mit »Molli« zwischen Bad Doberan, Heiligendamm und Kühlungsborn gönnen. Der Besuch im Molli-Museum auf dem Bahnhof Kühlungsborn West mit gemütlichem Café ist ein würdiger Abschluss für so eine Nostalgietour entlang der schönen Ostseeküste.

www.molli-bahn.de

Hanse Sail
Rostock und Warnemünde

491

Die erste Hanse Sail fand 1991 unter dem Namen »Hanseatische Hafentage« statt. Bis zu 300 Groß- und Traditionssegler sowie Kreuzfahrtschiffe, Fähren und andere große Seeschiffe kommen – neben rund einer Million Besuchern aus mehreren Nationen – seitdem jedes Jahr am zweiten Wochenende im August nach Rostock und Warnemünde. Das Besondere der größten maritimen Veranstaltung in Mecklenburg-Vorpommern: Auf fast allen Schiffen dürfen Gäste an Bord. Auch die Regatten, Paraden und das Feuerwerk tragen zu ihrer Beliebtheit bei.

www.hansesail.com

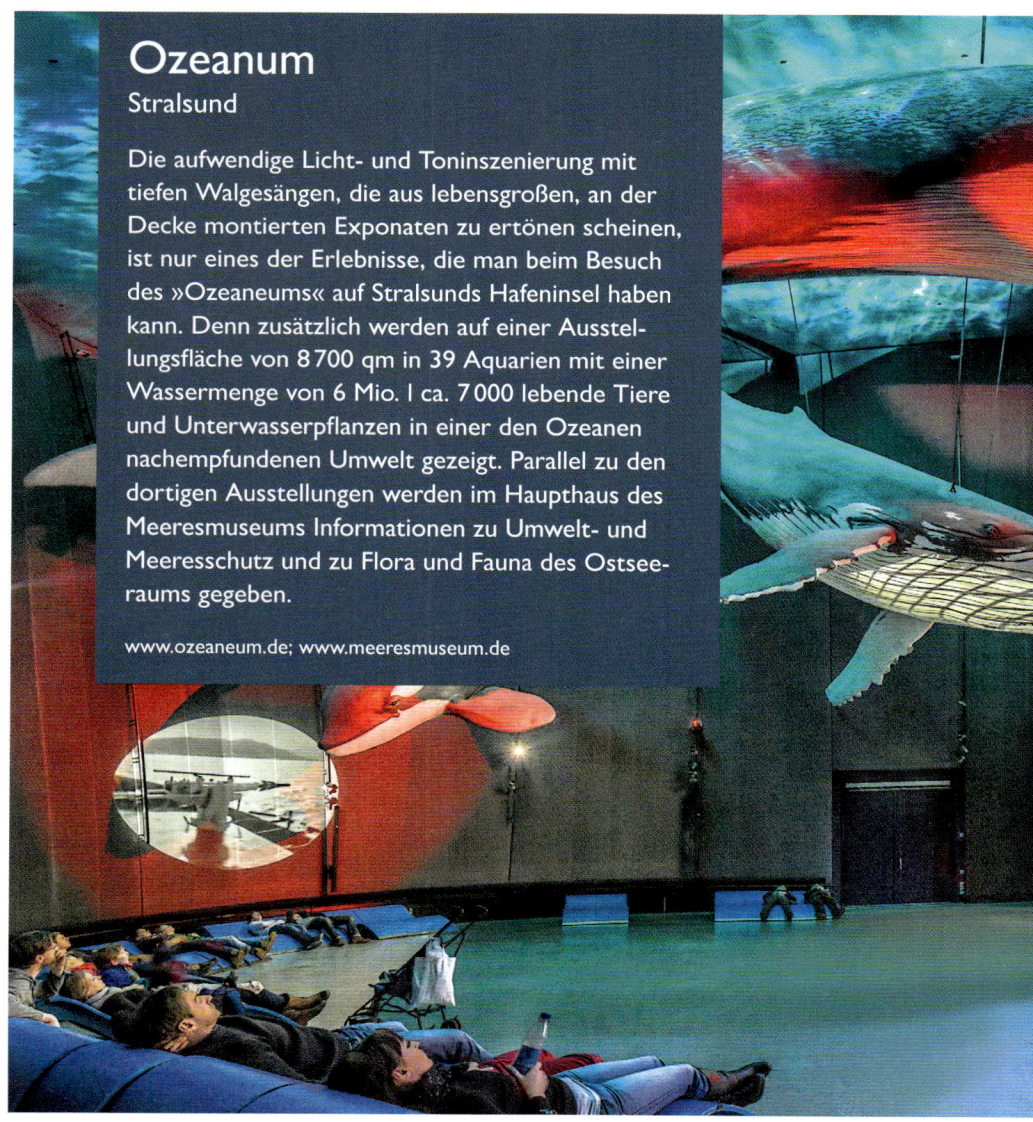

Ozeanum
Stralsund

Die aufwendige Licht- und Toninszenierung mit
tiefen Walgesängen, die aus lebensgroßen, an der
Decke montierten Exponaten zu ertönen scheinen,
ist nur eines der Erlebnisse, die man beim Besuch
des »Ozeaneums« auf Stralsunds Hafeninsel haben
kann. Denn zusätzlich werden auf einer Ausstellungsfläche von 8 700 qm in 39 Aquarien mit einer
Wassermenge von 6 Mio. l ca. 7 000 lebende Tiere
und Unterwasserpflanzen in einer den Ozeanen
nachempfundenen Umwelt gezeigt. Parallel zu den
dortigen Ausstellungen werden im Haupthaus des
Meeresmuseums Informationen zu Umwelt- und
Meeresschutz und zu Flora und Fauna des Ostsee-
raums gegeben.

www.ozeaneum.de; www.meeresmuseum.de

492

Rundflug
Güttin / Rügen

Gelbe Rapsfelder, herrschaftliche Gutshäuser, saftig grüne Weiden, weite Strände und weiße Steilküsten – die Aussicht bei einem Rundflug vom Regionalflugplatz Rügen ist in jeder Hinsicht abwechslungsreich.

Von Güttin aus kann man in fünf verschiedenen Flugzeugtypen unterschiedlich lange Schleifen ziehen – über die Kreideküste und Binz, über Stralsund und die Westküste oder über die Insel Hiddensee und Kap Arkona an der Nordspitze. Wer alles auf einmal sehen möchte, bucht am besten den Rundflug. Das Vergnügen in der Luft beträgt je nach Route zwischen 20 und 60 Min.

493

www.flugplatz-ruegen.de

494 Naturerbe Zentrum
Binz / Rügen

Eine ausgezeichnete Attraktion in Prora ist das Naturerbe Zentrum Rügen. Neben den Ausstellungen, Führungen und Veranstaltungen ist der spektakuläre 1 250 m lange Baumwipfelpfad ein Besuchermagnet: Er führt in bis zu 17 m Höhe durch die Baumkronen, unterhält mit Erlebnisstationen und bietet vom »Adlerhorst«, dem höchsten Punkt, aus 82 m Höhe über dem Meeresspiegel, eine umwerfende Aussicht. Im NaturLabor können Gruppen allen Alters die Natur rund um das Zentrum selbst erforschen und mithilfe von Stereolupen, Mikroskopen usw. Experimente an den Fundstücken durchführen. Wechselausstellungen informieren über aktuelle Themen wie Klimawandel, Umweltschutz und -verschmutzung.

www.nezr.de

495 Halbinsel Mönchgut
Gager / Rügen

Bis zur Reformationszeit gehörte die Halbinsel Mönchgut zum Besitz des Klosters Eldena bei Greifswald – und hat daher auch seinen Namen. Die Hügellandschaft, auch »Zickersche Alpen« genannt, bietet traumhafte Ausblicke über die Ostsee und die Boddenlandschaft. Leckerer Räucherfisch und Lachs werden im Hafen von Gager bei der Lachsmanufaktur angeboten. Die Rundwanderung startet dort in der Nähe, dauert rund 5 Std. und führt über 17 km bis Klein Zicker. Von dort aus kann man den Bus zurück zum Ausgangspunkt nehmen. Es gibt immer wieder Möglichkeiten für einen Badestopp in der Ostsee. Besonders schön ist die Wanderung aber auch im Frühling oder Frühsommer, wenn die Weiden in saftigem Grün stehen. Festes Schuhwerk nicht vergessen!

www.mein-moenchgut.de

Kap Arkona
Rügen

496

Den nördlichsten Punkt der Insel Rügen auf der Halbinsel Wittow schmücken neben der 45 Meter hohen Steilküste eine ganze Reihe von Sehenswürdigkeiten: Direkt an der Kappspitze liegt der Burgwall der Jaromarsburg. Daneben glitzert die Glaskuppel des restaurierten Peilturmes. Auf dem Weg zu den beiden Leuchttürmen hat der Deutsche Wetterdienst seinen Sitz. Der Schinkelturm, der große Leuchtturm sowie der Peilturm sind zu besichtigen. Im Garten des Leuchtturmwärterhauses finden regelmäßig kulturelle Veranstaltungen statt. Künstler und Kunsthandwerk haben sich im Peilturm und um die beiden Leuchttürme angesiedelt.

www.kap-arkona.de

497

Feinste Naturbadestrände
Darß

Die Ostseehalbinsel Darß hat herrliche Badestrände. Am rund 13 km langen Weststrand weht ein Hauch von Wildheit und Romantik. Er wurde vom Fernsehsender Arte zu einem der 20 schönsten Strände der Welt gekürt.

Ein Spaziergang ist hier zu jeder Jahreszeit etwas Besonderes. Nach Stürmen kann man mit gutem Auge Bernsteine finden. Weit entfernt von Straßenlärm, nur zu Fuß oder mit dem Fahrrad zu erreichen, berührt man die

Natur, wo Wind und Wellen mit ihrer Kraft noch wirken und gestalten dürfen. Der bis zu 80 m breite feinsandige Nordstrand der Prerowbucht ist für Kinder sehr geeignet.

www.darss.org

Slawisches Heiligtum
Groß Raden

Hölzerne Tempel, Palisadenzäune, Häuser mit geflochtenen Wänden ... Im Archäologischen Freilichtmuseum Groß Raden, wenige Kilometer nördlich von Sternberg, wandelt man auf den Spuren der Slawen, die die Region vor rund 1000 Jahren besiedelten. Groß Raden war das Heiligtum des slawischen Stammes der Warnower; die Burganlage wurde anhand umfangreicher Ausgrabungsarbeiten rekonstruiert. Besonderer Beliebtheit erfreuen sich die Aktionstage mit Vorträgen, aber vor allem mit Koch- und Bastelaktionen.

www.freilichtmuseum-gross-raden.de

499 Natur- und Umweltpark
Güstrow

Wild geht es im Natur- und Umweltpark Güstrow zu. Neben Wildschweinen, Rehen, Damhirschen, Fasanen, Rebhühnern und Eichhörnchen sind deren natürliche Fressfeinde versammelt – ein ganzes Wolfsrudel, Wildkatzen, Luchse und sogar zwei Braunbären. Zusammen bilden sie die »Raubtier-WG«. Zu ihren Gehegen gelangt man über Kletterpfade und durch Höhlengänge – da kann man schnell das Gruseln lernen! Ruhiger, doch nicht minder aufregend ist es im Umweltbildungszentrum. Durch eine 30 m lange Sichtwand sowie im »Aquatunnel« kann man heimische Fischarten beobachten. Mitmachen und Experimentieren sind in interaktiven Ausstellungen zu verschiedenen Naturthemen gefragt.

www.nup-guestrow.de

500 Agroneum
Alt Schwerin

Landwirtschaft und Agrarwesen prägten das Dorf Alt Schwerin im Landkreis Mecklenburgische Seenplatte. Davon zeugt unter anderem die weitläufige Anlage eines ritterschaftlichen Gutes mit Herrenhaus, Park und Wirtschaftsgebäuden. 1963 wurde hier, inmitten authentisch historischer Substanz, ein agrarhistorisches Freilichtmuseum gegründet, um die »Errungenschaften der sozialistischen Landwirtschaft nach jahrhundertelanger feudalistischer Unterdrückung« zu demonstrieren. Noch 1988 wurde eine große Ausstellung über 5000 Jahre mecklenburgischer Landwirtschaftsgeschichte gestaltet – heute ein »Museum im Museum«. Neben wechselnden Sonderausstellungen finden im Agroneum auch Aktionstage und Veranstaltungen statt.

www.museum-alt-schwerin.de

Bärenwald Müritz

Stuer

501 Über 100 Bären werden in deutschen Zoos gehalten – viele jedoch nicht artgerecht. Der Bärenwald Müritz bietet Braunbären aus schlechter Haltung ein tiergerechtes Zuhause. Im Freigehege können sie Instinkte wiederentdecken und ihr natürliches Verhalten ausleben. Bei Wanderungen durch den Wald können Besucher mehr über die Wildtiere erfahren.

www.baerenwald-mueritz.de

Nationalpark Jasmund
Sassnitz / Rügen

502

Der Nationalpark Jasmund liegt auf der gleichnamigen Halbinsel im Nordosten der Insel Rügen. Er ist Deutschlands kleinster Nationalpark. Seit Juni 2011 gehört ein Teil des Buchenwalds des Parks zum Unesco-Weltnaturerbe. Die Kreidefelsen der Insel sind einer ständigen Erosion ausgesetzt. Mit jedem Sturm brechen große Stücke aus den Felsen und reißen gelegentlich auch Bäume und Sträucher mit ins Meer. Herausgelöst werden dabei auch Fossilien. Bei einem Strandspaziergang sollte man die Augen offen halten, denn es sind immer wieder versteinerte Reste von Seeigeln, Schwämmen und Austern zu entdecken.

www.nationalpark-jasmund.de

504 ## Auf zur Inseltour
Usedom / Wollin

Da kommt Safari-Feeling auf: Begleitet von einem sachkundigen Reiseleiter kann man die Region an der Pommerschen Bucht, die Inseln Usedom und Wollin sowie das nähere Festland auf ungewöhnliche Weise kennenlernen. In kleinen Gruppen geht es mit dem Landrover in ein- oder mehrtägigen Touren, ausgerüstet mit Fernglas, Stiefel und Proviant, zu den verstecktesten Winkeln, inklusive Outdoor-Programm und Picknick. Bei Mehrtagestouren wird im Zelt übernachtet und selbst gekocht.

www.insel-safari.de

505 ## Skulpturenweg
Hohen Demzin

Vor 200 Jahren legte Baron Hans von Labes um Burg Schlitz einen weitläufigen Park mit Denkmälern an. Die Obelisken, Säulen und Steinsetzungen erinnerten den Grafen von Schlitz an (für ihn) wichtige Menschen. Die Künstler Wilfried Duwentester und Bernd Uiberall griffen seine Idee auf und führten sie über in die Begegnung mit Skulpturen der Gegenwart: Feuerbaum, Kuhschellen, Ahnen- und Sendesteine, Pyramiden, Stelen, Grazien ...

www.burg-schlitz.de

Tour der Schlösser
Basedow

Die 73 km lange Tour umfasst vier Etappen – eine ideale Fahrradroute. Man startet bei Schloss Basedow. Nächste Station ist Schloss Ulrichshusen, ein bedeutendes Bauwerk der Renaissance. Sehr sehenswert sind der dendrologische Garten bei Schloss Blücherhof und der Park von Burg Schlitz. Als Abschluss bietet sich eine Einkehr im Hotel Schloss Schorssow an.

www.auf-nach-mv.de/radweg-schloesser-rundweg

Ivenacker Eichen
Stavenhagen

In der Nähe von Stavenhagen liegt das Dorf Ivenack. Im Ivenacker Tiergarten stehen bis zu 1 000 Jahre alte Baumriesen – die Ivenacker Eichen, kultur- und naturhistorische Zeugnisse einer früheren Waldweide. Ein mystischer Ort der Erholung mit schönen Wandermöglichkeiten und einer Herde Damwild, die sich gerne füttern lässt.

www.reuterstadtstavenhagen.de

In und um die Hansestadt
Demmin

»Dreistromland« wird die Hansestadt Demmin mitunter genannt, hier fließen die Peene, Tollense und Trebel zusammen. Sehr sehenswert ist die St.-Bartholomaei-Kirche mit ihrem 96 m hohen, ganz aus Ziegelsteinen gemauerten Turm. Demmin liegt eingebettet in eine landschaftlich reizvolle Umgebung, die man am besten im Rahmen von Tagestouren zu Fuß, per Rad oder auf dem Pferd erkundet.

www.demmin.de

Müritzeum
Waren (Müritz)

509

Einmal Auge in Auge mit Muränen schwimmen, auf eine Reise in die Eiszeit gehen oder mit den Kranichen über die Mecklenburgische Seenplatte fliegen – das und noch mehr kann man im Müritzeum, dem Informations- und Naturerlebniszentrum des Müritz-Nationalparks erleben. Natur und Regionalgeschichte werden spielerisch und interaktiv vermittelt, Tier- und Pflanzenwelt eindrucksvoll präsentiert. Im Mittelpunkt steht ein 100 000 l fassendes Aquarium für einheimische Süßwasserfische. Weitere Themenbereiche sind beispielsweise der Wald und das Moor.

www.mueritzeum.de

Niedersachsen

Watt, Moor und Heide im Norden, Wald, Berge und Geschichte im Süden. Mit Kajak oder Kutter geht es von der ostfriesischen Waterkant hinaus in die Nordsee, zum Beispiel zu den Seehundbänken vor Cuxhaven. Mit Mountainbike und Monsterroller oder per pedes durchstreift man den Harz.

Am Eingang zum Jadebusen:
Gutes Wetter ist bestellt.
Die Körbe sind reserviert.
Und die Drachen tanzen heute
auch schön in der Reihe.

511

Heimatmuseum Dykhus
Borkum

»Klön- und Tanzabend«, »Insulaners unner sück« – ein Blick auf das Programm und es wird klar: Hier wird Plattdüütsch gesprochen, und das bewusst und voller Stolz. Nicht weniger stolz ist man auf das 15 m lange und 35 t schwere Skelett eines Pottwals, das im Jahr 1998 an der Küste von Schleswig-Holstein angespült wurde. Das Tier passt in dieses Museum und erinnert – wie viele weitere Relikte – an die goldenen Zeiten des Walfangs. Daneben gibt es im Dykhus (Deichhaus) einen Blick in den früheren Alltag – beispielsweise eine mit Glut gefüllte Bettpfanne, die das Nachtlager erwärmt. Mit kalten Füßen schlief es sich auch damals nicht gut.

www.heimatverein-borkum.de

Badehaus
Norderney

Stattliche 8 000 qm misst Europas ältestes Meerwasserbad mit sechs Schwimmbädern, einem Erlebnis-Familienbad, vier Saunen und einer Lounge. Die Thalassotheraphie hat hier (vom Algen- und Schlammbad bis zur Fangopackung) eine lange Tradition. Wer Weitblicke liebt, sollte aufs Dach steigen – von der Sauna dort oben eröffnen sich wunderbare Blicke auf die Stadt.

510

www.badehaus-norderney.de

Hammersee
Juist

Autofrei, klima- und somit besonders besucherfreundlich geben sich das Eiland und das gleichnamige Dorf Juist (1 800 Einwohner). Die Insassen des 17 ha umfassenden und damit größten Süßwassersees auf der Nordseeinseln profitieren, wenn auch eher indirekt, vom Umweltbewusstsein der hiesigen Bewohner: Rallen, Haubentaucher und Kreuzkröten laichen hier und fühlen sich offensichtlich zu Hause. Ein 3,5 km langer Weg führt um den See herum, der nach und nach verlandet. Der See ist ein besonderer Ort, war es doch just die Stelle, an der die Insel Juist im Jahr 1651 durch eine Sturmflut in zwei geteilt wurde. Es sollte über 100 Jahre dauern, bis der 2 km lange Durchbruch wieder gänzlich zugeschüttet war.

www.juist.de

Nationalpark Haus Wittbülten
Wittbülten / Spiekeroog

Im Besucherhaus des Nationalparks erfährt man alles über die Tier- und Pflanzenwelt der Nordsee und was für deren Schutz notwendig ist. Heimische Fische, Krabben und viele weniger bekannte Tierarten aus dem Wattenmeer lassen sich aus nächster Nähe in der 10 000-Liter-Aquarienanlage beobachten. Die Meeressäuger-Gallerie informiert über die Lebensweise von Kegelrobben, Seehunden und Schweinswalen. Außerdem wird erklärt, wie effektiver Inselschutz funktioniert und was ein Strandhafer damit zu tun hat. Der erste Gang aller Besucher gilt jedoch den Überresten eines Pottwals. Das 15 m lange und 2 t schwere Skelett hängt direkt unter der Hallendecke. Der Wal, der Ende November 2003 bei Norderney gestrandet ist, hat hier seine würdige Bleibe gefunden

www.wittbuelten.de

Feuerschiff
Borkum

514

Wer »im Hafen der Ehe zu landen« wörtlich nimmt, kann das hier tun. Jeden dritten Freitag im Monat steht das Standesamt in der eleganten Offiziersmesse an Bord des Nationalpark-Schiffes für Trauungen zur Verfügung. Doch auch simple Neugier reicht als Motiv aus, dem Feuerschiff Borkumriff einen Besuch abzustatten. Das noch immer fahrbereite Boot leistete in der Zeit von 1956 -1988 anderen Schiffen gute Dienste und wies ihnen den Weg in die Ems. Wen mehr das Riff als das Schiff interessiert, erhält eine anschauliche Einführung in das Wattenmeer als Raststätte für Zugvögel.

www.feuerschiff-borkumriff.de

Sehenswertes am und im Wasser

Langeoog

Langeoog steht für »lange Insel« und gehört zu den Ostfriesischen Inseln im Nordwesten Deutschlands. Alle Sehenswürdigkeiten hier haben natürlich etwas mit dem Wasser und der Insellage zu tun: der 1909 erbaute Wasserturm, das Schifffahrtsmuseum, das Seemannshus sowie die ehemalige Seenotbeobachtungsstation. Von der letztgenannten hat man einen Rundblick über Langeoog bis hin zur Hauptschifffahrtslinie und zum Festland. Die gute Aussicht und schnelles Handeln konnten früher Leben retten: Von hier wurde beobachtet, ob ein Schiff in Not geriet und man machte sofort das Rettungsboot klar, um der Besatzung Hilfe zu leisten und sie an Land zu holen.

515

www.langeoog.de

Ökowerk
Emden

»Kein Land der Erde darf auf Kosten der Natur, anderer Länder und Menschen sowie künftiger Generationen leben!« – das ist grob zusammengefasst das, was sich 179 Staaten bei der Agenda 21 auf ihre Fahnen geschrieben haben. Aber:

516

Was kann man tun, um sich verantwortungsbewusst zu zeigen, ohne sich jeden Spaß zu nehmen? Das Ökowerk Emden hat dafür ein eigenes Konzept entwickelt: mit Hexengarten, Libellenteich, Wildbienenlehrpfad und Weidenlabyrinth. Wer erlebt, wie schön das alles ist, sorgt sich auch mehr um dessen Schutz, so ist seine feste Überzeugung!

www.oekowerk-emden.de

517 Kajakfahren
Wangerooge

Routinierte Seekajakfahrer finden mit der Inselkette vor der deutschen Nordseeküste ein Revier vor, das durch das »Inselhopping« ein Garant für eine abwechslungsreiche Tour ist. Aber was ist mit denen, die einfach nur einmal im Sitzen einen Ritt auf den Wellen wagen wollen? Unabhängig davon, ob sie schon einmal ein Paddel in den Händen gehalten oder in einem Kanadier gesessen haben? Auf Wangerooge lässt sich das Ausbalancieren des Gleichgewichts bei Wellengang für kleines Geld zunächst einmal mit einem offenen Kajak üben. Der Vorteil liegt auf der Hand. Das Kajak ist offen, kann also nicht volllaufen, und was nicht volläuft, sinkt auch nicht. Wer bisher nur Ruderboot oder Kanadier gefahren ist, braucht sich keine Sorgen machen, wenn er die »Eskimorolle« nicht beherrscht. Das ein oder andere Mal wird es einen schon umwerfen, denn der Reiz, seine eigenen Limits zu testen, ist groß. Während Freunde oder die Familie aus dem Strandkorb heraus Haltungsnoten verteilen, hat man Zeit, die Extremsurfer anzuschauen und zu überlegen, ob man sich nicht doch die Kräfte des Windes zunutze macht, auf ein Surfbrett umsteigt und auf der Spitze des Wellenkamms für einen Moment in den Steigflug übergeht.

www.windsurfing-wangerooge.de

Museumschiffe
Emden

»I'll send an s.o.s. to the world.« – Eines ist gewiss: Alle 1672 Menschen, die vom Seenot-Rettungskreuzer »Georg Breusing« und von den Vormännern Wilhelm Eilers und Karl-Friedrich Brückner in Sicherheit gebracht wurden, werden die Namen der Retter und des Schiffes in ihrem Leben nie vergessen.

25 Jahre lang kreuzten sie umher und versuchten ein durch zahlreiche Riffs und gefährliche Untiefen geprägtes und von Seeleuten aller Nationen respektvoll beachtetes Revier abzusichern. Das Museumschiff »Deutsche Bucht«, manchen auch unter »Amrumbank« bekannt, ging ebenfalls 1988 »in Pension«. Doch es leistet auf seine Weise auch heute noch gute Dienste: Unter Deck wurde ein durchgängiger Museumsbereich geschaffen, von dem aus der Maschinenraum, der spannendste Ort an Bord, direkt erreicht und besichtigt werden kann.

518

www.amrumbank.de
www.georg-breusing.de

Seehundstation
Norddeich

519

Bisweilen kann es ganz schön eng werden in der Seehundepension, wenn gleichzeitig bis zu 80 Tiere auf Station sind. Auf jeden Fall haben sie es gut hier, die Heuler. Sie werden liebevoll aufgepäppelt und erst dann wieder entlassen, wenn sie es am Strand und im Wasser alleine schaffen können. Hilfreich auch zu wissen, wie man sich zu verhalten hat, wenn man auf ein (verletztes) Tier stößt: Abstand halten (100-300 m), denn Seehunde sind Wildtiere. Nicht jedes Tier ist tatsächlich in Not. Daher erst einmal abwarten und beobachten. Nicht anfassen, wenn es verletzt ist, sondern den Fund der Seehundstation melden, die sich um die professionelle Versorgung der Tiere kümmert.

www.seehundstation-norddeich.de, Nottel. 0 49 31/97 33 30

Mach-Mit-Museum
Aurich

Wer in dieses Museum kommt, will werkeln. Ein selbstgeknüpfter Gürtel oder eine gefilzte Tasche? Ketten, Ohrringe, Armbänder, Lesezeichen, Handy-Anhänger und vieles andere mehr, hier lernt man, wie es geht.

Wie biege ich eine Öse? Was ist eigentlich eine Quetschperle? Wie mache ich einen Verschluss?

520

Im Miraculum kann man seine eigenen Ideen umsetzen und bekommt Hilfe, wenn es mal nicht weitergeht. Andere kommen zum Zeichnen ins Museum: Ob Mangas oder Donald Duck – ob Tusche oder Bleistift, Aquarell oder Acryll, man darf, nein soll hier alles ausprobieren.

www.miraculum-aurich.de

521

Buddelschiffmuseum
Neuharlingersiel

Mehr als 100 Buddelschiffe in Flaschen von 0,7 - 60 Litern, mit originalgetreuen Modellen vom Einbaum bis zum Atom-U-Boot werden in diesem Museum ausgestellt. Viele davon stammen von Jonny Reinert aus Herne. Als Autodidakt entwickelte er völlig neue Techniken und perfektionierte den Modellbau in Flaschen. Eines muss der 2004 Verstorbene auf jeden Fall gehabt haben: Ausdauer! Die Bauzeit reichte von 80 Std. für einfachere Modelle bis hin zu 1000 Std. für Nelson's Schiff Victory oder 1200 Std. für das Fünfmastvollschiff Preussen.

www.buddelschiffmuseum.de

522

Ostfriesenabitur
Wittmund

Die Prüfung ist nichts für Unsportliche und bloße Theoretiker. Möchte man das Ostfriesen-Abitur bestehen, so muss man sich im ostfriesischen Nationalsport »Straßenweit- und Straßenzielboßeln« beweisen. Zum Aufwärmen gibt es das »Bessensmieten«, »Padstockspringen« oder das alternative Balkenlaufen. Wer soweit ist, versucht sich beim »Kuhmelken« mit der Kuh »Elsa«. Den Abschluss bildet beim originellen »Löffeltrun« die mündliche Prüfung in Plattdeutsch. Nicht weniger ambitioniert wird die Prüfung dann im Inneren fortgesetzt: Da steht die Ostfrieslandkunde ganz oben auf der Liste. Nach einem Kurzvortrag erfolgt die schriftliche Prüfung über das Gehörte. Danach wird's etwas gemütlicher – beim Teetrinken lernt man die ostfriesische Teezeremonie kennen und beim Krabbenpulen eben jenes. Diese Art Zehnfußkrebs aus der Nordsee wird hier auch Granat, Porre oder Knat genannt.

www.wittmund-tourismus.de

523

Energie pur

Aurich

Im 2015 eröffneten »Energie-, Bildungs- und Erlebniszentrum« dreht sich auf 1 600 qm alles um das Thema Energie und wie diese in Zukunft erzeugt wird. Highlights sind die zahlreichen Experimentierstationen und der »Energie Turm« mit einer 360°-Multimediashow, die einen in die Mitte eines Vulkans oder Wasserfalls versetzt.

524

www.eez-aurich.de

Kutterfahrt
Neuharlingersiel

Der Kutter mit dem klangvollen Namen »Gorch Fock« sticht von April bis Oktober zu Ausflügen in See. Gestartet wird vom Westanleger am Hafen. Die Gäste wollen alle nur das eine: die Seehunde sehen, wie sie träge auf den Sandbänken liegen. So tuckert man gemächlich vor sich hin bis nach Spiekeroog. Stunden später heißt es Abschied nehmen von der Insel. Nun demonstriert die Crew, was die Nordsee so alles zu bieten hat: Schollen, Seenadeln, Krebse ... fast glaubt man, der Kapitän kennt jedes Tier seines Fangs beim Vornamen. Im Hafen angekommen, lässt er sie alle wieder frei ...

www.neuharlingersiel.de; Am Hafen West;
Anmeldung: Tourist Info oder unter Tel. 0 49 74/188 12

Kartbahn
Rastede

Die wilde Hatz über den schwarzen Asphalt dürfte bei einigen Teilnehmern den Puls hoch schlagen lassen, wenn das grüne Licht das Rennen um enge Kurven und Schikanen freigibt. 5,5 PS, die einem Rasenmähermotor ähneln und neben dem Schalensitz aufheulen, sobald man das Gaspedal durchtritt und die flachen Flundern auf bis zu 60 km/h beschleunigen. Zwar lassen die Wagen den Eindruck aufkommen, als könnte sie kein noch so gewagter Drift aus der Bahn werfen, doch Vorsicht: Hier handelt es sich um Motorsportgeräte, die dem Fahrer Konzentration abfordern.

525

www.kart-o-drom.de

526 Mit Kanu und Rad
(Indianer-)Land erkunden / Friedeburg

Für diese Abenteuertour mit 22 Stationen braucht es »Paddel und Pedal«. Das Rüstzeug für den Trip durch Ostfriesland erhält man bei »Touristik GmbH Südliches Ostfriesland«. Die Tour ist einfach 14 km lang. Sie führt angenehm leicht – weil ohne Strömung – im Kanu auf dem Ems-Jade-Kanal von Sande nach Friedeburg. Zurück geht es nach einer Grillpause per Rad. Trommeln, Bogenschießen stehen ebenfalls auf dem Programm. Eine Übernachtung mit eigenem Schlafsack im Indianertipi oder in einer Trekkinghütte kann dazugebucht werden.

www.paddelundpedal.de

527 Piratenmuseum
Wilhelmshaven

Wer Interesse am kämpferischen Treiben auf See hat, besucht das »Piratenamüseum«. Hier lernt man jede Menge über Kapitän »Jack Sparrow« und seine Weggefährten, deren Nachfahren auch noch heute Einsätze der Bundesmarine am Horn von Afrika erforderlich machen, um die Handelsschifffahrt zu schützen. So wie sich die Piraten gern der Wertgegenstände anderer Menschen bedienen, ist im Zuge der Jahre aus Wertstoffen wie Blechdosen, Kronkorken und jeder Menge Pappe eine lebendige Ausstellung mit Exponaten aus der ganzen Welt entstanden. Doch nicht alles erschließt sich dem Besucher auf den ersten Blick, und er muss sich bei vielen Details auf die Suche nach den Antworten auf die gestellten Fragen machen. Der Name Piratenamüseum bezieht sich übrigens auf die berüchtigte Totenkopfflagge, die auch »Jolly Roger« (literarisch übersetzt: »Lustiger Rüdiger«) genannt wird.

www.piratenmuseum.com;
Einkehr: Kaffeehaus am Strand

 **528**

Baden, klettern, buddeln
Burhave / Tossens

Bekanntermaßen fehlt an der Nordsee regelmäßig das Wasser zum Baden und Befüllen der Eimerchen für den Sandburgenbau. Nicht so in Burhave. Hier hat man den Gezeiten ein Schnippchen geschlagen und eine Salzwasserlagune angelegt, die über alle Accessoires wie Strandkörbe, Liegewiese und flach abfallenden Badebereich verfügt, wie der Originalschauplatz, angereichert mit einem Tretbootverleih, Klettergerüsten und Rutsche.

www.butjadingen.de

 529

Kletterwald
Hatten

»Ne, auf keinen Fall« oder »Da soll ich rüber?«, das hört man zu Anfang nicht selten bei jenen, die sich in bis zu 11 m Höhe an einen Baum klammern. Warum, fragt sich so mancher, bin ich überhaupt schon hier hoch gekraxelt? Man muss ja auch nicht, aber wenn man sich erst einmal überwunden hat, macht es mächtig Spaß, sich mit der Seilbahn oder mittels eines dünnen Seils von Baum zu Baum zu schwingen wie einst Tarzan und Jane.

www.kraxelmaxel.de

Nationalparkhaus
Fedderwardersiel

Beim Besuch des Nationalparkhauses direkt am kleinen Hafen lässt sich viel über das Wattenmeer und seine Bewohner ober- und unterhalb des Wassers in Erfahrung bringen. Als Kombination aus Landschaftsmuseum und Nationalparkhaus bespielt das Museum die Themen »Weltnaturerbe Wattenmeer« und vermittelt einen Einblick in Sitten und Gebräuche der Bewohner Butjadingens. Öffentliche Exkursionen ins Watt sind fester Bestandteil des Programms und nehmen den natürlichen Lebensraum zwischen Weser und Jadebusen unter die Lupe.

530

www.nationalparkhaus-wattenmeer.de

251

Leuchtturm
Roter Sand / Außenweser

Wer herausfinden möchte, wie man sich mitten im Meer, viele Kilometer vor der Küste fühlt, wenn einem der Wind um die Ohren weht und die Brecher auf einen zurollen, der bucht eine Überfahrt auf der »LEV Taifun« und kann 3 Std. später aus 30 m Höhe über die Wellenkämme in die Deutsche Bucht hinausblicken. Seit 1885 trotzt das Bauwerk nun Wind und Wetter, und das Leben im Leuchtturm war hart und eintönig. 1989 vor dem Verfall gerettet und unter Denkmalschutz gestellt, kann man seit 1999 auch dort übernachten und sich fragen, wie man früher eine Nacht im Winter ohne Heizung überstehen konnte. Rechtzeitiges Buchen ist ratsam: Es gibt wenige Plätze, Überfahrten sind nur im Sommer möglich und vielleicht finden sie nur noch 2016 statt, denn die Zukunft des Fördervereins Leuchtturm Roter Sand ist ungewiss.

531

www.foerderverein-leuchtturm-roter-sand.de

Moorseer Mühle
Nordenham-Abbehausen

Für Besucher, die den Schildern der niedersächsischen Mühlenstraße gefolgt sind, ein lohnender Halt. Über 256 Mühlenstandorte gibt es in Bremen und Niedersachsen, denn Wind zum Betrieb gibt es im Norden ja genug. Beim Besuch der Mühle bietet es sich an, die lehrreiche Geschichte von Max und Moritz bereitzuhalten und bei der Besichtigung des Mahlwerkes dar-

aus zu zitieren: »Rickeracke! Rickeracke!, geht die Mühle mit Geknacke … Ja, ja, rief der Meister Böck – Bosheit ist kein Lebenszweck.« Zwar handelt es sich nicht um den Originalschauplatz der Posse von Wilhelm Busch, aber deren Erscheinungsjahr 1865 deckt sich gut mit dem nostalgischen Ambiente vor Ort.

www.museum-moorseer-
muehle.de

Boßeln und Kohltour
Loxstedt

Ende Januar sieht man immer mehr sehr vergnüglich dreinschauende Menschen mit einem Handwagen durch die Gegend ziehen – auf Kohltour. Da es meist kalt und nass ist, benötigt der gemeine Norddeutsche zum Auftauen heißen Glühwein oder Schnaps, der meist in ausreichendem Maße mitgeführt wird. Nach dem Konsum entsprechender Mengen entwickelt diese Spezies ein Temperament, das dem süd-

ländischen in nichts nachsteht. Die Verbindung schafft dabei das sogenannte Boßeln, das nicht nur in Norddeutschland, sondern auch in Spanien und Italien (Boccia) gespielt wird. Das Ziel von zwei oder mehreren Gruppen ist es, eine Holz- oder Kunststoffkugel mit wenigen Würfen über eine bestimmte Distanz zu werfen.

www.tourilox.de
www.kohlfahrten.de

Segeltörn
Bremerhaven

534

Für manchen wird ein Kindheitstraum wahr – auf der »Großherzogin Elisabeth«, einem dreimastigen Gaffelschoner, der seinen Heimathafen in Elsfleth an der Unterweser hat. Ob selber segeln oder nur erholen, mehrmals im Jahr bricht die »Lissi« von Bremerhaven oder Wilhelmshaven mit Kurs auf das offene Meer in Richtung Nordsee auf. Ein Törn auf dem Großsegler ist ein Abenteuer zum Anfassen und Mitmachen. Wer will, kann ohne Vorkenntnisse zum vollwertigen Crewmitglied werden. Die aktive Besatzung wird in Wachen eingeteilt und in die Arbeiten an Bord einbezogen.

www.grossherzogin-elisabeth.de

535

www.lvu-bremerhaven.de

536 Bauerngolfen
Auf dem Ferienhof Dücker / Volkmarst

Ländliche Idylle ist kein Handicap: Beim Bauerngolfen werden bunte Bälle von der Größe eines Handballs von einem Holzschuh am Besenstil über eine Kuhweide und an natürlichen Hindernissen vorbei manövriert, um die lederne Kugel mit möglichst wenig Schlägen in zehn Löchern (Melkeimern) zu versenken. Der ungewöhnliche Spaß findet in der bäuerlichen Idylle des Ferienhofes Dücker statt, nur eine halbe Autostunde von Bremerhaven entfernt. Wer möchte, kann hier auch seinen Urlaub in einer der Ferienwohnungen verbringen.

www.ferienhof-duecker.de

537 Maisfeldlabyrinth
Heerstedt

Langsam wiegen sich die Halme im Wind, es raschelt leise, Spuren von Wild queren den Weg, schemenhafte Gestalten huschen durch die schmalen Pfade. Bereits nach wenigen Metern steht man vor der Entscheidung, in welche Richtung man weitergehen soll. Dass man wieder herausfindet, ist ziemlich sicher, da die Pfade mit einem Navigationsgerät von Bauer Schröder und nicht von »E.T.« angelegt wurden. Der Spaß kann jedes Jahr von Neuem beginnen.

Heerstedt, Tel. 0 47 74/10 10

538 Museumsinsel
Wremen

Inmitten des am Rande des Natiolparks gelegenen Nordseebades Wremen befindet sich in idyllischer Lage die Museumsinsel mit dem kuriosen Muschel-Museum und dem Museum für Wattenfischerei. Beide Häuser sind einen Abstecher wert. Wer hätte schon gedacht, dass es hier an der Küste einst Schlittenhunde gab? Diese sogenannten Kreier dienten den Fischern bei Ebbe als Transportschlitten auf dem matschigen Untergrund des Wattenmeeres und wurden von Hunden gezogen. Was bei einer günstigen Witterung geisterhafte Schatten über das Land fegen ließ, konnte bei Sturm zu einer harten Schinderei werden.

Davon erholten sich die Fischer dann am wärmenden Ofen bei einer heißen Tasse Tee in der gemütlichen Stube, die hier originalgetreu aufgebaut wurde. Nebenan im Muschelmuseum berichten bereits die Eintragungen im Gästebuch von kunstvollen Wortspielereien im Umgang mit den wissenschaftlichen Namen der über 3 000 ausgestellten Muschelgehäuse. Da werden versteinerte Ammoniten in der Gesellschaft von anderen archäologischen Funden aus aller Welt zum »Internationalen Seniorentreffen« und eine Sammlung bunter kleiner Muscheln zu »Schmetterlingen«.

www.museum-wremen.de

Offroad Park
Hoope

Nur wenige Kilometer von der Autobahn Richtung Küste entfernt liegt der Hoope-Park in Wulsbüttel an der A 27. Ein Ort, an dem jedes Wochenende die Motoren von Crossbikes oder Geländewagen aufheulen und in halsbrecherischer Geschwindigkeit die Bahn umrunden oder sich mühsam durch den Schlamm wühlen. Steigungen, Schrägen und Wasserdurchfahrten aller Schwierigkeitsgrade fordern Fahrern und Fahrzeug alles ab, auch Kurse werden angeboten. Abends verstummen alle Motoren, werden Würstchen gebraten, ein paar Bierchen getrunken und die Wunden geleckt.

539

www.hoopepark.de

Kanutour
Auf der Wümme

Die Wümme gehört zu den saubersten Flüssen Norddeutschlands und steht auf ihrem gesamten Verlauf unter Natur- oder Landschaftsschutz. Entsprechend gut ist die Wasserqualität, sodass neben dem Paddelvergnügen an heißen Tagen auch ein Bad lockt.

540 Ein herrlicher Abschnitt ist der stark mäandernde Verlauf zwischen Lilienthal und der Einmündung in die Lesum, von wo es nur noch 10 km bis zur Weser sind. Besonders einfach und damit für Anfänger und Familien geeignet ist die Route zwischen dem »Haus am Walde« und dem Ausflugslokal »Dammsiel«.

www.kanuscheune.de

541 Ausritte ins Watt
Cuxhaven-Sahlenburg

Der Reiz ist groß, seinen »Zossen« mal auf Watttauglichkeit zu prüfen oder zu sehen, wie er auf eine Schiffssirene reagiert. Das geschieht im Rennbetrieb alljährlich, wenn sich beim »Duhner Wattrennen« Galopper und Traber gegenseitig über den Schlick jagen. Ist dieses Rennen den Profis vorbehalten, so ist ein Reitausflug vom Reiterhof »Tote Hose« ein eher gemütliches Unterfangen, das auch für Kinder geeignet ist. Man reitet nicht einsam wie »Lucky Luke« dem Horizont entgegen, sondern begibt sich in das Geleit einer Führerin. Wer einen noch geruhsameren Ausflug machen möchte, kann hier auch eine vierstündige Wattfahrt im Pferdewagen buchen.

»Tote Hose«, Tel. 01 75/5 21 07; www.reiterhof-tote-hose.jimdo.com

542 Fort Kugelbake
Cuxhaven

Entlang des Wassergrabens, vorbei an den Schießscharten und der Wache gelangt man auf Schienen in den Innenhof der Marinefestung. Leider kann man nicht allein auf Eroberungsfeldzug gehen, sondern muss sich für eine der Führungen anmelden. Die allerdings zeichnet sich durch die Kompetenz und den Humor der geschulten Führer aus, man erfährt viel Wissenswertes und Kinder werden gern miteinbezogen. Durch die Gewölbe der Kasematten, von deren Decken das Wasser tropft und Stalaktiten wachsen, geht es durch die Unterkünfte und Munitionskammern sowie anschließend durch die ehemalige Küche zu den Geschützen rauf auf den Wall. Angegriffen wurde das Fort glücklicherweise zu keiner Zeit und niemand hat hier sein Leben lassen müssen.

www.tourismus.cuxhaven.de

543 Kitesurfen
Cuxhaven-Sahlenburg

10 qm Segel an Steuer- und Sicherheitsleine verbunden mit dem Gurt des Surfers, der auf einem kleinen »Board« im Wasser treibt und auf eine geeignete Windböe wartet, die ihn aus dem Wasser zieht und über die Wellen jagen lässt. Über 500 000 Menschen betreiben inzwischen die Trendsportart Kitesurfen; die Nordseeküste ist wegen des stetig wehenden Windes bestens dafür geeignet. Allerdings funktioniert dieser Sport ein wenig anders als seinerzeit von den Beach Boys besungen. Wer sich darin einmal versuchen möchte, kann Kurse in der Kiteschule Cuxhaven nehmen, und solche, die es schon einmal probiert haben, aber keine Ausrüstung besitzen, können sich dort eine mieten. Neben Anfängerkursen bieten die Surfschulen auch mehrtägige Kids- und Kitecamps an. Je nach Windrichtung wird in ausgewiesenen Wassersportrevieren am Strand von Sahlenburg (Süd- bis Nordwestwind) oder an der Kugelbake (Nord- bis Südostwind) in Döse gesurft. Doch Vorsicht! Bei kräftiger Brise werden Geschwindigkeiten erreicht, dass man mit den Motorbooten der Küstenwacht oder des DLRG um die Wette fahren kann, insbesondere bei ablandigem Wind. Surfern wird hier auf jeden Fall bewusst gemacht, dass die Nordsee kein Baggersee ist.

www.kitesurfschulecuxhaven.de;
www.tourismus.cuxhaven.de

Wattwandern
Cuxhaven-Sahlenburg

Eine Wattwanderung ist eine tolle Angelegenheit, da man sich immerhin auf dem Meeresboden der Nordsee bewegt. Als Ziele bieten sich die Insel Neuwerk oder die Vogelinsel Scharhörn (in Begleitung des Vogelwartes) an. Die Strecken haben eine Länge von 8 - 12 km; Wanderer müssen schon ein wenig Kondition mitbringen, da man sich unterwegs nicht einfach ein Taxi bestellen kann. Die Alternative für den Rückweg sind die regelmäßig verkehrenden Fähren von Neuwerk aus. Wer zum ersten Mal im Watt ist, sollte sich besser einer geführten Tour anschließen.

544

www.cuxhaven-tours.de/
wattfuehrungen.html

Tauchen
Im Kreidesee Hemmor

Im Kreidesee kann man den Geheimnissen versunkener Boote und Fahrzeuge, eines Flugzeugs oder den Resten eines alten Zementwerks nachspüren. Begleitet von Lachs, Forelle, Zander und dem Gefühl der Schwerelosigkeit bietet der Einführungskurs mit dem Tauchboot jedem die Gelegenheit, sich einmal zu fühlen wie Jacques Cousteau auf seinen Entdeckungsreisen. Nimmt man sich die zwei Tage Zeit, das Patent zum selbstständigen Führen des U-Bootes »Kreidesee Eurosub« zu erlangen, ergibt sich später vielleicht die Chance, an einer der Expeditionen teilzunehmen.

545

www.kreideseetaucher.de

546 Zu den Seehundbänken
Cuxhaven

Die Klänge von »Biscaya« auf dem Schifferklavier empfangen die Passagiere an der »Alten Liebe« und stimmen sie ein auf eine Fahrt zu den Seehundbänken vor Cuxhaven. Das Abenteuer beginnt mit einer kleinen Hafenrundfahrt, und irgendwo zwischen Seemannsgarn und Mutterwitz erfährt man jede Menge über Land, Leute und Seefahrt. Nach 1 Std. erreicht man dann die Seehundbänke, und da liegen sie: 40 bis 50 Seehunde, die an die Schiffe gewöhnt sind. Nur einige heben träge den Kopf. Der Rest schläft weiter und verdaut den Fisch. Bei Hochwasser muss man etwas genauer hinschauen. Dann tauchen die possierlichen Tierchen links und rechts vom Boot auf.

www.reederei-narg.de

547 Drachensteigen
Cuxhaven / Sahlenburg / Duhnen

Überall an der Küste sieht man sie am Himmel kreuzen oder hört das Surren der Schnüre. Wenn dieses Geräusch sehr laut wird, heißt es, den Kopf einziehen. Nicht, weil ein Feuer speiender Drache auf einen niederstößt, sondern einer der Kites im Anflug ist. Die haben mit den aus Papier beklebten Holzkreuzen, die man als Kind gebastelt hat, eigentlich nur noch die Grundlagen der Aerodynamik gemeinsam.

www.tourismus.cuxhaven.de, s. Urlaub, Familie, Cuxhaven aktiv

Burg Bederkesa

Bad Bederkesa

In einer malerischen Um-
gebung mit sanften Hügeln,
grünen Wäldern und einem
glitzernden See treffen einmal im Jahr die Tapfers-
ten der Tapferen bei
den mittelalterlichen
Ritterspielen vor den
Toren der Burg Bederke-
sa aufeinander. Die Schwerter klirren und die Schilde
schlagen krachend aufeinander im Kampf um die Gunst
der wunderschönen Prinzessin. Das Schloss beherbergt
nur leider keine Königs-
familie, sondern die archäologische Denkmalpflege des
Landkreises Cuxhaven und
eine Sammlung von Funden
einer alten Wurten-Siedlung
in der Marsch nahe von
Wremen sowie Grabbeiga-
ben und Bootsgräber aus
dem 4. und 5. Jh. Wer sein
Wissen darüber in der frei-
en Natur vertiefen möchte
oder gerade auf der Flucht
vor dem schwarzen Ritter
ist, folgt den Spuren der alten Sachsen auf der Vorge-
schichtsfahrt in Flögeln.

www.burg-bederkesa.de; Einkehr:
Burgschänke Bederkesa am See

548

549

Moorinformationszentrum
Cuxhaven-Wanna

Wer in seinen Ferien einmal im Moor Torf
geringelt hat, weiß, welche Schinderei das ist. Die
im Akkord gestochenen Torfstücke müssen in
der heißen Sonne des Sommers und umschwirrt
von unzähligen Mücken gestapelt werden, bevor
dieser Rohstoff in großen Ballen und in bunten
Verpackungen im Baumarkt landet. Heute sind
die meisten Flächen in Deutschland als Biotope
ausgewiesen, die Torfwerke geschlossen oder
– wie im Ahlenmoor – zu einem Info-Zentrum
umgestaltet, das neben der interaktiven Ausstellung zu Aktivitäten in der Natur anregt. So kann
man heute gefahrlos über Flächen gehen, die den
Archäologen so manche Moorleiche bescherten.

www.ahlenmoor.de; Einkehr: Café-Restaurant Torfwerk

259

Fallschirmspringen
Neuenwalde

Im Zeitalter der Extremsportarten rangiert Fallschirmspringen nur noch auf den hinteren Plätzen. Dennoch dürfte der Sprung für die meisten nach wie vor zu den ganz großen Herausforderungen zählen, bei denen man nicht allein gelassen wird, sondern sich einem erfahrenen Lehrer im Tandemsprung anvertraut. Alles, was man über diese für Homo sapiens eher unübliche Form der Überbrückung einer Distanz zwischen A und B in der Vertikalen wissen muss, wird in einer Einweisung vor dem Flug eingehend erläutert. Sieben Minuten dauert die anschließende Injektion puren Adrenalins für »Todesmutige«.

www.jumpzone.de; www.fallschirmsprung.info/fallschirmspringen/deutschland/

550

Museum des Handwerks
Bad Bederkesa

Was in den Sammlungen großer Museen versteckt oder in Archiven eingelagert ist, wird dem Gast hier, im Museum des Handwerks, in voller Gänze gezeigt. Exponate aus über 20 traditionellen Handwerksberufen wie Schmied, Setzer, Drucker, Sattler und Korbmacher, die es heute nicht mehr gibt, sind liebevoll in nachgebauten Werkstätten ausgestellt. Es empfiehlt sich allerdings, Oma oder Opa dabei zu haben, denn nur wenige Gegenstände sind mit einer Beschreibung versehen. Wer kennt schon einen Dauerwellen-Außenheizer oder vermutet in einem Möbel (in der Größe einer kleinen Kommode) ein Tonbandgerät mit Kassetten, die die 20-fache Größe eines MP3-Players haben?

www.handwerksmuseum-bederkesa.de

Kiekeberg Museum
Rosengarten-Ehestorf

»Früher war alles besser!« Ob Bauer, Altenteiler, Knecht und Magd das auch so sehen würden, könnten sie auf ihr Leben zurückblicken? Eines ist sicher: Die meisten Menschen beherrschten damals verschiedene Handwerksberufe, die wir, wenn überhaupt, vielleicht gerade noch vom Namen her kennen, aber kaum wissen, was sich dahinter verbirgt. Im Kiekeberg Museum werden Ahnungslose aufgeklärt, und zwar stilecht: In authentisch rekonstruierter Kleidung führen die Darsteller alltägliche land- und hauswirtschaftliche Arbeiten wie Dreschen, Drechseln, Flachsen, Intarsien schneiden, Weben oder Schmieden vor. Noch spannender wird es, wenn man sich selbst ans Werkeln macht. Das so erstellte Unikat darf man natürlich mit nach Hause nehmen.

www.kiekeberg-museum.de

Filmtier-Park
Eschede

553

Joe Bodemann zählt heute zu den besten Filmtier-Trainern der Welt. Sein Umgang mit den Tieren brachte ihm den Ruf, der sanfteste aller Tiertrainer zu sein. Dazu gehört seine Überzeugung, dass man Tiere niemals wie Maschinen behandelt und keine unnatürlichen Verhaltensweisen antrainieren darf! Im Park leben rund 70 verschiedene Tierarten. Die meisten sind durch Film und Fernsehen bekannt. Bodemann und sein Team sind 24 Std. mit ihren Gefährten zusammen. Ob »Tigerentenpark«, »Brehm's Tierleben« oder »Winnetou« – hier werden sie vorsichtig auf ihre Rolle vorbereitet.

www.filmtierpark.de

Radtour
Vom Teufelsmoor zum Wattenmeer

Die Strecke vom »Teufelsmoor zum Wattenmeer« bezeichnet zwei der wichtigsten Landschaftszonen des Elbe-Weser-Dreiecks und rundet mit

554

dem Startpunkt Stade das Angebot, die Region mit dem Fahrrad zu entdecken, ab. Mit einer Gesamtstreckenlänge von mehr als 450 km bietet diese Route viele Gelegenheiten, Orte und Städte wie Bremen, Bremerhaven, Cuxhaven, Worpswede, Otterndorf, Bad Bederkesa und somit die wesentlichen natürlichen und kulturellen Facetten der Region in kürzeren Tourabschnitten zu entdecken.

www.teufelsmoor-wattenmeer.de

555 Kletterwald
Scharnebeck

Ab 1,10 m und 6 Jahren sind auch die jüngsten Familienmitglieder dabei. Und nicht selten beweisen sie mehr Mut als viele Erwachsene, wenn es darum geht, über Strickleitern hoch in die Baumwipfel zu kraxeln und dann über Hängebrücken, Wackeltunnel und Schaukelhölzer zu balancieren. Auf einer Höhe von 3 - 4 m für die Kleinen und bis zu 15 m für die Mutigsten erwarten fast 70 fantastische Stationen die Besucher. Über Brücken, Balken, Netze, auf Seilrutschen, die von Baum zu Baum führen, hangelt man sich weiter. Gefährlich ist das alles nicht! Aus der Puste gerät man allerdings schon. Doch das ist spätestens dann vergessen, wenn man sich überwindet und den Tarzansprung aus 15 m Höhe wagt.

www.kletterwald-scharnebeck.de

556 Archäologisches Zentrum
Hitzacker

»Anfassen und mitmachen« ist die Devise in Deutschlands erstem bronzezeitlichen Freilichtmuseum. Wer gut aufpasst, lernt, wie man Feuer aus dem Stein schlägt, Getreide mahlt, Keramiktöpfe erstellt, Körbe flechtet oder wie man mit dem Einbaum fährt. Man begibt sich auf die Suche nach Sommer- und Herbstkräutern, die Nahrung und Heilung bringen, oder versetzt sich in die Rolle des Jägers und Versorgers der Familie. Dafür versucht man sich im Bogenschießen. Doch wie behandelt man das Geweih und das Fell der Beute? Auch das erfährt man hier. Ein Klick bringt die Besucher mehr als 3 000 Jahre zurück in die Bronzezeit. Kurzum: Wer die Programme des Museums mitmacht, spart sich jedes Überlebenstraining und ist bestens vorbereitet für den Ernstfall.

www.archaeo-zentrum.de

557 Museum für Energiegeschichte
Hannover

Was heute selbstverständlich (oder schon überholt) ist, wie die gute alte Glühlampe, war einst eine technische Sensation. Die Modelle Klapp-Toaster und Staubsauger Vampir konnten sich zwar nicht dauerhaft durchsetzen, doch die Funktionsweise an sich hat sich beim Rasierapparat ebenso etabliert wie beim Telefon. Apropos Telefon: Den Kids von heute muss man erklären, wie eine Wählscheibe funktionierte und sich fragen lassen, wie man sich früher ohne Handy überhaupt verabreden konnte.

www.energiegeschichte.de

558 Nabu Gut Sunder
Winsen / Meißendorf

Die hat doch eine Meise. Stimmt. Genau genommen eine Kohlmeise, die zum Filmstar wurde, als sie in einem mit einer Mini-Kamera versehenen Nistkasten ihre Jungen aufzog. Jedes Jahr versucht man mit diesem Trick, scheue Wildtiere zu beobachten, ohne sie zu stören. Für alle Naturfreunde, die sich für das »geheime Leben« von Fischotter, Eisvogel und Co. interessieren, ist Gut Sunder dabei ein absolutes »Muss« und ideales Ausflugsziel

www.nabu-gutsunder.de

Moormuseum
Elisabethfehn

559

Wen das Moor nicht nur als gruseliger Ort für Kriminallfälle interessiert, ist hier richtig. Moor ist ein geografischer Begriff wie Gebirge, See oder Wüste. Als Moor gilt eine mindestens 30 cm starke Schicht oder Schichtfolge von Torfen. Moore gibt es weltweit. In der Ausstellung sieht man verschiedene Fotografien von Mooren aus Finnland, Alaska, Chile und anderen Ländern der Erde. Die meisten Moorflächen in Deutschland gibt es in Niedersachsen und Bremen mit 2 492 qkm, doch diese Landschaftsform ist im Rückzug begriffen, wie man hier anhand von Karten erkennen kann.

www.fehnmuseum.de

560

Maschsee
Hannover

Sommer in der Stadt! Da freut sich, wer einen See in der Nähe hat, zumal wenn er (wie der Maschsee) Ausmaße verzeichnet, die ihn weit über eine Baggerseepfütze zum veritablen Gewässer machen: 2,4 km lang, 180 - 530 m breit, 2 m tief. Damit der See entstehen konnte, wurden 780 000 Kubikmeter Erde ausgebaggert und weggeschaufelt. Jährlich werden 1-2 Mio. Kubikmeter Wasser hierher gepumpt, damit der Wasserstand konstant bleibt. Die Besucher wissen ihren See zu schätzen, inbesondere im Juli/August, wenn 2 Mio. Gäste beim Maschseefest für kuschelige Atmosphäre sorgen. Aber auch sonst wird man hier nicht über Einsamkeit klagen – baden, rudern, segeln ... wollen eben auch andere.

Bus: Maschsee / Sprengelmuseum

Sea Life Center
Hannover

Wie fühlt sich eine Anemone oder ein Seestern an? Kribbelt es, wenn Krebse und Krabben über die Hand krabbeln? Ein wenig nass kann schon werden, wer diese Wasserbewohner hautnah spüren will. Aber das nimmt man dafür gerne in Kauf. Ganz so nahe möchte man den großen Attraktionen des Hauses wie Stechrochen, Piranhas, Riffhaie oder Krokodile dann lieber nicht kommen ... Auch in Hannover hat sich Sea Life etabliert und lädt ein, in einem 8 m langen Glastunnel die schillernde Fauna von der Karibik bis zum Regenwald im Amazonas erleben zu können.

561

www.sealife.de

562 Biosphaerium
Elbtalaue / Bleckede

Von Aal bis Zander – welche Fische sich in der Elbe tummeln, erlebt man in den acht Aquarien des Biosphaeriums, darunter auch eigentümliche Arten wie Stör und Wels. Im begehbaren, auf die menschliche Größe abgestimmten, Biberkessel kann man das Verhalten des Bibers in beeindruckenden Filmsequenzen kennenlernen, erfährt, wer den Biber in seinen literarischen Werken »Meister Bockert« genannt hat und warum der Biber im Mittelalter zu den Fischen gezählt wurde. Den Winter im Sommer erleben? Kein Problem am Eisblock im Winterraum. Hier kann getestet werden, welches Material unsere Füße warm hält und warum Vögel keine kalten Füße haben. Im Biosphaerium Elbtalaue reist man durch alle Jahreszeiten.

www.biosphaerium.de

563 Festung Wilhelmstein
Steinhuder Meer

Welch eine Idylle: Die künstliche Insel, die 1767 für militärische Zwecke geschaffen wurde, liegt malerisch mitten im größten See Niedersachsens, dem Steinhuder Meer. Wer in Friedenszeiten an der Militärschule ausgebildet wurde, blieb allerdings nicht lange. Die ständige Feuchtigkeit gestaltete den Aufenthalt unangenehm. Angenehmer war es sicher auch für die späteren Insassen nicht, die zu langen Haftstrafen verurteilt, hier teilweise ein Leben lang einsitzen mussten. Die isolierte Lage machte einen Ausbruch kaum möglich: Bei 300 Delinquenten sind nur drei Ausbruchsversuche zu verzeichnen. Übrigens: Was früher Adligen und Verurteilten vorbehalten war, kann heute jeder buchen. Und seit einer umfangreichen Renovierung bekommt man auch keine kalten Füße mehr.

www.wilhelmstein.de

564

Mühlenmuseum
Gifhorn

»Naturgetreu und maßstabsgerecht« – darauf legte man großen Wert bei der Nachbildung der 45 Wind- und Wassermühlen aus aller Herren Länder. Im Sommer verzeichnen die Mühlen im Freigelände großen Zulauf, zumal sich auf dem Gelände lauschige Plätze für ein Picknick bieten und auch vierbeinige Besucher willkommen sind. Jedes Modell ist ein kleines Kunstwerk und wurde mit viel Liebe zum Detail erstellt, ob nun die »Moulin de la Galette« vom Montmartre in Paris oder die Mühle von »La Mancha« aus Spanien, gegen die Don Quijote so wenig ausrichten konnte.

www.muehlenmuseum.de

Park der Sinne
Hannover-Laatzen

Auch hier stand der Künstler und Philosoph Hugo Kükelhaus Pate, als es darum ging, diesen »Park der Sinne« zu entwerfen. An 38 Stationen kann man einen oder mehrere Sinne testen: Rosen und Lavendel riechen im »Garten der Düfte«, das »Spiel der Farben« beim aus weißen, gelben, roten, blauen und violetten Tönen komponierten Blütenmeer betrachten. Die »Quelle« hört und sieht man, weil an mehreren Stellen Wasser sprudelt, tröpfelt und plätschert und sie sich durch einen kleinen Bachlauf zwischen Felsen und Pflanzen hindurch bis zum tiefsten Punkt des Parks schlängelt. Kinder lieben das Heckenlabyrinth, in dessen Mitte man plötzlich auf einen Zerrspiegel stößt. Dort wird vom Künstler Andreas Rimkus das Märchen von »Schneewittchen« symbolisiert dargestellt. Und sogleich hat man den Satz zur Hand: »Spieglein, Spieglein an der Wand, wer ist die Schönste im ganzen Land?«

565

www.verein-park-der-sinne.de

Otterzentrum
Hankensbüttel

Wer sie einmal in natura gesehen hat, wird vermutlich nicht mehr Gefahr laufen, sich einen Nerz- oder einen Hermelin-Mantel zu wünschen. Diese selten gewordenen Tiere finden hier ideale Lebensbedingungen. Behütet und geschützt wird auch der vom Aussterben bedrohte Fischotter. Der Weg führt über Teiche, Wiesen und Äcker. Mit etwas Glück kann man hier auch scheuen Tieren wie Dachs und Baummarder auf die »Pelle rücken«, ohne sie damit zu belästigen. Wer will, kann nach dem Rundgang selber planschen – am Wasserspielplatz vor dem Restaurant.

566

www.otterzentrum.de

567 Handwerksmuseum
Burg Bromme

Wer es besonders »echt« haben möchte, sollte sich an einem Sonntag des »lebendigen« Museums hier einfinden. Dann präsentieren und praktizieren Handwerker mit Originalwerkzeugen die alten Techniken. Schuhmacher, Schmied, Seiler, Schneider und Glasschneider – das waren Berufe, mit denen man in ländlichen Gegenden ein gutes Auskommen hatte. Als Selbstversorger musste man auch die weitere Verwertungskette beherrschen, um überleben zu können. Schlachten und das Leder verabeiten gehörten ebenso zum Alltag wie die Textilverarbeitung oder Wolle zu spinnen. Ein weiteres Thema ist der Buchdruck, bei dem die »Ritter der schwarzen Zunft« ein komplexes Regelwerk beherrschen mussten.

www.museen-gifhorn.de

568 Fahrschule für Kids
Autostadt Wolfsburg im Mobiversum

Ampeln, Kreisel, Einbahn- und auch Vorfahrtstraßen – puh, wenn man selbst am Steuer ist, wirkt das doch ein wenig unübersichtlich. Noch ist das »Rumfahrland« nur auf dem Bildschirm, aber die Simulation ist ziemlich echt und die Kids geben Gas, bremsen und biegen mit Karacho um die Ecke. Schneller zu sein als die anderen, ist offensichtlich ein angeborener Ehrgeiz, das gilt auch für Kettcars, Drei-Räder und V-Cars. Doch nach dem Theorieunterricht kommt die Praxis im Parcours draußen. In elektrobetriebenen Mini-Beetles sausen sie über fast echte Straßen. Endlich ein »echtes« Steuer in der Hand und zeigen, was man draufhat. Wer lieber Autos entwirft, kann sich als zukünftiger Designer von Experten Tipps für die Umsetzung des Futur-Cars holen.

www.autostadt.de

569 Alles in Bewegung
Allerpark

Skateboarden, Radeln, Disc-golf, Volleyball, Tischtennis und anderes spielen, sich austoben und sich ausruhen ... Das alles kann man nach Lust und Laune im Allerpark an Land. Wem es da zu heiß wird, geht ins Wasser: Segeln, Kanufahren oder Eishockey?

Der Park hat für jeden und jede Jahreszeit etwas parat. Ach ja: Den Hund Gassi füh-ren darf man auch. 7000 qm wurden für das liebe Tier reserviert. Mal sehen, was dieser Modellversuch bringt.

www.allerpark.net

570 Bücherhof Hötzum
Sickte / Hötzum

Tradition gegen Moderne? Nein, mit E-Books kann und will man hier gar nicht kon-kurrieren. Vielmehr geht es um einen kunstvollen Satz, um Kalligrafie, Ledereinband und um einen guten Zwirn, damit aus einer losen Blatt-sammlung ein fadengebun-denes nobles und gleichzeitg

robustes Buch entsteht. Man darf es auch selbst auspro-ie-ren: Hände, Augen und Ge-duld werden benötigt, wenn Faden, Leim oder Kleister und Papier eingesetzt wer-den, um ein Buch zu binden oder ein Leporello zu falzen.

www.historischer-buecherhof.de

Geopark
Königslutter

571

Sie waren vollständig an das Leben im Wasser ange-passt, lebten ausschließ-lich im Meer – und das über einen Zeitraum von über 150 Mio. Jahren. Vor 93 Mio. Jahren starb der Ichthyosaurus jedoch aus, noch lange vor den Dinosauriern. Ein Exem-plar dieser Spezies hat es – zumindest als Fossil – in die Neuzeit geschafft und lockt im Geopark die Besucher an. Wer sich auf eine Zeitreise durch mehr als 290 Mio. Jahre Erdgeschichte begeben will, kann zwi-schen verschieden langen Touren durch Stadt und Wald wählen und z. B. im Steinbruch viel über Asseln, Saftkugler und Spinnen erfahren.

www.femo-online.de

Wildfütterung
Bad Harzburg

Der Natur nah, aber nicht zu nah. Eine Wildtierbeobachtungsstation sorgt für Distanz zwischen Mensch und Tier. Früher war es anders, da ging der Wirt vors Haus, rüttelte ordentlich mit dem Eimer voller Kastanien und rief sehr beharrlich »Kooomm, kooommm«, und dann kamen Reh und Hirsch ganz zutraulich und fraßen dem Alten aus der Hand. Seitdem die Nähe von Mensch und König des Waldes als unnatürlich empfunden wird, bleibt das Wild wild und muss sich mit Selbstbedienung begnügen. Vor der Waldgaststätte Molkenhaus auf dem Weg zum Brocken stehen die Futterkrippen mit Heu und die Drehtröge mit Kastanien, und hungrige Wildschweine wüssten auch gern, wie diese Dinger funktionieren. Aber noch immer sammeln Kinder ab Herbstanfang um die Wette Kastanien und verkaufen die Leckerbissen für die Wildfütterung.

572

www.molkenhaus.de

Phaeno Science Center
Wolfsburg

573

LED statt Kerzenlicht? Wer eine moderne Weihnachtsbeleuchtung möchte, lötet aus Leuchtdioden und Drähten leuchtende Sterne und Tannenbäume zusammen. Tatsächlich eröffnet die elektronische Schwester der Kerze zauberhafte Möglichkeiten ... Wichtig ist den Initiatoren von Phaeno das Selbermachen, ob allein oder mit der ganzen Familie. Angebote dafür gibt es das ganze Jahr über. Töne sichtbar machen, Klänge durch Wärme erzeugen oder auf einem fliegenden Teppich schweben. Der dazu passende architektonische Rahmen stammt von Zaha Hadid.

www.phaeno.de

574 Landtechnik-Museum
Braunschweig

Selbst Kartoffeln pflanzen, Kartoffeln ernten und danach ein großes Erntedankfest veranstalten – das sind feste Daten im Jahreskalender von Gut Steinhof. Viel Zuspruch findet dabei die Mitmachaktion nach der Ernte, wenn es darum geht, auf einem alten holzbefeuerten Ofen Kartoffelpuffer zu machen. So knusprig wie hier bekommt man sie zu Hause einfach nicht hin. Wie sich die Arbeit vom Pferdepflug zum Traktor nach und nach verändert, ist Thema in diesem Museum, das auf 1400 qm etliche Gerätschaften pflegt und hegt, sodass sie bei Veranstaltungen zum Einsatz kommen können, etwa beim Schaudreschen mit dem Dampflokmobil oder wenn demonstriert wird, wie ein Pferd am Göpel Stroh häkselt.

www.gut-steinhof.de

575 Gleitschirmfliegen
Goslar

Die Brockenwanderer können es kaum glauben: Eine Gruppe bunter Schirme gleitet über dem Berg durch die klare Luft. Wer ihnen sehnsuchtsvoll hinterhersieht und davon träumt, selbst wie ein Vogel über Berge, Tal und Dörfer zu schweben, hat den ersten Schritt zum Fliegen schon gemacht. Der Rammelsberg ist das Gleitschirm-Paradies Norddeutschlands, und ein Tandemflug kann eine Sucht aus lösen. An der Winde ein paar Schritte über den Boden, schon geht es auf 250 m Höhe, ein kurzer Zug an der Schleppklinke und der Vogelflug beginnt. Pulsbeschleunigung gibt es gratis, die Länge des Flugs bestimmt die Thermik. Mit dem Motorschirm geht es auch genauso gut, einfach reinsetzen, Gas geben und nach ein paar Metern weht der Wind ins Gesicht …

www.paracenter.de

Im Königreich
Romkerhall

576

Das etwas versteckte Königreich »Romkerhall« liegt zwischen Oker und Altenau und ist von hohen Bergen umgeben. Geheimnisvolle Geschichten ranken sich darum. Fest steht, dass König Georg V. von Hannover hier 1862 einen Jagdsitz errichten ließ. Bei einer Gebietsreform im 20. Jh. wurde Romkerhall vergessen. Der damalige Besitzer rief es zum kleinsten Königreich der Welt aus. Das innen fürstlich geschmückte Haus steht, als Hotel, zur Einkehr und für Events, auch Bürgerlichen offen. Ab November 2016 ist eine »Weihnachtsmann-Werkstatt« mit echten Tieren geplant.

www.koenigreich-romkerhall.eu

Rodeln
Torfhaus

577

820 m hoch liegt der riesige Parkplatz und der Brocken — mit dicker Schneemütze — scheint zum Greifen nah. Aber Schnee liegt eben auch auf Torfhaus. Wer keinen Schlitten hat, kann sich jetzt einen leihen. Neben dem Skihang »Auf der Rose« beginnt die rasante Bahn, 300 m lang und mit gut 16 % Gefälle, und dann gibt es glücklicherweise den Rodellift mit dem passenden Namen »Brockenblick«, der Menschen und Schlitten wieder nach oben trägt, damit sie wieder hinuntersausen können. Mit etwas Glück darf man von 17 Uhr an noch weitere 3 Std. im Fluchtlicht rodeln ...

www.oberharz.de;
www.torfhauslifte.de

578

Okertalsperre
Wassersport / Schulenberg

Wie mit Krakenarmen greift die Okertalsperre in den Nordwesten des Gebirges, in Richtung Goslar, Schulenberg, Clausthal-Zellerfeld, Altenau sowie Bad Harzburg, und mit 2,3 qkm bildet sie dabei den zweitgrößten Stausee im Harz. Zwischen 1952 und 1956, während die Staumauer wuchs, mussten die Menschen aus Schulenberg ihre Häuser verlassen und bekamen einen neuen Luftkurort. Ihr Dorf und die umgebenden Täler wurden überflutet. Wenn jemand erzählt, manchmal könne man den Kirchturm sehen, dann ist das eine Legende, denn es gab keine Kirche dort. 1,5 Std. schippert die »Aqua-Marin« bei der großen Okerseefahrt zwischen vier Anlegestelle an schönen Aussichten sowie an lauschigen Rastplätzen vorbei. Baden ist erlaubt, Segler und Surfer haben reichlich Platz, und an der Oker unterhalb der Talsperre lernen Wildwasserfans bei rasanten Fahrten durch unruhiges Wasser Hüftknick und Eskimorolle, sobald die Wasserwerke die Schleuse öffnen und die Waldschlucht überfluten.

www.okersee.de

579 Board'n Bikes
Hahnenklee / Bocksberg

Roller war gestern. Jetzt ist es der Monsterroller, dessen dicke Profilreifen über Äste springen, Zweige streifen den Kopf und Scheibenbremsen erhöhen den Nervenkitzel in steilen Kurven. Gibt es das Fahrrad noch? Hier nicht, Experten sprechen von Downhill-Bike und Hillracer und lassen damit schon ahnen, dass es am Bocksberg um mehr als Mountainbiken geht. Sie wappnen sich mit Helm, Ellenbogen- und Schienbeinschonern, hüllen sich in Battle-Jackets und stürzen sich ins Abenteuer, das Singletrail heißt, mit Sprüngen und Senken, mit schnellen und langsamen Kurven. Man kann es immer wieder probieren, Gondeln der Seilbahn bringen auch Fahrzeuge auf den Berg, und dann geht es wieder bergab ...

www.erlebnisbocksberg.de

580 Silbergrube Lautenthals Glück
Lautenthal

Das hat man sich anders vorgestellt, das Glück. Es sieht bescheiden aus: ein riesiges Wasser- und Förderrad, Maschinen und Lokomotiven. Ein »Fahrkunst« genanntes Leitersystem, mit dem die Bergleute zu ihrem Arbeitsplatz im Berg hinunterfuhren. Wer zu spät kam, dem wurde Lohn abgezogen. Hinunter wollten viele, denn unten konnte man Erze abbauen, sogar Silber – Lautenthals Glück, vom 13. bis Mitte des 20. Jhs. Jetzt muss man einen Helm aufsetzen und sich in die Grubenbahn zwängen. Sie ist nützlicherweise rundum vergittert, denn nur wenige Zentimeter trennen Passagiere und Stollenwand. Man kann sich vorstellen, wie mühsam das Erz aus der Wand geschlagen wurde. Den Bergmännern gilt aller Respekt. Allein dafür lohnt sich die Tour unter Tage!

www.lautenthals-glueck.de

Goetheweg
Torfhaus

581

Eigentlich müsste man den Goetheweg im Winter gehen, möglichst bei tiefem Schnee, denn der Dichter brach am 10. Dezember 1777 zu seiner ersten Brockenbesteigung auf und war wohl gut beraten, aber auch nicht allein. Der Förster Degen begleitete ihn. Eine Brockenbahn gab es noch nicht und die Harzquerbahn wurde gut 100 Jahre später gegründet. Von Torfhaus aus scheint der Brocken bei guter Sicht einen kurzen Spaziergang entfernt zu sein, aber es sind nicht die 5,5 km Luftlinie zu überwinden, sondern ein 8 km langer Weg, der von 800 m auf 1141 m Höhe ansteigt.

www.nationalpark-harz.de

Museum im Berg
Bad Grund

2008 stand im damals er-
öffneten »HöhlenErleb-
nisZentrum« zum ersten
Mal ein Mensch vor dem
rekonstruierten Gesicht
eines seiner bronze-
zeitlichen Vorfahren. Er
kann eine der ältesten
Stammbaumlinien der
Welt nachwei-
sen – über 120
Generationen.
Göttinger
Anthropologen
hatten dafür
die DNA von fast 300
Freiwilligen ausgewertet
und 50 wahrscheinliche
bis sichere Nachfahren
identifiziert. Im Muse-
um, das sich in einer
160 m großen Höhle
im Iberg befindet, kann
man sehen, wie seine
Vorfahren vor rund 3 000
Jahren lebten und sich
ernährten.

582

www.hoehlen-erlebnis-zentrum.de

583 Wasserwanderweg
Clausthal-Zellerfeld

Im Südosten von Clausthal-
Zellerfeld liegt der schönste
Teil des Unesco-Welterbes,
das als »Oberharzer Wasser-
wirtschaftssystem« eingetra-
gen wurde: eine Kaskade von
vier Teichen, in denen sich
die Wolken spiegeln. Für eine
Attraktion taugt der Name
nicht, da wird man sich noch
etwas einfallen lassen müssen. Er bezeichnet nur einen
Rechtstitel. Hier ist nichts
Natur und alles Technik.
Herr über die Teiche sind
heute die Harzer Wasserwerke. Die ersten waren wohl
die Zisterzienser – Mönche
aus Walkenried, die damit
und mit dem Bergbau ein
erfolgreiches Wirtschaftssystem in Gang setzten. In Sam-
melbecken wurde Regenwas-
ser aufgefangen und über
kilometerlange Gräben dorthin geführt, wo es gebraucht
wurde. Keiner kennt die ge-
naue Zahl der Teiche, um 140
mögen es seit dem 16. Jh. gewesen sein, wenn auch nicht
alle gleichzeitig existierten.
Die Länge der Gräben wird
mit 500 km geschätzt, die der
unterirdischen Überleitungs-
stollen mit 30 km. Heute sind
noch 65 Teiche registriert,
70 km Wassergräben und
20 km Wasserläufe. Die Aufgabe der Teiche beschränkt
sich auf Hochwasserschutz
und Trinkwassergewinnung.
Schilder mit einem Wasserrad und Richtungspfeil kennzeichnen 22 Wege, 450 m
bis 12 km lang und meist
als Rundtouren angelegt, in
deren Verlauf es eine Fülle von Erläuterungen zum
Bergbau gibt. Zur Kaskade
östlich von Clausthal-Zellerfeld, die von vier großen
ehemaligen Bergbauteichen
gespeist wird, führt der
2,7 km lange Wasserwander-
weg »Hirschler Teich / Pfau-
enteiche«. Die ehemaligen
Bergwerke »Caroline« und
»Dorothea«, einst die er-
tragreichsten Erzgruben des
Burgstätter Zuges, liegen
ganz in der Nähe. Zu allen
Bauwerken – auch zu den
Teichen – gibt es unterwegs
vielfältige Informationen.
Genaueres über das Wasser-
wirtschaftssystem über und
unter Tage erfährt man im
Rahmen einer Führung.

www.ohwr.de

584

Wintersport

Braunlage

Braunlage liegt mitten im Harz, 600 m hoch und außerdem am Fuß des 971 m hohen Wurmbergs. Sehr viel höher geht es in Niedersachsen nicht mehr. Mit dem Schnee finden jedes Jahr die Besucherscharen ein traumhaftes Skigebiet vor, und mit dem Kaffeehorst einen idealen Snowboardinghang, 400 m lang und mit beachtlichen 80 m Höhenunterschied.

585

www.harzinfo.de; s. Winter pur

Kräuterpark
Altenau

Nichts vom weltweiten Wissen um die Heilkräfte der Natur ist verloren! Wer daran zweifelt, kann sich im Kräuterpark überzeugen lassen. Von Schmetterlingen umschwärmt, an Berg und Sumpfwiesen, an Salbei, Minze, Thymian, Melisse und Ysop vorbei, geraten Spaziergänger an Exoten wie Indianernessel, sehen am Wasserfall Farne und überall gibt es Tafeln, die Herkunft und Heilkraft verraten. In der Gewürz-Pagode erst einmal die Augen schließen und schnuppern: Indien oder eher Thailand? Tibet? Malaysia? Würzig ist es ganz sicher, aber es ist unmöglich, einen einzigen, speziellen Duft auszumachen.

www.kraeuterpark-altenau.de

Arboretum
Bad Grund

Der Weinblattahorn leuchtet feuerrot – der Rundkurs Indian Summer im Arboretum, nun »Welt-Wald Harz« genannt, lädt zu einem Herbstspaziergang ein. Jetzt sieht es ganz anders aus als im späten Frühjahr, da gehörte der Asiatische Blütenzauber zu den beliebtesten Wegen im Exotenwald. Aus Sibirien bis Südamerika stammen etwa 600 Baumarten und Gehölze. Sie heißen Gurken-Magnolie oder Hirschkolbensumach und sind auf ca. 12 km Weg nach Ländern sortiert. So weiß jeder, woher die »Fremden« stammen, die sich hier seit dem Jahr 1975 integrieren.

586

www.weltwald-harz.de

587 Schlittenhunderennen
Clausthal-Zellerfeld

»Gee«, ein bisschen nach rechts, ruft der Musher am Ende der Kufen, die Zugleine fest in der Hand. Immer gleichmäßig gespannt muss sie sein, damit die Hunde nicht stolpern und sich verletzen, permanenter Druck auf die Bremsen hilft. So ein Schlitten lässt sich nicht lenken wie ein Auto, auch wenn er Matten- und Krallenbremse hat. Gespann und Mann oder Frau müssen zusammenarbeiten. Gewichtsverlagerung beeinflusst das Kurvenverhalten, Rufe geben die Richtung an. Bei »Haw« geht es nach links durch aufstaubenden Schnee, wie Wölfe heulen die Hunde. Bis zu 40 km/h können die Tiere erreichen. Bei »Easy« verringern sie das Tempo, fallen in Trab, und »Whuuu« kündigt den Stopp an.

www.oberharz.de; s. Winter

588 Glashütte
Clausthal-Zellerfeld

Heiß ist es: Bei 1 250 °C arbeiten die Glasmacher mit dem flüssigen Quarzsand, ziehen mit der langen Pfeife das Material aus der Glut, das wie flüssiger Honig tropft, wenn das Gerät nicht ständig gedreht wird – und dann pusten, kräftig, aber nicht zu sehr, sonst tropft das flüssige Glas hinunter. Besucher dürfen das auch probieren, sich ein Souvenir blasen. Es sah gerade noch so leicht aus. Im Kunsthandwerkerhof blitzt das Glas in allen Farben, Vasen, Teller und Tiere sind hier in Handarbeit entstanden. Mit dem Zwackeisen hat der Glasmacher bei der Vorführung Ohren und Beine aus einer Kugel gezogen, formt Pferdeschwänze und Hasenohren. Aber dann kommt das Schönste: Den selbst geblasenen Glocken entlockt einer mit leichtem Klöppelschlag eine leise Melodie.

www.glasblaeserei-zellerfeld.de

Grube Samson
St. Andreasberg

Aber was hat der Kanarienvogel Harzer Roller mit Bergbau zu tun? Er hat die Männer im Berg geschützt, wenn er bei gefährlichem Grubengas verstummte. Dann wussten sie, dass sie den Stollen verlassen mussten. Er sorgte, jahrhundertelang in St. Andreasberg gezüchtet und verkauft, für das notwendige Brot, das die Arbeit im Berg nicht immer hergab. Kanarienvogelmuseum im Gaipel und Grube Samson gehören somit zusammen. Mehr als 100 t Erz (bis in 810 m Tiefe) wurde hier gefördert. Heute führt die Drahtseilfahrkunst, damals mit Wasserrädern betrieben, 190 m tief in den Berg.

www.oberharz.de/andreasberg-kanarienvogel-museum.html

589

Rhumequelle
Rhumspringe

Als Nebel wallten und Menschen nur als Schattenrisse wahrzunehmen waren, fehlte nur Rhuma, die Nixe, die der Vater vor vielen Jahren in eine Höhle verbannt hatte. Auf unterirdischen Wegen, so will es die Sage, hatte sie sich befreit und stieg ans Licht – als Rhumequelle. Fasziniert stehen jedes Jahr Besucher am Rand des Dorfes und schauen auf den 20 m großen, 9 m tiefen Quelltopf, aus dem die Rhume mit 900 bis 5 500 l Wasser pro Sek. entspringt. Mit konstanten 8 - 9 °C Wassertemperatur wissen auch Wasseramsel, Eisvogel und Pirol diesen Ort zu schätzen.

www.rhumspringe.de

591 Wildnispfad
Altenau

Mit einem Eichen-Buchen-Mischwald, der nur 300 bis 400 m hoch und damit in warmen Tieflagen gedeiht, beginnt der Weg. Die Buche ist die dominierende Baumart im Harz, das ist in höheren Lagen zu sehen; bis 700 m konkurriert sie mit der Fichte um den Platz. An den Bachauen sind Erle, Esche und Aspe, auch Bergahorn zu finden. Ein Drittel aller in Deutschland bekannten Pflanzen wachsen, wo sie dürfen, im Nationalpark. Aber die Fichte hat ein Problem, sie hat flache Wurzeln, und wenn der Wind stark pustet, wirft er die Bäume um. Nach dem Windwurf machen sich die Borkenkäfer über die Bäume her. Der Wald ist nicht tot, die nächste Generation nutzt die Chance und streckt erste Blätter ins Licht.

www.nationalpark-harz.de

592 Museum im Schloss
Schloss Herzberg

Untypisch für ein Schloss: vier Flügel und fast alles Fachwerk, eine Renaissance-Anlage, 1510 auf einen Bergrücken im Westen der Stadt gebaut, wo im Mittelalter eine Burg stand. Heinrich der Löwe soll das Schloss 1157 gegen die Burg Badenweiler von Kaiser Friedrich Barbarossa getauscht haben, danach blieben die Welfen, bis der Ort 1866 an die Preußen ging. In der ehemaligen Schlossküche tagt seit dem Jahr 1882 das Amtsgericht, im Museum kann man 1 000 Jahre Harzer Geschichte und ein Faksimile des Evangeliars Heinrichs des Löwen besichtigen. Tapeten mit Jagdmotiven in Lebensgröße sind zu sehen, eine Orgel aus berühmter Werkstatt. Neugierige Kinder gehen mit Lupen auf Forschertour. An den Computer-Terminals sehen sie Filme.

www.museum-schloss-herzberg.de

Fledermäuse beobachten

Sankt Andreasberg

Sie sehen mit den Ohren und fliegen mit den Händen, und wenn sie Geräusche machen, hören wir sie wispern, zetern, kratzen, glucksen – aber sie brüllen und schimpfen auf eine Art, die wir nicht hören können. Fledermäuse sind schnell und geheimnisvoll, manche nennen sie mystisch; andere fürchten sie als kleine Vampire. Wer sie beobachten und mehr über sie wissen will, nimmt an »Fledermäuse – Nachtgestalten der Dämmerung« im Juli und August teil. In diesen Monaten ziehen die Weibchen ihre Jungen groß. Die Harzregion bietet ideale Bedingungen und einen abwechslungsreichen Lebensraum für Fledermäuse, daher sind diese hier zahlreich anzutreffen. Treffpunkt für die ca. zweistündige Veranstaltung ist das Nationalparkhaus in St. Andreasberg.

593

www.nationalpark-harz.de,
s. Veranstaltungen,
After-Work-Naturerlebnisse

Römerlager
Hedemünden

Das erst vor wenigen Jahren entdeckte römische Militärlager gilt als archäologische Sensation, zumal in Niedersachsen, ca. 200 km entfernt von den eigentlichen damaligen Grenzgebieten. Als Grabräuber im Jahr 1998 hier antike Beute machten, brachte dies Archäologen auf den Plan und zu reichen Funden: römische Waffen, Zeltheringe, Münzen, Werkzeuge. 2004 wurden die Ergebnisse der Untersuchung verkündet: Es handelt sich um das östlichste bislang entdeckte Militärcamp der Großmacht in Germanien.

www.goettingerland.de/roemerlager

594

Kloster für Kinder
Walkenried

595

Eine imposante weiße Ruine auf der Wiese, ein herrlicher gotischer Kreuzgang, ein Kapitelsaal, der noch als Kirche genutzt wird, Refektorium und Wirtschaftsgebäude – das blieb vom Zisterzienserkloster Walkenried, einem der mächtigsten Wirtschaftsbetriebe in Norddeutschland. 1129 von Mönchen aus dem Burgund gegründet, ließen sie Laienbrüder für Gottes Lohn in Bergwerken schuften, machten Sümpfe zu Fischteichen und trennten sich von Unrentablem zugunsten von Zinsgeschäften. Am Ende wurde das Kloster Steinbruch und Schnapsbrennerei und schließlich im Jahr 2006 ein Zisterzienser-Museum. Eine moderne Geschichte, die bei Themen-Führungen (nach Anmeldung) und per (Kinder-)Audio-Guides anschaulich erzählt wird.

www.kloster-walkenried.de

596 Nachtwächtertour
Hameln

»Hört Ihr Leut' und lasst Euch sagen: Unsre Glock hat Zehn geschlagen! Wahrt das Feuer und das Licht ... Menschen wachen kann nichts nützen, Gott muss wachen, Gott muss schützen, Herr durch Deine Gnad' und Macht, schenk uns eine gute Nacht.« So ähnlich hat es bis Ende des 19. Jh. in den Gassen von Hameln geklungen, wenn der Nachtwächter seine Runden ging. Sein moderner Nachfolger holt den in Vergessenheit geratenen Beruf in die Gegenwart zurück. Der Türmer nimmt seine Gäste im Laternenschein mit auf seinen Weg durch die verschwiegenen Gassen der Stadt oder auf den Turm der Kirche St. Nicolai für eine ganze besondere Stadtbeschau. Treffpunkt ist direkt an der Marktkirche.

www.hameln.de

597 Skizentrum Ravensberg
Bad Sachsa

Leicht und kurz für Langläufer ist der Rundkurs Stephanhütte: Gemächlich geht es los – und bleibt 1 500 m auf gleicher Höhe, dann 2 000 m bergab, noch ein kleiner Anstieg bis zur Uffequellenhütte, – schon ist der Ausgangspunkt wieder erreicht. Vor allem für Familien ist der Südharz mit dem 660 m hohen Ravensberg ein Geheimtipp, dafür sorgen die leichten bis mittelschweren Abfahrten auf 4 000 m Höhe. Acht Wanderwege sind bei Schnee geräumt, Snowboarder finden ein extra Gelände mit Schanzen und Rampen vor, im Wald gibt es eine kleine Rodelbahn, aber auch 620 m Abfahrt- und im Salztal-Paradies eine Eislaufhalle. Wenn der Schmelzteich im Kurpark zugefroren ist, tummeln sich jedoch alle dort.

www.sportzentrum-ravensberg.de

Rundweg
Bad Sachsa

598

Der Ravensberg schützt das alte Kurstädtchen im Südharz. Um die Spitze des 660 m hohen Berges führt ein 3,8 km kurzer Rundweg und bietet die schönsten Blicke: zum Brocken, zum Kyffhäuser und zum Thüringer Wald. Enge Täler führen auf kurzem Weg ins Gebirge. Wem das zu anstrengend ist, bleibt auf der Flaniermeile und im Kurpark, erfreut sich dort an Lehrpfaden. Uffebach heißt das Gewässer, das über einige Stufen vom Schmelzteich ins Grüne fällt. Schöne Fachwerkhäuser sind im Zentrum um das Rathaus mit jugendstilgeschmücktem Sitzungssaal erhalten.

www.badsachsainfo.de

Nordrhein-Westfalen

Wo anfangen? Vielleicht auf der Rheinpromenade in Düsseldorf oder auf der Aussichtsplattform Köln Triangle – mit Blick
auf den Dom. Natur gibt es auch, sie kommt in die Städte
zurück: Zwischen rostigen Stahlinstallationen und nagelneuen
Skulpturen, wie hier in Duisburg, sprießt frisches Grün.

»Tiger & Turtle« (Tipp 638), die begehbare Skulptur auf der Heinrich-Hildebrand-Höhe in Duisburg, ist Tag und Nacht geöffnet. Wer sie betritt, ändert mit jedem Schritt ihre Form.

Floßbau
Rheine

Es ist gar nicht so schwer, sich einmal wie Tom Sawyer und Huckleberry Finn zu fühlen. Dafür braucht man nicht an den Mississippi zu fahren, die Ems reicht aus. Das Programm dauert ca. 3,5 Std. und ist eine lehrreiche Erfahrung für Kinder wie Erwachsene. Geschick, technische Begabung und Kreativität sind hilfreich. Das Wichtigste beim Bau – und natürlich auch bei der Floßfahrt – ist jedoch Teamgeist. Aus verschiedenen Materialien werden Flöße gebaut, die auf dem Wasser auf ihre Stabilität getestet werden – dann zeigt sich, wie gründlich man gearbeitet hat.

www.tourenmacher.de;
www.rheine.de

600 Saline Gottesgabe
Rheine

Nüchtern betrachtet, ist die Saline »nur« ein technisches Baudenkmal. Anfang des 17. Jhs. war sie für Alexander von Velen jedoch ein Geschenk des Himmels: Die Salzquelle bedeutete ökonomischen Aufschwung, daraufhin gab er ihr den Namen: Gottesgabe. Der Salinenpark ist frei zugänglich, Spazier- und Wanderwege führen hindurch, auf Themenrouten wird man zu Kultur- und Naturschätzen geleitet. Auf der Salzroute lernt man z. B. die Geschichte des »Weißen Goldes« kennen. Bei einer Führung (ca. 2 Std.) erfährt man viel über die Blütezeit der Salzgewinnung im 18. und 19. Jh. – jene Zeit, als das 300 m lange Gradierwerk entstand, die erste derartige Anlage in Westfalen.

www.muensterland-tourismus.de;
www.kloster-bentlage.de

601 Haddorfer Seen
Wettringen

Im Norden von Wettringen liegt eingebettet in eine Heidelandschaft das Erholungsgebiet Haddorfer Seen. Fünf an der Zahl reihen sich hier aneinander. Der größte ist der Boots- und Angelsee, an dem an Sommerwochenenden Tret- und Segelboote oder ein Elektroboot geliehen werden können. Der etwas kleinere See im Osten ist der Naturbadesee mit einer angrenzenden Dünenlandschaft. Hier gibt es einen Ganzjahres-Campingplatz mit Zeltwiese, Übernachtungshütten für Radfahrer und Ferienhäuser. Wer sich sportlich betätigen möchte, hat die Wahl: Minigolf- oder Tennisplatz, Trimm-dich-Pfad, Basketball- und Beach-Volleyballfeld oder doch der Bolzplatz? Alles ist vorhanden. Für Kinder besonders attraktiv: der Abenteuerspielplatz und Matschbereich direkt an der Badebucht.

www.wettringen.de

Naturzoo
Rheine

Zwei Besonderheiten zeichnen den Zoo aus. Die erste: Hier siedelt die größte Weißstorchkolonie in Nordrhein-Westfalen. 100 Störche sind hier zu Hause. Im Frühjahr gesellen sich wilde Störche dazu, um hier in den Bäumen ihre Nester zu bauen und zu brüten. Zu den Fütterungszeiten treffen sich alle im Reservat – ein einmaliges Schauspiel. Die zweite Besonderheit: Rheine rühmt sich, den ersten Affenwald Deutschlands zu besitzen. Hier leben Berberaffen in einem frei zugänglichen Gehege und man erlebt sie hautnah. Wer sich nicht an die Regeln hält und nicht auf sein Hab und Gut aufpasst, hat schnell den Kürzeren gezogen. Die Affen sind schnell und grapschen gern nach Essbarem. Das Füttern ist aber streng verboten. Die Tiere dürfen nicht angefasst werden. Vice versa sind Rucksäcke, Taschen und Kinderwagen für die Tiere tabu. Ob das die Affen auch so sehen?

602

www.naturzoo-rheine.de

603

Drachenbootfahren
Rheine

Es ist über 12 m lang, kommt aus dem fernen China und heißt Grisu – Feuer spuckt es allerdings nicht. Das knallbunte Drachenboot aus Rheine hat wie alle Drachenboote einen Drachenkopf am Bug, einen Drachenschwanz am Heck und schwimmt auf der Ems. Mit einem Steuermann und einem Trommler an Bord, der den Takt für die Paddelschläge der Mannschaft angibt, wird das Ungetüm gezähmt. Bis zu 20 Personen finden im Boot Platz. Der Verkehrsverein Rheine bietet vierstündige Touren mit dem Boot an. Ein Experte weist in die Paddeltechnik ein. Gefährlich ist das Gefährt aber nicht!

www.rheine.de

Dreiländersee
Gronau

Der 24 ha große See mit seinen 4 km langen Uferwegen ist in einer Stunde zu Fuß gut zu umrunden. Nimmt man es ganz genau, handelt es sich eigentlich um zwei Seen: der kleine Badesee im Westen und der große im Osten, die allerdings an einer Stelle miteinander verbunden sind. Segeln, Paddeln, Tretbootverleih, Baden am Sandstrand, auch Minigolf, Fußball und Beachvolleyball – das Freizeitangebot ist facettenreich und immens. Außerdem lockt der See Windsurfer an. Die Verhältnisse für die Surfer werden als anspruchsvoll eingestuft.

 604

www.gronau.de;
www.campingplatz-gronau.com

 **605**

Beach-Halle
Recke

Seit dem Jahr 2006 gibt es die erste Indoor-Beachhalle des Münsterlandes, den Family Beach Club in Recke. Mit einer Höhe von stolzen 9 m verwandelte sich eine Halle in ein neues Highlight für Beachsportarten. 600 t Sand wurden hierher verfrachtet. Mit einer Fußbodenheizung wird der Sand für die Spiele angewärmt, die Halle selbst ist klimatisiert. Das Licht scheint durch die großen Seitenfenster und durch Oberlichter ins Innere. Hier wird gespielt, was normalerweise am Strand Spaß macht: Badminton, Handball, Volleyball, Fußball, Indiaca oder einfach nur Boccia – man ist aber auch für andere Sportarten offen. Auf 1 000 qm stehen vier Plätze zur Verfügung, die jeweils für mind. 90 Min. gemietet werden können.

www.beachhalle-recke.de

606 Pop-Museum
Gronau

Gronau? Genau! Schublade auf, Musik ab. Das Rock- und Pop-Museum ist ein Ort zum Hinhören. Hier swingt, groovt und rockt es den ganzen Tag. Udo Lindenberg hatte die Idee zum ersten und einzigen Popmuseum Europas. In der ehemaligen Textilfabrik seiner Heimatstadt ist die Musikgeschichte des 20. Jhs. dokumentiert. Lindenberg kommt ab und an zu Besuch, hat seine eigenen Bilder hier ausgestellt und das ein oder andere Konzert gegeben. Die Ausstellung ist schrill, bunt und plakativ. Im ersten Raum ist es zunächst aber ziemlich plüschig: Hier dudelt der erste Millionenseller der Musikgeschichte, das kitschige »Gebet einer Jungfrau« von Thekla Badarzewska. Das Studio der deutschen Rockband Can ist im Original aufgebaut – bis hin zum abgewetzten Fußboden.

www.rock-popmuseum.de

Dörenther Klippen

608

Ibbenbüren

Gut beschildert führen Rundwanderwege und Kraxelpfade von den Dörenther Klippen bis tief in den Teutoburger Wald. Für Profiwanderer erstreckt sich der 170 km lange Hermannsweg von Rheine bis in die Region Ostwestfalen-Lippe (Beschilderung: weißes H auf schwarzem Grund). Von den Dörenther Klippen aus sind z. B. das Plisseetal und der Dreikaiserstuhl in einer zweistündigen Wanderung gut zu erreichen. Mit Kindern lohnt ein Abstecher zum Kletterwald oder Freizeitpark: Eine Sommerrodelbahn mit Schlittenpiste (120 m) sowie ein nostalgischer Märchenwald sorgen für beste Unterhaltung.

www.bergfreunde-ibb.de; www.sommerrodelbahn.de

Tauchen im Park

Ibbenbüren

Die Faszination des Naturagart-Parks liegt unter der Wasseroberfläche verborgen: Ein komplettes Schiff und eine 20 m lange Tempelanlage mit 5 m hohen Säulen, Höhlen, die sich über eine Länge von 300 m erstrecken – die Unterwasserwelt im Naturerlebnispark Dörenthe ist ein kleines und feines Disneyland für Taucher.

607

www.naturagart.de;
www.tourismus-ibbenbueren.de

609

Bildhauer für einen Tag
Sandsteinmuseum / Havixbeck

Seit über 1000 Jahren wird der Baumberger Sandstein in der Havixbecker Hügelkette abgebaut. Das Havixbecker Sandsteinmuseum im denkmalgeschützten Bauernhof Rabert führt seine Besucher anschaulich in die Geschichte der Sandsteinverarbeitung ein. Der Stein diente nicht nur als Baumaterial für Kirchen und Häuser der Region, sondern wurde auch von Bildhauern genutzt. Skulpturen und Steinmetzarbeiten sind in der Dauerausstellung zu sehen. In Extra-Kursen darf jeder Besucher selbst zum Werkzeug greifen und Bilderhauer spielen (Anmeldung nötig).

www.sandsteinmuseum.de; www.touristik.havixbeck.de

Flughafen
Münster / Osnabrück

Der Flughafen in Münster/ Osnabrück lässt hinter die Kulissen blicken: Was bei Großflughäfen meist verboten ist, ist hier erlaubt und gewünscht: Die Besucher durchlaufen Handgepäck-, Personenkontrolle und besichtigen das Vorfeld sowie die Abflug- und Ankunftshallen.

610

www.fmo.de; auch: Nachtführung mit Dinnerbüfett

Teuto-Express
Lengerich

Das ist Nostalgie: Mit dem Teuto-Express lässt sich das Bahnfahrgefühl der Fünfzigerjahre nacherleben. Der Name Express sollte dabei großzügig interpretiert werden. Der Zug schlängelt sich, von einer Dampflok gezogen, in gemäßigtem Tempo durchs Tecklenburger Land, durchs Münster- und durchs Osnabrücker Land.

611

www.eisenbahn-tradition.de

Glockenmuseum
Gescher

Mehr als 1000 Exponate erzählen im Museum 2000 Jahre Glockengeschichte. Glocken vom 12. bis zum 20. Jh. zeugen vom Können der Glockengießer. Man sollte sich auf jeden Fall durchs Museum führen lassen. Man lernt, was es bedeutet, zu »beiern« und zu »kleppen«, und in der großen Glockengrube wird Schritt für Schritt veranschaulicht, welche Etappen vom Zeichnen der Glockenrippe bis zum Glockenguss in einer Gießerei notwendig sind. Auf zwei Glockenspielen kann man sich selbst als »Carilloneur« (Glockenspieler) versuchen. Na, läutet das was?

612 Moorschnucken und Flamingos
Zwillbrocker Venn

Eine Radroute und sieben markierte Wanderwege führen durch Moor und Heide. Sie liegen alle direkt an der Flamingoroute. Der Name passt, denn hier liegt das nördlichste Brutgebiet freilebender Flamingos in Europa. Einen Abstecher wert ist die Schäferei Moorhof der Biologischen Station Zwillbrock in Ahaus-Graes: Hier grasen die Moorschnucken mit bis zu 500 Mutterschafen. Wer will, kann für eines der vom Aussterben bedrohten Tiere eine Patenschaft übernehmen.

www.flamingoroute.com;
www.bszwillbrock.de

614

613 Kutschfahrten
Warendorf

Kutsch- und Planwagenfahrten bieten sich v. a. in der Gruppe an: bei Kindergeburtstagen, Partys oder bei Hochzeiten. Gemietet werden sie meist samt Fahrer und Begleitperson. Es werden aber auch Stadtrundfahrten mit der Kutsche offeriert, beispielsweise in Münster. Münsterland-Touristik und Münster-Marketing vermitteln ein bis vier Pferdestärken, die in fast jeder Gemeinde gebucht werden können.

www.muensterland-tourismus.de;
www.kutschfahrten-warendorf.de

www.glockenmuseum-gescher.de

Longinusturm
Nottuln

Ausgangspunkt der Tour zum höchsten Punkt des Münsterlandes ist das sehenswerte Schlaun-Dorf Nottuln. Wer nicht wandern will, kann den Longinusturm mit dem »Bürgerbus Baumberge« erreichen. Dieser fährt von April bis Oktober viermal täglich zum Turm. Von hier führt ein gut erschlossenes und neu ausgebautes Wegenetz mit schönen Rundwanderungen dann weiter in die Region.

615

www.baumberge-verein.de;
Einkehr: Café 1897, Tel. 01 70/
101 11 19; www.cafe1897.de

Barfußgang
Stift Tilbeck

Havixbeck hütet ein Wellness-Wunder. Es ist verblüffend einfach, effektiv und wird auch noch kostenlos angeboten: Schuhe aus, Socken aus und ab auf den Barfußgang. Ein außergewöhnliches Erlebnis mitten in den Baumbergen. Ein 2,5 km langer Rundweg mit viel Freiheit für die Füße, bei dem sich der ganze Körper entspannt. Unbeschuht durch Matschbecken laufen, über weichen Waldboden, Heu, durchs Wassertretbecken, durch den Tilbecker Bach und über Kieselsteine: Das ist ein fantastischer Spaß für Kinder und Erwachsene und gleichermaßen eine gesundheitsfördernde Fußreflexzonenmassage. Picknickplätze finden sich auf dem Weg reichlich.

www.barfussgang.de; Einkehr
www.cafe-am-turm.de

Radtour zum Eiskeller
Münster / Altenberge

Auf einer Fahrradtour von Münster nach Altenberge fährt man über Nienberge in die Bauernschaft Hansell, wo man u. a. an einer ehemaligen Holländerachteckwindmühle vorbeikommt. Kurz vor Altenberge, am südlichen Ortseingang (Alter Münsterweg), steht die 300 Jahre alte »Krüselinde«, das Wahrzeichen der Stadt. In Altenberge, mit seiner fantastischen Aussicht vom Höhenrücken, geht es dann allerdings tief ins Erdinnere: genauer gesagt in den Eiskeller der ehemaligen Bierbrauerei Beuing. Der Gewölbekeller wurde im 19. und Anfang des 20. Jhs. für die Bierreife verwendet und steht heute unter Denkmalschutz. Hier lagerten die Fässer und das Eis zur Kühlung. Das Eis wurde damals auf den Eiswiesen »geerntet« – eine mühselige Arbeit.

www.altenberge.de; Anmeldung
Eiskeller: Tel. 0 25 05 / 82 32

Nordic Walking
Hohe Mark

Es gibt im Münsterland drei spezielle »Nordic-Walking-Parks«. Einer davon liegt in Reken: 15 zum Teil vernetzte Touren findet man in fünf Stadtteilen – Groß Reken, Bahnhof Reken, Klein Reken, Maria Veen und Hülsten, insgesamt 100 km lang. Reken ist auch Teil des zweiten Nordic-Walking-Gemeinschaftsprojekts: Die Städte und Gemeinden Dülmen, Haltern am See, Heiden und Reken haben zusammen den Nordic-Walking-Park Hohe Mark geschaffen. Hier wurden 250 km durch die gesamte Region Hohe Mark für Walker erschlossen.

618

www.muensterland-tourismus.de, s. Themen, Aktiv-Region, Nordic-Walking

619

 **620** ## Wildpferde
Merfelder Bruch

Im Merfelder Bruch lebt die einzige verbliebene Wildpferde-Herde auf dem europäischen Kontinent. Dass die ca. 350 Stuten und Fohlen nicht längst ausgestorben sind, haben sie dem Herzog von Croy zu verdanken. Er richtete den Tieren 1847 auf seinem Land ein Reservat ein – und rettete sie so vor der immer intensiver werdenden Landwirtschaft, die ihnen ihren Lebensraum zu nehmen drohte. Hier sind die Pferde sich selbst überlassen. Nur im Winter bekommen sie zusätzliches Futter.

www.wildpferde.de

621 ## Stausee
Haltern am See

Tauchen, Surfen, Angeln, Paddeln, Rudern, Treetbootfahren, Segeln, Schwimmen – alles, was sich in und auf dem Wasser machen lässt, ist am Halterner Stausee möglich. 3 km lang, 2 km breit und auf einem 10-km-Weg auch umrundbar, ist er der größte See der Region sowie mit 20 Mio. Kubikmetern Wasser auch unerlässlich für die Wasserversorgung von über 1 Mio. Menschen im westlichen Münsterland und nördlichen Ruhrgebiet.

www.seebad-haltern.de

622 Waldwanderung um das Schloss
Nordkirchen

Die Wälder rund um Schloss Nordkirchen eignen sich für ausgedehnte Wanderungen und Radtouren. Reizvoll sind z. B. der Tiergarten und der Hirschpark, ein ehemaliges Wildgehege, in dem heute nur noch Rinder weiden. Eine gut ausgeschilderte und einfache 5-km-Route führt um den Hirschpark herum. Zusätzlich gibt es Rundgänge mit Audioguides, welche man in der Tourist Information Nordkirchen erhält.

www.schloesserachse.de;
www.schloss-nordkirchen.de

623 Venner Moor
Senden

Das Venner Moor, als Fauna-Flora-Habitat ausgewiesen, ist eine Oase der Ruhe. Unter Birken- und Kiefernwäldern sind seltene Pflanzen wie der Grönländische Sumpfporst und der Königsfarn zu entdecken. Besonders schön und eindrucksvoll präsentiert sich die Wollgrasblüte im Frühling. Mit etwas Glück kann man außerdem der vom Aussterben bedrohten Kreuzotter begegnen.

www.naturfoerderstation.de

Wildpark
Isselburg

624

Sieht aus wie in der Schweiz, liegt aber in Isselburg: der Biotopwildpark Anholter Schweiz. Im Zuge der englischen Gartenbewegung im Jahr 1890 von Fürst Leopold zu Salm-Salm erbaut, legte man mitten im See eine Insel an, auf der sich das heutige Schweizer Häuschen befindet. 40 Arten einheimischer Tiere leben hier in artgerechter Haltung. Neben Wölfen, Luchsen und Wisenten werden Braun- und Kragenbären in einer großen Anlage beherbergt. Täglich können die Besucher bei Fütterungen zusehen; an mehreren Sonntagen im Jahr finden außerdem Falkenshows statt.

www.anholter-schweiz.de

Vögel beobachten
Gelmer

Wer in die Rieselfelder geht, braucht ein Fernglas. Sonst entgehen ihm Pfuhlschnepfe, Löffler und Bartmeise. Sie leben hier im Europareservat für Watt- und Wasservögel mit vielen anderen bedrohten Tierarten in einer naturnahen Landschaft. Die im Jahr 1901 ursprünglich zur Abwasserreinigung angelegten Rieselfelder sind heute ein Vogelschutz- und Naturerlebnisgebiet mit über 100 Teichen. Bis zu 150 verschiedene Vogelarten lassen sich hier beobachten; Schwärme von Kranichen und Gänsen und auch der seltene Eisvogel. Manche nordischen Wattvögel rasten hier, fressen sich satt und ziehen nonstop von Münster bis in den Senegal – das sind beinahe 5 000 Flugkilometer!

www.rieselfelder-muenster.de

625

Skulp-Tour
Münster

Seit 1977 verwandelt sich Münster alle zehn Jahre — so auch 2017 wieder — in ein Freilichtmuseum für zeitgenössische Kunst. Hundert Tage lang nutzen international renommierte Künstler Plätze und Straßen, Gebäude und Gewässer als Ausstellungsräume. Die Werke sind speziell für die Stadt gestaltet, manche bleiben, andere kommen hinzu. Über 60 Skulpturen sind es bis heute. Eine feste Route durch das Open-Air-Museum gibt es nicht, allerdings werden geführte Touren zu Fuß oder per Rad angeboten.

626

www.skulptur-projekte.de; www.muenster.de/stadt/skulpturen; www.skulptour-muenster.de (s. auch App)

627 Kanu-Tour
Münster

Besonders sportlich muss man nicht sein, um ein Kanu zu beherrschen. Die Grundzüge des Paddelns sind schnell erlernt. Und alleine muss man auch nicht sein: Man kann zu zweit, zu dritt, zu viert, aber auch zu zehnt in einem Boot sitzen. Die Werse ist für Anfänger ein ideales Flüsschen. Sie entspringt in Beckum aus drei kleinen Bächen und schlängelt sich 67 km lang östlich an Münster vorbei bis nach Gelmer, wo sie in die Ems mündet. Angenehm ist die schwache Strömung, welche es möglich macht, ebenso leicht flussaufwärts wie flussabwärts zu fahren, entlang wildromantischer Natur, vorbei an Wassermühlen, Schrebergärten und Wochenendhäuschen mit eigenem Steg und Boot.

www.kanuverleih-pleister muehle.de; www.canucamp.de

628 Museum für Naturkunde
Lauheide

Im Westfälischen Museum für Naturkunde begibt man sich auf eine Zeitreise ins Erdmittelalter. Hier werden die Überreste von Dinosauriern ausgestellt, die vor 100 Mio. Jahren in Westfalen gelebt haben. Das prächtigste Exemplar ist 16 m lang: das Skelett eines Tyrannosaurus Rex. Nicht weniger eindrucksvoll ist der größte Ammonit der Welt, der zum »Fossil des Jahres 2008« gekürt wurde. Entdeckt wurde dieser Riesentintenfisch in Seppenrade, wo eine Kopie des versteinerten Urmeerebewohners steht. Eine weitere Ausstellung beschäftigt sich u. a. mit den Indianern. Zahlreiche Exponate veranschaulichen Leben und Wertesystem der nordamerikanischen Prärie- und Plainsindianer. Im Planetarium nebenan heißt es: Sterne gucken!

www.lwl.org/LWL/Kultur/WMfN

Radtour
An Ems und Aue

2004 wurde der »EmsAuen Weg« eröffnet – und bereits ein Jahr später wurde er als Radroute des Jahres prämiert. Der kulturhistorische Radwanderweg verläuft auf einer Strecke von etwa 100 km zwischen Warendorf und Rheine entlang der Ems, mal direkt, mal etwas entfernt von ihr – was nicht weiter schlimm ist, denn auch ihre Auenlandschaft ist idyllisch, friedlich und voller Geheimnisse. Der Radweg verbindet die alten Emsstädte Warendorf, Telgte, Greven, Emsdetten sowie Rheine und deren historische Ortskerne miteinander. Die Beschilderung ist ausgezeichnet. Radwanderer können sich an den Schildern mit den grünen Wellen oder den Markierungen mit den roten Pfeilen orientieren. An 78 Stationen werden auf Informationstafeln landschaftliche sowie kulturhistorische Besonderheiten erklärt.

630

www.emsauenweg.com;
Einkehr: Bauerncafé-Reiterhof
Austermann in Warendorf

Klettern
Münster / Senden / Ahlen

629

Bis zu 22 m hoch lässt es sich in den münsterländischen Kletterhallen kraxeln. Hierfür braucht man nur ein wenig Mut und Kraft, doch auch Untrainierte schaffen es, sich am Indoor-Berg von Vorsprung zu Vorsprung zu hangeln. Der Trick: Man sollte sich nicht mit den Armen nach oben ziehen, sondern aus den Beinen nach oben drücken. Und sich vorher gut überlegen, welche Route man wählt. Mit Händen und Füßen klettert man dann, durch Seile gut abgesichert, einen Parcours an der Wand entlang. Wer es nie oder selten macht, bekommt vermutlich Muskelkater.

www.high-hill.de; www.bigwall.de

Naturgenussroute
Münster

Die Naturgenussroute erstreckt sich über ca. 160 km. Vom Zentrum der Stadt breiten sich die Touren sternenförmig ins Münsterland aus. Als Tagesausflug eignet sich die kürzeste Radtour: 50 km lang, mit flachen Wegen. Vom

631

Hauptbahnhof Münster geht es an der Pleistermühle vorbei Richtung Telgte mit einem Abstecher zu der Wacholderheide der Klatenberge, dann nach Westbevern – zu den Konikpferden und Heckrindern, die in den Emsauen beobachtet werden können. Über die Rieselfelder verläuft der Weg durch den Dyckburger Wald Richtung Handorf zurück.

www.naturgenussroute.de

632 ## Adlerwarte
Detmold

Allein die Abflugtribüne mit über 160 Sitzplätzen belohnt den Aufstieg mit einem wunderbaren Blick weit hinein ins Berlebecker Tal. Noch aufregender als die Aussicht ist eine Vorführung: In atemberaubenden, weil steilen Sturzflügen fliegen die Adler mit ihrer für uns unvorstellbaren Körperkontrolle hautnah über den Köpfen hinweg, um zielgenau auf der Faust des Falkners zu landen. Ganz nebenbei erfährt man Wissenswertes über den Artenschutz und die Lebensgewohnheiten der Greifvögel.

www.detmold-adlerwarte.de

633 ## Freilichtmuseum
Detmold

Mit mehr als 90 ha und mehr als 100 Gebäuden, Gärten, Feldern, echten Lippegänsen und Bentheimer Landschweinen zählt dieses Freilichtmuseum zu den größten Deutschlands. Von April bis Oktober und je nach Witterung kann man sich hier beim Blick in die Vergangenheit vor Augen führen, wie aufreibend und mühselig das Landleben und die Bewirtschaftung des Bodens in früheren Jahrzehnten war.

www.lwl.org/LWL/Kultur/
LWL-Freilichtmuseum-Detmold

 **634**

Museumshof Senne
Bielefeld

Jetzt steht es gut und sieht schmuck aus. Bevor das Gutshaus seinen Platz im Museumshof Senne fand, stand es an einer stark befahrenen Kreuzung und sollte einem Autohaus weichen. Dort war der Hof Buschkamp Zeuge und Zentrum vieler historischer Ereignisse. Schwarz-weißes Fachwerk, der Giebel ist holzverkleidet, eine grüne Doppeltür mit Fenstern ziert die Front.

Über 200 Jahre ist er alt. Das ist dem Buschkamp nicht anzusehen, das historische Gasthaus ist gut gepflegt. Dass es nicht plattgemacht wurde, verdankt es auch dem heutigen Pächter. Zwar musste die alte Tür mit den vielen Fenstern weichen. Die westfälische Küche mit Desserts wie »Pumpernickelkrem an Backpflaumen« ist geblieben.

www.museumshof-senne.de

 635

Radtour durchs Revier
Duisburg

Die »Route der Industriekultur per Rad« erstreckt sich über 700 km durch die industrielle Landschaft zwischen Duisburg und Hamm. Dabei verlaufen große Teile des Wegenetzes auf ehemaligen Bahntrassen, attraktiven Ufer- und Waldwegen oder verkehrsarmen Straßen. Viele Ankerpunkte liegen direkt oder unmittelbar am Radweg. Der Reisende fährt auf dem 230 km langen Emscher-Park-Radweg mit-

ten durch das »Herz« des ehemaligen Reviers. Oder er erradelt auf dem 350 km langen Rundkurs Ruhrgebiet die historisch und geografisch sehr unterschiedlichen Teilräume zwischen Rhein, Lippe, Ruhr und Börde. Die Verbindungswege – meist in Nord-Süd-Richtung verlaufend – ermöglichen individuelle Tourenkombinationen.

www.route-industriekultur.de/route-per-rad

Tauchen
Gasometer / Duisburg

Die Feuerwehr, die Polizei und Berufstaucher üben hier, um für den Ernstfall präpariert zu sein. Das hat den Vorteil, dass eine ausgeklügelte Infrastruktur vom Geräteverleih über eine Werkstatt bis hin zu beheizten Umkleidekabinen und warmen Duschen zur Verfügung steht. Das Tauchrevier im Gasometer ist das größte Indoor Tauch- und Ausbildungszentrum Europas. In Zahlen heißt das: 45 m Durchmesser, 13 m Tiefe, 21 Mio. Liter Süßwasser und eine gute Sicht bis zu 25 m Weite. Auch eine Schnuppertauchstunde ist nach Vornanmeldung möglich.

636

www.tauchrevier-gasometer.de

637

»Tiger & Turtle«
Duisburg

638

Mit der Großskulptur »Tiger & Turtle – Magic Mountain« haben Heike Mutter und Ulrich Genth eine sehr eindrucksvolle, neue Landmarke für das Ruhrgebiet geschaffen, die sich seit der Eröffnung 2010 zu einem Besuchermagneten entwickelt hat. Bei Sonnenuntergang erstrahlt die begehbare »Achterbahn« in filigraner Eleganz. Man hat einen herrlichen Ausblick.

www.duisburg.de/micro2/tat/

Römer-Lippe-Route
Von Detmold nach Xanten

Obwohl sie das längste Gewässer Nordrhein-Westfalens ist, steht die Lippe bisher im Schatten von Rhein und Ruhr. 2013 wird die Bedeutung des Flusses mit dem Radfernweg »Römer-Lippe-Route« aufgewertet. Die 295 km lange Tour zwischen Detmold und Xanten verbindet spannende Fundstellen früherer Römerlager mit besonderen Rastpunkten am Wasser, die der Fluss nachhaltig geprägt hat. Während Roms Legionen flussaufwärts marschierten, haben es die Radreisenden von heute einfacher: Von der Quelle im Teutoburger Wald rollt es sich angenehm hinab bis zur Mündung in den Rhein.

www.roemerlipperoute.de

639 Explorado
Duisburg

Wie leben Kinder in fernen Ländern, wie funktioniert eigentlich eine Rakete und was ist ein Fahnenalphabet? Dies und noch viel mehr erfahren Kinder auf drei Etagen im Explorado Duisburg, dem größten Kindermuseum Deutschlands. Verschiedene Mitmachstationen animieren kleine Forscher zum Experimentieren und Ausprobieren. In der längsten Kugelbahn der Welt kann man seine Murmel auf eine Reise quer durchs Museum schicken.

www.explorado-duisburg.de

640 Spionagemuseum
Oberhausen

Welche Spuren hinterlässt man beim Einkauf mit der Kreditkarte oder wenn man mit dem Handy telefoniert? Und wer weiß schon, dass die CIA Beteiligungen an Facebook unterhält? Tagtäglich berichten die Medien über Ereignisse, in denen meist ein Stück Spionage mitschwingt. Aber wie fing alles an? Das soll man hier erfahren.

www.spionage.de

Archäologie-museum
Herne

Museen sind Bollwerke gegen das Vergessen. Das gilt auch im LWL-Museum für Archäologie, denn hier heißt es, eine unterirdische Grabungslandschaft von 3 000 qm zu entdecken und die Geschichte Westfalens zu erforschen.

641

Über 10 000 Funde enthüllen die Menschheitsgeschichte dieser Region: vom Faustkeil aus Mammutknochen bis zum Puppenkopf aus dem Bombenschutt des Zweiten Weltkrieges. Besonders stolz ist man in Herne auf das preisgekrönte Forscherlabor, in dem man selbst zum Entdecker oder Wissenschaftler werden kann.

www.lwl-landesmuseum-herne.de

Besuch beim BVB
Dortmund

Zwar fehlt die Atmo der Fans, ihr Pfeifen und Buhen, der Geruch nach Bratwurst und »alkoholfreiem« Bier. Aber: Echte Anhänger müssen da durch, wollen sie das Stadion besichtigen. Dann sehen sie den Spielerbereich mit Umkleidekabinen, den Spielertunnel und die Mixed-Zone; sie begehen den Stadioninnenraum, passieren die Trainerbänke, besuchen das Stadiongefängnis und eventuell auch einen VIP-Raum (je nach Verfügbarkeit). Doch wer will schon in eine VIP-Lounge, wenn man draußen dem »heiligen Rasen« so nahe kommen kann, wie sonst nie!

642

www.event.bvb.de/Stadiontour/Private-Stadiontour

643

Besuch in der Kokerei
Dortmund

Für die Mitarbeiter der Kokerei Hansa war der 15. Dezember 1992 ein denkwürdiger Tag, als der letzte Koks auf Hansa gedrückt wurde. Heute kann die Kokerei Hansa auf dem Erlebnispfad »Natur und Technik« besichtigt werden.

Der Weg führt hoch auf den »Kohlenturm mit Panoramablick« und zu den Ofenbatterien, in denen einst bei weit über 1000 °C Steinkohle zu Koks »gebacken« wurde.

www.industriedenkmal-stiftung.de

644

Ski in der Halle
Bottrop

Skifahren bei 40 °C im Schatten, Snowboarden bei Regen, Wind und Wetter – alles kein Problem in Bottrop. Noch nie auf Skiern gestanden? Dann wird es Zeit. Das Alpincenter Bottrop hat die derzeit längste Skihalle der Welt – und auf einer 640 m langen Piste für alle Schwie- rigkeitsgrade etwas zu bieten. Und das das ganze Jahr über: 365 Tage lang! Anfängern stehen leichte Pisten zur Verfügung, Fortgeschrittene können auf kurvigen Bahnen und bei 25 % Gefälle ihre Standhaftigkeit beweisen.

www.alpincenter.com

Indoor-Skydiving
Bottrop

»Die sicher intensivste Art zu fliegen, die ein Mensch erleben kann, ist es, mit seinem Körper zu fliegen und mit nichts sonst«, meint der Anthropologe Thorolf Lipp. In Bottrop geht das: Der bis zu 286 km/h schnelle Luftstrom im Windtunnel ist so gleichmäßig wie bei einem Fallschirmsprung im Freien. Profis imponiert das authentische Flugverhalten; Einsteiger schätzen es, hier ganz ohne Übung und Vorkenntnisse abheben zu dürfen.

http://indoor-skydiving.com

Kanutour an der Ruhr
Essen

Eine Tour auf der Ruhr. Außer dem eingängigen Reim hat dieser Ausflug, entgegen so mancher Vorurteile, in erster Linie wunderschöne Natur zu bieten. Beispielsweise ist das Vogelschutzgebiet Heisinger Aue ein Erlebnis für die Sinne: Da tummeln sich Haubentaucher, Graureiher, Blauspechte, Höckerschwäne, Zwergrohrdommeln und Kormorane. Auch Eisvögel und verschiedene Entenarten brüten hier, Blesshühner und Kanadische Wildgänse ziehen ihre Brut groß. Und wo bleibt die Kultur an der Ruhr? – Mit Zeche Carl Funke, Villa Hügel und Schloss Baldeney garantiert nicht auf der Strecke. Wer den Fluss wilder erleben will, macht eine Raftingtour auf dem Abschnitt von Hattingen bis Dalhausen. Und wer die sanfte Variante vorzieht, nimmt das Floß, aber nur im Hochsommer, denn der Kontakt mit dem Wasser ist hier garantiert – so sind Floße nun mal konzipiert. Für jeden Geschmack ist also etwas dabei, die besondere Perspektive auf Flora und Fauna vom Wasser aus beeindruckt dabei bei jeder Variante.

www.kanu-tour-ruhr.de;
www.kanudeluxe.de

Phänomania
Essen

647

Was man mit allen Sinnen erlebt, bleibt länger haften. Davon sind die Macher des Phänomania Erfahrungsfeldes überzeugt. Dafür haben sie u. a. ein begehbares Riesenkaleidoskop, einen Balancierparcours, eine Archimedische Schraube und ein Dreizeitenpendel konzipiert. Man kann den Kopf in einen »Summstein« stecken und damit seinen Körper in Schwingung bringen, an einem Gong Töne fühlen oder an einem »Riechbaum« seinen Geruchssinn auf die Probe stellen. Dem Gründer der Phänomania, Hugo Kükelhaus, gehen noch lange nicht die Ideen aus – für weitere erlebbare Objekte!

www.phaenomania.de

Kulturlinie 107
Essen

Satte 60 Sehenswürdigkei-
ten auf 17 km in 45 Minu-
ten! Im dicht besiedelten
Nordrhein-Westfalen wird
eben jeder Platz genutzt.
Entlang der Strecke der Stra-
ßenbahnlinie 107, die vom
Stadtteil Bredeney bis nach
Gelsenkirchen führt, lie-
gen zwei Opernhäuser, ein
Dom, eine Philharmonie,
zwei große Museen und das
Weltkulturerbe »Zeche
Zollverein«. Noch da-
zu kann man bequem
im Vorbeifahren
auch die Nikolauskir-
che sowie die Stiftskirche
Maria in der Not erblicken.
Und von der Endhaltestelle
in Bredeney sind Park und
Villa Hügel sowie die Ruhr-
höhen und der Kruppwald
leicht erreichbar. Natürlich
kann man aber auch schon
vorher aussteigen, und sei
es nur, um sich bei »Pom-
mes rot weiß«, samt einem
Kühlen vom Fass von den
vielen Eindrücken zu erholen. Wieder einsteigen geht
immer, solange man auf der
Linie bleibt.

www.kulturlinie107.de

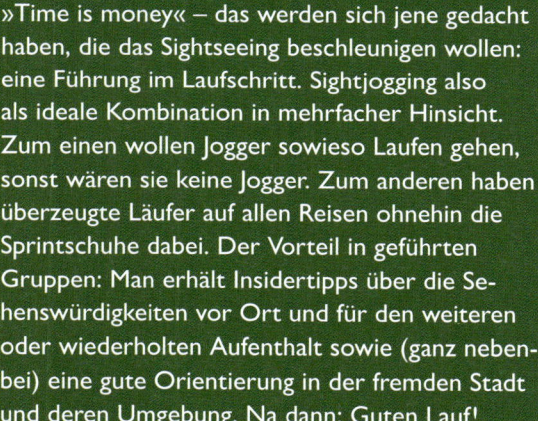

Sightjogging

649

Essen und Umgebung

»Time is money« – das werden sich jene gedacht
haben, die das Sightseeing beschleunigen wollen:
eine Führung im Laufschritt. Sightjogging also
als ideale Kombination in mehrfacher Hinsicht.
Zum einen wollen Jogger sowieso Laufen gehen,
sonst wären sie keine Jogger. Zum anderen haben
überzeugte Läufer auf allen Reisen ohnehin die
Sprintschuhe dabei. Der Vorteil in geführten
Gruppen: Man erhält Insidertipps über die Sehenswürdigkeiten vor Ort und für den weiteren
oder wiederholten Aufenthalt sowie (ganz nebenbei) eine gute Orientierung in der fremden Stadt
und deren Umgebung. Na dann: Guten Lauf!

www.simply-out-tours.de/joggen/

648

Schlittschuhlaufen in der Zeche
650
Zollverein / Essen

Die Zeche Zollverein kennt
jeder. Was eher Einheimi-
schen bekannt ist: Hier, wo
einst bei über 1 000 °C Kohle
zu Koks gegart wurde, muss
man sich im Dezember und
Januar warm anziehen, denn
dann werden die Koksöfen
zur Kulisse einer 150 m
langen Eisbahn. »Datt iss
wattze mitti alten Indust-
rieanlagen und mitte ollen
Pütts anstelln. ... Da kannze
dann, wennet kannz, mitti
Schlittschuh abgehn wie sonn
Zäpfken, also einklich nur,
wennet ma grad nich so foll
iss«, so der humorige Kom-
mentar eines waschechten
Ruhrpottlers im Netz.

www.zollverein.de; s. Angebote

652 Radeln nach Zahlen
Sauerland und Siegerland-Wittgenstein

Langes Radkarten studieren und die Orientierung verlieren ist beim »Radeln nach Zahlen« Geschichte. Sämtliche Radwege wurden in einem Wabensystem erfasst – wo sich die Waben berühren, befinden sich durchnummerierte Knotenpunkte, an denen die Radler in die nächste Wabe wechseln können. Zusätzliche Infos über Knotenpunkte und Wege erhält man via QR-Codes an den zahlreichen Rad-Infotafeln. Dank dieser entspannten Navigation können sich die Radfahrer ganz auf die unterschiedlichen Tou-

ren konzentrieren – etwa auf den RuhrtalRadweg, der das Sauerland mit dem Ruhrgebiet verbindet. Der 230 km lange Flussradweg wurde 2016 zum wiederholten Male vom ADFC als Vier-Sterne-Qualitätsradroute ausgezeichnet und belegt Platz drei der beliebtesten Fernradwege in Deutschland. Ob Jung oder Alt, ob Genussradler, E-Biker, Rennrad-Fahrer oder Mountainbiker – für jeden Rad-Typ sind passende Routenvorschläge dabei.

www.radeln-nach-zahlen.de;
www.sauerland.com/radfahren

Gasometer
Oberhausen

651

Ein Dom der Neuzeit mit imposanten Zahlen: 117 m hoch, 68 m Durchmesser, 592 Stufen bis aufs Dach. Wer nach diesem Aufstieg noch immer keine Sterne sieht, hat eine zweite Chance, der Natur näher zu kommen: Im etwa 100 m hohen Innenraum des Gasometers eröffnet sich der Blick auf eine 20 m große schwebende Erdkugel, auf die bewegte, Satellitenbilder detailgenau projiziert werden. Die Ausstellung »Wunder der Natur« (bis Ende 2016) zeigt außerdem rund 150 großformatige Abbildungen aus der Tier- und Pflanzenwelt von namhaften internationalen Fotografen.

www.gasometer.de

653

Gruben-Dinner

Ramsbeck

Der Heiratsantrag sollte in ungewöhnlicher Umgebung stattfinden? Dann ist die Grube Ramsbeck der richtige Ort – vorausgesetzt, die Angebetete leidet nicht **654** unter Klaustrophobie. Sehr gemächlich führt die Bahn auf einer 1,5 km langen Strecke in 300 m Tiefe. Zunächst gibt es die Führung; dann das Festmahl. Jetzt nur nicht zögern!

www.sauerlaender-
besucherbergwerk.de

E-Biken im Mittelgebirge
Sauerland

In Nordrhein-Westfalen, dem Bundesland mit der höchsten Bevölkerungsdichte, geht's oft eng zu. Deshalb packen viele aus der Metropolregion Rhein-Ruhr am Wochenende ihre sieben Sachen und folgen der Ruhr flussaufwärts ins Sauerland. Im über 800 m hohen Mittelgebirge scheint Radfahren zunächst nur Profis vorbehalten zu sein. Doch bieten die Flusstäler des Sauerlands genügend Möglichkeiten für sanfte Radtouren. Um die weite Aussicht von oben nicht zu versäumen, nimmt man am besten eines der E-Bikes der zahlreichen Verleihstationen. Oben angekommen, grüßt man dann die Profis – ganz locker.

www.sauerland.com/ebike

655 Kluterthöhle
Ennepetal

Die Kluterthöhle gibt es schon ein Weilchen: Entstanden ist sie vor 370 Mio. Jahren. Die unterirdischen Seen und Fossilien im versteinerten Korallenriff wirken dafür ziemlich taufrisch und bieten ein prima Klima für Fledermäuse. Mit 300 Gängen und 5 500 m Länge gilt sie als eine der größten Natur- und Schauhöhlen Deutschlands. Selbst wenn sie nicht die größte ist, eine tolle Kulisse für Halloween ist sie auf jeden Fall.

www.kluterthoehle.de

656 Wintersport Arena
Sauerland

150 Lift-Anlagen mit 280 ha Pisten, 300 km Loipennetz, 280 Maschinen beschneien eine Fläche von 140 Fußballfeldern und sorgen für 83 beschneite Pisten und 10 km Loipe. Also: Ihr Bayern könnt uns gar nicht locken. Wir bleiben im Schnee-Revier, das sich vom Sauerland bis in die Region Siegerland-Wittgenstein erstreckt!

www.wintersport-arena.de

Bikepark
Winterberg

657

Nur knapp eine Woche, nachdem der letzte Lift stillsteht, beginnt in Winterberg die Bikesaison. Die letzten Schneereste sind verschwunden. Winter ade! Ab Ende März transportiert der Sessellift auf der Winterberger Kappe wieder Mountainbiker mitsamt Rad. Tolle Strecken sowie der Pump-Track erwarten die Besucher. Und auch in der nächsten Saison werden die Veranstalter mit Attraktionen wie »iXS Dirt Masters Freeride Festival« oder »Slope-style-Events« zu punkten wissen. Wer nicht weiß, was sich dahinter verbirgt, gehört eindeutig nicht zur Zielgruppe.

www.bikepark-winterberg.de

Rheinturm
Düsseldorf

658

Vermutlich ganz schön luftig da oben?! Wer nicht schwindelfrei ist, bleibt besser angewurzelt stehen – wie unsere Dame auf der Litfaßsäule. Der Fernsehturm in Düsseldorf misst stattliche 234 m und ist damit das höchste Gebäude der Stadt. Die Betonsäule verjüngt sich nach oben, um sich dann wie ein umgedrehter Glasschirm zu öffnen. Wer hochfährt, kann bei gutem Wetter bis zum Kölner Dom blicken und gelangt im Restaurant »Top 180« nach einer Runde und einer Stunde zum Ausgangspunkt zurück. Solange braucht der Turm, um sich um seine eigene Achse zu drehen.

www.duesseldorf-netz.de

659 Neanderthal-Museum
Mettmann

So könnte er ausgesehen haben. Herr N., eine lebensechte Figur, begrüßt die Gäste zu Beginn. Das moderne, spiralförmig angelegte Museum befindet sich nur wenige hundert Meter von der Stelle entfernt, an der Mitte des 19. Jhs. die aufregenden Funde gemacht wurden. Wer sich vorher anmeldet, kann sich mit steinzeitlichen Techniken vertraut machen, wie etwa dem Schießen mit Pfeil und Bogen oder wie man mit Knochennadeln näht. Man weiß ja nie, wozu man das im Leben noch einmal gebrauchen kann. Wer genug gesehen hat, geht in die Cafeteria und brütet über jene Fragen, die sich hier aufdrängen: »Wer sind wir?«, »Woher kommen wir?«, »Wohin gehen wir?«

www.neanderthal.de; behindertengerecht ausgestattet

660 Radtour am Rhein
Kaiserswerth

Etwa 22 km lang ist diese Rundtour, die in Düsseldorf an der Oberkasseler Brücke startet und endet. Es geht dabei immer der Nase nach, links und rechts am Rhein entlang. Kaiserswerth, der älteste, 1929 eingemeindete Stadtteil Düsseldorfs, wurde schon im Jahr 710 vom Benediktinermönch Suitbert mit einer Klostergründung beglückt. Als Baugrund suchte er sich eine dem Rhein vorgelagerte Werth, also eine Binneninsel aus. Die Insel versandete, der Name blieb, ist aber letztlich auf den Bau einer protzigen Kaiserpfalz zurückzuführen, die hier entstand und im 12. Jh. durch Kaiser Barbarossa zur Festung ausgebaut wurde. Da Radfahren, auch wenn es immer nur geradeaus geht, anstrengend ist, bietet sich in Kaiserswerth eine Pause beim »Fuchs am Klemensplatz« an.

www.fuchs-klemensplatz.de

Bootsfahrt
Am Rhein

»Warum ist es am Rhein so schön? Weil die Mädel so lustig. Und die Burschen so durstig. ... Weil die Felsen hoch droben, so von Sagen umwoben ... Weil aus Malz und aus Hopfen, wird gemacht ein guter Tropfen« – etwas muss ja dran sein, denn Volkslieder lügen nicht. Die beste Art, den Rhein zu erkunden, ist immer noch vom Boot aus. Die Köln-Düsseldorfer Rheinschifffahrt bietet Tagestouren und fährt sie alle an: Rüdesheim, Bingen, Assmannshausen, Bacharach, St. Goar, Bonn, Köln, Koblenz und nicht zu vergessen die Loreley. Alles Orte, die den Rhein so schön machen!

661

www.kd-rhein-main.de

Baumgeist
Düsseldorf

Oh nein, schon wieder spazierengehen? Der Nachwuchs ist nicht immer begeistert von den sonntäglichen Rundgängen. Aber: Im Himmelgeister Rheinbogen lockt der Baumgeist einer Kastanie. »Jüchtwind«, so heißt der Gefährte, hat einen Briefkasten mit eigener Anschrift. Wer wissen möchte, wie es sich so in einem jahrhundertealten Baum lebt, warum sich der Geist gerade diesen Baum ausgesucht hat und was des Nachts so alles passiert, schreibt einen Brief und legt einen frankierten Umschlag bei. Die Antwort kommt!

662

Baumgeist Himmelgeister Kastanie, Kölner Weg, 40589 Düsseldorf

663 Senfmuseum
Düsseldorf

»Was für ein Senfladen!«, nicht zu verwechseln mit Saftladen, ist hier ein großes Kompliment. Wie der Senf hergestellt wird, erfährt man per Video. Sinnlicher wird es, wenn es ans Degustieren geht: lieber den guten, klassischen Düsseldorfer Löwensenf, den Altbier-, Chili- oder Feigensenf? Was auch immer man wählt: »Die geben ihren Senf gerne dazu, das ist ihr Job!« Gemeint ist das freundliche Personal im Museum, das reichlich Geschichte und noch mehr Geschichten zum Thema Senf beitragen kann.

www.duesseldorfer-senfladen.de

664 Stadtrallye
Düsseldorf

Bei einer Rallye für Kinder werden 700 Jahre Geschichte lebendig: Radschläger, Fischerjunge, Plätze, an denen sich der berühmteste Sohn der Stadt Harry (alias Heinrich) Heine gerne aufgehalten hat. Damit man nicht nur hören, sondern auch raten kann, werden Kinderfragen gestellt. Wie hoch ist der Fernsehturm? Was stellt die Plastik vor dem Museum vor? Was bedeutet KIT? In 2 Std. kann man so ziemlich viel Stadt unterbringen ...

www.duesseldorf-tourismus.de

666 Phänomenta
Lüdenscheid

Was den Essenern die Phänomania, ist den Lüdenscheidern die Phänomenta. Wer sich seit jeher für einen technischen Analphabeten hält, kann im ersten Science Center von Nordrhein-Westfalen sein Trauma überwinden. Ob Akustik, Elektrizität, Mechanik oder Optik, die Versuche sind leicht machbar und leicht verständlich, aber dennoch verblüffend. Übrigens: Der Großteil der Exponate ist barrierefrei zugänglich.

www.phaenomenta.de

667 Schloss und Garten
Benrath

Das also verstand Kurfürst Karl Theodor unter einer bescheidenen, in der Natur gelegenen Bleibe: Von außen wirkt das Schloss wie ein Bau mit nur einer Etage, in Wirklichkeit birgt es 80 Zimmer. 1753 errichtet, ist es sicher eines der schönsten Gartenschlösser in Europa. Wie gut, dass heute so viele Besucher etwas davon haben.

www.schloss-benrath.de

Jazzrally
Düsseldorf

665

Schirmherr der Jazz-Rally ist seit einigen Jahren Klaus Doldinger, der nach dem Zweiten Weltkrieg als Kind mit seiner Familie von Wien nach Düsseldorf geflüchtet war und dort als Jugendlicher seine ersten Schritte als Jazzmusiker tat. Alle Jahre wieder im Frühling hallen Swing, Dixiland und Modern Jazz sowie Soul- und Rockmusik durch die Düsseldorfer Innenstadt. Aber: Was macht dieses Festival um so vieles beliebter als alle anderen? Vermutlich das einfache System – ein Ticket kaufen und (fast) alle Konzerte besuchen dürfen – die allermeisten kann man sogar zu Fuß erreichen.

www.duesseldorfer-jazzrally.de

Auto sticht in See
Köln

Mit dem Amphicar, einem schwimmfähigen Auto, in See zu stechen, gehört zu den ungewöhnlichen Abenteuern vor der Haustür. Eine Fahrt mit dem 1961 von Hans Trippel auf den Markt gebrachten Gefährt, das nur 3900 Mal produziert wurde, verschafft auf jeden Fall Aufmerksamkeit.

668

Zwei Propeller unter dem Heck treiben das Vehikel im Wasser an. Wer möchte, lässt sich vom »Kapitän« Marco Schuh auf einer dreistündigen Tour den Rhein entlangfahren. Die Route kann vorab abgesprochen werden. Während der Fahrt darf man auch einmal selbst ans Steuer.

www.kultauto.de/amphicar/

669 ## Schwebebahn
Wuppertal

Sie schwebt und schwebt und schwebt. Und das schon seit dem Jahr 1901! Auf der 13,3 km langen Strecke gleiten täglich 85 000 Fahrgäste in 12 m Höhe über der Wupper und 8 m über den Straßen. An 20 Bahnhöfen, von Jugendstil bis Hightech, können die Gäste auf ihrer 35 Minuten dauernden Fahrt zu- und aussteigen. Die Dichterin Else Lasker-Schüler, bekannteste Tochter der Stadt, mochte die Bahn nicht leiden, die sich »wie ein stahlharter Drachen mit vielen Bahnhofsköpfen und sprühenden Augen über den Fluss legt und wendet«. Sie war mit ihrer Abneigung nicht allein. Heute ist für die Wuppertaler die Bahn, was den Parisern ihr Eiffelturm, der in seinen Anfängen ja nicht weniger umstritten war.

www.die-schwebebahn.de

670 ## Selfkantbahn
Heinsberg

Bereits seit 1971 gehören die Nikolausfahrten der Selfkantbahn, der letzten schmalspurigen Dampfkleinbahn in Nordrhein-Westfalen, zu den Veranstaltungen der Region Heinsberg. In dieser Zeit haben sie sich einen festen Platz im Herzen der Kinder und ihrer Eltern erobert. Denn alle Jahre wieder steigt ein besonderer Gast zu: Kurz nach der Abfahrt vom Bahnhof Gillrath hält der Dampfzug an, um den Nikolaus, der in einer prächtigen Kutsche anreist, aufzunehmen. Er spaziert während der Fahrt durch den Zug und beschert den mitfahrenden Kindern Geschenke. Danach geht es über die 5,5 km lange Strecke weiter in Richtung Schierwaldenrath. Der Aufenthalt im dortigen Bahnhof dauert ca. 50 Min., weil die Lokomotive ihre Vorräte an Wasser und Kohle ergänzen muss.

www.selfkantbahn.de

LaserTag

Köln

Hier braucht es Köpfchen und Geschick, möchte man ans Ziel kommen. Lediglich mit einer Laserkanone, dem Phaser, »bewaffnet«, muss man alleine oder im Team Aufgaben lösen, die eigene Basis verteidigen oder gegen fremde Teams spielen. In Köln warten zwei Arenen mit insgesamt 1 000 qm auf Spielfreudige.

671

www.lasertag-deutschland.com/koeln/

Triangle
Aussichtsplattform / Köln

672

Gute Aussichten gibt es also auch auf der rechten Seite des Rheins, selbst wenn diese für die Kölner immer die »Schäl Sik« – die »Falsche Seite« bleiben wird. Von der 28. Etage des Triangle-Büroturms in Deutz genießt man einen spektakulären Blick über die Stadt: direkt gegenüber der Deutzer Dom, im Westen das Stadion des 1. FC Köln, im Osten das Bergische Land, im Süden das Siebengebirge und im Norden der Kölner Zoo und die Flora. Im Köln Triangle befinden sich zwei gastronomische Einrichtungen, die vielfältige asiatische oder mediterrane Speisen offerieren.

www.koelntrianglepanorama.de

Claudius-Therme
Köln

Der Name lässt es erahnen: Diese Anlage ist architektonisch einer römischen Therme nachempfunden. Rundum gelungen fand dann auch Stiftung Warentest die Claudius-Therme. Natürlich erhält man hier das volle Programm – von Ayurveda bis Wassergymnastik. Stolz ist man auf das Schwebebecken in den Rosenterrassen. In einer 15 %-Sole lässt sich die Schwerelosigkeit erleben und genießen.

www.claudius-therme.de

674 Schokoladenmuseum
Köln

Verfehlen kann man es nicht: Schon von Weitem erkennt man das Schokoladenmuseum; es gleicht einem Schiff aus Glas und Metall und befindet sich passenderweise im Rheinauhafen, direkt vor der Altstadt in der Nähe des Kölner Doms. Hier werden alle Themenbereiche zur Geschichte und Gegenwart des Kakaos und der Schokolade abgedeckt. Viel wichtiger aber: Hier sieht man, wie man sie macht – die heiß geliebte Schokolade, und zwar in allen erdenklichen Geschmacksrichtungen und Formen. In der Werkstatt darf man Füllungen kreieren und Pralinen selbst dekorieren. Je nach Saison werden Osterhasen und Weihnachtsmänner oder aber Fußbälle in Schokolade gegossen!

www.schokoladenmuseum.de

Querwaldein
Köln

Raus aus der Stadt. Rein ins Vergnügen. Das verspricht der Verein Querwaldein. Mit großer Liebe zur (lokalen) Natur und einem ganzheitlichen Ansatz will man die Städter ins Umland führen. Urbane Wildnis, Wiese und Wald bieten dafür beste Voraussetzungen. Die Philosophie des Teams: »Wir füllen unseren Waldrucksack mit Elementen aus der Naturerlebnispädagogik, Erlebnispädagogik, Wildnispädagogik sowie der Geografie, Biologie und Sozialwissenschaften. Es gilt Natur-, Umwelt-, Klima- und Artenschutz im Großraum Köln/Bonn positiv zu unterstützen.« Was politisch korrekt klingt, macht vor allem kleinen Gästen bei Naturexkursionen, Spielveranstaltungen und Erlebniswanderungen einfach nur Spaß.

www.querwaldein.de

Sport- und Olympiamuseum
Köln

Triumphale Siege und bittere Niederlagen aus 3 000 Jahren Sportgeschichte. Von den ersten Olympien in der Antike bis hin zu Wettbewerben in modernen Disziplinen wie Surfen, Skateboarden, Snowboarden oder BMX – die feierliche Kranzverleihung von damals und die Medaillenübergabe von heute bedeuten alles im Leben eines Athleten. Wer mit dem ganzen Rummel nichts am Hut hat, amüsiert sich vielleicht bei einer der Sonderausstellungen, wie jener zur Bedeutung der Trikots: »Mit dem Nationaltrikot verbindet man Stolz und Tradition. Es ist verbunden mit großen Erfolgen, großen Namen, großen Geschichten«, wird Joachim Löw zitiert. Der Bundestrainer, dem eine hohe Affinität zu Mode und Design attestiert wird, muss das ja wohl am besten wissen.

www.sportmuseum.de

Oddyseum
Köln

Als »Erlebnishaus des Wissens« sieht sich das Science Center, welches unweit des Bürgerparks, im Stadtteil Kalk, eröffnet wurde. Der Name Oddyseum verrät das Konzept: Die Entwicklung des Menschen wird als Reise mit offenem Ausgang gesehen, Wissenschaft als Fortschritt, aber auch als Problem. Beliebeter als die theoretischen Fragen über unsere Zukunft sind die praktischen Tests, die man hier machen kann, beispielsweise der Astronautentrainer, der Hochseilgarten und der Flugsimulator oder aber die Rennbahn und der Mini-Bagger im Außenbereich.

www.odysseum.de

Zauberschule
Rösrath

»Übung macht den Meister« – das gilt auch fürs Zaubern. Nur gab es lange keine Schule, in der man das Zaubern lernen konnte. Seit 2001 gibt es sie endlich. Unter der Leitung von Peter Helten kann man – stilecht im Gewölbekeller von Schloss Eulenbroich – das Handwerk trainieren. Helten verzaubert auch die Großen aus Politik und Wirtschaft: Bei Kohls und Gorbatschows hat er am Tisch gesessen, mit Industriemagnaten Softbälle vertauscht und Ringe entzweit. Helten kann sich spontan bis zu 80 Namen merken, jongliert dazu mit Worten und löst ein Zauberseil.

678

www.diezauberschule.de

679 Freilichtmuseum
Mechernich-Kommern

Regionalgeschichte zum Anfassen, so lautet das Motto: Schafe scheren, Wolle spinnen, Holzkohle köhlern – wer von uns beherrscht diese Fertigkeiten noch? Zugegeben: In unserem Alltag wird das kaum noch verlangt, aber es schadet auf keinen Fall, sich einmal vorführen zu lassen, wie mühevoll der Alltag im Mittelalter doch gewesen ist. Das Rheinische Freilichtmusem, etwa 1 Std. von Köln entfernt, bietet 67 originalgetreu rekonstruierte Bauernhöfe, Windmühlen und Wohnhäuser.

www.kommern.lvr.de

680 Golfen in der Halle
Overath-Steinenbrück

Golfen auch bei schlechtem Wetter? – In Overath ist das alles kein Problem. Als einzige Anlage im Rheinisch-Bergischen Land verfügt der Platz über eine mit Naturrasen ausgelegte Indoor-Halle mit Putting- und Pitchinggreen, mit verschiedenen Bunkern sowie einer großen Driving Range mit 20 überdachten und beheizten Abschlägen. Schöner ist es nur Outdoor, auf der malerisch ins Bergische Land eingebetten Anlage.

www.gc-luederich.de

Aggerthalhöhe
Engelskirchen

Vor 350–390 Mio. Jahren herrschten hier Verhältnisse, wie wir sie heute aus der Südsee oder in der Karibik kennen. Fast ganz Europa war damals mit einem tropischen Meer bedeckt, es gab Korallenriffe mit einer artenreichen Tierwelt. Und weil sie (aus-)gestorben sind, finden wir heute »nur« noch steingewordene Zeugen aus dieser warmen Epoche. Was passierte, als das Land das Meer verdrängte, und wie entsteht eine Höhle? Gemeinsam mit dem Führer begibt man sich auf Zeitreise und entdeckt Fossilien eines längst vergangenen Korallenriffs. Übrigens: Im Sommer ist der Besuch der Höhle aufgrund der kühlen Temperatur besonders angenehm (6-8°C). Daher: Jacke oder Pullover nicht vergessen!

www.aggertalhoehle.de

Kanuwandern
Auf der Sieg / Eitdorf

Die Sieg schlängelt sich durch eine Mittelgebirgslandschaft, einmal in einem weiten Bett gesäumt von Wiesen und Auwald. An anderen Stellen verengt sich das Flussbett und der Wald reicht an steilen Hängen bis ans Ufer. Kleinere Stromschnellen und Rauschen wechseln sich ab mit ruhigen Paddelstrecken. Seltene Wasservögel wie Eisvogel und Graureiher sind hier heimisch und es gibt jede Menge andere interessante Tiere aus nächster Nähe zu beobachten und fotografieren. Damit das Idyll ein Idyll bleibt, wurde die Siegaue 2005 von der Landesgrenze bei Windeck-Oppersau bis zur Mündung in den Rhein unter Naturschutz gestellt und alle Kanuten herzlichst gebeten, unterwegs die aufgestellten Regeln zu respektieren.

www.rhein-sieg-kreis.de;
www.outdoorstation.de

Drachenfels
Königswinter

Die Drachen sind schon lange ausgestorben. Selbst die so betitelten Ehegattinnen scheinen aus der Mode gekommen zu sein – das galt auch lange Zeit für dieses Naherholungsgebiet. Doch nach einer gründlichen Renovierung und Umgestaltung gewinnt es Besucherzahlen zurück. Zum Drachenfels selber kann man sich bequem mit einer Zahnradbahn befördern lassen, um die beeindruckende Aussicht über das Rheinland und die originalen Schauplätze der Nibelungensaga zu genießen: Wie mag es gewesen sein, als Siegfried hier den Drachen Fafnir besiegte?

683

www.drachenfels.net

684

Stadtspaziergang
In und um Monschau

Mehr als 200 denkmalgeschützte Bauten. Hier seien nur einige genannt: die Burg Monschau, die evangelische Kirche, deren Spitze kein Hahn, sondern ein Schwan ziert, und das Rote Haus der Tuchmacherfamilie Scheibler. Die Stadt – malerisch zwischen Berghängen gelegen – zieht vor allem im Sommer Schwärme von Touristen an. Wem das zu bunt wird, nimmt Reißaus. Attraktive Ziele im Umkreis gibt es genug, so der Nationalpark Eifel mit majestätischen Buchenwäldern, wilden Bächen und einer beeindruckenden Seenlandschaft. Er ist der erste und bislang einzige Nationalpark in Nordrhein-Westfalen!

www.monschau.de;
www.nationalpark-eifel.de

Dom
Und Lousberg / Aachen

Von solch einem Handel können die Bauträger der Elbphilharmonie nur träumen: Als es darum ging, dem Teufel für den Bau des Doms eine Unmenge Gold zu entlocken, versprachen die Aachner ihm die Seele des ersten Lebewesens, das den Dom betreten sollte und jagten dann einen Wolf hinein. Voller Wut schlug der Teufel die Domtür derart zu, dass sein Daumen abgerissen wurde. Dieser Tat wird mit einer Statuengruppe auf dem Lousberg gedacht: »De Oecher send der Düvel ze lous« – »Die Aachner sind dem Teufel zu schlau«, – frohlockt man darüber noch immer.

www.aachen.de

685

686 Wintersport
Hellenthal und Hollerath

Zugegeben, Hellenthal und Hollerath sind nicht die Alpen: Zwar gibt es eine Langlaufloipe mit 6,3 km Länge, doch die 550 m lange Abfahrtspiste mit Ankerschlepplift und die bis zu 350 m lange Rodelstrecke mit Rodellift am »Weißen Stein« Udenbreth im Hellenthal sind das Höchste der Gefühle. Die Pisten und Bahnen in Hollerath sind noch kürzer, dafür gibt es eine 8,1 km lange Langlaufloipe. Die Anfahrt ist für alle aus Nordrhein-Westfalen recht kurz und mit weniger Stau. Ob man nun auf Skiern oder auf einem Schlitten die Eifelhänge heruntersausen oder einen Spaziergang durch die reizvolle Landschaft unternehmen möchte, in dieser Region kommt man durchaus auf seine Kosten.

www.eifel.de,

s. Unsere Eifel, Freizeit & Sport

687 Elisabethhalle
Aachen

Stil und Jugendstil verbirgt die unscheinbare Fassade der Elisabethhalle. Im Inneren befinden sich zwei wunderbare Schwimmhallen, die nach der Sanierung im Jahr 2011 in neuem Glanz erstrahlen. Zwei Hallen waren es übrigens nur deshalb, weil Kaiser Wilhelm II. im Bade auf absolute Geschlechtertrennung bestand. 100 Jahre nach der Ersteröffnung war die Zeit reif für ein Lifting. Die ursprünglichen Duschen kamen wieder zum Vorschein und die kalten Neonröhren wurden durch sanfte und warme Lichtquellen ersetzt, die der »Alten Dame« schmeicheln. Im Eingangsbereich fällt der Aesculap-Brunnen mit der dazu passenden Inschrift ins Auge: »Jugendbrunnens Zauberkraft ist nicht bloße Sage, Jugendfrische gibt das Bad zaubernd alle Tage.«

www.elisabethhalle.de

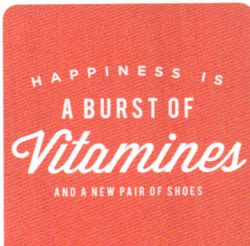

Erleben Sie mit Basil die pure Freude am Radfahren. Mit unserer Kollektion von Fahrradkörben, -taschen und Accessoires können Sie eine ausgelassene Fahrt genießen, denn alle Kreationen passen sich Ihrem Style und Ihren Bedürfnissen perfekt an.

Join the Basil happiness. Spread the cycling joy.

BASIL®
spread the cycling joy

Rheinland-Pfalz

Die deutsche Romantik ist nicht aus der Mode gekommen. Dennoch: Weintrinken und Burgengucken allein ist nicht genug, man will – und kann auch aktiv sein, durch die Weinberge an Mosel, Rhein und Nahe radeln oder wandern. Andere erkunden hoch zu Ross den Pfälzerwald: Mehr Bäume gibt es in ganz Deutschland nicht.

Bilderbuchidylle: Weinberge, Burgen und mittendrin der Vater Rhein. Wer fragt da noch, warum es gerade hier so schön ist?

Vulkanhaus
Strohn

Was hat unsere Erde mit einem Pfirsich gemein? Im Vulkanhaus in Strohn wird diese und noch viele andere Fragen allumfassend beantwortet. Überhaupt ist das Haus, in dem man über mehrere Etagen unglaublich viel Detailliertes über die Erde und ihre Vulkantätigkeit erfahren kann, ein Museum der besonderen Art. In den verschiedenen Erlebniswelten kann man 6 400 km tief bis zum Mittelpunkt der Erde reisen oder fühlen, wie schwer Material aus dem Erdkern wäre. Ein europaweit einzigartiges erdgeschichtliches Denkmal ist die 6 m breite Lavaspaltenwand.

688

www.vulkanhaus-strohn.de

 **689**

In der Teufelsschlucht
Ernzen

Die Teufelsschlucht bei Ernzen ist ein Ausflugsziel, das zu jeder Jahreszeit reizvoll ist. Die abenteuerliche Felslandschaft lädt zu Wanderungen ein. In der Nähe liegen Dinosaurierpark, Besucherzentrum, Irreler Wasserfälle und eine Imkerei. Eine ungewöhnliche Führung erwartet den Besucher bei der »Lauschtour«. Hier wird ihm die Entstehungsgeschichte der Schlucht nähergebracht: Man reist in 10 Min. durch 4,6 Mrd. Jahre Erdgeschichte und fliegt virtuell mit einem Helikopter in die Eiszeit.

www.teufelsschlucht.de

690

Hopfenhof Dick
Holsthum

Holsthum liegt an der Mündung der Enz in die Prüm, im Naturpark Südeifel. Hier befindet sich die einzige Hopfenplantage von Rheinland-Pfalz. Der bekannteste Hopfenbauer ist Andreas Dick. Bei einer Führung über seinen Hof und zu den Feldern wird alles Wissenswerte zum Hopfen als Biergewürz, zum Anbaubetrieb und zur Erntetechnik erklärt. Anschließend kann dort eingekehrt und das traditionelle Getränk verköstigt werden.

www.hopfenbauer.de

Adler und Wolf
Kasselburg bei Pelm

691

Ganz in der Nähe von Gerolstein befindet sich der 20 ha große Adler- und Wolfspark Kasselburg, der die gleichnamige historische Kasselburg umrahmt. Die dort regelmäßig stattfindenden Falknertage, Wolfsnächte, Ritterspiele und der Weihnachtsmarkt sind seit Eröffnung ein Besuchermagnet. Die Freiflugvorführung mit Steinadlern, Falken, Milanen und Geiern werden auf der großen Flugwiese vor der Kasselburg gezeigt. In den alten Gemäuern des Burghofs der Stauffenburg aus dem 12. Jh. leben die Greifvögel, darunter auch Uhus, Mönchsgeier und Eulen, in Volieren. Die Wolfsschlucht in den Wäldern rund um die Kasselburg dient dem größten Wolfsrudel Westeuropas als Lebensraum. Attraktion seit dem Jahr 2000 ist ein erhöhter, eingezäunter Erlebniswanderweg, von dem aus der Besucher einen freien Blick und unmittelbaren Kontakt zu den Tieren hat.

www.adler-wolfspark.de

692

Die Maare der Eifel
Daun

»Augen der Eifel« heißen die drei Maare um Daun. Sie sind aus einer von Südost nach Nordwest laufenden Förderspalte in einem geologisch recht kurzen Zeitraum vor 15 000 bis 30 000 Jahren entstanden. Explosionen erschütterten zu jener Zeit die eiszeitliche Landschaft, doch nur in drei Trichtern konnten sich Maarseen ausbilden und bis heute halten. Wie Perlen aufgereiht liegen Schalkenmehrener, Gemündener und Weinfelder Maar (auch Totenmaar genannt) nebeneinander. Wanderwege verbinden sie auf wunderbare Weise. Vom Dronketurm auf der Höhe zwischen Gemündener und Weinfelder Maar bietet sich der beste Blick auf die tiefblauen Wasser.

www.gesundland-vulkaneifel.de

Römerwelt
Rheinbrohl

»Salvete.« »Seid ge-
grüßt!« – und tretet ein
in das Erlebnismuseum
und Limes-Informations-
zentrum »Römerwelt«
am Caput Limitis in
Rheinbrohl. 2005 wurde
der obergermanisch-räti-
sche Teil des Limes zum
Unesco-Welterbe
ernannt. Alltag
und Leben der
Römer und
Hilfstruppen
sind das Thema
der dortigen Ausstel-
lung. Multimediale
Darstellungen werden
ergänzt durch fachkun-
dige Informationen zum
Limes, seiner Entstehung
und zu den Spuren der
Besiedelung bis in unsere
heutige Zeit. Geschichte
wird so für Jung und
Alt nachvollziehbar und
transparent.

www.roemer-welt.de

693

694 Vulkanpark: Geologie für Kids
Plaidt

Der Besuch im Vulkanpark gleicht einer Exkursion in die Welt der Eifelvulkane. So ist es gerade einmal 15000 Jahren her, dass hier durch den Ausbruch des Laacher-See-Vulkans Deutschlands jüngste Landschaft entstand. Der Vulkanpark ist auch kein Freizeitpark im herkömm-lichen Sinn. Er ist Bildungs-stätte und Abenteuerspiel-platz, Naherholungsgebiet und Urlaubsziel, das zu sport-lichen Aktivitäten einlädt. Tipp: Kindergeburtstag im Infozentrum feiern oder im alten Tuffbergwerk heiraten!

www.vulkanpark.com

695 Um den Laacher See
Wassenach

Das Vulkanland Eifel ist die perfekte Gegend, um aktiv zu werden – ob zu Fuß, auf dem Rad, zu Pferd oder gar in der Luft. Schlackenkegel, Maare oder Basaltlavastein-brüche aus der Zeit der Rö-mer prägen die Landschaft. Wer nicht alleine unterwegs sein will, schließt sich einer Gruppe mit Wanderführer an und entdeckt die Vulkan-landschaft in kompetenter Begleitung. Auch gut beschil-derte Radwege führen rund um den Laacher See.

www.brohltal-tourismus.de

Bergbaumuseum

Sassenroth, Kreis Altenkirchen

2500 Jahre Siegerländer Bergbau erwarten den Besucher im Bergbaumuseum des Kreises Altenkirchen. Vorbei an dem originalgetreu aufgebauten Schacht gelangt man zunächst in die Ausstellung, wo eine Karte der Region eine erste Übersicht verschafft. Im Museum selbst dokumentieren Texttafeln, Bilder und zahlreiche Exponate die Geschichte des Siegerlandes von den Anfängen um etwa 500 v. Chr. bis zur Stilllegung der letzten Gruben im Jahr 1965. Der Gang durch das Schaubergwerk führt vorbei an Schächten, durch verschieden ausgebaute Stollen sowie in Abbaue. Grubenlokomotiven, Lademaschinen sowie Pressluftbohrer erwecken in Kombination mit Originalgeräuschen den Eindruck eines Untertagebetriebs. So also war der Alltag eines Bergmanns in der Grube! Das Museum ist ein Informationszentrum des Geoparks Westerwald-Lahn-Taunus und gibt Auskunft zu Geologie, Wirtschafts- und Kulturgeschichte sowie zu bedeutenden paläontologischen und archäologischen Funden in der Region. Weiterhin ist das Museum ein Teil der »Eisenstraße Südwestfalen«, einer alten Wirtschaftsachse zwischen dem ehemaligen Siegerländer Bergbaugebiet und der Kleineisenindustrie in der märkischen Region.

www.bergbaumuseumkreisak.de

696

Haus der Krippen
Klüsserath

Eingebettet in die Weinlandschaft der Mittelmosel liegt das Haus der Krippen. Mit über 90 Exponaten auf etwa 300 qm wird hier ganzjährig die bildhafte Darstellung der Geburt Jesu dem Besucher auf eine Art und

697

Weise nahegebracht, die ihresgleichen sucht: Die ausgestellten Krippen könnten unterschiedlicher nicht sein und stammen aus aller Welt. Die Sammlung, die in einem historischen Haus untergebracht wurde, ist in Rheinland-Pfalz und angrenzenden Gebieten einmalig und in der gebotenen Darstellung und Qualität wirklich eine Reise wert.

www.krippenmuseum.info

698 ## Rheinisches Landesmuseum
Trier

Das Rheinische Landesmuseum Trier ist eines der bedeutendsten archäologischen Museen in Deutschland. Unverwechselbar ist die außergewöhnliche Fülle und Qualität der Fundstücke und Zeugnisse zur Römerzeit – jener Epoche, in der die Stadt Trier als Hauptstadt bzw. Verwaltungsmetropole der römischen Provinz Gallia Belgica und erst recht als Kaiserresidenz im spätrömischen Reich ihren Rang eingenommen hat. Die Sammlung wird laufend durch Neufunde der mit dem Museum verbundenen Archäologischen Denkmalpflege bereichert. Vorbildlich: Alle Ausstellungsräume des Museums sind mit Aufzügen bequem zu erreichen und somit auch für Menschen mit Behinderung gut zugänglich.

www.landesmuseum-trier.de

699 # Altstadt mit Wasserfall
Saarburg

Die Stadt Saarburg liegt eingebettet in eine abwechslungsreiche Landschaft am Ufer der Saar. Auch die historische Altstadt des Zentrums der Saarwein-Region ist äußerst sehenswert. So findet man am Buttermarkt den größten innerstädtischen Wasserfall Europas. Einen Besuch im »Amüseum« am Wasserfall, dem städtischen Museum, sollte man sich gönnen, wenn einen traditionelle Handwerkerberufe wie Glockengießer, Drucker, Schuster, Gerber oder Schiffer interessieren. Die älteste noch in Betrieb befindliche Turbine wird in der ehemaligen kurfürstlichen Mühle präsentiert. Sichtbare Spuren eines mehr als 3 000 Jahre umfassenden menschlichen Schaffens findet der interessierte Besucher auch im nahen Beuriger Kammerforst beim alte Salzbrunnen.

www.saarburg.de

E-Biken im Hunsrück
Zwischen Mosel und Saar

700

Wanderer haben den Hunsrück bereits im Sturm erobert. Die Radrouten der Mittelgebirgsregion mitten in Rheinland-Pfalz sind aber noch richtige Geheimtipps. Das E-Bike-Angebot »Entspanntes Radeln zu Mosel und Saar« verknüpft den Hunsrück-Radweg zwischen Kell am See und Saarburg mit den Radwegen der angrenzenden Regionen. Saar-Radweg und Mosel-Radweg bringen den Radler ganz entspannt nach Trier zum Übernachten. Der nächste Tag startet mit einem geführten Rundgang durch die älteste Stadt Deutschlands und einer anschließenden Radtour über den Bahntrassenradweg »Ruwer-Hochwald-Radweg« zurück nach Kell am See. Ein Erlebnis!

www.hunsruecktouristik.de, Angebot inkl. E-Bike-Verleih

Erlebnisführungen
Trier

Nach dem Untergang Roms begann die Zeit des mystischen Mittelalters. Jede dieser Epochen ist ein wahrer Quell für unglaublich gute Geschichten, die eine Stadtführung in Trier zur abwechslungsreichen Zeitreise macht: zu Gladiatoren, wilden Kaisern oder gar dem Teufel selbst. Manchmal gespenstisch, oft vergnüglich, immer spannend.

701

www.erlebnisfuehrungen.de

Rheinburgenweg
St. Goar

St. Goar und die Burg Rheinfels liegen direkt am »Rheinburgenweg«, der von Remagen bis Bingen verläuft und an weiterer 46 Burgen und Bauten vorbeiführt – viele davon Meisterwerke der rheinischen Baukunst aus der Zeit des Mittelalters bis ins 19. Jh. Wer den Weg in der vollen Länge begehen möchte, muss rund 13 Tagesetappen einplanen. Insgesamt sind das 200 km auf und ab mit den schönsten Aussichten auf das Mittelrheintal. Der bekannteste Panoramablick bietet sich zwischen Oberwesel und St. Goar: die Aussicht hinüber zum berühmten Loreleyfelsen.

702

www.rheinburgenweg.com

Weinerlebniswelt
Bernkastel-Kues

So kann man Weine auch kennenlernen: In einem der modernsten Multimedia-Museen von Deutschland wird mit interessanten Filmen und Animationen jede Menge Wissen rund um die edlen Tropfen vermittelt. In

703

Kooperation mit dem Lehr- und Forschungsstandort für Weinbau in Geisenheim entwickelt, zeugt dieses Projekt von dem verantwortungsvollen Umgang der Mosel-Region mit Tradition und Moderne. Wer möchte, rundet den Besuch mit einer Weinprobe in der Mosel-Vinothek in den historischen Gewölbekellern des St.-Nikolaus-Hospitals ab.

www.moselweinmuseum.de

704 Fahrt auf dem Weinschiff
Neumagen-Dhron

Zu den bedeutendsten Funden der römischen Geschichte gehört das Neumagener Weinschiff – das Grabmal eines römischen Weinhändlers aus der Zeit um 220 n. Chr. Mit dem Nachbau des Schiffes kann man zu einer unterhaltsamen Moselfahrt starten. Im Jahr 2007 wurde das Römerweinschiff, die »Stella Noviomagi«, mit Hilfe von Plänen antiker Schiffe originalgetreu rekonstruiert. Die rund 18 m lange Galeere kann zwischen Ostern und Oktober für ca. 2-stündige Charterfahrten gebucht werden und bietet Platz für 40 Personen. Wer möchte, kann an einem der Ruderplätze auf dem Schiff gerne selbst Hand anlegen. Einzelgäste können im Rahmen von Bildungsfahrten (der VHS) mitfahren.

www.roemerweinschiff.de

705 Radtour zur Ritterburg
Treis-Karden / Münstermaifeld

Wer sich noch an die alten 500-Mark-Scheine von früher erinnert, hat sie sicher gleich vor Augen: die Burg Eltz. 1157 erbaut, ist das Gemäuer bis heute in gut erhaltenem Zustand und von April bis Ende Oktober für Besucher geöffnet. Der Radweg an der Mosel führt genau dort vorbei. Die Räume der Burg beinhalten Gegenstände von acht Jahrhunderten, die bei einer Führung besichtigt werden können. Bei dieser Gelegenheit sollte man einen Blick in die Schatzkammer mit ihren über 500 Ausstellungsstücken werfen. Schmuck, Waffen und Kuriositäten sind dort zu bestaunen. Vor allem der sogenannte »Dukatenscheißer«, eine aus Amsterdam stammende wertvolle Elfenbeinschnitzerei, sowie das Trinkspiel der Jagdgöttin Diana sind einmalige Exponate.

www.burg-eltz.de;
www.mosel-radweg.de

706 Mosel Adventure Forest
Traben-Trarbach

Hier kann man sich fallen lassen – und stürzt trotzdem nicht ab. Im Kletterwald auf dem Mont Royal an der Mittelmosel, der von Ostern bis Oktober (Mi–So, während der Schulferien täglich) geöffnet ist, steht Sicherheit an erster Stelle. Ohne Helm und Klettergurt geht hier keiner an den Start. Der Hochseilgarten mit über 40 Elementen in 2 bis 12 m Höhe erlaubt Klein und Groß spielerisch Geschicklichkeit, Mut und Teamgeist auszutesten. Eine TÜV-geprüfte Anlage, ausgebildete Trainer und eine fundierte Einweisung in die Handhabung der Sicherheitsausrüstung sorgen für ungetrübten Spaß.

www.adventureforest.de

707 Freilichtmuseum
Bad Sobernheim

Im Rheinland-Pfälzischen Freilichtmuseum bekommt das alltägliche Leben der letzten 500 Jahre neue Energie. Knapp 40 historische Gebäude, darunter eine alte Schule und eine Metzgerei mit Villeroy & Boch-Fliesen, wurden an ihren Originalstandorten ab- und auf dem Gelände des Freilichtmuseums wieder zusammengebaut. Ergänzt durch Gärten, einen Weinberg, Weiden und die zugehörigen Tiere vermitteln sie dem Besucher das Gefühl, in die Geschichte einzutauchen. Die gesamte Saison über bietet das Freilichtmuseum viele Anlässe, um das Gelände zu besuchen. Dazu gehört neben den zahlreichen Aktionstagen auch eine spezielle Veranstaltungsreihe: An jedem Sonntag, an dem kein Aktionstag stattfindet, können die Besucher an einer Führung teilnehmen, Märchen lauschen oder den verschiedenen Handwerkern über die Schulter schauen und dabei Wissenswertes erfahren.

www.freilichtmuseum-rlp.de

Barfußpfad
Bad Sobernheim

Manche behaupten, Barfußlaufen mache süchtig! Ein prickelnder Spaß ist es allemal und die Hauptattraktion des 3 500 m langen Rundwegs an der Nahe. Wie eine Fußreflexzonenmassage regt der Gang über Lehm, Gras, Sand und Steine den Organismus an. Das Lehmbecken, das man am besten mit kurzen Hosen durchwatet, die Furt durch die Nahe und die Hängebrücke, die auch Indiana Jones gefallen hätte, sind neben dem Geologiepfad die Highlights. Im angrenzenden Biergarten gilt die bayerische Tradition: Die eigene Brotzeit darf mitgebracht werden.

708

www.barfusspfad-bad-sobernheim.de

Weinlehrpfad
Nackenheim

709

Gunderloch heißt die Hauptfigur in Carl Zuckmayers Theaterstück »Der fröhliche Weinberg«. Inzwischen ist der Titel zum Markenzeichen Nackenheims geworden; das Stück wird seit 1972 während der Sommermonate im Garten des Weinguts Gunderloch aufgeführt. Zuckmayers Arbeit und den Weinlehrpfad verbinden die Infotafeln, welche die Herkunft der alten Flurbezeichnungen erklären, ergänzt durch Zitate aus den Werken des 1896 in Nackenheim geborenen Dichters. Er bleibt seiner Heimat und dem Nackenheimer Wein damit zeitlebens verbunden.

www.weinlehrpfade.de

710

Dom zum Anfassen
Mainz

Mainz macht mobil im Bereich barrierefreies Reisen: Auf dem Liebfrauenplatz steht beispielsweise ein Bronzemodell des Mainzer Doms nahe des Originals. Es ist maßstabsgetreu und mit Blindenschrift ausgezeichnet. Der westfälische Bildhauer Egbert Broerken fertigte den »Dom zum Anfassen«. Organisierte Gruppenführungen der Touristik Centrale Mainz gibt es für mobilitätseingeschränkte und sinnesbehinderte Gäste.

www.touristik-mainz.de

711

Orgel Art Museum
Windesheim

In Windesheim steht ein Museum, das in seiner Art einmalig in Deutschland ist. Das Gebäude, dessen Grundriss an eine klassische Orgel erinnert, wurde eigens für den Zweck eines Instrumentenmuseums gebaut. Auf 900 qm wurde eine Verbindung zwischen Museum, Architektur, Kunstausstellungen, Konzerten und Events geschaffen.

www.orgelartmuseum.de

Auf dem Soonwaldsteig
Kirn an der Nahe

Der Soonwaldsteig gehört zu den Geheimtipps unter den Wanderwegen des Hunsrücks.

712

Beginnend in Kirn führt er auf 83 km quer durch das Mittelgebirge bis nach Bingen am Rhein. Die Route ist in sechs Etappen unterteilt. Jede ist zwischen 13 und 15 km lang und verläuft teils fernab von Ortschaften durch abgelegene Täler und über malerische Höhenzüge. Auf den ersten vier Etappen sind Unterkünfte und Einkehrmöglichkeiten eher rar gestreut. Für die bessere Planung bietet die Region auf ihrer Webseite eine Liste mit Pensionen und Adressen für die Einkehr an.

www.soonwaldsteig.de

»Kuckucksbähnel«
Neustadt bis Elmstein

Eisenbahnfans werden davon schwärmen! Die 20 km lange Fahrt mit dem 20 km/h schnellen »Kuckucksbähnel« durchs Elmsteiner Tal ist eine Reise wert (Mai bis Mitte Okt., Nov., Dez. spezielle Nikolausfahrten). Waggons und Loks stammen aus dem Museum der Deutschen Gesellschaft für Eisenbahnge-schichte in Neustadt, in dem noch andere Schätze, vor allem Fahrzeuge der ehemaligen süddeutschen Länderbahnen, zu bewundern sind. Das Museum am Hauptbahnhof ist Di–Fr, 10–13 Uhr, sowie an Wochenenden und Feiertagen von 10–16 Uhr geöffnet.

713

www.eisenbahnmuseum-neustadt.de

 **714**

Wildpark Potzberg
Föckelberg

Hauptattraktion des Wild-parks Potzberg ist die Falkne-rei. Sie liegt auf rund 562 m Höhe mit bestem Blick in die Westpfalz. Von Ende März bis Ende Oktober (je nach Witterung auch bis November) werden dort täglich um 15 Uhr frei fliegende Adler, Geier, Falken, Bussarde und neu-erdings auch Andenkondore in Flugshows präsentiert. Weniger wild, und daher vor allem für die Kleineren spannend, geht es im Streichelzoo zu, der Elche, Rotwild und Hängebauchschweine zu seinem Eigen zählt.

www.wildpark.potzberg.de

715

Tour am Donnersberg
Steinbach

Mit 687 m Höhe ist der Königsstuhl am Donnersberg die höchste Erhebung der Pfalz. Ganz entgegen seinem Namen sind Wanderungen über die sanft geschwungenen Hänge des Bergplateaus eher leicht. Die Landschaft ist abwechslungsreich und Zwischenstationen laden zur Exkursion in die bewegte Geschichte der Region ein. Die Zeugnisse reichen von den Kelten aus dem 2. Jh. v. Chr. (Keltendorf Steinbach u. a.) bis zum Bergbau im 14. Jh.

www.donnersberg-touristik.de

Ölmühlenweg
Morbach

Insgesamt 111 »Traumschleifen« strukturieren den Saar-Hunsrück-Steig. Das sind Rundwege, meist zwischen 6 und 18 km lang, die größtenteils auf schmalen, naturnahen Pfaden verlaufen. Manche Routen führen vorbei an idyllischen Wasserläufen und imposanten Felsformationen hin zu Aussichtspunkten oder Natur- und Kulturdenkmälern. Eine der Traumschleifen liegt bei Morbach. Die Tour beginnt beim Kulturdenkmal »Historische Ölmühle« südlich des Ortes. Abwechslungsreich geht es über Stege durchs Moor aufwärts durch verschiedene Waldformationen auf den Höhenkamm des Idarwaldes. Von dort oben bieten sich tolle Ausblicke auf die Hunsrücklandschaft.

www.saar-hunsrueck-steig.de;
www.morbach.de

Draisinen-Spritztour
Altenglan

Was macht man mit einer Bahnstrecke von rund 40 km Länge, die keiner mehr braucht? Zwischen Altenglan und Staudernheim wurde man erfinderisch und brachte eine Draisine, ein von Menschen- oder Motorkraft betriebenes Hilfsfahrzeug, ins Spiel. Die eingleisige Strecke bietet zahllose landschaftliche Reize. Auch Einheimische staunen über die Idylle des Glantals, denn mit der Draisine kann der Blick plötzlich schweifen, wo man sonst mit dem Auto vorüberhuscht. Über die Strecke verteilt befinden sich Haltepunkte, an denen die Draisine geparkt werden kann. Denn vom Museum über architektonische Kostbarkeiten bis zur regionalen Gastronomie oder zum Weingut gibt es auf der Strecke eine ganze Menge Gelegenheiten zur Stippvisite.

www.draisinentour.de

Lautertal-Radweg
Lauterecken

Wer clever ist, der fährt den Lautertal-Radweg von Süden nach Norden, um das leichte Gefälle zu nutzen – die rund 40 km lange Radlstrecke ist aber auch umgekehrt problemlos zu bewältigen. Immer dem Lauf der Lauter durchs landschaftlich wunderschöne Tal folgend, durchquert man die Hügellandschaft zwischen Kaiserslautern und Lauterecken. Tipp: In fast jedem Ort an der Strecke gibt es einen Bahnhaltepunkt, sodass man jederzeit bequem auf den im Stundentakt zwischen Lauterecken und Kaiserslautern verkehrenden Zug umsteigen kann.

www.radwanderland.de;
www.kaiserslautern.de

Im Fußballstadion
Kaiserslautern

Am spannendsten ist ein Besuch auf dem Betzenberg an einem Spieltag des 1. FC Kaiserslautern. Dann strömen Tausende FCK-Fans mit roten Schals und Fahnen ins Fritz-Walter-Stadion. Der Traditionsverein hat treue Anhänger, deren Enthusiasmus selbst dann nicht nachlässt, wenn die »roten Teufel« eine Pechsträhne haben. Zur Fußball-WM 2006 wurde das Stadion auf dem »Betze« erweitert und bietet nun 48 500 Zuschauern Platz. Auf Führungen und im Museum erfährt man Interessantes über Stadion und Verein.

719

www.fck.de; www.fckshop.de; www.kaiserslautern.de

720 Neumühlepark
Kaiserslautern

Riesige Saurier »leben« im Neumühlepark im Westen von Kaiserslautern, wo für die Landesgartenschau 2000 Brachland in eine blühende Parklandschaft verwandelt wurde. Auch die Dinos sind damals hier eingezogen: Lebensgroß sind die Urviecher dargestellt; Tafeln erläutern ihre Lebensgewohnheiten. Die Saurier-, Blumen- und Gartenausstellung begeistert alle Altersgruppen. Neben dem Kaiserberg liegt der Japanische Garten, die größte Anlage dieser Art in Deutschland, in der man in eine fernöstliche Welt und Lebenskultur eintauchen kann – zwischen Kies-, Wasser- und Grasflächen mit altem Baumbestand, kleinen Pagoden und einem original japanischen Gästehaus.

www.gartenschau-kl.de; www.japanischergarten.de

721 Erlebnisstadtführung
Zweibrücken

Charmant plaudert die Kammerzofe auf Pfälzisch von Liebschaften und Intrigen um Herzog Christian IV. von Pfalz-Zweibrücken. An den Orten des Geschehens verweilt sie kurz, trifft hier einen Barden, der ein Ständchen trällert, und dort einen Kutscher, der die Gruppe weiter zur kulinarischen Stadtführung mitnimmt. Er kennt den Weg zu den Restaurants bestens, in denen drei Gänge eines barocken Menüs serviert werden – jedes Gericht nach einem Rezept aus der Epoche zubereitet. Im Trab geht es dabei über die Gestütsallee zur Rennbahn, am Rosengarten vorbei, einer der schönsten Anlagen dieser Art in Europa. Im Juni, wenn alles blüht, sind Besuche im Rosengarten und im 2,5 km entfernten Wildrosengarten am Landschloss Fasanerie besonders lohnenswert.

www.zweibruecken.de

722

Wandern zu Felsen und Höhlen
Rodalben

Zehn Felsen liegen an seiner Strecke, 45 km misst er – der Felsenwanderweg, der rund um den Ort Rodalben im Biosphärenreservat Naturpark Pfälzerwald führt. Zu den Höhepunkten der Wanderung zählen »Bruderfelsen« und »Bärenhöhle«, die größte natürliche Felsenhöhle der Pfalz. Mit 40 m Tiefe und einem unterirdischen Teich, in den ein kleiner Wasserfall läuft, ist sie sehr beeindruckend. Früher sollen sich hier Bären aufgehalten haben, ein hölzerner Gevatter erinnert daran. Nördlich von Rodalben sieht man von Weitem den »Kanzelfelsen« – eine weitere lohnende Aussichtsplattform, von der aus man den Ort und das Tal der Rodalb bestens überblickt.

http://felsenwanderweg.de; www.rodalben.de

Gelterswoog
Kaiserslautern

Der Stausee Gelterswoog südlich von Kaiserslautern ist überregional bekannt und ein beliebtes Sommerziel zum Baden und Paddeln. Das Naherholungsgebiet lockt aber auch Campingfreunde an. Rund ums Jahr genutzt werden die Rad- und Wanderwege, Nordic-Walking-Pfade und der Naturerlebnisweg rund um den See und in die Nachbartäler.

723

www.gelterswoog.com

339

Eisenhüttenweg
Trippstadt

Dieser Weg besteht aus insgesamt zwölf Stationen, an denen die frühere Herstellung von Eisen im Tal vorgestellt und über die Zeit der Industrialisierung informiert wird. Rund 8 km ist der Eisenhüttenweg lang. Zu sehen sind die ehemaligen

724

Produktionsstätten, Arbeiterhäuser, Stauwehre, das Herren- und das Uhrenhaus sowie das alte Walzwerk. Der Weg bildet einen Teil des Pfälzer Jakobswegs. Er führt entlang der Moosalb durch die wildromantische Karlstalschlucht, vorbei am idyllisch gelegenen Walzweiher bis nach Breitenau in Richtung Gelterswoog.

www.trippstadt.de;
www.jakobsweg-pfalz.de

725 ## Wild- und Erlebnispark
Wachenheim

700 000 qm Kurpfalz-Park – das ist genug Raum für viele Arten von Tieren. Mufflons, Dam-, Rot- und Sikawild, eine aus Ostasien stammende Hirschart, tummeln sich in den großen Freigehegen, Wildschweine suhlen sich im schlammigen Boden ihres Reviers, Ziegen, Hasen und Meerschweinchen warten im Streichelzoo auf Futter. Auch Wölfe und Luchse gibt es. Sie haben ihren eigenen, eingezäunten Bereich. Neben der Tierbeobachtung ist hier auch Freizeitspaß möglich: beispielsweise auf der Sommerrodelbahn, in den Bumperboats oder Schwanentretbooten. Außerdem gibt es eine 40 m lange Rutscheanlage, Hängebrücken, Piratenburg und Irrgarten, ein Restaurant, Picknick- und Grillplätze.

www.kurpfalzpark.de

726 # Durchs Leiningerland
Altleiningen

Am Nordostrand des Pfälzerwalds führt ein Weg von Altleiningen ca. 24 km durch Wald, Wiesen und Weinhänge bis nach Dirmstein. Er folgt immer dem Bachverlauf und führt zur Burg Altleiningen, Stammsitz der Leininger, die früher über das Leiningerland herrschten. Am Eckbachweiher vorbei passiert man außerdem die Burgen Neuleiningen und Battenberg, weitere Weindörfer und ehemalige Mühlen. Einst drehten sich 30 davon im Eckbachtal. Infolge der Industrialisierung setzte gegen Ende des 19. Jhs. das große Mühlensterben ein. Heute sind manche der aufgegebenen Mühlen restauriert und zu Wohnhäusern umfunktioniert, andere beheimaten sehr einladende Weinstuben, Lokale und Hotels. Der Wanderweg ist auch gut mit dem Rad befahrbar!

www.leiningerland.com

Pfälzerwald Mountainbikepark
Johanniskreuz

Outdoor-Spielplatz der Superlative: Über 300 km ausgeschilderte Trails in unterschiedlichen Schwierigkeitsgraden, durch Täler und über Bergkuppen, vorbei an Burgen und Felsen, lassen die Herzen der MTB-Fahrer höher und schneller schlagen. Um Unfälle zu vermeiden, ist die jeweilige Fahrtrichtung vorgeschrieben. Auf der längsten Tour zwischen Lambrecht und Johanniskreuz sind auf 74 km Länge 1771 Höhenmeter zu bewältigen. Die kürzeste Strecke beginnt bei Waldfischbach und verläuft über 48 km mit 833 Höhenmetern.

www.mtb-pfalz.de

727

In Wald und Flur
Neustadt an der Weinstraße

Welche Farben hat Buntsandstein? Wie schmecken »Keschde« (Edelkastanien)? Wie fühlt sich Eichenrinde an? Diese und weitere Fragen erklären zertifizierte Naturführer auf den Themenwanderungen rund um Neustadt. An der Nahtstelle zwischen dem Rebland an der Deutschen Weinstraße und den dicht mit Bäumen bestandenen Bergen des Pfälzerwalds gibt es spannende Kontraste. So unterschiedlich die Touren auch sein mögen, sie sprechen immer alle Sinne an und liefern darüber hinaus auch Anekdoten und Sagen über Land und Leute.

728

www.neustadt.eu

---

729 ## Haus der Nachhaltigkeit
Johanniskreuz

Wer weiß schon, was Nachhaltigkeit wirklich bedeutet? Mitten im Wald steht ein moderner Bau an dem Ort, wo 1843 eine Gruppe von Förstern die Bezeichnung Pfälzerwald festlegte. Noch heute treffen alle mit einem Kreuz markierten Wege hier zusammen. Nicht weit entfernt liegt der Sandsteinklotz »Pfälzer Weltachs«. Für Dichter Paul Münch bildete das Felsdenkmal den Nabel der Pfalz. Deren einzigartige Naturlandschaft wollte schon Münch bewahrt wissen und genau dieser Aufgabe hat sich das Haus der Nachhaltigkeit verschrieben. Mit seiner Bauweise, Heiz- und Fotovoltaikanlage, Gartenlandschaft und Ausstellung informiert es darüber, was der Mensch im Alltag tun kann, um die Umwelt weniger zu belasten.

www.hdn-pfalz.de

---

730 ## Villa Ludwigshöhe
Rhodt unter Rietburg

Zu den schönsten Weindörfern der Pfalz zählt Rhodt. Als es im 14. Jh. in württembergischen Besitz kam, erhielt es den Beinamen »unter Rietburg«, weil es in der Grafschaft bereits ein paar andere Ortschaften gleichen Namens gab. Als die linksrheinische Pfalz im 19. Jh. Bayern zugesprochen wurde, fand König Ludwig I. es hier so schön, dass er seinen Sommersitz zwischen Rhodt und Rietburg plante. Bei der Namensgebung war er bescheiden und nannte das Schloss »Villa Ludwigshöhe«. Im Obergeschoss ist heute die Max-Slevogt-Galerie mit Bildern aus dem Nachlass des bekannten Impressionisten untergebracht. Die Rietburg ist zu Fuß in 45 Min. oder mit dem Sessellift in 8 Min. zu erreichen – und König Ludwig hatte recht: Die Aussicht ist fantastisch!

www.rhodt-unter-rietburg.de

731 Wanderung und Winterspaß
Hermersbergerhof

1909 ließ der Pfälzerwaldverein zu Ehren von Prinzregent Luitpold auf dem Weißenberg nahe der Siedlung Hermersbergerhof den »Luitpoldturm« errichten, das heute weithin sichtbare Wahrzeichen der Region. Eine steinerne Wendeltreppe führt über 164 Stufen auf die Aussichtsplattform in 28,5 m Höhe. Wenn richtig viel Schnee liegt, tummeln sich vor der höchstgelegenen Siedlung im Pfälzerwald Schlitten- und Bobfahrer.

www.luitpoldturm.de

732 Museum im Schloss
Neustadt-Hambach

Am Hambacher Schloss wehte sie zuerst: die schwarz-rotgoldene Fahne, die später zur Nationalflagge der Bundesrepublik Deutschland werden sollte. Wie es dazu kam und warum das 1832 auf der Burgruine gefeierte »Hambacher Fest« als Anfang aller Demokratiebewegung in deutschen Landen gilt, erfährt man bei einem Besuch des Museums. Weitere Veranstaltungen rund ums Jahr.

www.hambacher-schloss.de

Wanderritte
Schweix

733

Eine besonders schöne und beliebte Form von Aktivferien stellen Wanderritte dar. Die Koordination der Touren übernimmt die Grenzland-Ranch in Schweix (nahe dem Biosphärenreservat Nordvogesen). Weitere Stationen liegen in der West- und Vorderpfalz sowie im Pfälzer Bergland. Auf Wunsch werden auch verschiedene Ritte ins Lothringische organisiert. Das Ausflugsangebot ist breit: Gourmets schätzen ganz besonders die deutschfranzösischen Routen, Weinfreunde zieht es eher in die Vorderpfalz, wo auch Verköstigungen mit auf dem Tourenprogramm stehen.

www.grenzlandranch.de

Felsenpfad

Dahn

Die Sandsteinriesen des Dahner Felsenlandes haben der Region nicht umsonst ihren Namen gegeben. An 14 der markanten Felsentürme führt der Dahner Felsenpfad vorbei – ein etwa 12 km langer, ausgeschilderter Wanderweg, der Kondition und Trittsicherheit erfordert. 5 Std. Gehzeit sollte man einplanen.

734

www.dahner-felsenland.net

Science-Center »Dynamikum« **735**
Pirmasens

Für das erste rheinland-pfälzische Science-Center interessieren sich nicht nur Lehrer und ihre Schulklassen. Die riesigen Ausstellungshallen in der ehemaligen Pirmasenser Schuhfabrik Rheinberger beherbergen heute rund 160 interaktive Experimentierstationen aus Forschung und Technik. Von der Bewegung zur Erkenntnis – so heißt das Motto nicht zu Unrecht, denn überall kann man etwas anfassen, ausprobieren und erforschen. Im Mitmachmuseum erfährt man geradezu nebenbei Interessantes über die Pirmasenser Stadt- und Industriegeschichte sowie über berühmte Bürger wie den Dadaisten Hugo Ball oder über Adi Dassler, den Gründer von Adidas.

www.dynamikum.de

736 Tour zu den Altschlossfelsen
Eppenbrunn

Dass schon die Römer von den Jagdgründen und Felsformationen im Wasgau begeistert waren, beweist das Dianabild im Altschlosswald bei Eppenbrunn. Das in die Felswand gemeißelte Relief zeigt die römische Jagdgöttin, den Kriegsgott Mars und Waldgott Silvanus. Unterhalb des Felsens weisen Einkerbungen darauf hin, dass dieser Ort auch von den Kelten als Kultstätte genutzt wurde.

Vom Parkplatz Spießweiher östlich von Eppenbrunn benötigt man zu Fuß rund 30 Min. bis dorthin. Eine lohnende Rundtour folgt dem Helmut-Kohl-Wanderweg entlang der deutsch-französischen Grenze und schließt die von den Mönchen der ehemaligen Abtei Sturzelbronn angelegten Weiher im Stüdenbachtal ein.

www.pirmasens-land.de

737 Westwall Museum
Pirmasens-Niedersimten

»Ein deutscher Soldat vergräbt sich nicht!« Getreu diesem Leitspruch hatte am Westwall der Schutz der Waffen Priorität vor dem der Truppen. Die Stollenanlage in Pirmasens-Niedersimten sollte als Zugangs- und Versorgungsebene für das Festungswerk Gerstfeldhöhe auf der Oberfläche des Berges dienen. Das Festungswerk war Teil von Hitlers Plan, an der Westgrenze des Deutschen Reichs von Kleve bis Basel auf 650 km Länge eine Verteidigungslinie aufzubauen. Heute ist ein Teil der Hohlgänge auf einem 1 km langen Rundweg zu besichtigen. Eine gut dokumentierte Ausstellung zeigt Armeefahrzeuge, Panzer, Geschütze, Minen, Waffen, Uniformen und vieles mehr. Nicht alle Exponate stammen von der Wehrmacht, viele auch von US-Truppen.

www.westwall-museum.de

Schusterpfad
Hauenstein

738

Seinen Namen verdankt der Premiumwanderweg den Schuhmachern und Händlern, die hier früher auf dem Weg von und zu den Hauensteiner Schuhfabriken unterwegs waren. Der Schusterpfad beginnt an einem Felsendurchbruch, der auf den Charakter der Strecke einstimmt. Im weiteren Verlauf erschließt er den ganzen Zauber des farben- und formenreichen Wasgauer Buntsandsteins. Die anspruchsvolle Wanderung führt zu wunderschönen Aussichtspunkten, zur urigen Pfälzerwaldverein-Hütte »Dicke Eiche« und zum romantischen Winterkirchel.

www.hauenstein-pfalz.de; www.pfaelzerwaldverein-hauenstein.de

Deutsches Schuhmuseum
Hauenstein

739

Seit über 100 Jahren werden im Luftkurort Hauenstein Schuhe hergestellt. Dieser Tradition verpflichtet, dokumentiert das Museum, das in einem historischen Fabrikgebäude im Ortszentrum seine Heimat fand, die Entwicklung der Schuhkultur von den Anfängen bis zur Gegenwart. Die Ausstellung führt durch die Geschichte des Schuhs – mit Abstechern in die Fußmode ferner Länder. In der Prominentensammlung kann man die Schuhe bekannter Persönlichkeiten, darunter José Carreras, Boris Becker und Thomas Gottschalk, bestaunen.

www.museum-hauenstein.de

740 ## Teufelstisch
Hinterweidenthal

Ging es mit dem Teufel zu, dass die Erosion eine riesige graue Steinplatte auf einem hohen, rot schimmernden Sockel scheinbar schwebend hinterlassen hat? Der Name »Teufelstisch« lässt es zumindest vermuten. Mittlerweile hat sich in Sichtweite des imposanten Naturdenkmals ein großzügig angelegter Abenteuerspielplatz angesiedelt. Hier kann man mit einer Röhrenrutsche ins Tal sausen, durchs Labyrinth irren oder im feuchten Sand des Wassererlebnispfades matschen. Eine Kindermotorradbahn, Schaukeln und ein Minigolfplatz runden das Freizeitangebot ab. Nicht vergessen sollte man bei so viel Abwechslung den kurzen Aufstieg zum Teufelstisch.

www.hinterweidenthal.de

741 Besuch im Waldkletterpark
Kandel

Hier kann man von Stamm zu Stamm schwingen, über ein Seil tanzen und auf dem Snowboard zum nächsten Baum gleiten – selbstverständlich immer gut gesichert. Der Kletterpark im Bienwald bietet 16 Parcours unterschiedlicher Schwierigkeitsgrade an, darunter einige, bei denen selbst Profis an ihre Grenzen stoßen. Nach einer ausführlichen Einweisung mit Probeschwingen, Einhaken und Auskinken heißt es: Hinein ins Vergnügen und hinauf in luftige Höhen. Denn am Boden ist man erst wieder, wenn man die nächste Klettertour in Angriff nimmt. Alle benötigten Hilfsmittel und Materialien werden von einem hilfsbereiten Team erklärt und bereitgestellt und sind bereits im Eintrittspreis enthalten.

www.abenteuerpark-kandel.de

742 Zu Fuß zur Reichsburg
Annweiler am Trifels

Von weither sichtbar thront die Reichsburg Trifels hoch über dem Städtchen Annweiler, eingerahmt von den Burgen Anebos und Scharfenberg. In Trifels waren im 12. und 13. Jh. die wertvollen Reichskleinodien, Zeichen der Kaisermacht, aufbewahrt. Die Mönche des nahe liegenden Klosters Eußerthal waren für die Pflege und Bewachung der Schätze zuständig; rund eine Stunde brauchten sie, um von der Innenstadt Annweilers hinauf zur Reichsfeste und weiter zu den beiden Nachbarburgen zu gelangen. Heute wandern Touristen auf ihren Spuren und genießen die herrlichen Aussichtspunkte, die weit über die Waldflächen bis in die Rheinebene und die Vogesen blicken lassen. Lohnend im Sommer: die stimmungsvollen Klassikkonzerte im Kaisersaal der Burg.

www.annweiler.de

Draisinentour
Bornheim-Westheim

Ob zu zweit, als Familie oder in der Gruppe – mit einer Draisine zu fahren, macht Spaß. Vorne sitzen zwei oder drei Radler auf einem Fahrradsattel und treten in die Pedale, während die »passiven« Mitfahrer Schranken öffnen oder die Verpflegung bereithalten. Die Südpfalz-Draisinenbahn führt vom Bahnhof Bornheim bei Landau über die Schienen einer stillgelegten Bahntrasse etwa 13 km durch die Rheinebene nach Osten bis Lingenfeld am Rhein und zurück. Die Route verläuft eben; Gegenverkehr ist dank festgelegter Fahrtzeiten nicht zu befürchten.

743

www.suedpfalz-draisine.de

Pfälzer Keschdeweg
Hauenstein

744

Im Frühsommer, wenn u. a. die Edelkastanien blühen, erfüllt ein herber Duft die Wälder der Haardt. An ihrem Rand führt ein landschaftlich reizvoller Wanderweg entlang. Er beginnt in Hauenstein, endet in Neustadt an der Weinstraße und ist das ganze Jahr über ein Erlebnis. Von der insgesamt 50 km umfassenden Route kann man beliebige Teilstücke wählen; daneben gibt es auch Rundwegvarianten. Die gesamte Strecke ist mit Kastaniensymbolen beschildert.

www.keschdeweg.de

745 Altrhein-Nachenfahrt
Germersheim

Reinste Natur erlebt man bei einer Nachenfahrt durch das Altrheiner-Schutzgebiet bei Germersheim. Die Ausflüge mit den elektrisch betriebenen Booten finden von Mitte März bis Mitte Oktober statt. Bootsführer leiten durch die Fauna und Flora der Rheinarme und erklären deren einmalige Naturlandschaft. Viele einheimische Tier- und Pflanzenarten sind von den Altrheinarmen abhängig. Im Gestrüpp der flachen Uferzone finden zahlreiche Vogelarten, Insekten und Fische ideale Laich- und Brutplätze. Die Fahrten mit den bis zu zwölf Personen fassenden Nachen finden in einem Landschaftsschutzgebiet statt, daher ist die Anzahl der Touren begrenzt. Rechtzeitige Buchung wird empfohlen (ca. 90 Euro pro Boot und Fahrt).

www.germersheim.de

746 Von Burg zu Burg
Schönau

Vier Burgen auf einen Streich lassen sich hier an einem Tag erwandern. Die Tour im deutsch-französischen Grenzgebiet führt zu interessanten Ruinen (ca. 12 km, 5 Std.). Beginnend in Schönau wandert man stetig bergauf zur Ruine Wegelnburg, der höchstgelegenen Burg der Pfalz. Weiter geht es über die grüne Grenze zur Ruine Hohenburg mit ihren Felsenkammern, steilen Treppen und fabelhaften Aussichtspunkten. Ein Abstecher führt zur Ruine Löwenstein, von der nur noch wenige Mauerreste übrig sind. Burg Fleckenstein liegt etwas tiefer in einer Mulde und kann (gegen Eintritt) besichtigt werden. Von hier steigt man am Ende wieder hinab ins Tal und überquert kurz vor Hirschthal erneut die Grenze. Dem Saarbach folgend geht es zurück nach Schönau.

www.wanderportal-pfalz.de

Schaubergwerk
Nothweiler

747

420 m tief geht es in das unterirdische Netz aus Gängen, Hallen und Schächten der Eisenerzgrube in Nothweiler hinein. Um 1850 meißelten rund 250 Kumpels den wertvollen Rohstoff in mühsamer Handarbeit aus dem Berg; 1883 wurde der Betrieb eingestellt. Heute ist der Sankt-Anna-Stollen ein Kulturdenkmal. In den Gängen, die zu jeder Jahreszeit rund 9 °C kühl sind, stehen Förderwagen, mit denen das Erz einst ans Tageslicht geschoben wurde. Auch Werkzeuge, Lampen und Arbeitskleidung aus der Zeit der aktiven Nutzung sind zu sehen.

www.nothweiler.de/erzgrube.html

Radtour
Speyer

Der Salier-Radweg führt von Speyer nach Bad Dürkheim und verbindet den größten pfälzischen Kurort und die geschichtsträchtige Kaiserstadt am Rhein.

748 Ihr Namenspatron ist Konrad der Zweite, der erste Kaiser aus dem Geschlecht der Salier. Wie sieben seiner Nachfolger liegt er im Kaiserdom zu Speyer begraben. Am Dom endet – oder beginnt – der bequeme Radweg. Da die Route kaum Steigungen aufweist, ist sie auch für Kinder bestens geeignet. Auf der Strecke liegen einige Bahnhöfe, sodass man sogar mit der S-Bahn zum Ausgangspunkt zurückfahren kann.

www.speyer.de

749 Baumwipfelpfad
Fischbach bei Dahn

Zwischen Pfalz und Elsass ragt das Biosphärenhaus Pfälzerwald / Nordvogesen in die Höhe. Das futuristische Glasgebäude steht am Rande des Ortes Fischbach. Geradezu magische Anziehungskraft übt der Baumwipfelpfad aus, auf dem man in Höhen zwischen 18 und 35 m durch die Baumkronen turnen kann. Am Ende des über 270 m langen Pfades schlüpft man durch eine Röhrenrutsche zurück auf den Waldboden und hat neben Momenten der Spannung viel über Natur und Umwelt gelernt. Nur wenige Meter vom Biosphärenhaus entfernt beginnt der Wassererlebnisweg. An 14 Stationen können sich Spaziergänger auf der 2 km langen Route über die wichtigsten Ressourcen unseres Planeten informieren.

www.wipfelpfad.de

750 Barfuß im Park
Ludwigswinkel

Die zehn Stationen des 1,6 km langen Barfußpfades im Luftkurort Ludwigswinkel sind für Fußsohlen und Beine ein tolles Erlebnis. Es gilt, durch das kalte Wasser des Baches zu laufen, das unterschiedlich beschaffene Bachbett zu fühlen, knietief durch schlüpfrigen Moorboden zu waten, über Holzstämme zu balancieren, das Drücken der Kiesel oder das Kitzeln der Grashalme zu ertragen. Wer noch mehr Abwechslung und Bewegung braucht, kann einen Waldspaziergang auf dem Skulpturenpfad anhängen. Der Start befindet sich schräg gegenüber von Kiosk, Biergarten und Parkplatz des Freizeitparks Birkenfeld. 32 in Holz festgehaltene Waldgeister lassen mit ihren Fratzen und mystischen Formen die sagenumwobene Natur- und Kulturlandschaft des Wasgaus lebendig werden.

www.ludwigswinkel.de

752

Sea Life
Speyer

Heimische und exotische Unterwasserwelten zeigt das »Sea Life« in Speyer. Im Großaquarium kann man dem Verlauf des Rheins, des längsten europäischen Flusses, folgen. Vom deutschen Strom führt das Museum bis hin zu exotischen Gewässern. Zu den Highlights zählt die Lagune der Haie, ein tropisches Unterwasserparadies mit farbenprächtigen Fischen. Die 30 Süß- und Salzwasser-Biotope präsentieren die Bewohner von vielen Flüssen, Seen und Ozeanen. Unter den rund 3 000 Tieren sind Zebra- und Katzenhaie, Rochen, Seewölfe, Kraken, Doktorfische, Seepferdchen, Seeigel und Anemonen zu bewundern.

www.sealife.de

Ruine Lindelbrunn
Vorderweidenthal

Im 12. Jh. als Reichsburg gegründet, hatte Lindelbrunn im Laufe seiner Geschichte mehrere Besitzer. Im Bauernkrieg wurde es 1525 niedergebrannt und verfiel. Am Fuße der Burg liegt das Wanderheim Cramerhaus mit idyllischem Biergarten. Von hier führt ein steiler Waldweg (15 Min.) hinauf zur Ruine. Der Rundgang um die Burg dauert etwa 30 Min.

751

www.cramerhaus.de

Saarland

Rot und Grün sind an der Saar eine ebenso heimliche wie harmo-
nische Koalition eingegangen: Die Streuobstwiesen im Biosphärenreservat Bliesgau und die einzigartige Rostlaube der Völklinger Hütte
bilden die Eckpunkte eines gut ausgewogenen Beschäftigungs-
programms, das seine Wähler nicht enttäuscht. Freizeit für alle!

Einmal im Jahr, beim größten Ballon-
treffen der Welt, verwandelt sich Metz in
einen Ort himmlischen Vergnügens. Bläst
der Wind kräftig von Westen, trägt er die
Ballons auch mal bis ins nahe Saarland.

 753

 **754**

Weinverkostung
Perl

Stimmungsvoll ist eine Weinprobe im Ortsteil Sehndorf. Rund um den einstigen Waschplatz schmiegen sich die Winzerhäuschen aneinander. Wer anklopft, wird nicht enttäuscht. Ein reiches Sortiment an Weißweinen in Verbindung mit einer zünftigen Winzerbrotzeit stärken für einen kleinen Abstecher ins Hinterland: Ein Spaziergang führt ins Dörfchen Wochern – eines der schönsten im Saarland, das den Besucher mit seinen lothringischen Bauernhäusern in den Bann zieht.

www.saarlaendischer-weinsommer.de

755 ## Römermuseum
Homburg

Das Römermuseum präsentiert zahlreiche Fundstücke aus der unter Kaiser Augustus gegründeten Siedlung und zeigt, wie die Menschen vor etwa 2000 Jahren lebten. Auf dem Ausgrabungsgelände hinter dem Museumsbau kann man einen Spaziergang durch die Geschichte machen und dabei eine Herberge für Reisende, eine Töpferei, eine Bäckerei, die Schenke und die Praxis eines römischen Augenarztes besichtigen.

www.roemermuseum-schwarzenacker.de

Touren und tafeln

Saarschleife bei Mettlach

Eine Reise in das Saarland ist eine Begegnung mit einer sehr wechselvollen Geschichte, einmaliger Landschaft und einer exzellenten Küche. Im Südwesten an Frankreich und mit seiner Westspitze an Luxemburg gelegen, erfreut sich das kleine Bundesland im Südwesten auch einer netten Nachbarschaft. Den geübten Grenzverkehr spürt man nicht nur an der etwas ruhigeren Gangart, sondern ganz besonders an der kulinarischen Vielfalt und Qualität, die für die Saarländer von größter Bedeutung sind. Den saarländischen Küchenhimmel schmücken alleine fünf kulinarische Sternehäuser, darunter zwei Köche, die gleich drei Sterne zieren: Christian Bau und Klaus Erfort. Die Landschaft ist besonders: Hügelland, weite Aussichten, Flusstäler und der sommergrüne Mischwald. Der Bliesgau, eine der schönsten und abwechslungsreichsten Regionen im Saarland, ist Unesco-Biosphärenreservat und eine der ausgewiesenen Kulturlandschaften Deutschlands. Viele sehr wertvolle Streuobstbestände sowie artenreiche Wiesentypen, ausgedehnte Buchenwälder und die von der Blies durchzogene Auenlandschaft ergeben das einzigartige Landschaftsbild. Auf Touren kommen und köstlich tafeln – im Saarland gehört das zusammen.

www.tourismus.saarland.de; s. Wandern & Schlemmen

756

 757

758 Wandern, baden & bahnfahren
Stausee Losheim

Der Losheim Stausee hält für jeden Besucher etwas parat, das gemütliche Gewässer lädt zum Ausspannen und Sonnenbaden ein. Leicht umrundet man den See auf dem Fahrrad oder man erkundet ihn mit dem Tretboot. Etwas mehr Kondition wird für eine Tour auf dem Ruwer-Hochwald-Radweg benötigt, der auf einer stillgelegten Bahntrasse nach Mosel verläuft. Vergnüglich für die ganze Familie ist eine Fahrt (15 km) mit der Museumsbahn durch Saarlands »Wilden Westen« bis nach Merzig.

www.losheim-stausee.de

759 Ringwall Otzenhausen
Nonnweiler

Unweit der Primtalsperre schützt ein mächtiger Steinwall des Saarlands nördlichste Grenze. Das Bauwerk wurde vom keltischen Stamm der Treverer im 1. Jh. v. Chr. errichtet. Mehr darüber erfährt man auf einem rund 4 km langen Rundweg um die Anlage. Im Frühjahr 2016 ist dort ein original rekonstruiertes Keltendorf entstanden, welches Einblicke in das Leben und den Alltag der Menschen von vor über 2500 Jahren gewährt.

www.keltenring-otzenhausen.de

760 Rodeln und Skifahren
Peterberg

Das Freizeitzentrum Peterberg unterhält eine Skipiste, die mit 370 m Länge sicher nicht zu den größten der Republik zählt, mit seinem bodenständigen Charme aber ein beliebtes Wintersportziel darstellt. Wem der Schnee ein Gräuel ist, besucht die Rodelbahn am Peterberg im Sommer. Die Strecke hat es in sich: 15 Steilkurven, Bögen und Sprünge sind auf 1 000 m Länge zu überwinden. Bremsen kann man aber!

www.sommerrodelbahn-peterberg.de

761 Wölfe erleben
Merzig

1977 wurde der mit der Zeit überregional bekannt gewordene Wolfspark von Werner Freund gegründet. Nach seinem Tod hat seine langjährige Mitarbeiterin Tatjana Schneider die Leitung übernommen und betreut nun die Wölfe. In den großräumigen Gehegen finden Alt- und Jungtiere unterschiedlicher Rassen ideale Lebensbedingungen und Auslaufmöglichkeiten vor.

www.wolfspark-wernerfreund.de

Schlittschuhlaufen
Dillingen

Eislaufen bis in den April? Im Eissportcenter in Dillingen geht das. Ein zusätzliches Plus: Die hauseigene Schleiferei in Dillingen sorgt dafür, dass die Kufen den richtigen Schliff bekommen. Und sonntags wird dank eines speziellen Tarifs zusätzlich für Familien der Geldbeutel geschont. Naturliebhaber finden auf einem der vielen Seen im Saarbrücker Umland ein ideales Terrain, ihre erworbenen Fähigkeiten zu verfeinern. In Saarbrücken werden bei ausreichender Eisdicke Tabaks- und Prinzenweiher freigegeben. Wen es weiter hinauszieht, besucht den idyllischen Würzbacher Weiher bei Blieskastel.

762

www.eissporthalle-dillingen.de

763

Reiturlaub
Hunsrück / Bliesgau

Man muss weder Jockey noch Jockette sein, um das Saarland auf dem Rücken eines Pferdes zu erkunden. Als geführte Reitwanderung oder individuell mit einem geliehenen Pferd lässt sich das Saarland vom Schwarzwälder Hochwald bis zum französisch inspirierten Saargau entdecken. Ein mehrtägiger Rundritt durch den Naturpark Saar-Hunsrück dürfte auch Kennern der Region neue Ein- und Ausblicke eröffnen. Der Streckenverlauf umfasst ca. 105 km in vier Tagesetappen. Einen weitaus kürzeren Ausflug bietet ein Ritt durch die Landschaft des Bliesgau in drei gemütlichen Tagesetappen à 10 bis 20 km.

www.saarland-im-sattel.de

Radeln & skaten
Bliesgau

764

Auf der flachen Trasse der ehemaligen Bliestal-Eisenbahnstrecke kann man ohne Steigung von Ort zu Ort bis nach Frankreich radeln, immer dem Verlauf der Blies folgend. Ab Zweibrücken führt die Südpfalz-Tour nach Bierbach über den Glan-Blies-Radweg nach Lautzkirchen, wo der eigentliche Bliestal-Radweg beginnt.

www.pfalz.de;
www.blieskastel.de

765 Schlossberghöhlen
Homburg

Die Heimat des Sandmännchens befindet sich im Inneren des Schlossbergs der Stadt Homburg. Das und noch viel mehr kann man bei einem Besuch der Schlossberghöhlen erfahren. Von hier aus, den größten Buntsandsteinhöhlen in Europa, zogen einst die Sandmänner aus, um die Hausfrauen der umliegenden Dörfer mit Scheuersand zu versorgen. Im völlig unterhöhlten Buntsandsteinmassiv des Bergs wurde Quarzsand abgebaut, der vor allem zur Herstellung von Glas diente. Noch im 18. Jh. wurde geschürft, danach gerieten die Höhlen bis zu ihrer Wiederentdeckung im Jahre 1930 in Vergessenheit. Heute lassen sich die gut gesicherten Gänge und Hallen bei einer Führung besuchen, die auch in den Teil führt, der nach dem Krieg als Schutzbunker ausgemauert wurde.

www.homburg.de; s. Schlossberghöhlen

766 Römischer Gutshof
Perl-Borg

Im Perler Ortsteil Borg lebt es sich fast wie vor 2 000 Jahren. Dabei kann es die römische Villa Rustica in puncto Komfort mit jedem modernen Wohnhaus aufnehmen. Unweit der römischen Fernstraße, die Trier und Metz miteinander verband, auf einer Fläche von 7,5 ha erstreckt sich ein prächtiger Gutshof. Die fast vollständige Rekonstruktion der Villa ermöglicht es, das luxuriöse Ambiente der Räumlichkeiten von damals nachzuempfinden. Wer will, kann sich nach Rezepten von Marcus Gavius Apicius, einem ausgewiesenen Gourmet des kaiserlichen Roms, verköstigen lassen, z. B: zartes Lamm auf Pinienkernen in Weinsauce. Schlemmen wie zu Cäsars Zeiten!

www.villa-borg.de

Burg Neufelsberg
Überherrn-Fels

Wer die Nacht lieber nicht mit dem Burggespenst verbringen möchte, sollte rechtzeitig die historischen Gemäuer verlassen: Die Gitter werden um 21 Uhr heruntergelassen. Ein besonderes Vergnügen sind die Festspiele auf der Teufelsburg: Die dramatischen Inszenierungen um Leid und Freud der noblen Ritterschaft lassen das Mittelalter zwischen den mit Moos berankten Mauern wieder auferstehen. Bei schönem Wetter sind die Aufführungen ein Spektakel für die ganze Familie und ein gelungener Ausklang jeder Wanderung.

767

www.teufelsburg1.de

Burgruine
Dagstuhl / Wadern

768 Wer dem Dagstuhl nicht auf dem hohen Ross einen Besuch abstatten möchte, wählt stattdessen das Velo. Zwei Routen bieten sich an: Auf dem Saarland-Radweg gelangt man direkt zum Schloss. Die andere Strecke führt über den Saar-Hunsrück-Radwanderweg in ca. 1 km Entfernung an den Sehenswürdigkeiten vorbei. Wanderfreunde können die reizvolle Umgebung auf einem Rundweg durch das sagenhafte Löstertal entdecken. Zur Einstimmung empfiehlt sich ein Rundgang durch das Städtchen Wadern mit Besuch im Öttinger Schlösschen, das u. a. ein Heimatmuseum beherbergt. Einmal im Jahr, zur Sommerzeit, ertönen die Fanfaren über dem Tal. Dann kommen zum »Turnier der Drachenritter« Edelmänner und gemeines Volk aus nah und fern zusammen, um wie Jahrhunderte zuvor ausgelassen zu feiern.

www.burgdagstuhl.de
www.wadern.de

Brotbacken
Tholey / Theley

769 Die Johann-Adams-Mühle im malerischen Theley ist ein originalgetreu restauriertes Anwesen aus dem 18. Jh. Heute bekommt der Besucher vom Wasserrad über das Mahlwerk bis zum Steinbackofen den Werdegang des Brotbackens serviert. Dabei würzt der Museumsführer seine Rundgänge mit Anekdoten über die einstigen Müllerfamilien. In der schönen kleinen Mühle wird außerdem noch immer nach alten Rezepturen gebacken: Konservierungsstoffe kommen hier nicht ins Brot, noch »Halbgebackenes« aus dem Ofen. Und da die beiden Mühlenbäcker nicht mit ihrem Wissen hinter dem Berg halten, darf man ihnen neugierig über die Schulter schauen.

www.tholey.de; www.landgasthof-johann-adams-muehle.de

Bergarbeitersiedlung
Maybach / Friedrichsthal

Die ehemalige Bergwerkssiedlung Maybach veranschaulicht bildlich das Nebeneinander von Wohn- und Arbeitsstätten aus der Zeit um 1900. Auf 13 Stationen geht es durch die denkmalgeschützten Mietshäuser und Produktionsanlagen. Der unterschiedliche Standard der Wohnhäuser spiegelt die hierarchische Sozialstruktur der Beschäftigten im Bergbau wider: Beamte und Ingenieure waren einst räumlich von der Arbeiterschaft getrennt.

Im Ortsteil Bildstock trifft man auf den im Jahr 1892 unter dem Motto »Freiheit, Brot, Gerechtigkeit« eingeweihten Rechtsschutzsaal, der als Deutschlands erstes Gewerkschaftshaus gilt. Da im Kaiserreich keine Demonstrationen unter freiem Himmel erlaubt waren, brachte jeder Arbeiter zwei Backsteine und eine Reichsmark mit – genug, um ein Gebäude für 1 000 Menschen zu errichten.

www.urlaub.saarland

Am, im und um den See
Bostalsee

Der Bostalsee ist das Herz des Naturparks Saar-Hunsrück. Mit 120 ha Wasserfläche gilt er als der größte Freizeitsee im Südwesten. Nördlich von St. Wendel gelegen, und auch mit Bus und Bahn gut erreichbar, bietet der Stausee seinen Besuchern eine Fülle ganzjähriger Freizeitaktivitäten. Ein entspanntes Kennenlernen des Sees kann mit einer Rundfahrt beginnen:

entweder im Tretboot oder auf dem zwölf Leute fassenden Personenschiff »Arche Noah«. Auch Segler und Surfer finden in dem Gewässer ideale Bedingungen. Diverse Segelschulen vor Ort und auch ein Bootsverleih bieten die nötige Infrastruktur für einen maritimen Urlaub vor der Haustür.

www.bostalsee.de

Bergwerk
Quierschied

Die Grube Göttelborn in Quierschied zählte bis zu ihrer Stilllegung im Jahr 2000 zu den größten Bergwerken in Europa. Eindrucksvoll wird dies im ca. 100 m hohen Förderturm, dem höchsten weltweit, dokumentiert. Eine Fahrt auf die Plattform des »Weißen Turms« erschließt dem Betrachter auf der 75 m hohen Plattform das Industriekonglomerat in seiner ganzen Größe. Auf Techniktouren geht es in den »Bauch« des Giganten. Hier kann u. a. die »Waschkaue«, also der überdimensionierte Umkleideraum der Arbeiter, besichtigt werden.

www.tourismus.saarland.de

773 Wendelinus-Runde

St. Wendel

Der Wendelinus-Radweg startet hinter dem Bahnhof St. Wendel in Richtung Oberthal. Völlig eben und perfekt ausgebaut, radelt es sich auf dem Bahndamm durch das obere Bliestal. Skulpturen eines einheimischen Künstlers am Wegesrand amüsieren große und kleine Radfahrer. Nach wenigen Kilometern – kaum warm geradelt – bietet am ehemaligen Bahnhof Bliesen ein Kiosk gekühlte Getränke

an. Eine frühe, aber willkommene Pause, denn die Steigungen kommen im zweiten Teil der Rundtour. Weiter geht es nach Oberthal. Hier kreuzt der Saar-Nahe-Höhen-Radweg die Bahntrasse. Wer will, kann hier am ehemaligen Bahnhof Oberthal die relativ kurze Wendelinus-Runde mit der Bostalsee-Runde kombinieren und zu einer Ganztagestour ausbauen. Weiter geht es auf der Bahntrasse in Richtung

Tholey und es wird immer schöner. Völlig abgeschieden, fast verwunschen, führt der Weg leicht erhaben durch die Kulturlandschaft des nördlichen Saarlandes. Kurz vor Tholey verschwindet die Bahntrasse in einem Tunnel und steigt rechts steil an, aber nur kurze 40 Höhenmeter hinauf zum Rad- und Wanderparkplatz des Ortes.

www.tourismus.saarland.de; s. Radfahren

774 Edelsteine schürfen
Freisen

An fast allen Wochenenden trifft sich im Norden des Saarlands in der Gemeinde Freisen eine eingeschworene Gruppe an Edelsteinschürfern. Die Picke geschultert und mit wetterfester Kleidung und Proviant ausgerüstet, gehen die Glücksgräber dann auf die Suche. Hier wird nach Achat, Amethyst und Jaspis (allesamt prächtige Steine) gefahndet Die glücklichen Finder dürfen ihren Schatz natürlich mit nach Hause nehmen.

www.edelsteindorado.de

775 Erlebnispfad
Nalbach

In Nalbach an der Prims entdecken Kinder spielerisch die Geheimnisse des Waldes. Ein 2,5 km langer Rundweg führt um den Berg Litermont. Ohne wesentliche Steigungen ist der Parcours mit seinen 24 Stationen ideal für Kinder ab vier Jahren und fordert alle Sinne: Wer kann am besten auf einem Waldxylofon mit den Bäumen kommunizieren oder dem rätselhaften »Summstein« einen Ton entlocken? Viele mögen das Alter eines Baums richtig schätzen, aber wie lässt sich dessen Höhe bestimmen?

www.nalbach.de; s. Erlebnispfad

Ölmühle
Heusweiler

In ihren Anfängen fungierte die Mühle als sogenannte Lohmühle, in der Eichen- und Fichtenrinden zu Gerbmitteln zermahlen wurden. Im Jahr 1769 wurde sie dann zur Ölmühle umgebaut. Seit der Sanierung 1998 präsentiert sie sich dem Besucher als detailgenauer Nachbau. Imposant für den Laien sind das hölzerne Zahnradgetriebe und die wuchtige Presse. Letztere ist eine Balkenkonstruktion aus vier massiven Eichenstämmen, deren längster fast 6 m misst. Der Ertrag, den man mit den historischen Gerätschaften erwirtschaften konnte, liegt bei ca. 150 l pro Tag aus 6 Zentnern Raps.

www.muehle.
berschweiler.com

776

Greifvogel-Show
Neunkirchen

Rasante Unterhaltung ist geboten, wenn zweimal täglich Adler, Falken und Bussarde auf Jagd gehen. Als Manege dient eine kleine Waldlichtung auf einem Hochplateau, die mit Sitzbänken ausgestattet ist. Ein kundiger Falkner begleitet die Vorführungen und erläutert das Verhalten der Tiere in freier Wildbahn. Am Ende der Vorführung wartet eine besondere Attraktion: Dann dürfen Besucher auf Tuchfühlung mit den Tieren gehen. Wo sonst kann man tagsüber die Bekanntschaft eines Uhus machen oder dem – gar nicht komischen – Kauz gar übers Gefieder streichen.

777

www.neunkircherzoo.de

778
Ausgrabungen zum Mitmachen
Tholey / Theley

Das Besondere am Vicus Wareswald? Hier wird der Besucher selbst zum Archäologen: Unter fachkundiger Anleitung darf von März bis Oktober in der Geschichte des »römischen Saarlands« gegraben und gebuddelt werden. Wer weiß schon, welche Geheimnisse sich nach 2000 Jahren noch ausgraben und aufdecken lassen?

www.terrexggmbh.de

779
Erlebnisbad
Tholey

Die sprudelnden Lagunenbecken und Whirlpools lassen keinen Muskel unberührt, und in den Sommermonaten wandelt sich das Schwimmbad zur Liegewiese mit Sandstrand. Kinder rauschen über die 103 m lange Rutsche ins Becken. Im Winter heizen finnische Saunen und römische Dampfbäder ordentlich ein. Wasserscheue finden im Erlebnispark mit »Barfußpfad« eine gute Alternative.

www.schaumbergbad.de

780
Schulmuseum
Ottweiler

Das historische Schulmuseum in der Goethestraße Ottweilers fällt aus dem Rahmen. Der Gebäudekomplex umfasst neben einer ausgedehnten Sammlung an Exponaten aus 1000 Jahren Schulgeschichte ein liebevoll rekonstruiertes Klassenzimmer aus der Wende vom 18. zum 19. Jh. Wahre Raritäten sind ein handgeschriebenes Rechenbuch und ein Schönschreibheft.

cms.schulmuseum-ottweiler.net

Urzeitpark Gondwana
Schiffweiler

Alle Sinne sind gefordert, wenn man unter den naturgetreu modellierten Riesenbäumen in die faszinierende Welt vergangener Landschaften eintaucht: Zwischen der üppigen Vegetation lauern angriffslustige Saurier und aus dampfenden Karbonwäldern zwitschern exotische Vögel den Besuchern ins Ohr. Riesenlibellen begleiten gigantische Tausendfüßler auf ihren Streifzügen über den sumpfigen Urwaldboden. Und ständig ist Vorsicht geboten, denn in den Lagunen einer Rifflandschaft lauern bereits krokodilartige Geschöpfe auf etwaige Fehltritte allzu sorgloser Zweibeiner.

www.gondwana-das-praehistorium.de

781

782 Wandern an der Bergehalde
Ensdorf

Vom Boden aus misst die Bergehalde der Grube Duhamel stattliche 150 m in der Höhe und sie umfasst eine Fläche von ca. 50 ha. Für den Anstieg ist außer festem Schuhwerk ein Rucksack mit Proviant zu empfehlen. Kioske oder Imbissbuden sucht man am Wegrand zum Glück vergeblich. Wer mit Kindern unterwegs ist, sollte lieber den flacheren Aufstieg wählen und nur bis zum Mittelplateau gehen. Denn beim Aufstieg auf den Gipfel muss eine starke Steigung überwunden werden. Übrigens: Die Route wird zukünftig länger: Der Berg wächst jedes Jahr ein Stück gen Osten.

www.gemeinde-ensdorf.de;
s. Freizeit und Kultur

Völklinger Hütte
Völklingen

Das begehbare Industrie-
areal bietet eine erlebnis-
reiche Rundreise durch die
einzelnen Stationen der
Eisenerzeugung. Da wäre
beispielsweise die beein-
druckende Möllerhalle,
in der bis zu 12 000 t Erz
Platz fanden. Hier ist auch
das »Science Center Ferro-
drom« untergebracht,
in dem die Besucher selbst
im Labor stehen und nach
Lust und Laune experimen-
tieren dürfen. In den drei
Elementetunneln zeigt sich,
wer das Zeug zum wahren
Hüttenmann hat! Feuer,
Wasser, Luft – die drei
Elemente, die neben Erz
(Erde) zum Eisenschmelzen
nötig sind – toben sich
dort aus und bringen selbst
Hartgesottene in heftige
Wallungen.

www.voelklinger-huette.org

783

Brennender Berg
Dudweiler

Seit dem 17. Jh. glimmt ein Kohleflöz im Saarkohlewald zwischen dem Saarbrücker Bezirk Dudweiler und der Stadt Sulzbach, dessen Ursprünge im Dunkeln liegen. Und so scheint es nicht verwunderlich, dass schon Johann Wolfgang von Goethe während seiner Reise an die Saar 1770 höchst beeindruckt war – von den schwefelhaltigen Ausdünstungen, die vor seinen Augen aus dem Waldboden krochen. Rund um den Brennenden Berg herum führen thematisch ausgeschilderte Erlebnispfade, z. B. der auch für Kinder gut zu bewältigende »Pfad der Industriekultur«.

784

www.brennenderberg.de

785

Wandern und feiern
Auf Burg und Gemeinde Kirkel

Beginn des Rundwanderwegs ist der Parkplatz im Kohlroterweg. Auch mit dem Drahtesel lässt sich die Umgebung auf zwei Rundwegen (je 30 km) bestens entdecken. Wer nur auf eine kurze Visite vorbeikommt, fährt auf dem Saar-Nahe-Höhen-Radweg entweder weiter Richtung Blieskastel oder Neunkirchen. Wenn zur warmen Jahreszeit der Kirkeler Burgsommer eingeweiht wird, lebt das Mittelalter rund um den Burgturm (12. Jh.) wieder auf. Im Handwerkerdorf lernen Kinder und Jugendliche, wie man zu Zeiten des Grafen Gottfried von Kirkel lebte und arbeitete. Auf der alljährlichen Burgolympiade können auch jene glänzen, denen eine Medaille im Schulsport versagt blieb. Teilnehmer messen sich an der Kunst des Axt- und Hufeisenwerfens, oder sie nehmen es mit dem »Rasenden Roland« auf.

www.kirkel.de;
www.burgsommer.de

786

Zoo
Saarbrücken

Eines der Highlights im Tierpark ist die Seehundfütterung. Während sich die Robben über Heringe und andere Leckereien freuen, vollführen sie beeindruckende Tricks und Sprünge. Und warum nicht einmal einen Kindergeburtstag im Zoo feiern? Bei der Tierolympiade dürfen die Kleinen in diversen Disziplinen gegen die Zoobewohner antreten. Kindergruppen haben sogar die Möglichkeit, in fachkundiger Begleitung von Zoopädagogen über Nacht im Forscherhaus des Tierparks zu bleiben. Am nächsten Morgen geht es nach dem Frühstück auf einen Spaziergang, der ungeahnte Einblicke in das aufregende »Privatleben« der Tiere zulässt.

www.zoo.saarbruecken.de

787 Industriekultur am Hüttenweg
Neunkirchen

In Neunkirchen stemmen sich die Schlote der Eisenwerke dem Zeitgeist entgegen. Die Stadt blickt auf stolze 500 Jahre Industriekultur zurück. Kohle und Erz sind das Erbe. Bis Anfang der 1980er-Jahre wurde hier Stahl geschmolzen. Einen Eindruck vom Treiben einer Industriestadt bietet der Hüttenweg: Beginnend bei den Meisterhäusern aus dem ausgehenden 19. Jh. führt der Gang durch die Stationen des Kohle- und Stahlzeitalters.

www.neunkirchen.de

Saar-Urwald
Riegelsberg

Ein Urwald wächst vor den Toren der Landeshauptstadt heran. Im ehemaligen Feudalwald der Fürsten von Nassau-Saarbrücken, inmitten des Saarkohlenwalds, darf sich die Natur auf 1 000 ha Fläche austoben. Seit 1997 schweigen die Motorsägen im einstigen Nutzwald. Dafür sprießt eine ungeahnte Artenvielfalt und überwuchert die letzten Zeichen der Zivilisation. Wer sich nicht allein ins Dickicht traut, begleitet den Förster und spürt nachts Fledermäusen nach.

www.saar-urwald.de

788

Bergwerk
St. Ingberg

Das älteste Industriedenkmal des Saarlands, die im Jahr 1750 eingeweihte Möllerhalle, befindet sich auf dem Gelände der »Alten Schmelz«. Das historische Gebäude erweckt mit seinen sakralen Ausformungen den Eindruck einer Kapelle. Bei einem Gang durch Siedlung und Werksanlagen erschließt sich peu à peu die lebendige Geschichte der Region. Und weil der Leitspruch gilt »Ohne Koks kein Eisen«, geht es weiter zum Bergwerk Rischbachstollen. Seit 1990 wird wieder gegraben, allerdings nur für Touristen. Helm, Lampe und Arschleder sind Pflicht, bevor es in den Stollen geht

789

www.rischbachstollen.de

E-Biken im Urwald vor den Toren der Stadt

Saarbrücken

Das Saarland hat sich in den letzten Jahren zur E-Bike-Region entwickelt! Das flächendeckende Netzwerk »e-Velo Saarland« bietet Elektro-Fahrrad-Verleih, Akku-Wechsel und Transport-Service an. Alle Touren, die über die Tourismus Zentrale Saarland angeboten werden, sind auch mit E-Velo zu buchen. Dann heißt es, einfach aufsteigen und losfahren – denn mehr braucht es nicht, um mühelos und mit hohem Spaßfaktor auch die Höhenzüge des Saarlandes zu erklimmen. Speziell die

Tour durch den Saarkohlenwald bei Saarbrücken, auch »Urwald vor den Toren der Stadt« genannt, bietet eine sehr abwechslungsreiche Fahrt durch naturnahe Wälder und über Höhenzüge mit herrlichen Aussichtspunkten. Rund 85 Kilometer und 1 000 Höhenmeter sind dank E-Bike in einem Tag gut machbar. Mehrere touristische Ziele gestalten die Tour kurzweilig. So streift man den Naherholungsraum mit dem lautmalerischen Namen Itzenblitz, kann den Brennenden Berg besuchen,

der allein aufgrund seiner Ausdünstungen nicht zu verfehlen ist. Essen und Trinken gehören bei jedem Ausflug dazu, auch wenn man sich nicht mehr völlig verausgaben muss; Restaurants und Gasthäuser sind auf der Strecke. Übrigens: Wer dann doch zu viel Gas gegeben hat: Auf der Hälfte der Tour besteht in Reeden oder in Saarbrücken die Möglichkeit, den Akku zu wechseln, sonst wird es doch noch anstrengend.

www.tourismus.
saarland.de

790

791 Gespenst im Schloss
Saarbrücken

Seit 1000 Jahren spukt es im Saarbrücker Schloss. Kindern sei eine Führung mit einem besonderen Bewohner ans Herz gelegt: Wer kennt sich besser in der Geschichte des Schlosses aus als das Schlossgespenst. Sonntags (11 Uhr) schlägt es zur Geisterstunde.

Gemeinsam mit dem kuriosen Gesellen erkunden Kinder den Palast und sind Geheimnissen auf der Spur. So viel sei hier verraten: Für Angsthasen ist das nichts!

www.regionalverband-saarbruecken.de

792 Historische Salzhäuser
Sulzbach

Wie keine andere Gemeinde im Saarland ist Sulzbach vom Bergbau geprägt. Umgeben vom satten Grün des Saarkohlenwalds begegnet man der jahrhundertealten Bergwerktradition auf Schritt und Tritt. Heute ist das Salzbrunnen-Ensemble in der Stadtmitte das architektonische Wahrzeichen der Stadt. Es besteht aus dem historischen Salzbrunnenhaus, das der Förderung des Minerals diente, und dem einstigen Wohnhaus des Sulzbacher Industriellen Carl Philipp Vopelius.

www.historische-salzhäuser.de

Schifffahrt
Saint-Louis-Arzwiller

793

Eigentlich war der »plan incliné«, wie das Schiffhebewerk auf Französisch heißt, für den Güterverkehr gedacht. Aber den Wettlauf mit Eisenbahn und Straße konnte die Binnenschifffahrt nicht mehr gewinnen. So transportiert der Lift heute die Jollen der Freizeitkapitäne. Wer nicht im Schiff anreist, kann das Spektakel auf einer geführten Bootsfahrt erleben. Neugierige finden im ausgemusterten Lastkahn »Sophie-Marie« ein ansprechendes Museumsschiff. Für Eisenbahnnostalgiker empfiehlt sich eine Fahrt mit der Museumsbahn entlang des Wasserverlaufs.

www.plan-incline.com

Kunst aus Glas
Sarrebourg

Sarrebourg ist über die Landesgrenzen hinweg für seine historischen Glasmanufakturen bekannt. Die Cristallerie Vallerysthal beschäftigte während des 18. und 19. Jhs. bis zu 2000 Arbeiter. Heute kann man dem letzten verbliebenen Glasbläser bei seiner diffizilen Arbeit über die Schulter sehen. Kultureller Höhepunkt ist die »Chapelle des Cordeliers«. Hier schuf Marc Chagall 1977 sein farbgewaltiges Buntglasfenster »La Paix«. Damit setzte er ein Zeichen für mehr Völkerverständigung. Das Werk zählt zu den größten Glasmalereien des französisch-russischen Künstlers.

794

www.sarrebourg.fr

795

Minenmuseum Carreau Wendel
Petite-Rosselle

La Petite-Rosselle ist kein Dorf aus einem Bilderbuchreiseführer. Dennoch lohnt ein Gang zu den französischen Nachbarn, »La mine, grandeur nature« ist ein Schaubergwerk in Originalgröße. Unter der futuristisch anmutenden Architektur aus Wellblechtunneln und überdimensionierten Bauklötzen wird auf 4500 qm eine rekonstruierte Kohlegrube zum Leben erweckt. Das Erlebnis beginnt bereits beim Eintritt in die Grube. An Bord eines Minenaufzugs rauscht man der Seele der Erde entgegen. Bei einer Geschwindigkeit von 12 m in der Sekunde bleibt kaum Zeit, sich auf das folgende Abenteuer einzustellen. Das Herz der Mine pulsiert wie zu seinen besten Zeiten. Der Lärm der mächtigen Fördermaschinen lässt die Luft vibrieren. Der Puls schlägt länger und für einen langen Moment vergisst man, dass hier nur simuliert wird.

www.la-mine.fr

796

Bettsäächertage
Losheim am See

Ob Kuhblume, Eierbusch, Goldblom, Seichkraut, Pissblume, »Piss en Lit« oder eben wie im Saarland Bettsäächer, die Namensgebung ist unterschiedlich, aber als Heilmittel und Delikatesse ist der Löwenzahn überall bekannt. Deshalb veranstalten viele Gemeinden (u. a. Losheim am See, Mettlach, Weiskirchen) dieser Blume zu Ehren Ende März/Anfang April die Bettsäächertage. Welche Gastronomiebetriebe sich jährlich daran beteiligen, verkünden die Webseiten der Orte. Auch wenn die Gasthäuser und Restaurants, die mitmachen, Jahr für Jahr wechseln, eines ist sicher. Sie kennen viel mehr Rezepte als nur Löwenzahnsalat. Wobei der natürlich nie fehlen darf!

www.losheim.de

798

Waldhochseilgarten
Saarbrücken

Begleitet vom Zwitschern der Vögel geht es in luftiger Höhe von 12 m auf Drahtseilen, Schaukeln und Rollen durch die Baumwipfel. Auf sieben Parcours mit unterschiedlichen Schwierigkeitsgraden lässt sich die Baumkletterei üben. Wer die 56 Hindernisse mit Bravour und ohne gravierende Kratzer überwunden hat, darf sich zu Recht als Nachfolger von »Tarzan und Jane« fühlen und ist bereit für die erste Kurvenseilbahn Deutschlands, auf der man auf 370 m in atemberaubenden Schwüngen durch der Wald »fliegt«. Möchte man sich so leichtfüßig wie das bekannte Dschungelpaar zwischen den Baumkronen bewegen, erwirbt man hier die dazu nötigen Fähigkeiten.

www.abenteuerpark-saar.de

Erbsensonntag
Wadern

Alle Jahre wieder wird am ersten Fastensonntag von der Anhöhe des »Perscher Kopfes« das Erbsenrad (ein Heu- oder Strohballen) in Brand gesetzt und in den Bach Wadrill gerollt. Anschließend trifft man sich zum traditionellen Eieressen. Dieser Brauch soll den ansässigen Bauern eine gute und ertragreiche Ernte einbringen und den Frühling begrüßen.

797

www.wadern.de

Sachsen

Der »Wanderer über dem Nebelmeer« in der Sächsischen Schweiz ist immer noch gut unterwegs – heute eben im Softshell. Unten im Elbtal hat sich die Lage derweil geklärt: Raddampferpassagiere bleiben auf, Radler neben dem Wasser. Und überall wird gerne geschlemmt: ob Pfefferkuchen in Pulsnitz oder Käse in Pfunds Molkerei.

Der schönste Milchladen der Welt befindet sich in Dresden: Nur Pfunds Molkerei bietet dem Käse eine Kulisse aus handbemalten Fliesen im Neorenaissancestil.

799

800 ## Panometer
Leipzig / Dresden

Aus Panorama und Gasometer, denn in einem solchen ist es untergebracht, wurde »Panometer«. Erfunden hat diese Wortschöpfung der Architekt, Hochschullehrer und Begründer Yadegar Asisi. Die Panometer in Dresden und Leipzig zeig(t)en u. a. großformatige, über 100 m lange und rund 30 m hohe 360-Grad-Panoramen von Amazonien, der Berliner Mauer, Rom und dem Great Barrier Reef: Von einer 6 m hohen Plattform aus öffnet sich der Blick auf eine einzigartige Unterwasserwelt, die von Azurblau bis Aquamarin und Grün leuchtet.

www.asisi.de

801 # Via Regia
Ökumenischer Pilgerweg

Die mittelalterliche Handelsstraße Via Regia bereisten Könige, Krieger, Händler; ihr folgten die Pilger. Sie durchreisten das Abendland mit dem Wissen um heilige Ziele und schufen so ein Geflecht von geheiligten Wegen. Der Ökumenische Pilgerweg orientiert sich am historischen Verlauf der Via Regia. In christlicher Tradition haben sich Menschen am Weg bereit erklärt, Pilger aufzunehmen. Die Herbergen stehen den Pilgern ganzjährig offen.

www.oekumenischer-pilgerweg.de

Naturpark
Dübener Heide

Kinder ab 3 Jahren und Erwachsene können die Dübener Heide auf dem Pferd entdecken. Auch Menschen mit Behinderungen erhalten dort die Möglichkeit, das Reiten als Therapie zu nutzen. Am besten lässt sich das großflächige Gebiet vom Burgturm des nahe gelegenen Bad Düben aus überblicken. Mit ca. 2 000 qkm bietet der Naturpark die größte zusammenhängende Waldfläche aus Kiefern, Buchen und Birken in Ostdeutschland. Wer lieber wandert als reitet, findet hier reichlich Auswahl, z. B. den Weg zum Waldbad, der Hammermühle, den Wildenhainer Burch oder die Wasserburg Schnadnitz. Noch bequemer geht es nur in der Pferdekutsche. Sich mit entschleunigten zwei PS durch die stille Heidelandschaft der Naturparks fahren lassen, das senkt den Blutdruck, beruhigt das Herz und hebt die Laune.

802

www.duebener-heide.de;
www.freizeitreiten-paetz.de

803

Erlebniswelt Meißen
Porzellanmanufaktur

Viele Bereiche gibt es nicht mehr, in denen die Hand als das wichtigste Werkzeug gilt. In der Dresdner Porzellanmanufaktur ist es so. Mit gutem Grund: Formen und Drehen, Figuren fertigen (Bossieren), unter der Glasur und auf der Glasur malen ist eine Kunst, die man maschinell nicht hinbekommt. Wie entsteht eine Tasse? Aus wie vielen Einzelteilen besteht eine Figur und wie kommen die blauen Schwerter unter die Glasur? Auf all diese Fragen erhält man beim Rundgang eine Antwort. Wie aber aus den verschiedenen Materialien fast 10 000 unterschiedliche brillante Farbtöne kombiniert und produziert werden, bleibt ein streng gehütetes Firmengeheimnis.

www.meissen.com

Brühlsche Terrasse
Dresden

Beim Blick auf die »Brühlsche Terrasse« versteht man einmal mehr, warum Dresden den Beinamen »Elb-Florenz« trägt. Im abendlich warmen Licht erscheint die 500 m lange und bis zu 200 m breite Promenade noch mal so schön. Hier wetteifern die Prachtbauten um die Aufmersamkeit der Passanten: die Kunstakademie, die Sekundogenitur, das Ständehaus und die Kathedrale St. Trinitatis. Promenaden wie diese laden zur Legendenbildung ein: Einst sah man eine weiß gekleidete Frau aus dem Brühlschen Palast kommen, die sich über das Geländer ins Wasser stürzte. Hierbei sollte es sich um die Geliebte des Grafen Brühl, die Opernsängerin Teresa Albuzzi-Todeschini, gehandelt haben, die sich an dieser Stelle das Leben nahm. Belegt ist das nicht. Aber schön-traurig ist es schon.

804

Straßenbahn: Theaterplatz oder Synagoge

Erlebnispfad

Dresden-Süd

Prima Klima? 48 000 Bäume in Dresden sorgen dafür. Mit 63 % Wald- und Grünfläche gilt die Stadt als eine der grünsten in Europa. Doch das ist noch lange nicht das Ende der Bemühungen, entlang der früheren Stadtbefestigung schreitet das Projekt Promenadenring mit doppelreihigen Baumalleen voran, und man hat zusammen mit dem Bund für Umwelt und Natur einen »Stadtökologischen Erlebnispfad« entwickelt. Was politisch korrekt klingt, soll praktisch und ohne erhobenen Zeigefinger vermittelt werden: etwa beim Wind-und-Drachenfest, bei einer Baumpflanzaktion oder an der Bienenstation, an der, zusammen mit dem Imkerverein, Aufklärung betrieben wird. In Deutschland sorgen 80 000 Imker mit 1 Mio. Bienenvölker dafür, dass der Honig reichlich fließt. Die fleißigen Hautflügler gehören zu den wichtigsten Bestäubern weltweit.

805

www.bund.net/dresden/
erlebnispfad

Raddampferfahrt

Dresden

806

Schmuck sehen sie aus, die stilecht restaurierten Schiffe mit den roten Schaufelrädern. Selbst der jüngste der neun Dampfer ist weit über 80 und somit längst im Rentenalter, der älteste stammt aus dem Jahr 1879 und heißt »Stadt Wehlen«. Das leise Rauschen der Schaufelräder und das Schnaufen ihrer Dampfmaschinen wirken beruhigend, die gemächliche Geschwindigkeit, das Unterwegssein vertreiben die Melancholie. Auf ihrem Fahrtgebiet zwischen Seußlitz bei Meißen und Bad Schandau in der Sächsischen Schweiz durchquert die traditionsreiche Flotte eine der schönsten Flusslandschaften Europas sowie das Dresdner Elbtal.

www.saechsische-dampfschifffahrt.de

Schloss und Park Pillnitz
Dresden

»Sehen und gesehen werden« – für diese Form, sich in der Öffentlichkeit in Szene zu setzen, brauchte es den richtigen Rahmen. Die einstige Sommerresidenz des Dresdner Hofes brachte alles für die Auftritte der Reichen und Mächtigen mit. Das Wasser- und das Bergpalais zählen zu den größten Chinoiseriebauten der Welt. August der Starke ließ sich häufig mit Gondeln über die Elbe hierher tragen. Heute reist man mit dem Dampfer oder Auto an. Man möchte etwas erleben und gerne auch die Kinder gut betreut wissen. Dafür gibt es Themenrouten (Anmeldung nötig), bei denen man z. B. »Spinnen, Schnaken und Schnecken« im Schlosspark aufspürt. Bei der letztgenannten Erlebnistour sollten sich Eltern rechtzeitig und ohne Murren auf Familienzuwachs einstellen.

www.schlosspillnitz.de

Mühle und Drachenhöhle
Syrau

Wer nach Syrau kommt, kommt kaum an ihr vorbei – der ältesten Holländermühle im Vogtland. Mit ihrem hölzernen Getriebe, den riesigen Zahnrädern und durchdachten Funktionsabläufen ist sie ein beeindruckendes Zeugnis vergangener Technik und Mühlenbaukunst. Geheimnisvoller geht es jedoch in der Drachenhöhle zu, in der man eine Vielfalt an Tropfsteingebilden, kristallklaren Seen, weichen Lehmformationen und bizarren Sintervorhängen entdecken kann. Um das Ganze noch mystischer erscheinen zu lassen, wird von Mai bis August ein effektvolles Zusammenspiel aus Musik und vielfarbigen Lasereffekten vorgeführt. Dabei hätte das Naturtheater diese künstliche Illuminierung nicht unbedingt nötig.

www.syrau.de

Schmalspurbahn
Zittauer Gebirge

809

Dichte Mischwälder, zackige und rund geschliffene Sandsteinfelsen, vulkanische Kuppen – insgesamt 82 Gipfel, 1170 Kletterwege und 300 km markierte Wanderwege durchziehen diese Region. Dafür wird ein Urlaub kaum ausreichen. Aber man kann ja wiederkommen. Gerne auch im Winter, wenn es auf Loipen und am Hang heißt: »Ski und Rodel gut!« Im Sommer führt die Schmalspurbahn in knapp einer Stunde von Zittau ins Zittauer Gebirge, dessen bekanntester Berg der Oybin ist. Oben stößt man auf Steingebilde, die an Tiere erinnern, wie z. B. auf die »Brütende Henne«.

www.soeg-zittau.de

Semperoper
Dresden

810

Benannt nach ihrem Architekten Gottfried Semper gilt dieses als eines der schönsten und kulturell renommiertesten Opernhäuser der Welt. Doch sobald der Vorhang aufgeht, gehört die Aufmerksamkeit den Protagonisten auf der Bühne. Wer dem Bau selbst Ehre erweisen will, stößt auf ein vielseitiges Führungsangebot: für Kinder, für Detektive oder bei einem nächtlichen Rundgang.

www.semperoper-erleben.de

811 Malerweg
Elbsandsteingebirge

Es ist der »beliebteste Wanderweg in Deutschland« meinen die vielen, die diesen 200 Jahre alten Weg bereits zurücklegten. Man kann also unterwegs durch die bizarren Felsgebilde, erhabenen Tafelberge und romantischen Schluchten nette Bekanntschaften machen. Schon für Caspar David Friedrich, Carl Gustav Carus und Ludwig Richter war der Malerweg Quelle der Inspiration.

www.saechsische-schweiz.de

812 Felsenbühne
Rathen

Die Kulisse ist der Held in diesem grandiosen Naturtheater. Die Dresdner selbst halten es für das schönste dieser Art überhaupt: Die Bühne liegt inmitten eines Felsenkessels der Sächsischen Schweiz und bietet 2000 Gästen Platz in gut klimatisiertem Ambiente. Das Programm reicht vom Aschenbrödel über Old Shurehand und Carmina Burana, von Wagner und Verdi bis zu »Pucks Sommernachtsträumen«, die Shakespeare hier recht frei interpretieren. Dafür gibt es Applaus!

www.felsenbuehne-rathen.de

Wintersport
Fichtelgebirge / Altenberg

813

Auf Skiern mal schnell über die Grenze? Am Fichtelberg geht das, weil hier einige Pisten mit jenen im benachbarten Tschechien kombiniert werden können. In anderen Orten gibt es meist nur ein oder zwei miteinander kombinierbare Lifte. Langläufer laufen dafür umso länger: Die 36 km gespurte Kammloipe zwischen Johanngeorgenstadt und Schöneck im Vogtland ist die längste in Sachsen. Wer mehr auf Bobs abfährt, ist in Altenberg (Erzgebirge) richtig. Die Bahn dort ist Austragungsort von Weltmeisterschaften und entsprechend modern.

www.kammloipe.com;
www.sachsen-tourismus.de

Fürst Pücklers
Park in Bad Muskau

Dieser Park sollte ihm den Ruin bringen. Das Vermögen seiner Frau hatte er zuvor schon durchgebracht. Dem Park selbst hat sein Ehrgeiz allerdings gutgetan. Inspiriert von englischen Gartenanlagen ließ er Seen und Wasserläufe, wohl geordnete Baumgruppen und mit Ziergittern eingefasste Blumenbeete arrangieren. Dieses Ensemble gleicht einem Gemälde – so sah es zumindest der Schriftsteller Friedrich Förster, der hier »durch eine Bildergalerie der Claude Lorrains, Poussins und Ruisdaels« zu schreiten glaubte. Die Nachwelt dankt es dem Fürsten jedenfalls; auch mit einer Auszeichnung durch die Unesco.

www.muskauer-park.de

814

815 Erich Kästner Museum
Dresden

Generationen von Kindern haben mit seinen Figuren gelebt – mit dem »Doppelten Lottchen«, mit »Emil und den Detektiven« oder mit »Pünktchen und Anton«. Ihr Erfinder, Erich Kästner, ist in Dresden geboren. In der Villa seines Onkels wurde dem Kinderbuchautor, Gebrauchslyriker und Journalisten ein Museum gewidmet.

www.erich-kaestner-museum.de

Kindermuseum
Im Hygienemuseum / Dresden

»Vor dem Essen, nach dem Essen – Hände waschen, nicht vergessen.« Warum ist das eigentlich sooo wichtig? Viel spaßiger als solche Fragen ist es, die Sinne zu testen: im Spiegelkabinett Grimassen schneiden, Geräusche raten, an Riechsäulen schnüffeln Tiere (er)tasten oder die fünf Geschmacksarten schmecken und vieles andere mehr.

www.dhmd.de

816

Weinstraße
Pirna / Diesbar-Seußlitz

»Klein, aber fein«, dachten sich die Winzer dieser Region, als sie 1992 hier eine Weinroute ins Leben riefen: Von Pirna über Dresden nach Diebar-Seutzlitz sind es ca. 55 km. Wer sich Zeit nimmt, schaut bei Karl May vorbei oder dampft auf der 16,5 km langen Kleinbahnstrecke mit dem »Lößnitzdackel« durch die Gegend.

817

www.saechsische-weinstrasse.net
www.loessnitzgrundbahn.de

818

Osterreiten
Bautzen / Kamenz / Hoyerswerda

Nobel sehen sie aus: Das Pferdegeschirr ist aufwendig mit Muscheln oder mit Metallbeschlägen verziert, die festliche Tracht besteht aus Gehrock und Zylinder – so will es der sorbische Brauch. Durchgehen sollte der Gaul bei dieser Kopfbedeckung allerdings nicht. Die Osterreiter haben ihre Tiere jedoch bestens im Griff. Auf ihrem Ritt verkünden sie die frohe Botschaft über die Auferstehung Jesu Christi, singen und beten. Angeführt von den Fahnenträgern, den Trägern der Christusstatue und des Kreuzes versammeln sich die Reiter vor der Kirche und werden vom örtlichen Geistlichen gesegnet und verabschiedet.

www.bautzen-kamenz.city-map.de

Töpferei
Pulsnitz

Die Töpferei Jürgel ist wahrscheinlich eine der ältesten noch produzierenden Töpfereien in Deutschland. Sie wurde bereits im 14. Jh. in einer Chronik der Stadt erwähnt. In der Blütezeit gingen von hier jährlich 100 Eisenbahnwagen mit Töpferwaren beladen nach Sachsen, Württemberg, Schlesien, Böhmen und Österreich-Ungarn. Bis heute werden fast alle Stücke auf der traditionellen Fußtöpferscheibe gedreht und werden anschließend mit viel Können, Liebe und dem volldeckenden Schwammdekor bemalt. Wer dabei zusehen möchte, sollte sich zuvor anmelden.

819

www.toepferei-juergel.de

820 Fischwochen
An der Lausitz

»Die Ernte des Jahres« findet im Herbst mit dem traditionellen Abfischen statt. Für die Lausitzer Teichwirte sind es die aufregendsten und schönsten Wochen des Jahres. Begleitet wird diese Zeit des Abfischens von den Lausitzer Fischwochen. Zahlreiche Restaurants wetteifern um die Gunst der Gäste. Die häufig gestellte Frage, ob der Fisch wirklich frisch ist, erübrigt sich allerdings.

www.oberlausitz.com

821 Musikinstrumenten-Museum
Markneukirchen

Zunächst die Superlative: Man rühmt sich, die kleinsten, die größten sowie mit 3 200 Exponaten die meisten Musikinstrumente aus aller Welt im »Paulus-Schlössel« versammelt zu haben. Dabei geht es bei Musik ja gerade nicht um »höher, größer, weiter«. Aber beeindruckend ist das Ganze schon. Insbesondere, wenn den Besuchern auf dem Rundgang etwas vorgespielt wird und wenn sie am letzten Sonntag im August Gelegenheit haben, einigen Instrumentenbauern über die Schulter zu schauen.

www.museum-markneukirchen.de

Uhrenmuseum
Glashütte

Ticken die noch richtig? Das tun sie hier garantiert. Denn Genauigkeit in der Produktion ist ein entscheidendes Merkmal bei den handgefertigten Qualitätsuhren. Der Dresdner Ferdinand Adolph Lange gründete 1845 hier eine Fabrik. Nach der Wende wurde daraus eine neue Firma, welche sich weltweit unter dem Label A. Lange & Söhne als Luxusmarke einen Namen machte. Offenbar hat der Ort einen goldenen Boden für das Uhrmacherhandwerk, denn auch Glashütte Original, Nomos und Wempe haben hier ihren Sitz. Im Museum selbst sind mehr als 400 Exponate erlebbar: Taschen-, Armband- und Pendeluhren, Marinechronometer u. v. a. m.

www.uhrenmuseum-glashuette.com

822

Basteifelsen
Sächsische Schweiz

Immer wieder beeindruckend – der Blick von der Plattform der Bastei über die Landschaft. Man kann schon verstehen, dass der Panoramafelsen eine der meist besuchten Sehenswürdigkeiten der Sächsischen Schweiz ist. Der Name dieser Region geht auf die beiden Schweizer Maler Adrian Zingg und Anton Graff zurück, die 1776 an die Kunstakademie in Dresden berufen wurden. Beim Blick in Richtung Osten sahen sie ein Gebirge liegen, das eine merkwürdige Berglandschaft zeigte und ohne eigentliche Gipfel auskam. Ein wenig Heimweh wird bei der Betrachtung und Bezeichnung schon dabei gewesen sein. Sei es drum: Der Name »Sächsische Schweiz« kam und blieb!

www.saechsische-schweiz.de

823

824

Johannisbad

Zwickau

Aquafitness, Warmbadetag, Freie Körper Kultur (kurz FKK), lange Saunanächte und Frühschwimmen für alle, die keine Morgenmuffel sind – hier wird ein vielfältiges Programm geboten. Wer will, kann die ganze Woche in diesem wunderschönen Schwimmbad aus dem Jahr 1869 zwischen Gründerzeit und Jugendstil zubringen. Aber natürlich wurden die Anlagen seither kräftig renoviert und zu dem ausgebaut, was man heute gerne als Wellnesstempel bezeichnet. Um an Gelder für die Renovierung zu kommen, veräußerte man die originalen handbemalten Beckenrandfliesen und erfand die »Johannisbadaktie«. Man sollte entweder schon sehr früh oder sehr spät kommen, um die stilvolle Architektur und das Flair des Bades in Ruhe würdigen zu können.

www.johannisbad.de

825 Badegärten
Eibenstock

Mal ehrlich: Die Finnische Sauna oder den türkischen Haman kennt inzwischen jeder. Aber wie saunieren die Russen, Japaner und Nordamerikaner? Wer die Badegärten in Eibenstock besucht, kann an einem Tag die Saunen der Welt für sich entdecken – und damit auch die unterschiedlichsten Gewohnheiten, die dazugehören: vom Hopfenbad zum Rasulbad, dem Karelischen Vastaritual, dem Russischen Wenikritual, dem Hühnerfußbanja oder dem Banja-Kreml, dem orientalischen Kräuterdampfbad, der Schaummaske in Ovemalik, dem indianischen Steinsitzbad etc. pp. Wem bei so viel Auswahl blümerant wird, dem hilft vielleicht noch die japanische Meditationssauna oder einfach der beherzte und kühne Sprung ins Kühlbecken!

www.badegaerten.de

826 Erlichthof
Rietschen

Wenn nur der Name nicht so schwer auszusprechen wär: »Schrotholzhäuser« kommt gleich nach »Rotsamtkleid«. Dabei wirken die urigen Bauten viel wohnlicher und behaglicher als ihre Bezeichnung vermuten lässt. Die denkmalgeschützten Gebäude stammen größtenteils aus Dörfern, die dem Braunkohlenabbau weichen mussten. Behutsam wurden die bis zu 300 Jahre alten Bauten abgetragen und am Erlichtteich wieder zusammengesetzt. Das reizvolle Ensemble vermittelt das Bild eines Lausitzer Heidedorfes, wie es im 19. Jh. ausgesehen haben könnte. Zu dem kleinen Dorf gehören neben dem Museumsgehöft »Erlichthof« 18 weitere Schrotholzhäuser, die für Gäste geöffnet sind. Besucher erleben traditionelles Handwerk sowie Handel und Gastronomie – u. a. eine Hofschneiderei, eine Steinofenbäckerei und den Bogenpark.

www.erlichthof.de

Pfefferkuchen-stadt
Pulsnitz

Sie lassen sich ungern ins Handwerk pfuschen. Das hat in ihrer Zunft gute Tradition. So trotzten die Pfefferkuchenbäcker auch in Zeiten der DDR der Staatsform und wehrten sich gegen die Überführung in eine Genossenschaft. Nach der Wende kämpften sie sieben Jahre lang um die Anerkennung als Handwerk. Mit Erfolg! Nur bester, lang gelagerter Honig- und/oder Sirupteig, mit feinsten Gewüzen (im Mittelalter kurz unter dem Begriff »Pfeffer« zusammengefasst) werden zu Pfefferkuchen verbacken. Und das schmeckt gut so!

827

www.pfefferkuchenmarkt.de; Markt immer Anfang Nov.

Sachsen-Anhalt

Die höchste gemessene Windgeschwindigkeit auf dem Brocken? Ordentliche 264 Stundenkilometer – mit diesem Tempo könnte einem die Atmosphäre hier oben schon mal um die Ohren fliegen. Eine fotogene Dampfeisenbahn fährt auf diesen höchsten Berg im Harz. Doch es geht auch gemütlicher ...

»Eins, zwei, drei, viele ... «
So schön kann Schäfchen zählen in
Sachsen-Anhalt sein. Und danach
schläft man mit Blick auf den
Wurmberg auf der Wiese ein.

Wandern im
Colbitzer Lindenwald

Nah der Gemeinde Colbitz befindet sich der größte geschlossene Lindenwald Europas (ca. 220 ha). Alle Jahre, Ende Juni, Anfang Juli, ist dort Hochsaison. Die alten Linden stehen dann in voller Blüte und laden zu ausgedehnten Waldspaziergängen ein. Aber auch außerhalb der Lindenblüte kann man einen einzigartigen Lebensraum für Pflanzen und Tiere auf den Rundwegen entdecken. Die kleine und etwas leichtere Tour (ca. 1,5 km) ist ein Naturlehrpfad. Der große Lindenwaldrundweg (ca. 4 km) kann auch mit dem Rad befahren werden.

www.colbitzer-lindenwald. touristinfo-magdeburg.de

829 Kanutour auf der Bode
Gröningen

Die Bode ist ein reizvoller Wasserwanderfluss, gerade weil er nicht überlaufen ist. Bei normalem Wasserstand kann die Bode ab Gröningen befahren werden. Auf der insgesamt ca. 67 km langen Strecke hat sie einige Wehre, an denen umgetragen werden muss. Leider gibt es nicht überall dafür geeignete Aus- und Einstiegsmöglichkeiten. Wer aber eine kleine Herausforderung sucht und das Umtragen an den Wehren nicht fürchtet, wird durch herrliche naturbelassene Fleckchen, Ruhe und Einsamkeit sowie interessante Tierbeobachtungen belohnt.

www.salzlandtourismus.de

830 E-Biken
In der Altmark

Für Naturliebhaber und Radler ist der Landstrich des nördlichen Elbbogens, wo der Fluss langsam nach Nord-West in Richtung Hamburg schwenkt, eine neue Entdeckung. Die abwechslungsreiche landschaftliche Gliederung macht diese Gegend bei Radlern so beliebt: Flache Wiesenlandstriche wie der Drömling im Westen und die Wische im Osten, wo man glaubt, der Himmel berührt die Erde, wechseln mit den bewaldeten Höhen der »Altmärkischen Schweiz« rund um Klötze oder dem Elb-Havel-Gebiet mit den »Kamernschen Bergen«. Mehr als 1 600 km Radlervergnügen laden zu ausgedehnten Touren kreuz und quer durch die Altmark ein. Für die bis zu 50 km langen Teilstrecken bieten sich E-Bikes besonders an. Ausleih- und Ladestationen (auf Wunsch mit Gepäcktransfer) für E-Bikes befinden sich in Arendsee, Kalbe (Milde), Salzwedel und Ziegenhagen.

Radtouren auch zum GPS-Download unter www. naturfreude-erleben.de

831

Die Grüne Zitadelle
Hundertwasser in Magdeburg

Es gibt nur wenige Architekten, deren Bauten eine so unverkennbare Handschrift haben, wie die des verstorbenen Friedensreich Hundertwasser. Die Grüne Zitadelle, deren Konzept und Philosphie vom philantrophischen Gemüt des Meisters zeugen, beweist dies einmal mehr. In seinem weltweit letzten Kunstwerk leuchten goldene Kugeln auf den Türmen, schauen »Baummieter« aus »tanzenden Fenstern«, duften Blumenwiesen auf den Dächern und tragen »Melodien für die Füße« die Besucher beschwingt durch die Innenhöfe. Nur schade, dass Hundertwasser die Einweihung selbst nicht mehr erleben konnte.

www.gruene-zitadelle.de

Solepark
Bad Salzelmen

Hier fließen Milch und Honig, zumindest, wenn man sich die dazu passende Massage gönnt. Ansonsten bleiben vom Algenbad über das den Kreislauf schonende Brechelbald, das Bier-, Kräuter-, Stein- oder Solebad, die Kraxenöfen und das Kaskadenbecken sowie jede Menge Begleitprogramm kaum Saunawünsche offen.

832

www.solepark.de

Radtour
Mit drei Fähren

Eine Besonderheit dieser Fahrradroute sind die Gierseilfähren, die der Überquerung von Saale und Elbe dienen. Gierseilfähren überwinden die Flüsse nur mit der Kraft der Flussströmung und werden an Seilen, die im Grund befestigt sind, gehalten. Alle Fähren befördern gegen Entgelt Personen, aber auch Pkw. Die Strecke verläuft auf Deichverteidigungs- und landwirtschaftlichen Wegen nahe der beiden größten Flüsse der Region entlang, sodass man die Ruhe und vor allem die landschaftliche Schönheit dieses zum Teil unter Schutz gestellten Gebietes genießen kann. Auf der Tour sollte man nicht versäumen, in Barby einen Abstecher zur Mündung der Saale in die Elbe zu unternehmen oder in Breitenhagen das Museumsschiff zu besuchen. Dort kann man auch auf Vorbestellung eine geführte Wanderung ins Biosphärenreservat buchen.

833

www.salzlandtourismus.de

Klettern
Schierke

834

Den Kleinen Feuerstein gibt es, die Vogelherdklippe und die Schnarcherklippen, ein 25 m hohes Naturdenkmal bei Schierke – alles Namen, die erfahrene Bergsteiger jubeln lassen. Hier finden sie Kletterrouten im I–IV-Schwierigkeitsgrad. An der rötlich gefärbten Feuersteinklippe hat schon Goethe gekratzt, das war 1784. Intensive waagerechte und senkrechte Klüftungen entstanden bei der Abkühlung erstarrenden Magmas und versprechen diverse Herausforderungen. Wer nicht klettern möchte, kann Schierke auch als Ausgangspunkt für diverse Wanderungen nehmen. Ein Märchenpfad für Kinder führt in den Sommermonaten auf den Brocken und soll Lust am Wandern machen.

www.dav-basislager-brocken.de; www.nationalpark-harz.de

835 Radtour entlang der Elbe
Zum Wasserstraßenkreuz

Der Radweg führt von Magdeburg aus zum Wasserstraßenkreuz im Norden der Landeshauptstadt. An der 15 km langen Strecke befindet sich die Magdeburger Sport- & Freizeitmeile Herrenkrug mit dem Elbauenpark, dem Jahrtausendturm, dem Herrenkrugpark und der Pferderennbahn. Durch die Elblandschaft gelangt man bis zum Wasserstraßenkreuz mit der längsten Kanalbrücke Europas. Die beste Sicht auf das Meisterwerk hat man vom Boot der Weißen Flotte Magdeburg!

www.magdeburg-tourist.de

836 Elbauenpark / Jahrtausendturm
Magdeburg

Dieser schiefe Turm steht in Madgeburg. Die sechs Etagen sind durch ein Treppenhaus im Inneren und eine begehbare Spiral-Rampe an der Außenhaut erreichbar. Mit 60 m Höhe ist es das höchste Holzgebäude Deutschlands. Im Sauseschritt werden hier Errungenschaften von 6 000 Jahren Geschichte vorgestellt: Den Anfangspunkt setzt ein ägyptisches Wohnhaus, den Endpunkt der Mikrokosmos und Makrokosmos moderner Wissenschaften.

www.mvgm-online.de

Im Hexental
Schierke

Schierke, bis 1989 »Kurort der Werktätigen«, jedenfalls derer, die einen Passierschein erhielten, galt mit seiner Lage am Fuße des Brocken bis zum Zweiten Weltkrieg als St. Moritz des Nordens. Denkmalgeschütztes Fachwerk ist zu sehen und etwas Jugendstil. Zu Walpurgis kehrt das teuflische Treiben hierher zurück, hier gehört es hin. Hexen und Teufelnachwuchs lassen sich schon nachmittags mit bunten Farben im Gesicht und an den Händen schmücken. Ein Kopftuch muss auch sein, die Nase nicht zu klein, Hexensalbe wird angerührt, überall wird getuschelt und geratscht.

837

www.schierke-am-brocken.de

Löwenzahn-Pfad
Drei Annen Hohne

Sie tun so geheimnisvoll, die Kinder, die sich gerade vor dem morschen Baum am Löwenzahn-Entdeckerpfad versammelt haben. Sie sind mit Sherlock Frog, dem Walddetektiv, auf Verbrecherjagd. Sie suchen nach Dieben, die den Tieren des Waldes ganz übel mitgespielt haben sollen. Wie und wo und was? Es gibt keine Antwort, die Räuber-Jäger verschwinden. Sie haben alles Wichtige entdeckt, können Spuren lesen, wissen, zu welchem Baum der braune Zapfen gehört (Fichte!), wo der Raufußkauz wohnt (in Baumhöhlen!) und wie weit ein Hase springen kann (9 m!).

www.nationalpark-harz.de; Angebote für Kinder

838

839

Besuch beim Luchs
Rabenklippe / Bad Harzburg

18 Stufen führen zur Plattform hinauf, 3,50 m über dem Waldboden neben dem Wohnzimmer der Luchse. Eigentlich haben sie es nicht gern, wenn man ihnen zusieht, aber die granitenen Rabenklippen mit Büschen, Bach und Bäumen, Fichtenaltholz und Schotter bieten ausreichend Versteck. Im größeren Gehegeteil leben Attila – ein Kuder, wie die Kater heißen – und die Luchsin Bella, im kleineren die handaufgezogenen Pamina und Tamino aus Finnland, beide nicht ganz so menschenscheu wie bei Europas größter Katze üblich. Öffentliche Fütterungen sollen sie zwei Mal in der Woche vor neugierige Augen locken. Luchse sind an sich alte Harzer, waren jedoch vor 200 Jahren ausgerottet und werden seit 2000 in einem in Deutschland einmaligen Programm hier wieder angesiedelt. Dabei ist wichtig, dass sie menschenscheu bleiben. Und dass die Menschen keine Angst vor ihnen haben. Der Harz ist klein und der Luchse Lebensraum damit begrenzt. Man weiß z. B. aus Polen und der Schweiz, dass Luchse Reviere von 44 - 345 qkm für sich beanspruchen. So werden sie wandern, im Thüringer und Frankenwald, zum Solling und zum Elm.

www.nationalpark-harz.de

840 Der Brocken
Im Harz

300 Tage im Jahr hüllt der Berg seinen Glatzkopf in Wolken. Das macht ihn so geheimnisvoll. Eisige Winde sorgen auf 1141 m für Alpenklima. Man darf auch im Sommer damit rechnen, dass es um 10 Grad kälter ist als im Tal. Und dennoch gedeihen im Brockengarten fast 1500 verschiedene Brocken- und Alpenpflanzen. 1,6 km lang ist der Rundweg mit weiten Ausblicken ins Tal.

www.brockenharz.de

841 Schachdorf
Ströbeck

Als der Halberstädter Bischof einst vor 1000 Jahren einen Kriegsgefangenen im Ströbecker Wartturm festsetzen ließ (so will es die Legende), setzte er eine Manie in Gang: Die Bauern, die den Gefangenen bewachten, behandelten ihn gut, und er brachte ihnen im Gegenzug das Schachspiel bei. Das gaben sie weiter, von Generation zu Generation. Daher gibt es auch ein Schachmuseum sowie alljährlich ein Lebendschach-Ensemble.

www.schachdorf-stroebeck.de;
www.schachmuseum-stroebeck.de

Klosterwandern
Ilsenburg

842
1050 Jahre Vergangenheit hat Kloster Drübeck, dessen Doppeltürme von St. Vitus nicht zu verfehlen sind. Hier beginnt der Pilgerpfad zwischen Ost und West, zwischen Sachsen-Anhalt und Niedersachsen. 3,2 km hat der Pilger bis Ilsenburg unter den Sohlen und bewundert in der Kirche den schönen Gipsfußboden aus dem 12. Jh. Immer Nationalpark und Brocken im Blick, führt der Weg nach Westen und Vienenburg, vom Geist der Einkehr zur Einkehr mit Klostergeist: Im Kloster Wöltingerode weiß man zu wirtschaften. Mit Kloster Grauhof in Goslar ist die letzte Etappe erreicht.

www.harzer-klosterwanderweg.de

Teufelsmauer
Blankenburg

Damals, als Gott und Teufel die Erde unter sich aufteilten, wurde vereinbart, dass dem Teufel das Land gehören sollte, das er in der Nacht bis zum ersten Hahnenschrei mit einer Mauer umbauen könnte. Eine Marktfrau, nachts mit einem Hahn unterwegs, stolperte, der Hahn krähte, und wütend riss der Teufel seine Mauer um. Da stehen die Reste bis heute, beliebter Abenteuerspielplatz für große Kinder, ca. 5 m lang, mit Stufen und Geländern ausgestattet, ohne Zuhilfenahme der Hände nicht immer zu bewältigen – doch die tolle Aussicht lohnt jede Mühe.

843

www.harz-online.de/ausflugsziele

844 ## Höhlenwohnungen
Langenstein

Manche sind getüncht und wirken durchaus behaglich, Fenster und Türen gibt es und rauchgeschwärzte Feuerstellen: Höhlenwohnungen auf der Altenburg, die lange Jahre vergessen waren, sind nun wieder zugänglich. Krieg und Nachkriegszeit haben über diese Zeugen im wahren Sinne des Wortes Gras wachsen lassen. Aber nicht nur Wohnstätten aus dem Mittelalter sind zu sehen. Gegenüber am Schäferberg gibt es Wohnungen aus neuerer Zeit. Übrigens: 30 qm Wohnraum wie hier galten lange als komfortable Familienbleibe.

www.hoehlenwohnungen-langenstein.de

845 ## Felsenburg Regenstein
Blankenburg

Raum für Ritter: Die älteste deutsche Felsenburg, fast 300 m hoch über steilem Hang gelegen, mit Räumen, die in den Sandstein gehauen wurden, ist längst eine Ruine. Das macht ihren Reiz aus. Ihr Alter ist umstritten. Die erste Urkunde, die ihre Existenz bestätigt, stammt von 1196, als Graf Poppo von Blankenburg den Besitz an seine Söhne aufteilte. Friedrich II. ließ die Burg 1758 schleifen. Die Steine, so wird vermutet, wurden wohl für den Bau des Blankenburger Schlosses verwendet. Der 8 m hohe Stumpf ist im Burghof erhalten geblieben, es gibt Reste von Umfassungs- und Stützmauer, ebenso das Haupttor, etwa 30 Felsräume und Gräben. Rund und glatt ist der Stein längst geschliffen und bei feuchter Witterung auch gefährlich, daher ist die Burg bei schlechtem Wetter geschlossen. Gruppen können sich vom Grafen Albrecht II. von Regenstein höchstpersönlich durch die Burg führen lassen.

www. blankenburg.de;
Einkehr: Gaststätte Regenstein in Blankenburg

846

847

Miniaturpark

Wernigerode

Wie der »Kleine Harz« im Maßstab 1:25 entsteht, lässt sich in der Schauwerkstatt besichtigen. Jeder Stein und jeder Ziegel werden einzeln geformt, filigrane Metallteile gelötet. Mehr als 50 Miniaturen sind schon ausgestellt. Bonsais und Zwerggehölze, Fenstersimse, Blumenkästen und Pflastersteine kann man ebenso gut erkennen wie die Kaiserpfalz.

www.wernigerode.de

Fahrt mit der Brockenbahn

Wernigerode

Heiser pfeift die Brockenbahn am Westerntor. Sie schnauft eine ordentliche Portion Dampf in die Luft und klettert von 238 m in Wernigerode auf 311 m bei der Steinernen Renne. Dann kommen die Bögen, 72 sind es, längere und kurze, die schmalen gerade 60 m im Radius, höchste Anstrengung für Lokführer und Heizer. 540 m hoch liegt der Bahnhof Drei Annen Hohne. Dann schnauft das Bähnchen weiter nach Schierke auf 685 m. Wanderer steigen zu, für das letzte Stück zum Brockenbahnhof, 1 125 m hoch. 1,5 Std. dauert die Fahrt, eine Strecke auf den 140,4 km im Netz der Harzer Schmalspurbahnen.

www.hsb-wr.de; gelegentlich Brockenfahrt ab Quedlinburg

Rübelandbahn
Blankenburg

Sie ist 125 Jahre alt und wurde für 1 Mio. Euro auf Herz und Nieren geprüft, bevor sie sich nach 41 Jahren das erste Mal wieder schnaufend auf den Weg ins Gebirge zwischen Blankenburg und Rübeland machte. Sie bekam großen Beifall, denn die Lok 95027 ist die Bergkönigin. Schließlich gibt es nur noch fünf dieser Steilstreckendampfloks. Der Antrieb erfolgt über die Haftung der Räder. Mit 50 km/h schnauft sie den Berg hoch, mit 30 trödelt sie ihn runter. Atemberaubend auch die Strecke mit dem Krockstein-Viadukt, 40 m über dem Tal der Bode.

www.arbeitsgemeinschaft-ruebelandbahn.de

848

849 Tropfsteinhöhlen
Rübeland

In 100 Jahren wächst so ein Tropfsteingebilde etwa 5 mm, und manche sind bereits über 2 m hoch. In dieser schönsten mitteleuropäischen Höhle kann man bizarre Gebilde bestaunen, die man Stalagmiten und Stalagtiten nennt. Kein Wunder, dass sie Namen bekommen haben wie »Hamburger Wappen« und »Bärenfriedhof« – da liegen doch Knochen? – oder der »Goethesaal«, riesig und perfekt für eine gruselige Märchenaufführung. Eine funkelnde Kristallkammer gibt es in der Hermannshöhle, 1866 entdeckt und wohl 350 000 Jahre alt.

www.harzer-hoehlen.de

850 Kletterwald
Thale

Balancieren, klettern, hangeln, rutschen. Und immer ernste Gesichter. Kletterwald ist kein Spaß, er ist Herausforderung, Grenzüberschreitung. Zitternde Knie, mutige Schritte. Ein Griff zum Karabinerhaken über dem Helm. Wer hier klettert, hat keinen Blick für die andern, für den, der nebenan am Seil vorbeirauscht. Großen wird nicht geholfen, wenn der Mut nicht reicht. Dafür gibt es Leitern nach unten. Aber: Der Mut wächst mit den Aufgaben!

www.kletterwald-thale.de

Wanderung
Durchs Bodetal

Erst um das Jahr 1820 wurden hier, im Bodetal, die ersten Wanderwege angelegt. Vorher war dieses gewaltige Felsental nahezu unpassierbare Wildnis.

851

Bis heute konnte sich dieser Teil des Tals der Bode seinen ursprünglichen Charakter weitestgehend erhalten. Das Wandern durch das Bodetal ist nur auf den ausgeschilderten Wanderwegen möglich. Ein Verlassen des Weges wäre gefährlich und würde auch die unter Schutz stehenden Pflanzen und Tiere stören. Landschaftliche Höhepunkte auf der Wanderroute durch das Bodetal sind u. a. der Goethefelsen, der sagenumwobene Kronensumpf, die Teufelsbrücke und der Bodekessel. Auf den Felsen über dem Tal der Bode gibt es zahlreiche Aussichtspunkte, von denen aus sich ein einzigartiger Blick in die Tiefe bietet. Die steilen Felswände im Bodetal haben außerdem eine große Anziehungskraft für Bergsteiger.

www.bodetal.de

852

Bergtheater
Thale

Die Kulisse steht schon seit 1903, als Theatergründer Ernst Wachler die Bühne nach dem Vorbild griechischer Amphitheater eröffnete. Wind und Wetter mögen da und dort eine Unebenheit weggeschmirgelt, ein Pflänzchen hinzugefügt haben. Garantiert beleuchten Sonne oder Mond den letzten Akt und manchmal kommt der Theaterdonner direkt vom Himmel. Wer zum ersten Mal am Rand des Bergtheaters in Thale steht, mag die Ränge vor der Felsenbühne beängstigend steil finden, aber die Sicht ist atemberaubend. Tragödien und Komödien, Märchen und Musicals passen zum Bühnenbild, das während der Saison von Mai bis September die Farben wechselt.

www.harzer-bergtheater.de

Papiermühle
Weddersleben

853

Diese Papiermühle, eine der ältesten im Harz, 1549 gegründet, war bis 1991 auch eine richtige Fabrik, in der zuletzt Raufasertapeten für die Wände der Wohnungen in der DDR produziert wurden. Erst 1997/98 ist sie unter der Leitung des Museumschefs Herbert Löbel saniert worden, bis sie ein komplettes Museum der Papiergeschichte mit allen notwendigen Maschinen war. Aber sie ist ein aktives Museum, eins, in dem gearbeitet wird, Mitarbeiter der Lebenshilfe beherrschen das Handwerk, stellen aus Papier Alben und Lampenschirme, Karten und Mappen her.

www.lebenshilfe-hz-qlb.de

Essen unter Tage
Elbingerode

Brot, Schmalz und große Schlachteplatte, dazu Gurken, Zwiebeln, Speck, Getränke und Livemusik – so hätten es die Bergleute sicher auch gern gehabt. Wo der Harz noch wie eine Arbeiterregion aussieht und es in der Schwefelkiesgrube »Einheit« (bis 1990) und der Erzgrube Büchenberg (bis 1970) genügend Erwerbsmöglichkeiten gab, nutzen ehemalige Bergleute Anlagen, Erfahrung und Wissen in Schaubergwerken. Zu den Höhepunkten gehört das Tscherperessen, früher ein einfaches Frühstück der Bergleute, bei dem die Wurst mit dem stabilen Tscherpermesser über den Daumen geschnitten wurde – übrigens mit demselben Messer, mit dem Schäden und Leitern ausgebessert wurden.

www.schaubergwerk-elbingerode.de

Saale-Wein-Wanderweg
Naumburg

Die Saale-Unstrut-Region ist geprägt von alten Burgen und Schlössern. Zwischen diesen Bauwerken hinterlassen die Rebstöcke der Weinberge interessante Muster in der Landschaft. An den Flussufern wird bereits seit über 1 000 Jahren Wein angebaut. Der Mittelpunkt der Region ist die Stadt Naumburg, über deren Dächer der spätromanische Dom hinausragt. Dort beginnt der Saale-Wein-Wanderweg, eine 7-stündige Rundtour über Großjena nach Bad Kösen und zurück. Nach wenigen Kilometern erreichen Wanderer oberhalb der Mündung der Unstrut in die Saale den Max-Klinger-Weinberg, wo sich ein großartiger Ausblick bietet. Nach der Überquerung der Unstrut führt der Weg weiter bis in die Kurstadt Bad Kösen. Zurück nach Naumburg geht's südlich der Saale.

www.saale-unstrut-tourismus.de

Rosarium
Sangerhausen

856

Betörender Duft empfängt Besucher in der alten Bergstadt. An keinem Ort der Welt gibt es eine so große und bedeutende Sammlung; die klare Schönheit der Wildrosen konkurriert mit robusten Park- und üppigen Kletterrosenpyramiden. Alte Moosrosen und die kleinsten Rosen der Welt sind hier zu entdecken, verblüffende Züchtungen und Attraktionen wie die Schwarze Rose und die Grüne Rose sowie Rosen aus Goethes Garten, 8 300 Sorten insgesamt. Wer weiß schon, dass Rosen Moden unterliegen und manche deshalb vom Aussterben bedroht sind? Hier werden sie alle gepflegt und gehegt.

www.europa-rosarium.de

Naturistenstieg
Wippra

»Willst du keine Nackten sehen, darfst du hier nicht weiter gehen.« Das liest man in Wippra, am 6 km langen Harzer Naturistenstieg im Wippertal. Am Anfang stand ein Witz. Ein Redakteur hatte über Tourismusförderung gesagt: »Macht doch einen Nacktwanderweg , dann kommen die Leute.« Zuerst kamen Zeitungen und Fernsehsender, danach der Spott (»Die spinnen, die Harzer«) sowie die Beratung und die Suche nach dem geeigneten Ort, worauf wiederum die Schilder aufgehängt wurden. Im Mai 2010 sorgten hüllenlose Naturistinnen für die »standesgemäße« Einweihung des Terrains.

857

www.wippra-harz.de

858 Köhlereimuseum
Hasselfelde

Hier wird Holzkohle produziert wie schon Jahrhunderte zuvor. Die Verhüttung der Bodenschätze wäre bis zum 19. Jh. nicht möglich gewesen ohne die Arbeit der Köhler, mit der hier aus Erzlagerstätten und ausgedehnten Wäldern eines der bedeutendsten vorindustriellen Zentren in Europa entstand. Große Wälder wurden gerodet, um die hohen Temperaturen zu erzeugen. Aber auch Bergwerke sicherten mit diesem Holz Stollen und Gräben. Heute verwandeln die Köhler wertlose Resthölzer zu wertvoller Holzkohle – am Stemberghaus bis zu 150 t im Jahr.

www.harzkoehlerei.de

859 Karsthöhle Heimkehle
Uftrungen

Wasser von Thyra, Krebsbach und Krummschlacht haben Hunderttausende von Jahren an dieser Gipskarsthöhle gearbeitet. Das macht neugierig. Also Helm aufsetzen, Taschenlampe in Empfang nehmen – der Strom könnte ja ausfallen – und los. 700 m lang ist der Weg, den Besucher gehen dürfen. Sensationell der Große Dom, ein vierstöckiges Haus hätte darin Platz. Ob Geologie, Geschichte oder Fledermäuse, jede Frage wird beantwortet.

www.hoehle-heimkehle.de

860 Mausefallenmuseum
Güntersberge

Wie fängt man ein Nagetier: Es duftet nach Speck, ein Versprechen voller Tücke, denn wenn die Maus den Faden durchgebissen hat, hat sie ihr Todesurteil schon mit einer Drahtschlinge vollstreckt – und dann beißt die Maus keinen Faden mehr ab. Todesturm und Minigalgen warten auf unerwünschte Nager, Instrumente, die hartnäckige Tierfreunde das Gruseln lehren. Aber wir sind im Museum und dabei kommt nichts und niemand zu Schaden.

www.mausefallenmuseum.de

861 Die Himmelsscheibe
Nebra

Die erste, uns bekannte Himmelsdarstellung in der Geschichte der Menschheit ist 3 600 Jahre alt und wurde 1999 gefunden. Ihr Wert: unschätzbar. Archäologen und Astronomen vermuten und verwerfen seitdem Erkenntnisse. Deutungsvorschläge gingen nach Bekanntwerden des Fundes im Wochenrhythmus ein. Die Himmelsscheibe ist jetzt in Halle im Landesmuseum zu sehen. In Nebra wurde 2007 ein multimediales Besucherzentrum, Arche Nebra, in Form einer Himmelsbarke eröffnet.

www.himmelsscheibe-erleben.de

Schmetterlingspark
Wittenberg

862

Die meisten Menschen kennen hoffentlich das Gefühl, wenn sie »Schmetterlinge im Bauch« haben. Die Art der Tiere spielt in solchen Momenten eine eher untergeordnete Rolle. Alles Wichtige über die bunten und wandlungsfähigen Insekten erfahren Besucher des Alaris Schmetterlingsparks in Wittenberg, wo zwischen tropischen Gewächsen bis zu 140 unterschiedliche Arten frei umherfliegen. Kaum zu glauben: Einer der größten Schmetterlinge, der Atlas-Seidenspinner, hat eine Flügelspannweite von mehr als 30 Zentimetern.

www.schmetterlingspark-wittenberg.de

Radführung
Wittenberg

Die traditionsreiche Universitätsstadt Wittenberg ist aufgrund der Spuren, die Martin Luther dort hinterlassen hat, ein wichtiges touristisches Ziel in Sachsen-Anhalt. 2017 feiert sie 500-jähriges Reformationsjubiläum. Doch die Stadt an der Elbe hat mehr zu bieten als die berühmte Tür der Schlosskirche, an die der Reformator die 95 Thesen schlug. Geschulte Gästeführer bringen Besuchern die Schönheit des Umlands auf sieben Radrouten näher. Dabei erfahren die Teilnehmer noch mehr über verschiedene Themen wie die Reformation und das Wörlitzer Gartenreich.

863

www.lutherstadt-wittenberg.de

864 Radtour durch Karstlandschaft
Sangerhausen

Die ausgeschilderte Rundtour (53 km) beginnt am Marktplatz in Sangerhausen und führt zunächst in Richtung Lengefeld und Großleinungen. Große Fachwerkhöfe passieren Radler in Hainrode. Über Questenberg, einem malerischen Ort im engen Tal, ragt die Queste, ein heidnisches Sonnensymbol, auf dem Gipsfelsen. Hinter Agnesdorf, wo der Weg Richtung Kyffhäuser führt, ist der Bauerngraben, ein periodisch auftretender See, mal da oder weg. Von hier aus geht's weiter, also zurück.

www.karstwanderweg.de

865 Wandern im Naturpark
Fläming

Im 12. Jh. wurden im Zuge der Ostexpansion von Albrecht dem Bären Holländer, Friesen, Westfalen und Flamen – daher der Name »Fläming« – in diesen Landstrich geholt, die das sumpfige Gebiet urbar machten. Wälder, Wiesen, Ackerflächen, naturnahe Bachläufe wechseln sich mit sanften Hügeln ab. Angenehme Bedingungen also fürs Wandern, Radeln, Reiten und Nordic Walking. Wo, was, wann und wie, erfährt man aktuell auf der Website.

www.naturpark-flaeming.de

Walderlebnispark
Petersberg

Nördlich von Halle an der Saale steht der 250 m hohe Petersberg wie ein stiller Wächter über der weiten Landschaft. Ganz oben befindet sich einer von **866** weltweit 173 Bismarcktürmen, von dem sich an klaren Tagen eine hervorragende Aussicht bietet. Zu seinen Füßen liegen drei kleine Naturschutzgebiete und der gleichnamige Ort. Gesellschaftlich engagierten Bürgern ist es zu verdanken, dass außerdem im Gebiet »Bergholz« ein Walderlebnispark errichtet wurde. Auf einem knapp 800 m langen Rundweg können an 13 Stationen viele wissenswerte Informationen und Eindrücke über den einheimischen Laubmischwald und seine Tiere gesammelt werden. Durch die ausgewogene Kombination von Aktivelementen, sportlicher Betätigung und waldpädagogischen Informationsstationen ist ein Spaziergang durch den Wald ein abwechslungsreiches Erlebnis.

www.museum-petersberg.de

867

Ferropolis
Gräfenhainichen

Der Braunkohleabbau hat in der Gegend östlich von Bitterfeld seine Spuren hinterlassen. Die riesigen Löcher der Tagebaue wurden überflutet und bilden heute eine weite Seenlandschaft. Bei Gräfenhainichen wurde ein außergewöhnliches »Freilichtmuseum« mit dem stolzen Namen »Ferropolis« eingerichtet. Fünf monsterartige Großgeräte mit so kräftig klingenden Namen wie Eimerketten- oder Raupensäulenschwenkbagger beeindrucken jeden, der die »Stadt aus Eisen« auf der Halbinsel im Gremminer See besucht. Besonders eindrucksvoll ist eine Führung, auf der man den Weg des Abraums über den 60 m langen Ausleger verfolgen kann.

www.ferropolis.de

Irrgarten
Altjeßnitz

Wer meint, dass Irrgärten erst in Zeiten der boomenden Freizeitindustrie gewachsen sind, irrt sich tatsächlich. Bereits im 16. Jh. wurden die ersten ihrer Art angelegt. In Altjeßnitz, im Südosten Sachsen-Anhalts, liegt einer der größten barocken Irrgärten Deutschlands. Eine 2 m hohe Hainbuchenhecke sorgt dafür, dass der Orientierungssinn plötzlich verloren geht. Obwohl der kürzeste Weg in die Mitte nur etwa 400 m misst, ist es eine anspruchsvolle Aufgabe, dorthin zu gelangen. Doch irgendwann schafft es jeder, schließlich führen 250 Wege ans Ziel.

868

www.altjessnitz.de

869 Landschaftspark Goitzsche
Pouch

In Pouch bei Bitterfeld ist seit dem Ende des Braunkohleabbaus 1991 eine neue landschaftliche Kulisse entstanden, die einerseits mit der Tagebau-Vergangenheit der Region verwurzelt ist und dennoch die Entwicklung einer neuen Identität gefördert hat. Bergleute, Landschaftsarchitekten, Künstler und Kulturwissenschaftler haben dort mit dem Landschaftspark Goitzsche das flächenmäßig größte Landschaftskunstprojekt weltweit geschaffen. Ein großer Teil der Kunstwerke befindet sich auf der Halbinsel Pouch, wie z. B. die »Hügel und Haldenkegel«, oder die »Schwimmenden Steine«. In Bitterfeld-Wolfen bieten mehrere Veranstalter interessante Touren und Führungen durch das Gebiet an.

www.goitzsche.eu

870 Botanischer Garten
Halle an der Saale

Sachsen-Anhalt besitzt eine traditionsreiche Gartenkultur, die seit einigen Jahren mit dem Netzwerk »Gartenträume« gefördert wird. Einer von über 40 Parks ist der Botanische Garten in Halle, der zugleich einer der ältesten seiner Art in Deutschland ist. Das vor über 300 Jahren errichtete und heute zur Martin-Luther-Universität Halle-Wittenberg gehörende Areal bietet nicht nur Interessantes für Experten. Ein durchdachtes Besucherkonzept zeigt die besonders spannenden Seiten der Botanik. So wird erklärt, weshalb bestimmte Pflanzen wie Basilikum, Fenchel oder Sellerie aphrodisierend wirken. Auch Pfeffer würzt natürlich das Liebesleben. Am besten wirkt er frisch gemahlen. Das versprechen jedenfalls die Botaniker aus Halle.

www.botanik.uni-halle.de

Auf Auenpfaden
871 Dessau

»Drei Funktionen verbinden die Auenpfade miteinander: das touristische Angebot zu jeder Jahreszeit, das kulturelle und Umweltbildungsangebot, die Besucherlenkung zum Schutz besonders sensibler Naturbereiche.« Ein hoher Anspruch, den man sich hier setzt. Aber: Was ökolgisch korrekt ist, darf trotzdem Spaß machen. Ob Blinden- oder Poetenpfad, Brutgewässer oder Storchendorf – es gibt viel zu erleben.

www.mittelelbe.com; s. Routenplaner, Auenpfade

Kinderwagenmuseum
872 Zeitz

In Deutschlands Museenlandschaft konnten glücklicherweise einige ausgefallene »Orchideen« wachsen. Dazu zählt sicherlich das »Deutsche Kinderwagenmuseum« im Schloss Moritzburg in Zeitz. Dabei zeigt sich, dass bereits im 19. Jh. Funktion nicht immer vor Design gestellt wurde. Mit so einem »Traditionsschlitten« aus der Kaiserzeit würden Mamis in den hippen Vierteln Berlins oder Münchens übrigens jedem »Sportwagen« die Schau stehlen.

www.deutsches-kinderwagenmuseum.de

Radtour
Bergwitz

873

Eine 40 km lange Radrundtour bringt Besucher von Bergwitz in das Unesco-Welterbe »Dessau-Wörlitzer Gartenreich«. Auf gut halber Strecke wird Oranienbaum erreicht, wo das Ensemble von Stadt, Schloss und Park ein in Mitteldeutschland seltenes Beispiel einer planmäßig, im fürstlichen Auftrag entstandenen Barockanlage ist. Zurück geht es in östlicher Richtung auf der Straße nach Schleesen, weiter links abbiegend nach Selbitz. Im Ortskern nimmt man dann rechts abbiegend die Straße zum Ausgangspunkt der Tour in Bergwitz.

www.gartenreich.com;
www.oranienbaum.de

Schleswig-Holstein

Wasser, Wind und Wellen zwischen Husum, Flensburg, Kiel und Lübeck. Man bricht zu Inseln und Leuchttürmen auf, sieht Seebären und Seehunde, radelt mit Rücken- und Gegenwind, geht viel barfuß und lebt im Rhythmus von Ebbe und Flut. Bessere Luft gibt es nirgends. Bessere Austern auch kaum!

Sie ist die einzige Auster, die in Deutschland kultiviert wird: Drei Jahre dauert es, bis die Sylter Royal im kühlen Nordseewasser ihr Verzehrgewicht von rund 80 Gramm erreicht.

Luftsport
Flensburg-Schäferhaus

Fliegen, schweben, sich fallen lassen – wer träumt nicht davon! Direkt in und über Flensburg ist das möglich, nur 5 km westlich vom Zentrum liegt der Verkehrslandeplatz Flensburg-Schäferhaus. Auf dem gut 82 ha großen Gelände betreibt der Luftsportverein Flensburg die Sparten Motorflug, Segelflug und Fallschirmsprung, samt Ausbildung. Jeder kann sich als Mitflieger zum Schnupperflug oder zum Tandemsprung anmelden – oder sich für eine Dreiviertelstunde als Probeschüler selbst ans Steuerhorn setzen und seinen Traum vom Fliegen wahr machen.

874

www.luftsportverein-flensburg.de

Schifffahrtsmuseum
Flensburg

875

Flensburg war einst die wichtigste Hafenstadt des dänischen Königreiches und besaß eine bedeutende Handelsflotte. Im Schifffahrtsmuseum, im ehemaligen Zollpackhaus direkt am Hafen, lässt sich die Geschichte der Segelschiffentwicklung, des Schiffbaus sowie der Flensburger Handelshäuser verfolgen. Verschiedene Mitmachangebote rund um das maritime Handwerk machen die Faszination und Bedeutung der Seefahrt auch für »Landratten« erlebbar.

www.schiffahrtsmuseum.flensburg.de

Phänomene des Alltags
Flensburg

876

Anfassen ist erlaubt, Staunen garantiert! Die Phänomenta in der Flensburger Innenstadt ist ein Ziel für alle Neugierigen und Experimentierfreudigen. »Tastpfad«, »Große Feder«, »Klick-Klack« … An 150 Stationen lädt das Science-Center kleine und große Forscher ein. Geschicklichkeit ist gefordert, Geduld, Lust am Knobeln, Freude am Herumprobieren und immer auch der große Spaß, technische und logische Zusammenhänge aufzudecken.

www.phaenomenta-flensburg.de

Auf zwei Rädern
Flensburg / Lübeck

877

430 km ist er lang und eine echte, aber wunderschöne Herausforderung: der Ostseeküsten-Radweg zwischen Flensburg und Travemünde. Es gilt, die ganze Schönheit der deutschen Ostseeküste zu entdecken und beim Urlaub per Rad die Balance zwischen Lust und Leiden zu »erfahren«. Das Feriengefühl will schließlich erarbeitet werden, wenn man sich auf dem Sattel auf den Weg macht und wirklich die ganze Strecke schaffen will. Es braucht Fitness und Ausdauer, um durchzuhalten. Aber man wird reichlich belohnt! Das Meer ist immer dabei, erholsame Pausen am Strand und in den kleinen Buchten lassen sich jederzeit einplanen, ebenso das Ein- und Abtauchen in die Fluten oder der Abstecher in Dörfer und Städte. Wind und wechselndem Wetter kann man trotzen und sich ganz der Beobachtung der faszinierenden Naturschauspiele hingeben.

www.ostseekuestenradweg.de

878

Geltinger Birk
Gelting

Sie sehen wild aus und sind es auch: die robusten Koniks (Wildpferde) und die schottischen Hochlandrinder, die in freier Wildbahn im Naturschutzgebiet Geltinger Birk leben. Die Halbinsel ist mit 773 ha eines der größten Naturschutzgebiete des Landes, mit Strandwallsystemen, Wäldern, feuchten Weideflächen, Wiesen und dem Geltinger Noor. Mit dem Rad (15 ausgeschilderte Rundwanderwege), aber auch zu Fuß lässt sich die Birk umrunden und durchwandern. Das Naturerlebniszentrum bei Maasholm informiert über Geologie und Archäologie, über Pflanzen und Tiere dieses Raumes, der auch ein wichtiges Rast- und Brutgebiet für Vögel darstellt.

www.gelting.de

Museum mit Dorf
Unewatt

»Ein Dorf mit Museum – ein Museum mit Dorf«, das ist der treffende Slogan des Landschaftsmuseums Angeln in Unewatt. Mittendrin befinden sich fünf dezentrale Museumsinseln, durch einen Rundgang gut zu entdecken. Sammlungen, Ausstellungen und die Häuser an sich bilden dieses besondere Freilichtmuseum. Die Windmühle mahlt Getreide, ein Wasserrad treibt die Buttermühle an, in der Räucherei hängen feinste Fleischwaren von der Decke und man trifft sich immer noch im behaglichen Dorfkrug. Hier fühlt sich der Besucher fast wie vor 100 Jahren.

879

www.museum-unewatt.de

880 Touren auf und an der Schlei
Kappeln

Die Schlei, jener tiefe Einschnitt ins Schleswiger Land, ist kein Fluss, sondern eine in der Eiszeit entstandene Förde. Vor langer Zeit war sie das Revier der Wikinger, die aufs Meer hinaussegelten und Menschen, Tiere und Waren über Land transportierten. Auf ihren Spuren zu wandeln ist nicht nur spannend, sondern auch erholsam, zumal die Schlei und ihre Ufer zu den landschaftlich schönsten Regionen im Ostseeküstenland zählen. Von Kappeln aus gehen Ausflugsschiffe auf die Schleifahrt, ebenso der urige Schleirad- oder der originalgetreue Salonraddampfer. Immer lassen sich die Touren verbinden mit einem Landgang, einer Radtour oder einem Abstecher mit der Museumsbahn.

www.ostseefjordschlei.de;
www.schleifahrten.de

881 Angelner Dampfeisenbahn
Kappeln

»Julchen« (Baujahr 1949, 350 PS) ist der Publikumsliebling. Aber auch »Zuckersusi« gehört zu den Stars. Wenn die schnaufenden Dampfloks die historischen Wagen von Kappeln nach Süderbrarup über die Gleise ziehen, sieht man nur strahlende Gesichter. Die Angelner Dampfeisenbahn hat viele Fans. Schon Dreikäsehochs gehören zu den Eisenbahnfreaks, manchmal dürfen sie sogar in den Führerstand. Die Tour mit dem Museumszug von Kappeln nach Süderbrarup lässt sich – mit Rad oder Schiff – zu einer Erlebnisrundreise ausbauen. Seit 40 Jahren widmen sich die Freunde des Schienenverkehrs den historischen Bahnen. Zwei Dampflokomotiven, ein Dieseltriebwagen, zwei Dieselloks sowie mehrere Personen- und Güterwagen werden so als fahrende Denkmäler erhalten.

www.angelner-dampfeisenbahn.de

882

Landesmuseen auf Schloss Gottorf
Schleswig

8 Min. dauert die Rundfahrt, das ganze weite Himmelszelt samt »mythologischem Personal« dreht sich über den Köpfen, mittendrin im Gottorfer Globus fühlt man sich fortgetragen in ferne Welten. Das »erste Planetarium der Welt« war im 17. Jh. ein Weltereignis. Auch die heutige Rekonstruktion im modernen Globushaus ist ein Wunderwerk. Zusammen mit dem wiedererstandenen Gottorfer Barockgarten ist es eine der größten Attraktionen von Schloss Gottorf, das mit dem Landesmuseum für Kunst und Kulturgeschichte und dem Archäologischen Landesmuseum die zwei bedeutendsten Museen Schleswig-Holsteins beherbergt.

www.schloss-gottorf.de

Ostseebad
Damp

Unterhaltung, Sport und Spiel, See und Sand – dafür steht das Ferienzentrum Ostseebad. Es locken 3,5 km Ostseestrand, ein großer Yachthafen sowie jede Menge tolle Freizeitaktivitäten: Wasserski, Wakeboard, Indoorsport im »Fun- & Sport-Center« mit Skaterpark, Beauty- und Wohlfühlangebote im »Vital- & Wellness-Center«, eine Wikingersauna und vieles mehr.

883

www.ostseebad-damp.de

Fischersiedlung
Holm

Sie bringen noch ihre Netze aus und hängen die Reusen zum Trocknen in den Wind, sie braten die Schleiheringe »knackig« nach überliefertem Rezept und feiern ihre Totengilde wie einst die Vorväter: Die Fischer auf dem Holm in Schleswig pflegen ihre Traditionen von Generation zu Generation. Der Holm, einst eine Insel, wirkt idyllisch. Gassen mit rosengeschmückten Häuslein führen direkt an die Schlei, die den Fischern die ganze Vielfalt von Aal bis Zander in die Netze bringt. Ebenfalls einen Besuch wert ist das Holm-Museum, eine Dependance des Stadtmuseums Schleswig.

884

www.stadtmuseum-schleswig.de

885 Wikingermuseum Haithabu
Busdorf

Vor 1 000 Jahren war Haithabu, umschlossen von einem mächtigen Halbkreiswall, einer der wichtigsten Siedlungs- und Handelsplätze Nordeuropas. Ausgrabungen an der historischen Stätte gaben ein getreues Bild vom Leben der Wikinger. Im Museum und in der nahe gelegenen rekonstruierten Wikingersiedlung (mit originalgetreu nachgebauten Holzhäuschen, Bohlenwegen, einer Landebrücke und einer Mole) können Besucher eintauchen in die bewegte Zeit von damals.

www.haithabu.de

886 Grenzwall Danewerk
Dannewerk

Es ist das größte bekannte Bauwerk der Wikinger: Das Danewerk, in Resten erhalten und begehbar, sicherte einst die Südgrenze des dänischen Königsreiches zwischen Hollingstedt und Haithabu. Das historische Rüstzeug, um die ganze Geschichte und Dimension zu begreifen, holt man sich am besten vorab im Danevirke-Museum in Dannewerk. Die anschließende Besichtigung des archäologischen Bodendenkmals wird so noch eindrücklicher.

www.danevirkemuseum.de

887 Bonbonkocherei
Eckernförde

Auf offenem Feuer dampft der Kupferkessel, in seinem Bauch kocht und schmilzt und bräunt der Zucker, heraus kommt eine heiße klebrige Masse. Die Bonbonkocherei von Hermann Hinrichs in Eckernförde ist eine Attraktion. Mit einer alten Bonbonstanze, Motivwalzen, Kegelroller und Eisenkühltisch geht er ans Werk und zaubert die köstlichsten Naschereien der Stadt. An der »Lolli-Bar« und an der »Naschinsel« dürfen sich die Naschkatzen unter Dutzenden von süßen Verlockungen entscheiden. Und wer will, sieht dem Meister des süßen Handwerks in der Schauküche auf die Finger. Früher roch es in dem Haus übrigens ganz anders – wurden hier doch »Kieler Sprotten« geräuchert.

www.bonbonkocherei.de

888 Sailing City Kiel
Kiel-Schilksee

Segeln, wo Olympia segelte, flanieren, wo königliche Hoheiten ihr Gesicht in die Sonne streckten … In Schilksee, am Außenufer der Kieler Förde, findet man das weltbeste Segelrevier. Die ganze Welt des Segelns war hier schon bei den Olympischen Spielen 1972 zu Gast – und immer wieder während der alljährlichen »Kieler Woche«. Beim größten Segelsportereignis der Welt treten 6000 Segler aus über 50 Nationen mit rund 2000 Booten gegeneinander an. Rund 3,5 Mio. Besucher kommen zu 1500 Veranstaltungen und zur Windjammerparade. Wer das Segeln erlernen möchte, ist hier ebenfalls bestens aufgehoben: Im Camp 24/7 können Kinder, Jugendliche, aber auch Erwachsene an mehr als 30 verschiedenen Schnuppersegelangeboten teilnehmen.

www.kiel-sailing-city.de

Tierpark
Gettorf

889

Von A wie Affen und Antilopen bis Z wie Zebras, Zimttauben und Zwergesel – im Tierpark Gettorf kriecht und springt, fliegt und flattert ein ganzes Tieralphabet. 850 Tiere in 150 Arten leben in den Freigehegen und in begehbaren Räumen, wie der großen Tropenhalle. Neugierige und spielfreudige Besucher sind unterwegs – ausgerüstet mit Becherlupe, Binokular und Mikroskop machen sich junge Wasserforscher auf den Weg, andere fangen klein an im Streichelzoo oder füttern die zahmen Kattas und Kängurus. Und die Pfleger erzählen zu alledem lustige Tiergeschichten.

www.tierparkgettorf.de

Mediendom
Kiel

Atemberaubende Flüge durch das Weltall, großartige Multimedia-Produktionen, Alien-Action als Kuppelprojektion, unglaubliche Experimente und vieles mehr: Der Mediendom auf dem Campus der Fachhochschule Kiel versteht sich nicht nur

890

als neuartiges Planetarium, sondern als eine grandiose Erlebniswelt. In der Beobachtungslounge des Kuppelsaales taucht man ein in die Tiefen des Raums, erlebt völlig neue Dimensionen und schwebt durch unendliche Welten. Selbst dem Stern von Bethlehem kann man virtuell folgen und auf eine Zeitblasenreise gehen.

www.mediendom.de

891 ## Von Fischen und Seehunden
Kiel

Die Seehunde im Kieler Außengehege an der Förde liebt jedes Kind. Die Fütterungen sind ein tägliches Spektakel. Außer diesen großen Tieren präsentiert das Aquarium am Hindenburgufer aber auch viele kleinere Bewohner unserer Meere, Seen und Flüsse. Sogar ein Blick in die farbenfrohe Welt tropischer Korallenriffe ist möglich.

www.aquarium-kiel.de

892 ## Schwentinetalfahrt
Kiel

Schön und beschaulich geht es zu, wenn man mit Kanu, Ruderboot oder als Fahrgast auf dem Ausflugsschiff das nahezu verwunschene Landschaftsschutzgebiet Schwentinetal durchfährt. Es ist eines der schönsten Naherholungsgebiete Kiels mit fast unberührter Natur und einer selten gewordenen Pflanzen- und Tierwelt. Der Flussname leitet sich vom slawischen »Sventana« (»die Heilige«) ab.

www.schwentinetalfahrt.de

893 ## Freilichtmuseum
Molfsee

Norddeutschlands größtes Freilichtmuseum in Molfsee präsentiert Historisches auf eine fassbare Art. Auf dem 60 ha großen Gelände wird die ländliche Kulturgeschichte in mehr als 70 historischen Gebäuden, Hofanlagen und Mühlen aller schleswig-holsteinischen Landschaften lebendig. Sehr vergnüglich ist der historische Jahrmarkt mit Karussells, Schiffsschaukel und Spielplatz.

www.freilichtmuseum-sh.de

Skulpturen im Dorf
Bissee

In Bissee am Bothkamper See erobern seit 1998 alljährlich moderne Skulpturen das Dorf. Kunst im Raum – die Landschaft, die Gärten werden zur Galerie. Die großen Werke scharen sich rund um den »Antikhof«, der Ausflügler mit Feinem aus der heimischen Küche und Antiquitäten versorgt.

www.antikhof-bissee.de;
www.skulptur-in-bissee.de

894

Tierpark Arche Warder
Warder

Das Bentheimer Landschaf, die Deutsche Pekingente, das Englische Parkrind sind vom Aussterben bedroht – wie gut, dass sie in der »Arche Warder«, mitten in Holstein, geschützt leben können. Europas größter Tierpark für seltene und vom Aussterben bedrohte Haus- und Nutztierrassen liegt im schönen Naturpark Westensee. Auf 40 ha leben rund 1 200 Tiere

895

aus mehr als 80 alten Nutztierrassen – vom tauchenden Turopolje-Schwein bis zum Westfälischen Totleger (eine Hühnerrasse) und dem lockigen Mangalitza-Wollschwein. Ein echter Hingucker sind auch die zotteligen Poitou-Riesenesel. Gefährdete Tierrassen erhalten hier durch Zucht und Weiterverbreitung die Chance, von der Roten Liste zu verschwinden. Viele Rundgänge sind in

dem weitläufigen Parkgelände mit den Tiergehegen möglich – und viele einmalige Erlebnisse, sogar Steinzeit live. Kinder lieben den Streichelhof, wo sie von Esel, Ponys oder Ziegen sofort neugierig umringt werden. Wer artgerechte Tierhaltung garantieren kann, darf sich sogar Nachwuchstiere für die Zucht kaufen.

www.arche-warder.de

Museumsbahnhof
Schönberg

Staunen am Kieler Ostufer: Da dampft eine große Lok mit höchst altmodischen Zügen vorbei. Die Schönberger Museumseisenbahn ist wieder einmal unterwegs! In Schönberg werden Kinderträume wahr. Ein riesiger Wagenpark historischer Dampf- und Diesellocks, Straßenbahnen aus allen Städten Norddeutschlands sowie Personen- und Güterwagen haben sich da versammelt und werden liebevoll gepflegt. Sogar das 1914 erbaute Bahnhofsgebäude mit Schalterhalle und kleinbahntypischer Fahrkartenausgabe ist original erhalten geblieben und jetzt Museumsbahnhof.

896

www.vvm-museumsbahn.de

897 Windmühle Sventana
Langenrade bei Ascheberg

Ihre Flügel drehen sich im Wind, das Korn wird »über den Stein gemahlen«, das frisch gebackene Brot duftet verführerisch: Die Langenrader Mühle »Sventana« hat Tag der offenen Tür. Aus einer verfallenen Ruine machten die Eigentümer wieder eine funktionsfähige Arbeitsmühle, perfekt mit aller alten Technik. Postkartenschön steht der Galerieholländer auf einer kleinen Anhöhe, von Korn- und Rapsfeldern umgeben.

www.urlaub-ascheberg.de,
s. Sehenswürdigkeiten

898 Sonneninsel
Fehmarn

Fehmarn ist nach Rügen die größte deutsche Ostseeinsel, mit endlosen Naturstränden, romantischen Steilküsten, Binnenseen und horizontweiten Feldern. Deutschlands Sonneninsel Nummer eins ist ein Durchgangsland für viele, die auf der Vogelfluglinie über die »Kleiderbügel-Brücke« zu den Fähren nach Dänemark fahren, und zugleich ein Paradies für Funsport- und Tierfreunde.

www.fehmarn.de

Gutsgelände
Panker

Die rassigen Trakehner-Pferde sind der Blickfang auf den Koppeln des Gutsgeländes Panker. Ansehnlich sind auch das klassisch-schöne (privat bewohnte) Herrenhaus, im Volksmund ein Schloss, das über 200 Jahre alte, exzellente Gasthaus »Ole Liese«, nach einem fürstlichen Lieblingspferd benannt, und die schmucke Kapelle. Das Guts- und Parkgelände ist ein beliebtes Ausflugsziel, zumal sich viele qualitätvolle Galerien, Kunsthandwerker und »erste Adressen« in den Hofgebäuden angesiedelt haben. Zu dem aus uradeligen Zeiten stammenden Gutsdorf gehört auch der nahe gelegene »Hessenstein« auf dem kleinen bewaldeten Pilsberg (128 m) der für die Holsteinische Schweiz typischen Hügellandschaft. Vom 17 m hohen Aussichtsturm im neogotischen Stil hat man einen herrlichen Panoramablick, und im »Forsthaus Hessenstein« lässt sich's gut speisen und verweilen.

899

www.gutpanker.de

Turmhügelburg
Lütjenburg

900

Gaukler und Barden, Handwerker und Ritter treffen sich im hügeligen Nienthal bei Lütjenburg regelmäßig zu sommerlichen Spektakeln. Sie alle machen in der rekonstruierten mittelalterlichen Burganlage mit dem hölzernen Turm Geschichte lebendig. Die Turmhügelburg Lütjenburg ist ein Ort zum Mitmachen. Freunde mittelalterlichen Treibens backen, spinnen und schustern wie einst und festigen so spielerisch ihr Wissen über ferne Zeiten. Die Geschichte der vielen Eiszeiten, die Norddeutschland geformt haben, zeigt das benachbarte Eiszeitmuseum. Anschaulich werden die Vorgänge, die zur Entstehung der Landschaft führten, erläutert.

www.turmhuegelburg.de, www.eiszeitmuseum.de

Wallmuseum
Oldenburg

Wer Lust hat, die slawischen Lebensweisen kennenzulernen, Wallbrot zu backen, zu töpfern oder mit dem Floß zu segeln, der muss nach Oldenburg ins Wallmuseum. Die stimmungsvolle archäologische Anlage mit vielen Hütten auf der Slaweninsel und am See lädt nicht nur an den »Slawentagen« zum Mitmachen ein. »Starigard«, so die historische Bezeichnung, war um 700 als westlichster Fürstensitz und späteres Herrschaftszentrum der Slawen entstanden. Der »Oldenburger Wall« war über Jahrhunderte eine wichtige Siedlungsstätte und Ursprung der Stadt Oldenburg in Holstein.

901

www.oldenburger-wallmuseum.de

 **902**

Museumshof
Lensahn

Erleben, wie es früher einmal war – das ist Programm auf dem Museumshof Lensahn, einem 200 Jahre alten landwirtschaftlichen Betrieb an der Ostseeküste. Den ganzen Sommer sind die alten Maschinen und Fahrzeuge in Betrieb, es wird gepflügt und gepflanzt, gedroschen und geerntet. Traditionen werden wiederbelebt, Feste gefeiert, Göpel und Webstuhl in Gang gebracht. Man ist mit dem Trecker-»Oldie« unterwegs und nimmt die Sense zur Hand. Land- und Hauswirtschaft wie einst.

www.museumshof-lensahn.de

903

Ferien- und Freizeitpark
Weissenhäuser Strand

Der Ferien- und Freizeitpark Weissenhäuser Strand ist ein wahres Wunderland für aktive Urlauber, die den besonderen Kick suchen. Hier ist fast alles Denkbare möglich: Beach-Volleyball, Badminton, Bogenschießen, Squash, Radeln, Reiten, Strandfußball … Im »Subtropischen Badeparadies« warten zahlreiche Turborutschen sowie eine riesige Wasserspiellandschaft auf Wagemutige und auch der nördlichste Dschungel der Welt will erobert werden.

www.weissenhaeuserstrand.de

Wasserskispaß
Süsel

Wakeboarding oder Wasserski, Beach-Volleyball oder Streetball? In Süsel am Süseler See, unweit der Ostseeküste der Lübecker Bucht, findet man das einzige Wasserskizentrum Norddeutschlands mit zwei Wasserskianlagen. Unbegrenzter Spaß für alle Altersgruppen, für Anfänger wie Profis ist garantiert. Der Start von der Schanze, das Gleiten auf dem Wasser, der Rausch der Geschwindigkeit, die eleganten Sprünge und die waghalsigen Kunstritte über die »obstacles« – das alles sollte man einmal selbst erlebt haben. Erfahrene Lehrer helfen beim Üben. Zuschauer und Fans machen es sich auf der Liegewiese bequem, lassen die Kinder auf dem Spielplatz toben oder steigen in der schönen Badebucht ins Wasser.

www.wasserski-suesel.de

Ostseebad und Zoo
Grömitz

Die Seebrücke ist eine der längsten an Deutschlands Küsten – 398 m ragen in die Ostsee hinein. Gigantisch, das ist eben Grömitz, das älteste Seebad an der schleswig-holsteinischen Ostseeküste. Als »Bad an der Sonne« am Nordrand der Lübecker Bucht ist Grömitz der wohl erfolgreichste Ferienort der Küste. Feriengäste genießen hier Strandleben und Sport von Surfen bis zum Golfen. Für Badefreuden sorgt das Erlebnis-Meerwasser-Brandungsbad »Grömitzer Welle«. Etwas ganz anderes begeistert die Tierfreunde, nämlich der Zoo »Arche Noah«. In rund 30 Gehegen leben etwa 300 Tiere, darunter Exoten wie Schwarze Panther und Kängurus, Löwen und Tiger, Lamas und Schimpansen. Kinder lieben vor allem den Streichelzoo.

www.groemitz.de;
www.zoo-arche-noah.de

5-Seen-Fahrt
Malente

906

Eine Schifffahrt ohne Seegang, von Ufer zu Ufer, an dichten Wäldern und Schilfbänken vorbei. Seit gut 130 Jahren wird die Seenkette des Naturparks Holsteinische Schweiz mit Ausflugsschiffen befahren. Fünf Seen gehören zur großen Fahrt mit den komfortablen Schiffen ab Malente-Gremsmühlen. Mit gemächlichen 15 km/h gleitet man über den Dieksee, Langensee, Behlersee, Höftsee und Edebergsee und genießt die Naturschönheit der »blauen Augen der Holsteinischen Schweiz«. Ab Malente lässt sich auch die schon von Dichtern der Romantik gepriesene Kellerseefahrt buchen.

www.5-seen-fahrt.de

Naturpark
Lauenburgische Seen

Radler gehen hier auf Tour, Wanderer und Spaziergänger schätzen die 20 Rundwanderwege, Wasserfreaks surfen oder segeln. Der Naturpark Lauenburgische Seen liegt im Süden des Landes: Wasser, Wald und unberührte Natur auf 474 qkm. Dicht ist das Netz an reittouristischen Angeboten; Hofläden und Heuherbergen liegen am Weg.

www.naturpark-lauenburgische-seen.de

Beach-Polo
Timmendorfer Strand

In rasantem Tempo jagen die Reiter über den Strand, stoppen, schlagen mit ihren Sticks den knallroten Ball in Richtung Goal – und warten auf den Gegenschlag. Zwei Beach-Polo-Spieler pro Mannschaft tragen ihre »Chuckas« aus, voller Dynamik und Tempo. Aus Dubai und Miami nach Timmendorf, eine Sensation! Das erste europäische Beach-Polo-Turnier wurde hier 2007 ausgetragen. Nun finden die ungewöhnlichen Wettkampfturniere alljährlich statt. Zehntausende auf der Seebrücke und auf der Promenade haben freien Zutritt als Zuschauer. Mit Zeltstadt und DJ und Beachsound, mit Top-Gastronomie und bester Unterhaltung dauern die Turniertage bis in die Nächte.

www.beachpolo-timmendorfer-strand.de

909 Hansestadt und Weltkulturerbe
Lübeck

Seit 1987 trägt Lübeck, die »Königin der Hanse«, den Titel Unesco-Welterbe. Die Stadt mit dem Holstentor als Wahrzeichen und der markanten Sieben-Türme-Silhouette hat die Auszeichnung für ihren mittelalterlichen Stadtkern erhalten – zum ersten Mal wurde damit eine Altstadt in Deutschland offiziell zum Kulturdenkmal erklärt. Es lohnt, dieses einzigartige Ensemble der Backsteingotik bei einem Spaziergang zu entdecken.

www.luebeck-tourismus.de

910 Erlebnisbahnhof
Schmilau

Draisine oder 6teambike? Kinderchopper, 4cycle oder Hydrobike? Am Erlebnisbahnhof in Schmilau an der 13 km langen Bahnstrecke Ratzeburg-Hollenbek warten lustige Fahrzeuge auf Besucher. Für alle braucht man Muskelkraft und fröhliche Mitmacher. Ebenfalls skurril sind die umgebauten Eisenbahnwagen, die heute als Suiten oder sogar als Baumwaggonhotel dienen.

www.3sine.net

Preisgekrönt
Lübeck

911

Thomas Mann, Willy Brandt und Günter Grass – drei Lübecker erhielten den Nobelpreis. Die Hansestadt ist stolz darauf. Ganz nahe beieinander, mitten in der Innenstadt, liegen die Häuser, die diesen Persönlichkeiten gewidmet sind. Das Buddenbrookhaus wurde von der Familie des Schriftstellers Thomas Mann im 19. Jh. bewohnt. Das Willy-Brandt-Haus macht die wechselvolle Geschichte Deutschlands und Europas im vergangenen Jahrhundert greifbar. Das Günter-Grass-Haus gibt Einblick in das vielschichtige Werk des Literaten, Grafikers und Bildhauers.

www.die-luebecker-museen.de;
www.willy-brandt-luebeck.de

Alte Salzstraße
Lauenburg

Salz galt vor Jahrhunderten als »weißes Gold«, weil es so kostbar war. Die »Alte Salzstraße« erinnert an diese Vergangenheit. Mitten durch das Herzogtum Lauenburg führte im Mittelalter der Handelsweg. In den Lüneburger Salinen wurde

912

das kostbare Gut abgebaut und verschifft oder über Land nach Lauenburg und von dort bis in die Trave und nach Lübeck transportiert. Heute begeben wir uns per Rad oder mit dem Schiff auf die Spuren der Salzstraße. Viele Naturschönheiten liegen am Weg: schmucke Dörfer und die Städtchen Lauenburg und Mölln.

www.sh-tourismus.de/de/alte-salzstrasse-2

913 ## Garten der Schmetterlinge
Friedrichsruh

Im Herzen des Sachsenwaldes, eingebettet in Natur, Kultur und Geschichte, flimmern und flattern sie – die Schwalbenschwänze und Passionsfalter, das Indische Blatt, der gewaltig große Atlasfalter, der Monarch-Wanderfalter und viele andere exotische Schönheiten. In Friedrichsruh, einem Ortsteil von Aumühle im Sachsenwald, kann man die ganze schillernd-schöne Welt exotischer Schmetterlinge erleben. Rund 300 Arten, vom Ei über die Raupe und Puppe bis zum ausgewachsenen Schmetterling, sind hier zu beobachten. Auch ein Naturgarten mit Nektarpflanzen gehört dazu, ein »singender Wassergarten« und eine Graugranswiese. Und natürlich »Hube«, das Jemen-Chamäleon. Wenn man es entdeckt.

www.garten-der-schmetterlinge.de

914 # Tuch und Technik
Neumünster

Wolle wird zu Garn versponnen, Tuch wird gewebt, auf den alten industriellen Webstühlen flitzen die Webschützen, große flauschige Plaids entstehen. Im Museum Tuch und Technik in Neumünster werden 2000 Jahre Textilgeschichte lebendig präsentiert – eng verwoben mit der Geschichte Neumünsters, das sich aus einem kleinen Dorf durch die Industrialisierung zur Tuchmacherstadt und zu einem der bedeutendsten Wirtschaftsstandorte im Land entwickelt hatte. Mit den Schwerpunkten Technikhistorie, Industriegeschichte und Textilarchäologie von der Bronzezeit bis heute dokumentiert das Spezialmuseum ein seltenes museales Thema. Wer aktiv mitmachen möchte, darf gern Wolle kratzen, spinnen oder weben und sich einmal als Tuchmacher versuchen.

www.tuch-und-technik.de

916

Eissport und Wandern
Einfeld

Rund 20 000 Jahre alt ist der Einfelder See im Norden von Neumünster – ein Erlebnisziel vor allem im Winter. Er friert besonders schnell zu, da er kaum Zuflüsse hat. Dann ist die riesige glitzernde Fläche die Arena für Schlittschuhläufer und Eishockeyspieler, aber auch für Eissegler und Eissurfer. Die rasanten Sportarten haben hier ein einmaliges Revier! Sommers wie winters ist der See ein Ausflugsziel für Wanderer per Rad oder zu Fuß, die den 8 km langen Rundwanderweg und die 20 ausgeschilderten »Sehpunkte« anlaufen – von der ganz alten Geschichte bis zur jüngsten, von den Resten einer alten sächsischen Burganlage bis zum Naturschutzgebiet.

www.nms-einfeld.de

Hoch zu Ross
Neumünster

915

Schleswig-Holstein ist ein Pferdeland, bietet ein 2 000 km langes Reiterwegenetz und alles, was das Reiterherz begehrt. Das Projekt »Pferde- und Reiterland Schleswig-Holstein« trägt dem Potenzial des Reitsportes und des Reittourismus Rechnung. Turnierfreunden seien vor allem die »VR Classics« in den Holstenhallen Neumünster ans Herz gelegt.

www.pferdeundreiterland.de

Skulpturenpark
Neumünster

Kunst hängt in den Bäumen, Skulpturen wurzeln im Park, schwimmen auf dem Teich und bezäunen sogar das ganze große Areal. Der Gerisch Skulpturenpark entlang der Schwale in Neumünster bringt Besucher zum Staunen. In wenigen Jahren hat sich ein privater Landschaftsgarten zu einem modernen Arkadien entwickelt – zu einem Park, in dem man mit Wonne die weiten Wege von Skulptur zu Skulptur wandelt, um all die bedeutenden Werke international anerkannter Künstler intensiv wahrzunehmen, die auf wundersame Weise im Dialog sind mit der Natur.

917

www.gerisch-stiftung.de

918 Erlebniswald
Trappenkamp

Walderfahrung von den Wurzeln bis zu den Wipfeln verspricht der Erlebniswald in Trappenkamp, östlich von Neumünster. Auf mehr als 330 ha wird spielerisch gelehrt, wie wundersam und schützenswert die Waldwelten sind. Naturschutz, Waldpädagogik und Naherholung spielen zusammen. Dabei erobern die Jüngsten im Wichtelwald ebenso ihre Welt wie die »Best Ager« auf geführten Touren. Fahrten mit Hundeschlitten und Nachtcamps sind beliebt, auch das Staunen in der Stille. Zu den Erlebnisräumen gehören auch eine Waldwasserwelt, ein 10 000 qm großer Freiluft-Schmetterlingsgarten, eine Falknerwiese und ein Hochseilgarten. Im Wildschweinwald und im Wildgehege ist man den Tieren ganz nah.

www.erlebniswald-trappenkamp.de

919 Karl-May-Spiele
Bad Segeberg

Stunts und Feuerzauber, jagende Kutschen und wilde Reiter, knallende Colts und Wildwest-Romantik. Das sind die Karl-May-Spiele in Bad Segeberg. In einem der schönsten Freilichttheater Europas verfolgen allsommerlich rund 8 000 Karl-May-Fans gebannt, was Winnetou und Old Shatterhand an turbulenten Abenteuern mit den Rothäuten erleben. Die faszinierende Kulisse des Kalkbergstadions mit der tief liegenden Arena ist ein idealer Spielplatz hierfür. Der Kalkberg, ein Gipsfelsen im Zentrum von Bad Segeberg, besitzt große Höhlen, in denen der einzigartige Segeberger Höhlenkäfer und Tausende von Fledermäusen zu Hause sind. Ihre faszinierende Welt kann man im Fledermauszentrum Noctalis hautnah entdecken.

www.karl-may-spiele.de;
www.noctalis.de

920 Erlebniszentrum Naturgewalten
List / Sylt

Ebbe und Flut, Winde und Wetter, Sonne und Regen – jeder kennt das, kann alles erklären. Wirklich? Im »Erlebniszentrum Naturgewalten« in List auf Sylt stellt man fest, was man alles nicht (ganz so genau) weiß. Das maritime Umwelt- und Erlebniszentrum begeistert Jung und Alt durch seine zeitgemäße Wissensvermittlung. »Kräfte der Nordsee«, »Leben mit Naturgewalten« und »Klima, Wetter, Klimaforschung« lauten die drei großen Themen. Hier wird spielerisch gelehrt und gelernt, auf 1 500 qm drinnen und 800 qm draußen. In einem Sturmraum kann man die Kräfte der Nordsee erleben, starke Stürme und Fluten nachempfinden. Kinder lieben die Matsch-, Spiel- und Kletterlandschaften sowie die Riech- und Fühlpfade.

www.naturgewalten-sylt.de

Gartentour
Reinbek

921

Das backsteinerne dreiflügelige Schloss Reinbek, im 16. Jh. von Herzog Adolf I. von Schleswig-Holstein-Gottorf im Stil der niederländischen Renaissance erbaut und damit im Norden einzigartig, war gut zwei Jahrhunderte lang ein landesherrliches Schloss und herzöglicher Amtssitz. Von hier aus kann man auf die ausgewiesene Stormarner Gartenroute »Zu Lindenpracht und Wassers Kraft« gehen. Die Region im Süden des Landes ist reich an Schlössern, Herrenhäusern, herrlich angelegten Schloss- und Gutsgärten, Parks und imposanten Lindenalleen.

www.schloss-reinbek.org;
www.gartenrouten-sh.de

922

Vogelschutzgebiet
Rantumbecken / Sylt

Wenn Zugvogel-Zeit ist und Brutzeit, ist es hier am schönsten. Dann ist das Rantumbecken ein Vogelpa-radies. Es liegt im Osten der Insel Sylt, südlich des Hin-denburgdamms. Die etwa 568 ha große, 1962 renatu-rierte Fläche ist seit 1968 Eu-ropareservat. Auf dem etwa 9 km langen Deich kann das Rantumbecken mit seinen vielen Biotopen umwandert werden. Insbesondere im Frühjahr und Herbst faszi-nieren die rastenden Zugvö-gel, die wie schwarze Wolken aufschwärmen.

www.rantum.de

Wassersport
Westerland / Sylt

Baden im Meer, in der wilden Brandung der Nordsee, den meterhohen Wellen – das ist für viele Sylt-Urlauber der größte Anreiz, hierher zu kommen. Wassersportler finden ein ideales Revier vor, Surfer erwartet der richtige Wind und Wellengang. Am Brandenburger Strand in Westerland gibt es im Som-mer ein organisiertes Frei-zeitprogramm, von Beach-Ball, -Soccer und -Volleyball über Kiten bis hin zum tren-digen Stand-up-Paddling.

www.westerland.de

925 Sylt-Aquarium
Westerland / Sylt

Rund 2 000 Meeresbewohner in 25 Meerwasserbecken. Rochen, Katzen- und Zitronenhaie, Petermännchen, Napoleon-, Anemonen- und Doktorfische – die Faszination und Geheimnisse der heimischen und tropischen Meereswelten erlebt man im Sylt-Aquarium am Rand des Zentralstrandes von Westerland. Die größten Becken »Korallenwelt« und »Helgoland« kann man durch einen rund 10 km langen Wassertunnel aus Acryl unterqueren.

www.syltaquarium.de

926 Wattwanderung
Dunsum / Föhr

Der beliebteste Wanderweg an der Nordseeküste liegt unter dem Meer. Nur zweimal innerhalb von 24 Std. wird er sichtbar – wenn das Watt trockenfällt, bei Ebbe das Meer zurückweicht und den Meeresboden freigibt. Zwischen den nordfriesischen Inseln Föhr und Amrum ist es dann möglich, von Dunsum aus – nur mit kundiger Führung – auf Wattwanderung zu gehen. (Dauer ca. 3 Std.)

www.foehr.de

Radtour
Klanxbüll

927

Ein Themenradweg entlang der Grenze verbindet zwei Länder: Deutschland und Dänemark. 130 km lang geht es auf zuweilen idyllischen Wegen zwischen Nord- und Ostsee. Durch schöne Natur wechselt der Radwanderer von West nach Ost und von hüben nach drüben. Kulturhistorische Erlebnisinhalte auf naturnahen Wegen sollen vermittelt werden, so die Projektidee der »Grenzroute«. Klanxbüll in Nordfriesland, wo man sein Auto stehen lassen kann, zugleich der letzte Halt der Bahn vor Sylt, ist ein guter Ausgangspunkt für die Radwanderung.

www.sh-tourismus.de/de/
radfernweg-grenzroute

Draisinentour
Leck

Schon die Allerjüngsten haben ihren Spaß und machen gern mit beim Draisinefahren auf stillgelegten Bahnstrecken. In Nordfriesland startet man auf dem Draisinenbahnhof in Leck und nimmt sich die Station im 23 km entfernten Un-

928

aften als Ziel. Mit ganz viel Spaß strampelt man durch die schöne Landschaft, durch Wäldchen und über die Lecker Au, am Windpark vorbei und durch den Flensburger Staatsforst – immer von Rastplatz zu Rastplatz. Dank der modernen Fahrraddraisinen wird die Schienenfahrt zum Vergnügen, man schafft die ganze Strecke in gut 2 Std.

www.draisinentour-nf.de

929 Hallig-Fahrt
Schlüttsiel

Die »schwimmenden Träume«, wie Theodor Storm sie nannte, sind einzigartig auf der Welt: Die Halligen gibt es nur im Norden, vor der Küste im Nationalpark Schleswig-Holsteinisches Wattenmeer. Dauerhaft sind die winzigen Eilande vom Meer umspült, ohne Deiche, unbefestigt den Fluten ausgesetzt und mehrfach im Jahr überspült. »Land unter« wird dann vermeldet – das Leben auf der Hallig ist stark durch die Natur und ihre Gewalten bestimmt. Zehn Halligen gibt es, sie liegen zwischen der Eiderstedter Halbinsel und den Inselschwestern Amrum und Föhr. Vom nordfriesischen Hafen Schlüttsiel aus erreicht man mit normalen Fährschiffen die meisten, darunter Langeneß und Hooge, die »Königin der Halligen«.

www.halligen.de

930 Westküstenrundflug
Wyk / Föhr

Ein paar (Propeller-)Flügelschläge reichen, um von Föhr aus in die Welt zu fliegen: Die Insel hat einen kleinen Flugplatz und hängt so am großen Flugnetz der Welt. Da gehören auch Rundflüge zum Programm. Zu den schönsten Föhrer Urlaubserlebnissen zählt der »Westküstenflug« über die Insel- und Halligwelt. Täglich starten die kleinen Maschinen auf der Rasenpiste, holpern über die Flugplatzwiese und heben ab zu atemberaubenden Rundflügen über dem Nationalpark Schleswig-Holsteinisches Wattenmeer. Bei klarer Sicht sind das Wechselspiel zwischen Ebbe und Flut und die unglaubliche Verschiedenartigkeit der Inselschwestern Sylt, Amrum, Föhr und der Halligen wunderbar zu sehen. Die Flüge dauern, je nach Route, zwischen 15 und 45 Min.

www.westkuestenflug.de

Naturschutzgebiet
Arlau

931

Die Entstehung des Beltringharder Kooges war eine der umstrittensten Deichbaumaßnahmen in der deutschen Geschichte. Heute ist der gesamte Koog Naturschutzgebiet und zugleich eine wichtige Brut- und Raststätte für Vögel. Die Naturschutzstation Arlau bietet eine ganze Reihe von Veranstaltungen, Exkursionen, Fangfahrten und Radtouren an.

www.beltringharderkoog.de

Kutschfahrt durchs Watt   **932**
Nordstrand

Sie ist winzig klein und wird nur von einer Familie im Sommer bewohnt: die Hallig Südfall, westlich von Nordstrand im Nationalpark Schleswig-Holsteinisches Wattenmeer gelegen. Seit 1959 steht sie unter Naturschutz. Von Nordstrand aus kann Südfall mit der Pferdekutsche in den Sommermonaten täglich besucht werden. Es ist aufregend, durch die urige Landschaft zu fahren und die Geschichten von gewaltigen Sturmfluten und vom Untergang des sagenhaften Rungholt zu hören. 3,5 Std. dauert die Fahrt samt Aufenthalt auf der Hallig. Auch Wattwanderungen von Nordstrand aus (5,5 Std., immer mit versierten Führern) sind bei Ebbe sehr beliebt.

www.nordstrand.de

Leuchtturm Westerheversand

Westerhever

Alle Welt kennt ihn als Symbol für den Norden und für die »Nordlichter«: den rot-weiß geringelten Leuchtturm Westerheversand, flankiert von seinen zwei Wärterhäuschen. Stets ist der gut Hundertjährige auf Titeln und Plakaten zu sehen – auch im Zuge der Aufnahme des niederländischen und deutschen Wattenmeeres in die Liste der Unesco-Weltnaturerbestätten war er der beste aller Werbeträger. Seit 2001 kann man das stählerne Wahrzeichen Eiderstedts besichtigen. Über einen ausgewiesenen Weg von Westerhever kommt man zu Fuß oder mit dem Fahrrad zum Turm. Wenn man dann die 157 Stufen über die neun Stockwerke hinaufgeklettert ist, kann man den traumhaften Blick über Watt und Weite des Meeres genießen. Bei klarem Wetter ist der Ausblick auf die Sandbank vor St. Peter-Ording und die Halligen unvergesslich. Zurück geht es über den historischen geklinkerten Stockenstieg durch das Salzwiesenvorland (nur zu Fuß betretbar).

www.westerhever-nordsee.de

933

Inselradtour
Wittdün / Amrum

Amrum ist eine Natur-schönheit. Auf kleinem Raum gibt es hier Kiefern- und Fichten-wäldchen, eine herrliche Heidelandschaft, Wiesen, Weiden und Watt. Die Nordseeinsel erobert man am besten per Rad.

Man startet an der Südspitze im Hafenort Wittdün. Auf dem Weg nach Norden

kommt man am Amru-mer Leuchtturm (dem Wahrzeichen der Insel), am wunderschönen Dorf Nebel mit seinen reetge-deckten Friesenhäusern, an der Amrumer Vogel-koje und dem ehemaligen Seebad Norddorf vorbei. Ziel ist das Vogelschutz-gebiet Amrum Odde an der Nordspitze.

www.amrum.de

935 Freizeitbad Pellewelle
Pellworm

An alle ist gedacht – an die ganz Kleinen, die Betagte-ren, die Sportlichen und die Wellness-Suchenden: Das Freizeitbad Pellewelle auf der nordfriesischen Insel Pell-worm sorgt für Wohlbehagen und gute Laune. Die ganz große Attraktion ist die 62 m lange Wasserrutsche »Pelle Express« mit Blackhole-Effekten und bunten Licht-streifenelementen. Da hört man das Jauchzen, wenn wa-gemutige Kinder – und auch deren Eltern – auf die Bahn gehen und mit viel Gespritze im Auffangbecken landen. Währenddessen planschen die Jüngsten gefahrlos im Kinderbecken oder toben unter dem wassersprühen-den Delfin. Für Entspannung sorgen Whirlpool, Ruhezo-nen, Solarien und eine große Sauna-Landschaft.

www.pelle-welle-freizeitbad.de

936 Hof Backensholz
Oster-Ohrstedt

Was dem Süden die Wein-straße, das ist dem Norden die Käsestraße – hier wird Regionaltypisches hergestellt und präsentiert. Kühe, Schafe und Ziegen gibt es reichlich im Zweiküstenland, und seit die als Deichbauern und Reli-gionsflüchtlinge ins Land ge-holten Holländer den Nord-deutschen das Käsehandwerk beibrachten, auch die Traditi-on der Käserei. Im Nordfrie-sischen, unweit von Husum, liegt der Hof Backensholz, eine besonders sehenswerte Käserei. Von der Aufzucht der Kälber bis zum fertigen Rohmilchkäse wird in die-sem ökologischen Betrieb traditionell gearbeitet. Eine wunderbare Anlaufstelle für Feinschmecker. Der aromati-sche Backensholzer Käse ist eine feine heimische Speziali-tät, rund ein Dutzend Sorten werden hier hergestellt.

www.backensholz.de;
www.kaesestrasse-sh.de

937

Wasser- und Strandsport
St. Peter-Ording

Er ist 12 km lang und bis zu 1 km breit, man darf ihn streckenweise sogar mit dem Auto befahren, und Ross und Reiter dürfen bis in den Himmel hinein galoppieren. Die endlose Weite des Strandes von St. Peter-Ording, samt Dünen, Salzwiesen und Wäldchen, machen das populäre Nordseeheil- und Schwefelbad einzigartig. Gleiches gilt für die vielen Sportarten, insbesondere für Wagemutige! Strandsegler brausen durch die Priele, und Kitesurfer sowie Kitebuggyfahrer setzen bunte Farbtupfer in den Himmel, wenn sie tollkühne Sprünge vollführen oder über die Strände jagen.

www.st.peter-ording.de

Nordseemuseum
Husum

Ganz in Hafennähe liegt in Husum das Nordseemuseum im ehemaligen Nissenhaus. Die kulturellen Entwicklungen und Traditionen an der Nordseeküste werden hier dokumentiert. Historische Sturmfluten und Naturgewalten, Küstenschutz, Deichbau und Landgewinnung, der große Artenreichtum von Flora und Fauna, die nordfriesische Wohnkultur mit Reetdächern und Haubargen, einst und jetzt – all das sind Themen. Das Museum präsentiert sich multimedial und ist auf experimentierfreudige Besucher eingestellt, die manches ausprobieren möchten. Auch die nordfriesische Sprachenvielfalt wird an Audiostationen erlebbar gemacht. Malereien und Skulpturen nordfriesischer Künstler gewähren einen ganz besonderen Blick auf die Region, regelmäßige Sonderausstellungen begleiten und vertiefen das Museumsangebot.

938

www.museumsverbund-nord
friesland.de / nordseemuseum

Westküstenpark
St. Peter-Ording

Deutschlands größte Seehundanlage liegt in St. Peter-Ording. In dem mit 1,2 Mio. l Nordseewasser gefüllten Becken haben Sammy, Charly, Nora und Co. viel Platz. Ähnlich gut geht es ihren 800 tierischen Freunden, die im Westküstenpark ohne Käfige und Gitter in großflächigen Gehegen und Volieren gehalten werden. Vor allem zu den Fütterzeiten sind die Tiere handnah zu erleben. Zweimal täglich gibt es im international prämierten Robbarium die beliebten Seehundvorführungen – dann brechen die knopfäugigen Raubtiere die Herzen aller Besucher.

939

www.westkuestenpark.de

940 Paddeln und Kanu fahren
Friedrichstadt

Mit einem gemieteten Kanu oder im Paddelboot die Stadt erobern, das kann man in Friedrichstadt. Die Grachtenstadt an der Treene macht das faszinierende Erlebnis möglich, auch in lauen Sommernächten. Manches Haus liegt direkt an einer Gracht mit Bootssteg und eigenem Kanu. Da fährt man übers Wasser zum Einkaufen … Erfahrene Kanuten erkunden auf alten Wasserstraßen die Natur der Umgebung und gehen auf die großen Kanuwanderwege Richtung Tönning oder Rendsburg.

www.friedrichstadt.de

941 Nationalpark Wattenmeer
Tönning

Wattwanderung: Man hört den rauschenden Wind, sieht am Himmel riesige Vogelschwärme und zu Füßen eilig davonhuschendes Meeresgetier. Die Luft schmeckt nach Salz. Der Nationalpark Schleswig-Holsteinisches Wattenmeer mit Verwaltungssitz in Tönning ist eine weltweit einzigartige Naturlandschaft mit einer herausragenden Bedeutung für geologische und ökologische Prozesse wie für den Erhalt der biologischen Vielfalt.

www.nationalpark-wattenmeer.de

Katinger Watt
Kating

Das Naturzentrum Katinger Watt liegt 3 km nördlich des Eidersperrwerks, eingebettet zwischen zwei großen Deichen. Einst herrschten in dem Naturschutzgebiet Wasser und Watt, jetzt gedeiht hier eine von Süßwasser geprägte Kooglandschaft. Das Naturzentrum informiert über Tiere und Pflanzen rund um die Eider und macht die Natur mit allen Sinnen erlebbar.

942

www.nabu-katinger-watt.de

Multimar Wattforum
Tönning

943

Wie riesig ist ein Pottwal, wie winzig ein Wattwurm? Werden bei den Seepferdchen die Väter schwanger? Sind Seehasen »Hasen«, weil sie zu Ostern Eier legen? Und wie reagieren die Tiere in der Brandungszone und bei Ebbe und Flut? Das Multimar Wattforum in Tönning weiß Antwort. Die zentrale Erlebnisausstellung für den Nationalpark Schleswig-Holsteinisches Wattenmeer zeigt in insgesamt 54 Aquarien mehr als 280 Arten von Fischen, Krebsen, Muscheln und Schnecken. Auch die Welt der Wale wird beleuchtet. Besonders spektakulär ist das Großbecken mit der 6 x 6 m großen Panoramascheibe.

www.multimar-wattforum.de

944

Seehundstation
Friedrichskoog

Mehr als 100 Folgen von »Seehund, Puma & Co.«, der Tier-Doku-Soap von Radio Bremen wurden im Fernsehen ausgestrahlt. Regelmäßig mit dabei sind Berichte von der Seehund-Aufzuchtstation Friedrichskoog, wo – deutschlandweit einmalig – Seehunde und Kegelrobben zusammen gehalten werden. Im 800 Kubikmeter Wasser fassenden Beckensystem sieht man sie fröhlich miteinander tummeln, die Erlebnisausstellung »Robben der Welt« bietet viel Wissenswertes. Dank eines 7 m langen Unterwasserfensters kann man mit Nemi, Lümmel und Co. auch auf Tauchstation gehen.

www.seehundstation-friedrichskoog.de

Perlebucht
Büsum

In den vergangenen Jahren wurde das bereits im Jahr 1971 für die Nordseeurlauber angelegte Gelände kräftig modernisiert und zielgruppengerecht in »Familienlagune« umbenannt. Es bietet neben dem weitläufigen Bade- und Freizeitareal an der Nordseestraße v. a. die neu gestaltete Insel mit Dünen und windgeschützten Mulden. Sie ist über eine lange Seebrücke zugänglich und erschließt so das Beste beider Welten: nach Osten hin die kinderfreundliche, tideunabhängige Lagune mit flachem Wasser zum gefahrlosen Planschen, nach Westen hin den Zugang zum Watt oder, je nach Gezeiten, zur »richtigen« Nordsee. Neben naturbelassenen Arealen und Salzwiesen gibt es alle erforderlichen Urlaubsinfrastrukturen für die Sicherheit (DLRG), das Wohlbefinden (diverse Gastronomie) und den Spaß (Spielgeräte, Hängematten, Beach-Soccer- und Volleyball-Felder).

945

www.buesum.de

946 Landwirtschaftsmuseum
Meldorf

Wer kann sich heute noch vorstellen, was für einen Aufwand allein das Kochen in einem Haushalt bedeutete, in dem neben mehreren Kindern auch Mägde, Knechte und die Großeltern wohnten? Der Blick in die alte Küche lässt ahnen, wie das war. Sie befindet sich im »Dithmarscher Bauernhaus«, einem über 100 Jahre alten Freilichtmuseum, das gleich neben dem Landwirtschaftsmuseum liegt. Dort wiederum sind die alten Landmaschinen ausgestellt. Mit Staunen blickt man auch auf die vielen Rosensorten im Garten. Das Konzept des Landwirtschaftsmuseums ist bis heute vorbildlich: Was hier getan werden muss, wird von Behinderten geleistet. Das war schon 1986 so, nach dem Umzug in das neue Gebäude.

www.landwirtschaftsmuseum-schleswig-holstein.de

947 Ausflug zur Hochseeinsel
Helgoland

Man muss einmal da gewesen sein, mitten im Meer, auf Deutschlands einziger Hochseeinsel Helgoland, rund 70 km von der Küste entfernt. Der mächtige rote Buntsandsteinfelsen ragt hoch aus dem Wasser, samt dem äußerst bizarren Steinkoloss »Lange Anna«. Vorgelagert liegt die »Düne« mit ihren Badestränden und dem fröhlich-bunten Ferienhaus-Dorf. Helgoland ist eine außergewöhnliche Urlaubs- und Erlebnisinsel, mit reiner Luft, sauberem Wasser, Lummen (der Lummensprung, ein einzigartiges Naturschauspiel, findet im Juni statt) und vielen anderen Vögeln und Meeresgetier. Dazu kommen ein Kulturpfad, das Museum Helgoland, traditionelle Feste, kulinarische Spezialitäten (Hummer, Knieper, Fisch) sowie zoll- und mehrwertsteuerfreies Einkaufen.

www.helgoland.de

Wal-Spielpark
Friedrichskoog

948

Es ist das weltweit größte Gebäude in Walform und ein fantastischer Indoor-Spielpark, ein Ziel für Regen- und Wintertage. »Wal Willi« steht am Hafen von Friedrichskoog. In der über 2500 qm großen Halle unter dem Walbuckel ist ein gigantisches Spiel- und Kletterlabyrinth aufgebaut, samt Kletter-Leuchtturm und Nemo-Kletterwand, es warten Trampolins, ein Multifunktionssportfeld, Hüpfburgen, eine Elektro-Kartbahn, eine Wellen- und Röhrenrutsche und ein Kleinkinder-Spielbereich. Für Schönwettertage gibt es einen 800 qm großen Außenspielplatz.

www.wal-friedrichskoog.de

950 Steinzeitpark Dithmarschen
Albersdorf

In Albersdorf wird die Steinzeit lebendig. Auf dem rund 40 ha großen Freigelände mit neun originalen Großsteingräbern und Grabhügeln können Jung und Alt zu Fuß und per Rad auf Steinzeitwanderungen und -rallyes gehen. Im »Steinzeitdorf« wird mit altem Werkzeug und Gerät gearbeitet, Feuer geschlagen, werden Flintsteine gehauen, Lederschmuck und -beutel entstehen sowie selbst gesponnene Wolle und Webstücke. Man backt Fladen, übt sich im Bogenschießen und in Höhlenmalerei.

www.aoeza.de

951 Kanu- und Paddeltouren
Kellinghusen

Kellinghusen liegt an der Stör, dem größten rechten Nebenfluss der Elbe in Schleswig-Holstein. Ein Paradies, um Kanu zu fahren oder zu paddeln. Man kann sich Boote leihen und die Stör in beiden Richtungen befahren, es geht durch urige Wälder und schmale, naturbelassene Auen, aber auch über breite Gewässer und weite Wiesenlandschaften. Ein besonderes Erlebnis ist die geführte Nachtwanderung mit Picknick im Kerzenschein.

www.kellinghusen.de

Historische Marschenstadt
Wilster

952

Jahrhundertelang war die Kleinstadt Wilster, westlich von Itzehoe, wirtschaftlicher und kultureller Mittelpunkt der bäuerlichen Marsch. Der stattliche Fachwerkbau des Alten Rathauses zeugt davon, ebenso das Neue Rathaus, ein Palais aus dem späten 18. Jh.

Wilster ist ein wunderschöner Ausgangspunkt für Wanderungen und Fahrten in die Umgebung – entlang der Stör, zur Elbe und zur tiefsten Landstelle Deutschlands in Neuendorf.

www.wilstermarsch-service.de

Industriemuseum
Elmshorn

953

Die kleine Stadt Elmshorn ist seit Langem ein wichtiges Industriezentrum des westlichen Hamburger Stadtrandes. Davon zeugt auch das städtische Industriemuseum, das interaktiv die Entwicklung von Industrie, Technik,

Arbeit und Alltag im Norden zeigt. Stechuhr, Tretnähmaschine, Kornmühle, Bahnhofswaage – viele Gegenstände sind zum Ausprobieren

www.industriemuseum-elmshorn.de

Gartenrouten
Pinneberg

954

Pinneberg liegt am nordwestlichen Rand Hamburgs. Der gleichnamige Kreis ist das größte zusammenhängende Anbaugebiet für Gehölze in Europa. So ist Pinneberg ein guter Ausgangspunkt für eine der norddeutschen »Gartenrouten«. Unter dem Titel »Baumschulbarone und Pflanzenjäger« führt sie nach Hamburg-Altona in den Jenischpark (die Wiege der Baumschulentwicklung), zum Gutspark Haseldorf und zur 700 m langen doppelten Lindenallee in Seestermühe. Über die Barmstedter Schlossinsel und das Arboretum in Ellerhoop geht es zurück nach Pinneberg – zum Rosengarten.

www.gartenrouten-sh.de

Thüringen

Auch wer nur »aktiv« sein will, kommt an Luther und Goethe nicht vorbei. Macht aber nichts, denn auf den Spuren des Geheimrats lässt es sich gut wandern, und in Weimar kann man neben dem Wohnhaus des Dichters auch ein Seifenkistenrennen besichtigen. Hinterher im Kanu auf die Werra, mit der Draisine durchs Eichsfeld und mit Skiern in die Rennsteigloipe.

Wenige Mauern bergen so viel
deutsche Geschichte wie die Wartburg.
Gerade mal elf Wochen brauchte
Martin Luther, um hier das Neue
Testament ins Deutsche zu übersetzen.

KZ-Gedenkstätte
Mittelbau-Dora

Mittelbau-Dora ist heute ein europäischer Gedächtnisort. Es steht als trauriges Exempel und als Modell für die Zwangsarbeit in vielen anderen Lagern, die in der Zeit des Nationalsozialismus systematisch betrieben wurde. 60 000 Menschen aus nahezu allen Ländern Europas, aus der Sowjetunion, aus Polen und aus Frankreich wurden zwischen 1943 und 1945 als KZ-Häftlinge in den Harz deportiert, um dort Zwangsarbeit für die deutsche Rüstungsindustrie zu leisten. Jeder Dritte von ihnen starb.

www.dora.de

Kyffhäuser-Denkmal
Kyffhäuser

Da sitzt er, der sagenhafte Barbarossa, an der Ostseite des Denkmals, 6,5 m hoch und in Stein gehauen, ein kraftvoller Herrscher vor dem Moment des Erwachens nach 700-jährigem Schlaf. Zahlreiche Gedichte nähren die Sage: Friedrich I. Barbarossa kehrte von einem Kreuzzug nicht zurück. Mit seinem Gefolge schlummert er so lange im unterirdischen Schloss im Kyffhäuser, bis er zurückkehren und das alte Reich wiederherstellen wird.

www.kyffnet.de

958 Speisen wie Luther
Lutherstuben / Eisenach

»Warum rülpset und furzet ihr nicht? Hat es euch nicht geschmacket?« – Ob dieser Ausspruch nun von Luther stammt oder nicht, was heute unanständig, war damals gute Sitte. So täuschend echt muss es ja in der Lutherstuben nicht zugehen. Aber so echt wie möglich: Mundkoch Kunibert bereitet in der Schauküche deftige Speisen zu; der Met wird aus dem Trinkhorn kredenzt. Spielmann Halodri sorgt für die Musik. Mahlzeit!

www.eisenacherhof.de

959 Draisinentour
Lengenfeld / Stein

Radeln auf Schienen inmitten einer lauschigen Landschaft: Zwei Routen sind befahrbar, auf der kürzeren nach Geismar gilt es, hin und zurück 7 km zu bewältigen. Die längere Strecke (mit Rückweg 20,5 km) führt durch vier Tunnels und über Viadukte und hohe Dämme mit Aussicht auf die reizvolle Landschaft des Eichsfelds. Auf demselben Weg geht es leicht bergab (107 m) zurück.

www.erlebnisdraisine.de

Naturschutz-lehrstätte Fuchsfarm
Erfurt-Bischleben

960

Füchse gibt es hier zwar nur noch aus Holz und zum Draufklettern, aber dazu jede Menge weitere Erlebnisse in der Natur des Erfurter Steigerwalds, z. B. Tastpfade, Duft- und Klangorgeln, einen Hochstand und ein Lehmofen zum Backen. Gesteinsarten aus dem Thüringer Becken sind hier zu sehen; es gibt Einblicke ins Bienenhaus oder in das artenreiche Leben am und im Teich. In der Kreativwerkstatt kann man aus Naturmaterialien Flöße, Flöten oder andere Kunstwerke basteln.

www.fuchsfarm-erfurt.de

Wildkatzendorf
Nationalpark Hainich

Hier bleibt die Katze im Dorf! Und das ist nur gut für sie, denn hier, im von der Unesco ausgezeichneten Weltnaturerbe Nationalpark Hainich, wird das »Rettungsnetz für Wildkatzen« konzipiert – eines der größten Naturschutzprojekte in Europa. Im Erdhaus bzw. im Beobachtungsturm kommt man den wilden Katzen am nächsten. Wie ihre Artgenossen kommen sie auf sanften Pfoten daher, können aber – je nach Verhalten des Gegenübers – eben auch ganz schön wild werden. Der 7 km lange Wildkatzenpfad lädt auf eine kleine Wanderung durch den Nationalpark ein. Beste Sicht auf die Landschaft bietet dort die etwa 17 m hohe Beobachtungsplattform »Hainichblick«. Beste »Sicht« auf die Wildkatzen hingegen bekommt man am Ende des Rundgangs im Ausgangsbereich: Drei Kameras in den Gehegen zeigen Live-Bilder auf einem Großbildschirm.

961

www.wildkatzendorf.de

962

Baumkronenpfad
Bad Langensalza

Wipfel auf Augenhöhe! Schwindelfreiheit vorausgesetzt, erwartet den Besucher ein eindrucksvolles Erlebnis. Ausgangs- und Endpunkt des ca. 530 m langen Rundweges ist der 44 m hohe, weithin sichtbare »Baumturm«, der den überwiegend aus Rotbuchen bestehenden Nationalpark Hainich (mit 16 000 ha Deutschlands größter Laubwald) überragt und der, neben Informationen zur Waldgeschichte, erstklassige Blicke über das Thüringer Becken bis ins Eichsfeld und zum Thüringer Wald bietet.

www.nationalpark-hainich.de

Bachs Haus
Eisenach

Auch wenn Johann Sebastian Bach (1685–1750) nicht in diesem, sondern in einem 100 m entfernten, nicht erhaltenenen Gebäude geboren wurde: Lohnenswert ist ein Besuch des Hauses am Frauenplan allemal. 1907 von der Neuen Bachgesellschaft eröffnet, war es das erste Museum überhaupt, das den genialen Tonsetzer und späteren Leipziger Thomaskantor würdigte, der seine ersten zehn Jahre in Eisenach verbrachte. Zu dieser Zeit galt das Gebäude tatsächlich als Bachs Geburtshaus, erst spätere Forschungen widerlegten diese Annahme. Ein Raum widmet sich dem grauslichen Tod Bachs, dessen Erblindung ein dubioser Heilkundler durch Schnitte in den Augapfel und das Einträufeln von Taubenblut (und Schlimmerem) vergeblich zu heilen trachtete.

www.bachhaus.de

Wartburg
Eisenach

Der bekannteste Raum befindet sich im Fachwerkbau der Vogtei. Seine Berühmtheit verdankt sich dessen zeitweiligem Bewohner: Der einstige Augustinermönch Martin Luther hatte es 1521 auf dem Wormser Reichstag vor Kaiser Karl V. abgelehnt, seine Thesen zu widerrufen. Daraufhin für »vogelfrei« erklärt, trat er die Heimreise nach Wittenberg an, freies Geleit wurde ihm zugesichert. Vorsichtshalber ließ ihn unterwegs sein Protegé, Sachsens Friedrich der Weise, »entführen«. Als »Junker Jörg« bis März 1522 inkognito auf der Wartburg, übersetzte Luther das Neue Testament binnen elf Wochen ins Deutsche. Das Ergebnis war ein Meilenstein der Reformation und ein Quantensprung des Hochdeutschen.

wartburg-eisenach.de

Rundflug
Im Werratal

Vom Flugplatz Eisenach starten mehrere Rundflüge in die Region. Einer davon (z. B. mit einer Tecnam P92) könnte folgende Route nehmen: mit Südkurs auf den Großen Inselsberg, dann den Rennsteig entlang. Nun werden im Oberhof die Sprungschanzen und der neue Skitunnel erkennbar, östlich liegt Ilmenau. Weiter über die höchsten Thüringer-Wald-Gipfel Schneekopf und Großer Beerberg über Schmiedefeld und die Talsperre Schönbrunn liegt die Werraquelle. Von dort ... Ach, lassen wir die Routenbeschreibung! Wer mitfliegt, sieht viel mehr!

www.rundflug-eisenach.de

Erlebnisbergwerk
Merkers

Eine Führung durch Teile der gigantischen Grubenanlage dauert etwa 3 Std. Mit dem Förderkorb werden Besucher binnen 90 Sek. in 500 m Tiefe gebracht. Durch 20 km des Stollensystems geht es mit Kleinlastern zunächst in die Salzunger Saline. In ihr ist ein Museum eingerichtet, das von der über 100-jährigen Geschichte des Bergbaus erzählt. Im Goldraum betritt man ein obskures Kapitel aus den letzten Kriegsmonaten, als die Reserven der Deutschen Reichsbank und Kunstwerke aus den Museen Berlins hier gehortet wurden. Nach dem Einmarsch der amerikanischen Truppen 1945 statteten die Generäle Eisenhower, Bradley und Patton dem Fundort einen Besuch ab. Ganz neu sind Mountainbiketouren unter Tage zur Kristallgrotte. Bis zu 30 Radler können sich auf diese außergewöhnliche Fahrt begeben.

www.erlebnisbergwerk.de

966

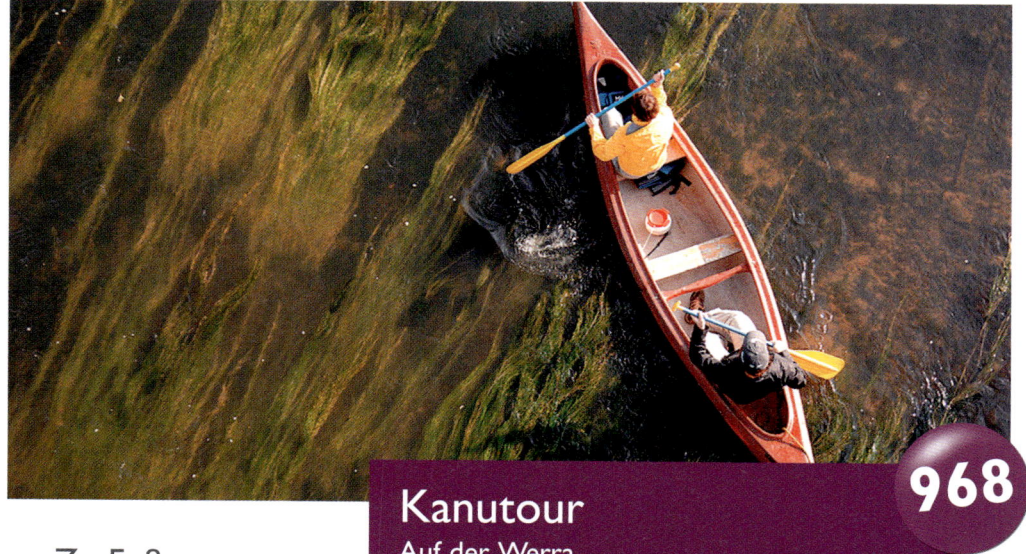

Zu Fuß

über den Pleßberg

Vom bayrischen Bad Kissingen durch Hessen und dann ins thüringische Bad Salzungen führt eine der **967** reizvollsten Routen durch deutsche Mittelgebirgslandschaften. Der »Hochrhöner«, vom Deutschen Wanderinstitut als Premiumweg ausgezeichnet, tangiert dabei die höchsten Erhebungen des Höhenzugs, bevor er sich über den Pleß ins Werratal neigt.

www.rhoen.de/hochrhoener

Kanutour
Auf der Werra

968

Die Werra, dieser lange, ruhige Fluss, eignet sich gut für Kanutouren. Da auf ihr keine Schiffe verkehren, stört nichts das sanfte Dahingleiten. Der teils steilen Hanglagen wegen finden sich ihre schönsten Ufer zwischen Creuzburg (Thüringen) und Witzenhausen (Hessen). Anlegestellen gibt es im unteren Drittel des Werratals in jedem Ort, ebenso am Oberlauf ab Burghausen. Wer es eilig hat, schafft die 41 km (elf Wehre) von Meiningen nach Bad Salzungen an 1 Tag. Geruhsamer aber wären die 64 km (14 Wehre) von Themar bis Bad Salzungen, verteilt auf 2 Tage, mit einer Nacht auf dem Zeltplatz der Karnevalshochburg Wasungen.

www.kanureich.de; www.werratal.de

969 Grenzmuseum
Geisa

Geisa nimmt eine Ausnahmeposition ein: Der kleine Ort (heute 4680 Einwohner) war in der Zeit des Kalten Krieges die westlichste Stadt des Warschauer Paktes. In den Bedrohungsszenarien der NATO galt das Gebiet zwischen Herleshausen im Norden und dem bayrischen Bad Neustadt im Süden, die sogenannte Fulda Gap, als die gefährlichste Schneise einer potenziellen Invasion des östlichen Truppenbündnisses. Und Geisa liegt genau in der Mitte dieses Territoriums. Die innerdeutsche Grenze kontrollierte auf hessischem Gebiet zunächst der Bundesgrenzschutz. 1962 kam es zu einem Schusswechsel, dem ein DDR-Offizier erlag. Er-

hebliche Spannungen waren die Folge. 1965 richtete die US-Army hier den Stützpunkt »Point Alpha« ein, der 1991 aufgelöst wurde. Der ehemalige Beobachtungsposten (auf halber Strecke zwischen Geisa und Rasdorf in Hessen) ist heute als Gedenkstätte ein Grenzmuseum, in dem u. a. das amerikanische Camp des 11. Kavallerieregiments »Black Horse« sowie Teile des Todesstreifens zu besichtigen sind. Der 15 km lange Rundweg »Point Alpha« beginnt in Geisa am Schloss und führt landschaftlich reizvoll über die Hügel des Ulstertals und zum Gelände des Grenzmuseums

www.geisa.de

Gradierwerk
Bad Salzungen

970

Gradierwerke gibt es zwar in Deutschland nicht selten. Doch nirgendwo ist der Salzgehalt so hoch wie in Bad Salzungen (bis 27 %). Das kann nicht mal die Nordsee bieten, allenfalls das Tote Meer. Die Luft um die Gradierwerke herum ist sehr gesund. Salz bindet frei schwebende Partikel, was Allergiker zu schätzen wissen. Auch gegen Asthma und andere Bronchialkrankheiten ist die salzhaltige Luft ein bewährtes Mittel, sie lässt die Schleimhäute abschwellen und reinigt die Atemwege von Bakterien. Selbst wer keine Beschwerden hat, atmet nach einem Besuch im Gradierwerk freier durch.

www.gradierwerk-badsalzungen.de

Seenlandschaft
Breitungen

Reich von Schilf gesäumt und mit See- und Teich- rosen bedeckt, lassen der Vodere und der Hin- tere See (18 ha Fläche, bis zu 4 m tief) nicht mehr erkennen, dass sie beinahe unter den Asche- halden des im Jahr 1913 errichteten Kohlekraftwerks verschwunden wären. Bürgerinitiativen gelang es, die Zuschüttungen zu stoppen und das Biotop zu rekultivieren. Seit 1967 sind die Seen als Naturschutzgebiet ausgewiesen. Zu den heimischen Vogelarten zählen u. a. Blesshuhn, Teich- und Wasserrallen. Oberhalb der Gewässer lockt das Jagdschlösschen »Seeblick« zur Einkehr.

971

www.breitungen.de

972 Miniaturpark
Ruhla

Die Welt im Kleinen erwar- tet den Besucher im Minia- turpark »mini-a-thür«. Das schon an sich nicht große Bundesland ist hier wie ein- gedampft (Maßstab 1:25) und daher noch beschaulicher. Nahezu jede touristische At- traktivität Thüringens wurde bis zur letzten Dachrinne ko- piert und über 80 Bauwerke präsentiert. Kinder dürften nicht leicht wegzubekommen sein: harren im Park doch zu- dem ferngesteuerte Modell- boote, eine Kleineisenbahn, ein Abenteuerspielplatz und vieles mehr der Entdeckung.

www.mini-a-thuer.de

973 Exotarium
Oberhof

Was den einen gruselt, ist dem anderen Pläsier: Netz- phyton, Bindenwaran, Rep- tilien, Spinnen, Stechrochen – für die einen die große At- traktion, halten die anderen respektvoll Abstand, auch wenn die großen und klei- nen Tiere – durch die dicke Glaswand des Aquariums ge- schützt – völlig ungefährlich sind. Wer es weniger exotisch mag, findet vielleicht an den 70 Fischarten oder Teich- muscheln, an Lurchen oder Schildkröten seinen Gefallen.

www.exotarium-oberhof.de

974 Mommelsteinradweg
Schmalkalden

Der geteerte Mommelsteinradweg hat eine Länge von 12,5 km und steigt 260 Höhenmeter an. Der Radweg beginnt in der Mühlenstraße in Schmalkalden und führt nach Floh-Seligenthal. Noch in Schmalkalden wird die »Neue Hütte« passiert, der Hochofen aus dem Jahr 1835 ist heute ein sehenswertes Technikmuseum. Hinter Floh-Seligenthal geht es in den Hundsrücktunnel, dem ein Viadukt über das den Weg begleitende Flüsschen Schmalkalde folgt. Nach Hohleborn ist bald der frühere Kopfbahnhof Kleinschmalkaldens erreicht. Mit einer Spitzkehre führt nun der Weg hinauf zum einstigen Haltepunkt Auwallenburg. Nur bis hierhin ist die alte Bahnstrecke geteert. Nun kann man auf demselben Weg bequem, weil nur bergab, zurück.

www.bahntrassenradwege.de

975 Wanderung
Im Rennsteiggarten / Oberhof

Mitten im Thüringer Wald können Botanikfreunde eine Weltreise machen. Am und auf dem Pfanntalskopf befindet sich der Rennsteiggarten mit nicht weniger als 4 000 Arten Gebirgsflora aus allen Kontinenten. Reichlich Niederschlag, Temperaturen im Jahresmittel um die 4 °C und fünf Monate geschlossene Schneedecke sorgen für das optimale Klimamilieu nicht nur bekannter Bergpflanzen wie Edelweiß, Primeln oder Enzian. Je nach Jahreszeit sind auch Gletschernelken, Fleischroter Mannsschild, Frauenschuh und Schachblume zu bewundern. Die seit 1972 bepflanzte Anlage wurde beständig ausgebaut und besonders in den 1990er-Jahren zu einem schönen sowie barrierefreien Landschaftspark erweitert.

www.rennsteiggartenoberhof.de

Ski und Bob
Oberhof

Von Dezember bis April mangelt es in Oberhof selten an Schnee. Langlauf, Biathlon, Nordische Kombination, Skispringen, Bobfahren, Rodeln: In Thüringens Wintersportort Nr. 1 trainiert die Elite dieser Disziplinen und werden internationale Wettkämpfe ausgetragen. Wer nicht nach Medaillen eifert, findet auf zahlreichen Loipen und anspruchsvollen Alpinpisten sein Vergnügen, Après-Ski inklusive. Oberhof ist seit dem 19. Jh. Ziel von Sporttouristen. Im Sommer lockt zudem der Hochseilgarten Woodjump zur Überwindung der Höhenangst.

976

www.oberhof.de

Crosslauf
Schmiedefeld

Europas größter Crosslauf hat es in sich. Landschaftlich dank des prächtigen Thüringer Waldes, sportlich wegen des Geländeprofils. Etwa 15 000 Teilnehmer zählt die traditionelle Rennveranstaltung (erstmals 1973), zu der auch Nordic Walking, Wandern (17–50 km) und Juniorencrossläufe (1–9 km) gehören. Königsdisziplinen sind die drei Marathons. Schon der Halbmarathon (21,1 km) ist kein Pappenstiel, zumal im Gebirge. Erst recht nicht die (mit 43,5 km mehr als volle) Marathondistanz. Beinahe übermenschliche Strapazen verlangt der Supermarathon den Läufern ab: 72,7 km mit 2 479 m Höhendifferenz (inklusive aller Aufs und Abs). 14 933 Läufer bewältigten etwa 2015 diese Strecke, deren Rekorde (auf dem Parcours seit 1997) bei Männern um die fünf, bei Frauen um die sechs Stunden liegen. Ziel des bis zu 73 km langen Laufs ist stets Schmiedefeld am Rennsteig.

977

www.rennsteiglauf.de

978

Rennsteigbahn
Ilmenau

Technisch ist die 1904 eröffnete Rennsteigbahn zwischen Ilmenau und Schleusingen eine Meisterleistung, eine der schönsten Bahnstrecken ist sie zudem. In der Kaiserzeit sollte sie der Glas- und Porzellanindustrie helfen. Das gelang zwar nicht, aber der Tourismus florierte. Seit der Reaktivierung der Strecke 2003 verkehren hier wieder altehrwürdige Dieselloks vom Typ V 100 aus den 1960er-Jahren sowie eine Dampflokomotive der Baureihe 94 aus dem Jahr 1922.

www.rennsteigbahn.de

979 Wanderung auf den Kickelhahn
Ilmenau

Als Geheimrat des Herzogtums Sachsen-Weimar-Eisenach weilte Goethe gern in der Stadt. Dauerhaft sitzt er als Kupferfigur vorm einstigen Amtshaus am Marktplatz. Im »Goethe-Stadt-Museum« werden Gemälde, Grafiken und Mobiliar aus der Zeit des Dichters sowie Ilmenauer Porzellan und Glas und die örtliche Bergbaugeschichte präsentiert. Der Meister selbst hing seinerzeit der Idee nach, den Staatssäckel mittels Wiederbelebung des Silberbergbaus zu sanieren, was mangels Minenertrag scheiterte. Doch auch das Schreiben vergaß Goethe bei seinen 28 Besuchen nicht: Eine Wanderung auf Ilmenaus' Hausberg Kickelhahn (861 m) inspirierte ihn zu »Über allen Gipfeln ...«, das er 1780 auf die Wand einer Hütte (»Goethehäuschen«) unweit des Gipfels notierte.

www.ilmenau.de

980 Eingefallener Berg
Bei Themar

Zerklüftet und hell erhebt sich jenseits der Werra und kaum 3 km südwestlich von Themar der sogenannte »Eingefallene Berg«. Von einem herrlichen Laubwald umgeben, lässt er sich in 2 - 3 Std. leicht erwandern. Seinen Namen trägt der Berg wegen früherer Felsabbrüche, die durch Wasser entstanden, das sich bei Frost in den Kalkspalten ausdehnte. Der Bergkamm bietet Blicke von oben auf die Felsen, ins Werratal, nach Themar und zum Kloster Veßra. Den Rundweg über das Dorf Trostadt weitergegangen, kann dort die Ruine eines Klosters aus dem 12. Jh. besichtigt werden. Die Forellen im angrenzenden Hotel »Klostermühle« sind köstlich. Zurück nach Themar geht es 5 km zu Fuß am Ufer der Werra entlang.

www.themar.de

Kloster
Veßra

Pastinak und Gartenmelde, Färberwaid, gar Färberwau? Wem diese Gemüsesorten und Nutzpflanzen so gar nichts sagen, wird nach einem Besuch im restaurierten Freiluftmuseum des Klosters Veßra schlauer sein. In mehreren Gärten lässt sich viel über die Anbau- und Ernährungsgeschichte vom Mittelalter bis ins 19. Jh. erfahren. Mühle, Schmiede, Brau- und Backhaus ergänzen den Einblick ins einstige Klosterleben, das sich, fern moderner Techniken, autark zu versorgen wusste. Das Agrarmuseum zeigt die Vorgeschichte unserer heutigen Ernährungskultur.

981

www.museumklostervessra.de

Wintersport und Hunderennen
Masserberg

982

Nur 1 km nördlich des Eselsberges liegt in 780 m Höhe der Ort Masserberg mit seiner hübschen Bergkirche, der ideal für Skifahrer aller Sparten ist. Ein besonderes Spektakel ist das seit 1995 (Jan./Feb., sofern das Wetter mitspielt) stattfindende Schlittenhunderennen »Trans-Thüringia«, das mehrere Hundert km durch den Thüringer Wald führt, wobei meist eine der Etappen in und um Masserberg ausgetragen wird. Zu den Ausflugszielen zählen der schöne Simmersberg und die »Fehrenbacher Schweiz«.

www.masserberg.de; www.trans-thueringia.de

983 Radtour
Nach Meiningen

Für einen Tag im Sattel ist Eisfeld ein guter Ausgangspunkt. Bis Meiningen überwiegend geteert, verläuft ab hier der Werratal-Radweg. In Eisfeld ist die Werra seit Verlassen der Quelle in 800 m Höhe erst 10 km unterwegs. 282 km hat sie noch vor sich, davon 55 km bis Meiningen. Es fällt nicht schwer, sie auf dem Rad in die Theaterstadt zu begleiten, geht es doch 153 Höhenmeter talwärts. Durch die Südausläufer des Thüringer Waldes ist nach 13 km Hildburghausen erreicht. 12 km weiter lohnt das romanische Kloster Veßra einen Besuch. Noch 30 km in hügeliger Flusslandschaft: Außer dem Städtchen Themar folgen nur kleine Dörfer, deren schönstes vielleicht Henfstädt mit seiner Werratalbrücke ist. Nach so viel Ländlichkeit wirkt Meiningen sehr mondän.

www.werratal.de

984 Schokoladenmanufaktur
Erfurt

»Eine gute Schokolade braucht zuallererst einmal eine gute Bohne.« – Für Chocolatier Alexander Kühn muss bei der Zubereitung alles stimmen: das Grundprodukt, die Bohne, ausreichend Zeit fürs Conchieren und nicht zu viele dominierende Gewürze, die das Hauptprodukt überdecken. Aha! Es geht also um die Bohne und darum, wie man diese möglichst sanft behandelt. Schon auf den Geschmack gekommen? Wer den Meistern ihres Fachs – in stilechtem französischem Ambiente – über die Schulter schauen möchte, ist in der Schokoladenmanufaktur Goldhelm (am jüdischen Ritualbad) sicher richtig. Ein Paradies für süße Sünden. Aber danach bitte keine Beschwerden über anhängliches Hüftgold!

www.goldhelm-schokolade.de

Wanderung
Werraquelle

Zur Schröderschen Quelle oberhalb von Fehrenbach führt eine reizvolle Tageswanderung, die in Eisfeld beginnt. Über Hirschendorf geht es, mit weitem Blick ins Frankenland, nach Waffenrod-Hinterrod.

985

Dort vorbei am Berggasthof Hartung weist ein markierter Weg zur Werraquelle (3 km). Wem das Quellwasser zu alkoholfrei ist, dem bietet sich die Berghütte an. Den Fluss entlang führt der Weg am Werrateich, an der Hirschkanzel und dem alten Forsthaus vorbei nach Sophienau. Von Schirnrod über Sachsenbrunn ist Eisfeld (5 km) wieder erreicht.

www.zur-werraquelle.de

986

987 Mitspieltheater »Die Schotte«
Erfurt

Daran hat sich seit Jahrhunderten nichts geändert. (Fast)
alle Mädchen möchten ein-
mal Prinzessin sein. Und die
Jungs verwandeln sich nur
zu gerne in Ritter mit allem
Drum und Dran. Doch die
Verkleidung alleine reicht
nicht. Spannend wird es erst,
wenn man mitspielt, hier eine
Prinzessin befreit, dort einen
Drachen besiegt oder einen
Schatz findet. Gemeinsam
mit erfahrenen Schauspie-
lern werden die Kinder in
die Szenerie einbezogen. Das
ist jedes Mal wieder neu und
aufregend – für beide Seiten.

www.theater-die-schotte.de

988 Verfilzt
Filzwerkstatt / Erfurt

Hier darf gefilzt werden. Ob
Frösche oder Blumen, in der
Ladenwerkstatt FilOnKuCy
basteln Kinder kleine Kunstwerke. Die Kurse finden immer dienstags statt, dann soll
nach Lust und Laune gewer-
kelt werden. Eltern dürfen
derweil eigene Wege gehen,
um danach die kreativen
Ergebnisse ihrer Schützlinge
zu bestaunen. Eine – bis auf
den verquirlten Namen des
Ladens – rundum gelungene
Idee für die freie Zeit.

Altstadt, Paulstr. 29,
Tel. 03 61 / 7 89 27 27

989 Deutsches Bienenmuseum
Weimar

Als Völkerkollaps bezeichnet man ein in den 2000er-Jahren in Nordamerika und Europa beobachtetes massives Bienensterben. Zwar hielt sich das Phänomen in Deutschland in Grenzen, aber in Zeiten der Globalisierung kann darüber keine Freude aufkommen. Wie wichtig die Bienen für unsere Nahrungskette sind, was passiert, wenn eine zweite Königin schlüpft, und wie Bienenvölker arbeiten, kann man hier im Museum erfahren.

http://dbm.lvti.de

990 Bauhaus-Universität
Weimar

Dass die »Form der Funktion folgen« soll, ist inzwischen ein geflügeltes Wort. Diesem Credo folgten die Architekten bei der Außengestaltung der Universität Weimar: In gewollter Reduktion gliedern zahlreich unterteilte Fenster die ansonsten schmuckfreie Front. Im Foyer befinden sich Büsten der Bauhaus-Legenden Henry van de Velde und Walter Gropius. Aus einem anderen Genre begrüßt August Rodins »Eva« die Gäste. Sie steht im Zentrum der sich elegant nach oben schwingenden Treppe im Jugendstil.

www.uni-weimar.de

Avenida-Therme
Hohenfelden

Hier wird das Bade-Abc durchdekliniert: von Aromaöl im orientalischen Hamam über Eventsauna bis hin zur Schneehöhle »Cueva del Frío«. Da fühlt sich die traditionelle finnische Sauna, die hier natürlich auch nicht fehlt, fast altmodisch an. Wohltemperiert ist das Ganze allemal mit 32 °C im Innen- wie Außenbecken und 34 °C im Kinderbecken. Was gibt es noch? Wasserrutschen (300 m), Whirlpool, Strömungskanal, Unterwasserliegen, Massagedüsen, Dampf- und Regenerationsbäder. Wer sich vor lauter Entspannung ermattet fühlt, holt sich an der Saunabar einen Koffeinkick.

991

www.avenida-therme.de

Seifenkisten

Rennen in Weimar

Ab in die Kiste und los geht es. Immer am 1. Mai wird das Rennen angepfiffen. Dann **992** beweist es sich, ob die vielen Stunden im Keller sich auszahlen und ob die Kiste den Belastungen der Strecke auf der Carl-August-Allee und der Kritik der fachkundigen Jury standhält. Fragt sich nur, warum eine so herrlich altmodische Sache heute Spacekid-Headcup heißen muss.

www.skhc.de

Goethes Wohnhaus

993

Weimar

Man möchte sich zunächst verneigen: Hier also wohnte der große Meister 50 lange Jahre. In diesem Sessel starb er. Und schrieb er just mit jenem Federkiel, der heute noch den Tisch ziert, den »Faust«, die »Wahlverwandtschaften« und auch den »Zauberlehrling«? Spätestens mit dem Kaiserreich Wilhelm I. setzte eine Verehrung Goethes ein, die ihn als bedeutendsten deutschen Dichter aller Zeiten feierte. Seine Werke haben einen festen Platz im Kanon der Weltliteratur. Tröstlich zu wissen, dass auch er Schrullen hatte. So soll er Gästen statt eines Desserts Ledermappen mit seinen neuesten Werken serviert haben.

www.klassik-stiftung.de

994 Färbedorf
Neckeroda

Filzen, spinnen, Wolle erzeugen – das alles kann man zwar nicht an einem Tag erlernen, aber man kann herausfinden, ob man hier ein neues Hobby entdeckt und dies weiterverfolgt. Das Dorf Neckeroda, 25 km südlich von Weimar gelegen, steht ganz in der Tradition der Färberei. Da Färben auf Naturbasis einen neuen Aufschwung erlebt, macht man es sich hier zur Aufgabe, die alten Techniken mit modernen Erkenntnissen zu kombinieren.

www.faerbedorf-neckeroda.de

995 Kinderprogramm
Klassik-Stiftung in Weimar

Hier wird bewusst angestiftet: Immer freitags bis sonntags hat das Studiolo in Schillers Wohnhaus für Kinder und Co. geöffnet. Wie Schiller mit dem Federkiel und Tinte schreiben? Nach dem Vorbild alter Schattenbilder die eigene Silhouette erstellen oder Experimente zur Farbenlehre machen? Extra für Kinder von acht bis zwölf Jahren wurde die Internetseite Weimarpedia Kids zusammengestellt. Dort »trifft man« auf Kinder, die vor gut 200 Jahren gelebt haben und die ihre Geschichte erzählen.

www.klassik-stiftung.de

Planetarium
Jena

In die Sterne gucken hat hier Tradition. Das 1926 eröffnete Zeiss-Planetarium ist das älteste der Welt. Keine Sorge, heute ist es auf dem neuesten Stand: Die Laserkonstruktion im Kuppelbau **996** lässt den nächtlichen Sternenhimmel wunderbar zur Geltung kommen und lädt zu einer Reise ins Universum ein – an der Milchstraße entlang und darüber hinaus. Auch das Beiprogramm ist aktuell: Live-Vorträge über die neuesten Entdeckungen im All und auf der Erde, Musik-Lasershows, Mondscheindinner … Eine reizvolle Alternative zum Abend vor der Glotze ist es ganz sicher!

www.planetarium-jena.de

Phyletisches
Museum Jena

Das Phyletische Museum ist das von Ernst Haeckel begründete Museum zur Phylogenese in Jena. Hier geht es um das spannende Thema der Stammesgeschichte. Im Museum finden sich zoologische Raritäten aus der ganzen Welt – 500 000 an der Zahl –, unter anderem ein Fossilien-Auerochse, der unter der Leitung des Universalgelehrten Johann Wolfgang von Goethe persönlich für die Nachwelt restauriert wurde. Auch die Neuzeit wird nicht ausgeklammert, etwa bei der Frage, wie und warum sich das Aids-Virus so schnell entwickeln konnte.

997

www.phyletisches-museum.
uni-jena.de

998 Feengrotten
Saalfeld

Ins Guinness-Buch der Rekorde haben sie es schon im Jahr 1993 geschafft – als »farbenreichste Schaugrotten der Welt«. Dabei haben sie diese Publicity gar nicht nötig. Seit die Grotte 1914 öffentlich zugänglich gemacht wurde, reißt der Besucherstrom nicht ab. Man wird also den Zauber, den hier der »Märchendom« und der darin befindliche Tropfenstein »Gralsburg« ausstrahlen, nicht alleine genießen dürfen. Wiederentdeckt wurden die farbenfrohen Tropfsteinhöhlen vor gut 100 Jahren im Zuge wissenschaftlicher Untersuchungen des Grubenwassers. Damals war das Erstaunen groß, im früheren Schieferbergwerk auf solch einen großen Hohlraum zu stoßen. Heute versuchen tägliche Führungen die Magie der Feengrotten und der Wasserspiegelung zu erhalten, auch wenn dies bei den stets steigenden Besucherzahlen ein schwieriges Unterfangen ist.

www.feengrotten.de

Ginkgo-Museum
Weimar

Ein deutsches Kuratorium erklärte den »Ginkgo biloba« zum Mahnmal für Umweltschutz und Frieden und zum »Baum des Jahrtausends«. In China geht die Verehrung für den Ginkgo schon etwas länger. Auch Meister Goethe war mit seiner Huldigung etwas früher dran. Wer mehr über die Ästhetik des Ginkgo erfahren möchte, tut dies am besten hier.

999

www.ginkgomuseum.de

Goethewanderung
Am Großkochberg

1000

Was der alte Herr vermochte, sollte uns doch auch gelingen: Goethe will den eigenen Angaben zufolge die 28 km lange Strecke in 4 Std. geschafft haben. Wer auf seinen Spuren wandelt, wird über das Färberdorf Neckeroda nach Schloss Kochberg gelangen. Dass es Goethe hier so gut gefiel, hatte sicher auch mit seiner Freundschaft zu Charlotte von Stein zu tun, die den Ort in eine musische Hochburg verwandelte. Erst später wurde der prächtige Park angelegt, den eine Brücke mit dem zentralen Gebäudekomplex verbindet. Dem Meister hätte das aktuelle Arrangement mit den plätschernden Wasserspielen vermutlich zugesagt.

www.weimar-tourist.de/goethewanderweg.html

Register